国家社科基金
GUOJIA SHEKE JIJIN HOUQI ZIZHU XIANGMU
后期资助项目

英国食品和药品安全立法进程研究（1850—1899）

YINGGUO SHIPIN HE YAOPIN ANQUAN LIFA JINCHENG YANJIU（1850–1899）

兰教材　著

U0330504

中山大学出版社
SUN YAT-SEN UNIVERSITY PRESS
·广州·

图书在版编目（CIP）数据

英国食品和药品安全立法进程研究：1850—1899/兰教材著.—广州：中山大学出版社，2024.4

ISBN 978 - 7 - 306 - 08053 - 0

Ⅰ.①英… Ⅱ.①兰… Ⅲ.①食品安全—立法—研究—英国—1850—1899 ②药品管理—立法—研究—英国—1850—1899 Ⅳ.①D956.146 ②D956.121.6

中国国家版本馆 CIP 数据核字（2024）第 050488 号

出 版 人：王天琪
策划编辑：曾育林
责任编辑：曾育林
封面设计：林绵华
责任校对：麦颖晖
责任技编：靳晓虹
出版发行：中山大学出版社
电 话：编辑部 020 - 84113349，84110776，84111997，84110779，84110283
　　　　发行部 020 - 84111998，84111981，84111160
地 址：广州市新港西路 135 号
邮 编：510275　　　　传 真：020 - 84036565
网 址：http://www.zsup.com.cn　　E-mail:zdcbs@mail.sysu.edu.cn
印 刷 者：广东虎彩云印刷有限公司
规 格：787mm×1092mm　1/16　17.5 印张　318 千字
版次印次：2024 年 4 月第 1 版　2024 年 4 月第 1 次印刷
定 价：70.00 元

国家社科基金后期资助项目
出版说明

后期资助项目是国家社科基金设立的一类重要项目，旨在鼓励广大社科研究者潜心治学，支持基础研究多出优秀成果。它是经过严格评审，从接近完成的科研成果中遴选立项的。为扩大后期资助项目的影响，更好地推动学术发展，促成成果转化，全国哲学社会科学工作办公室按照"统一设计、统一标识、统一版式、形成系列"的总体要求，组织出版国家社科基金后期资助项目成果。

全国哲学社会科学工作办公室

内容摘要

近代以来，随着工业革命和城市化的进行，英国食品和药品掺假状况愈演愈烈，引起越来越广泛的关注。一些改革者发起舆论动员，向议会施加压力，要求政府管理食品和药品的销售。在各方力量的推动下，议会最终通过了一些法律来管理食品和药品的销售。

1850—1899 年间是英国食品和药品安全立法史上的第一个高峰期。在这一时期，舆论被充分动员起来，议会相继通过了多部法律管理食品和药品的销售。在舆论的动员过程中，相关各方为了自己的利益和立场展开了激烈的宣传和斗争，议会在压力之下，被迫通过了一部法律，以暂时平息相关各方的冲突。由于法律本身是妥协的结果，存在诸多漏洞，因此其实施的效果不佳，没有达到改革者的预期效果。在改革者的推动下，食品和药品掺假问题再次成为舆论关注的焦点，议会被迫再次通过新的立法弥补此前法律的不足。新通过的法律不可避免地仍然存在诸多问题，由此又引起舆论的关注，如此循环往复，最终在 19 世纪末通过的法律才令各方基本满意，这一过程才告一段落。总体而言，这一时期的立法进程是遵循了"揭露罪恶、舆论动员、议会专门委员会调查、议会辩论、通过新法、进一步揭露罪恶"这一模式逐步开展的。

具体而言，早在 1820 年，弗雷德里克·阿卡姆（Frederick Accum）出版了一本小册子，揭露了英国当时糟糕的食品和药品销售状况，引起了民众要求政府采取措施制止这种有害行为的舆论诉求。虽然这次改革失败了，但它是英国历史上第一次声势浩大地要求政府管理食品和药品销售的改革运动，这对 30 年后的改革者影响深远。19 世纪中期，《柳叶刀》在托马斯·威克利（Thomas Wakley）和亚瑟·哈塞尔（Arthur Hassall）的带领下，借助其他媒体的力量，掀起了更大规模的要求政府干预食品和药品销售的舆论诉求。约翰·波斯特盖特（John Postgate）适时组织群众集会，发动民众请愿，要求议会通过立法保障民众的食品和药品安全，避免民众被不良商家毒害和欺诈。

议会经过专门委员会的调查，在突发事件产生的舆论压力之下，不得不在1860年通过了一部防止食品掺假的法律。《1860年防止食品掺假法》虽然存在诸多缺陷，但是在英国的食品药品安全发展史上却意义重大。由于药品的特殊性，议会在1868年通过的《制药法》首次在药品领域确认了过错推定责任原则。1872年，议会通过了《1872年食品、饮料和药品修正案法》，这是英国首次把食品和药品放在一部法律中进行管理。这部法律同样存在很多缺陷，但是出乎意料的是，王座法庭的法官对其做出了有利于消费者的解释，在司法上确立了食品领域的过错推定责任原则，使1872年法获得了更大的效力。

由于1872年法在执行中存在很多问题，对消费者的保护仍然有限，而且使一些无辜的零售商受到了惩罚，在一些商人和改革者的要求下，议会在1874年成立了专门的委员会调查1872年法的运行问题。1875年，议会经过辩论，最终认识到在保护无辜的零售商的同时，也需要保护民众的健康和幸福，因而通过了《1875年食品和药品销售法》，并承认了过错推定责任原则在食品领域的运用。1879年，议会又通过了一部修正案，这个修正案对《1875年食品和药品销售法》进行了简单的修正，使1875年法存在的一些模糊之处有了明确的规定。由于食品和药品工业的发展，《1875年食品和药品销售法》及其修正案无法处理一些新出现的问题，议会在1899年通过了另一部《食品和药品销售修正案法》。1899年的修正案在某种程度上使严格责任成为公共卫生立法中的一个永久特征，也结束了以密集的政府外变革鼓动为肇端，以相互斗争的利益集团间的大规模派别分化为基础的食品药品安全立法模式。

《1875年食品和药品销售法》和随后的两个修正案的通过标志着英国现代食品和药品法体系的形成，它所形成的法律框架一直沿用到1968年，它提出的严格责任原则对食品和药品行业影响深远，在19世纪中后期推动英国其他事关民生的行业和领域发展时也采取了相似的原则。从此，在英国，事关国民幸福等重要的事情不再通过看不见的手来管理，由国家负责照顾弱势群体的利益的趋势将不可避免。

目　　录

绪　　论

一、选题背景和研究意义

　　食品和药品的安全①问题由来已久，不论是东方还是西方，概莫能外。但是，食品和药品大规模的掺假却是近代以来的事情，而且主要是工业化和城市化的结果。随着第一次工业革命的完成和城市化的快速发展，英国的食品和药品掺假也达到了一个高峰，不仅传统的掺假继续泛滥，新技术的出现还带来了新形式的掺假。面对新时期食品和药品的掺假形势，英国社会和政府如何反应就成了一个重要的研究对象。

　　在英国，最先注意到食品和药品掺假状况的是民间的专业人士，尤其是医学人员。经过专业人士的揭露、呼吁，以及随后各种势力的舆论碰撞、政府不同部门之间的明争暗斗和议员之间的辩论，议会最终在 1860 年通过了一部防止食品掺假的法律——《1860 年防止食品掺假法》。1860 年法是英国第一部全面的综合性的反食品掺假立法，也是世界近代史中第一部全面的综合性的反食品掺假立法。由于这部法律明显是各方妥协的结果，所以漏洞比较多，执行结果也远远没有达到防止食品掺假的目的。在接下来的十多年里，在各种团体——包括"公共利益"保护者——之间的博弈斗

---

　　① "食品药品安全"有广义和狭义之分，本书主要指的是食品、饮料和药品掺假。一般来说，食品掺假可以概括为三种。第一种是以次充好，商人为了牟取更多的利润，在食品中添加了相对便宜的物质或抽取了食品中一些重要成分。这种掺假对身体健康基本无害，只不过对消费者来说降低了食品的总质量，使消费者所买的商品与其价值不符，对消费者构成了经济上的欺诈。第二种是不卫生，比如食品的制作环境不卫生，或食品制作的过程中混有昆虫或者昆虫残骸、啮齿类动物的皮毛或类似的不卫生的东西。这种掺假食品在加工时或者吃之前加热到 100 摄氏度基本就对人体无害了，甚至在许多情况下即使不加热，昆虫或者啮齿类动物皮毛中所带的细菌都是无害的。第三种是在食品中混有对健康有害的有毒成分，这种情况很容易对消费者的生命和健康构成威胁。

　　药品掺假相对简单，主要是指在药品中添加了本来不属于配方所规定的成分。这种掺假，不论添加物是否有毒，对患者来说都是有害的。

争之下，议会先后通过了《1868 年制药法》《1872 年食品、饮料和药品修正案法》《1875 年食品和药品销售法》《1879 年食品和药品销售法修正案法》《1899 年食品和药品销售法修正案法》。

英国的《1860 年防止食品掺假法》是在"自由放任"思潮大行其道的背景下通过的，这部法律为英国的法制进程开启了新的传统：为了保障民众的财产、健康和生命，英国政府可以干预食品行业的经营活动。从此以后，政府要不要介入食品行业的经营活动在英国不再成为一个问题。面对食品和药品掺假的泛滥，英国人需要解决的问题集中在如何防止掺假、政府如何介入食品和药品的销售等方面上。此后议会相继通过的防止食品药品掺假的法律，比如《1872 年食品、饮料和药品修正案法》和《1875 年食品和药品销售法》等，就是在 1860 年法的基础上进一步加强政府对食品和药品销售进行干预的结果。

以上这些法律奠定了英国当代食品和药品法的基础，也成为世界其他国家效法的榜样。一些国家的食品和药品法几乎就是英国食品和药品法的翻版，但是各国执行这些法律的效果却与英国不尽相同，甚至有南橘北枳之感。之所以如此，一个重要的原因是英国的食品和药品法律是社会各阶层、各种利益团体积极参与塑造的结果，其反映了英国各阶层和团体的斗争情况，基本符合各方的利益。这样的法律在一定程度上也反映了当时食品药品工业的发展状况和各方的力量对比。虽然一些商业利益集团对某部食品药品法律未必完全满意，甚至是完全不满意，但是它们的参与使其对当时的整个形势有了一定的认识，对相关各方的立场和态度有了一定的了解，所以一般不会明目张胆地反对这些最终通过的法律，而是期待以后能通过议会再修正法律。这就使得英国 19 世纪后期通过的食品药品法律基本能发挥其应有的作用。因此，研究英国食品和药品安全法律的发展历程，研究法律制定过程中各种利益集团发挥的作用及其相互之间的斗争和妥协，就成了食品药品安全立法史上的一个重要课题。

英国 19 世纪中后期食品和药品法的酝酿、辩论与讨价还价的过程，也是寻求如何在社会不同群体之间、政府与社会之间分配权力以保障社会利益最大化的过程。权力的分配过程，也是责任的重新界定过程，食品和药品法的制定使承担产品质量后果的责任逐渐从消费者身上转到了制造商、批发商和零售商的身上。相似的转变也发生在英国其他领域，工厂法、房客法和旅客法等法律的制定，使承担不利后果的责任从雇员转到了雇主、房客转到了房东、旅客转到了运输者身上。这些领域责任转变的共同目的是，在尊重程序正义和平等的同时，开始在法律上强调实质的正义和平等，强调对普通民众等弱势群体的保护，通过修正某些过时的法律而达到实质的正义和平等。政府在法律上的这些变化，缓和了工业化和城市化带来的一些激烈的社会矛盾，为弱势群体保障自己的生存和利益提供了法律基础。

食品和药品安全立法的过程也是政府与民间重新分配权力的过程。工业化的发展和食品药品技术的提高，一方面使普通消费者更难了解其购买的食品和药品的成分和加工过程，因而需要中立的、专业的组织机构介入，以保障他们购买的食品药品不会对其生命和健康构成威胁；另一方面，工商业的发展加剧了行业内部商人之间的竞争，商人急剧分化，如果没有中间力量的管理协调，行业内部可能会出现无序竞争，也会出现不利于商业自由发展的垄断。这两种状况都需要政府的介入，以便建立和谐的秩序。政府介入商业活动的过程也是公权力扩张的过程，普通民众为了免遭经济上的损失、保障自己的生命和健康权益，商人为了商业的有序发展、避免不正当的竞争，不得不让渡出一部分自由，容忍政府权力的扩张及由此带来的诸多不便。政府公权力在食品药品领域的扩张为政府干预其他商业领域的活动提供了基础，使政府的职能变得越来越多，管理的事情日益增多，权力越来越大。

英国民众要求政府干预食品和药品销售的立法进程与英国19世纪的公共卫生立法以及当时的其他社会改革进程基本是同步进行的。在这个过程中，反食品和药品掺假的改革者遇到的问题与其他改革者遇到的问题大致相同，反食品和药品掺假的议案在议会中遇到的责难和质疑与其他改革议案遇到的责难和质疑也有许多相同之处。可以说，19世纪中后期英国食品和药品安全立法的进程是这一时期英国社会改革进程的一面镜子。然而，对于这一时期英国的食品和药品立法进程，学者们的研究并不多，即使个别学者偶有涉猎，大多也只是对其进行粗线条的勾勒，对食品和药品法与时代的关系及其对英国其他社会立法的推动着墨不多。深入研究英国19世纪中后期的食品药品立法进程，对于理解英国食品药品监管的发展过程、了解英国政府与社会之间的权力分配过程，全面认识19世纪英国的历史进程定会有所裨益，对中国来说，其借鉴意义更不待言。

二、国内外的研究状况

有关英国食品和药品安全方面的著作，在19世纪的英国就出现了。早在1820年，分析化学家弗雷德里克·阿卡姆（Frederick Accum）根据多年的实践经验出版了《论食品掺假和烹饪毒药，揭露面包、啤酒、葡萄酒、烈酒、茶叶、咖啡、奶油、糖果、醋、芥末、胡椒粉、奶酪、橄榄油、泡菜和其他食品的掺假及检测方法》一书，这本书是食品掺假分析史上的一个里程碑。在该书出版之前，食品掺假检查基本都是靠味觉、嗅觉和视觉来判断，阿卡姆首先开始借助于化学仪器，用较为科学的方法分析食品和药品中的成分，检测是否掺了假、掺假成分是否对身体有害。随后，分析化学家约翰·米切尔（John Mitchell）在1848年出版了《论食品的掺假和利用化学方法的检测》，亚瑟·哈塞尔（Arthur Hassall）博士在1855年出版了《食品及其掺假：〈柳叶刀〉分析卫生委员会报告，1851—1854年》，W.马赛特（W. Marcet）在1856年出版了《论食品的构成及其如何掺假——实用分析指导》，乔治·多德（George Dodd）在1856年出版了《伦敦的食品》一书。

很明显，从书名就能看出，以上这些书基本都是从技术方面分析食品掺假的，很少涉及各方利益集团为食品掺假立法而进行的斗争，而且这些研究除了哈塞尔的著作之外，有两个共同的缺陷：其一，没有准确地概括掺假的实际程度，仅仅研究一些样本之后就武断地下了结论①；其二，这些著作中经常使用一些道听途说的古怪离奇的"证据"来证明其观点，这就削弱了证据的可信度②。

1884年托马斯·赫伯特（Thomas Herbert）出版的《关于掺假的法律，1875年和1879年食品和药品销售法：解释、案例和官方报告摘要》③一书提供了一些关于1875年法和1879年法的原始材料，比如地方政府事务部关于这两部法律执行情况的报告，根据这两部法律所产生的一些案例等。1893年出版的《亚瑟·哈塞尔自传》④和1897年出版的《托马斯·威克利的生活和时代》⑤，提到了哈塞尔及威克利在调查食品和药品掺假状况时要求政府进行干预的活动，这对于理解他们在这场活动中发挥的作用有重要的帮助。1895年，H. M. 罗宾逊（H. M. Robinson）和C. H. 克里布（C. H. Cribb）出版的《食品和药品的化学及法律》一书中对19世纪中后期通过的几部食品掺假法的立法过程有一个简单的描述。

进入20世纪后，相关研究日益增多。1915年出版的《农业政治五十

---

① Mitchell Okun, *Fair Play in the Marketplace*, Dekalb, Northern Illinois University Press, 1986, p. 6.

② Mitchell Okun, *Fair Play in the Marketplace*, pp. 16 – 18.

③ Thomas Herbert, *The Law on Adulteration Being the Sale of Food and Drugs Acts*, 1875 *and* 1879, *with Notes*, *Cases*, *and Extracts from Official Reports*, London, Knight & Co., 1884.

④ Arthur Hill Hassall, *The Narrative of A Busy Life: An Autobiography*, London, Longmans, Green & Co., 1893.

⑤ S. Squire Sprigge, *The Life and Times of Thomas Wakley*, New York, Robert E. Krieger Publishing Company, 1974.

年：中央农会史 1865—1915》① 及 1994 年出版的《农业资本主义的失败：联合王国、荷兰和美国的农业政治，1846—1919》② 主要描绘了英国农业组织的发展壮大，有关农业组织对食品掺假法的影响也有涉及，但不是这两本书的重点。1925 年，A. G. 加德纳（A. G. Gardiner）出版了《乔治·卡德伯里的一生》。这本书和 2001 年约翰·波斯特盖特（John Postgate）（传主的后人）出版的《约翰·波斯特盖特（1820—1881）传》一样，详细描述了 19 世纪中后期食品药品掺假立法中的两个重要人物卡德伯里（George Cadbary）和波斯特盖特的活动，展现了大环境下个人对立法事业所起的作用，对于理解各种相关集团的活动很有帮助。不足之处在于，两本传记都存在人物传记通常具有的问题：对传主的优点、做的好事和公益心过分夸大，对其缺陷、失误和私欲则轻描淡写或避而不谈，因此还留下了不少问题有待澄清。1932 年出版的《公共分析师协会：对其最初 50 年的回忆并审视其行动》③ 是目前为止唯一一本研究当时执法过程中不可或缺的重要群体"公共分析师"的著作。这本书是以公共分析师协会为中心展开分析研究的，书中对公共分析师的整体状态、公共分析师在立法和执法中所起的作用以及存在的一些问题都有所论述，其不足之处在于研究范围有限，对公共分析师与其他阶层（如税务部门的分析师、民间反食品掺假改革者）和其他商业利益集团之间的互动着墨不多。

　　第二次世界大战之后，对于英国食品和药品方面的研究越来越多，关

---

① A. H. H. Matthews, *Fifty Years of Agricultural Politics: Being the History of the Central Chamber of Agriculture*, 1865 – 1915, London, P. S. King & Son, 1915.

② Niek Konig, *The Failure of Agrarian Capitalism: Agrarian Politics in the UK, the Netherlands and the USA*, 1846 – 1919, London, Routledge, 1994.

③ Bernard Dyer, Mitchell Ainsworth, *The Society of Public Analysts: Some Reminiscences of Its First Fifty Years and A Review of Its Activities*, Cambridge, W. Heffer & Sons LTD., 1932.

于某种食品的专门著作也不断出现，① 但是这些著作多为描写英国的食品发展史的，换言之，是以描写英国人的饮食和食品工业发展史为主。由于主题的限制，他们对 19 世纪英国的食品和药品掺假立法只是偶有涉及，而且这些描写多为引述此前的成说。比如，基尔·沃定顿（Keir Waddington）的《维多利亚和爱德华时期英国危险的香肠、肉类和疾病》② 一文提到了当时的法律如何管理这些生肉和肉制品。凯瑟琳·汤普森（Katharine Thompson）的《食品和饮料法》③ 主要是描写欧盟框架之下的英国食品和饮料方面的法律，有关英国 19 世纪中后期的反食品掺假立法状况所占篇幅很小。约翰·伯内特（John Burnett）的《丰裕与贫困》④ 则是对 19 世纪中后期食品立法的广阔社会背景进行了详细的描述，从社会史的视角看待纯净食品立法。该书把这一时期的食品立法看作几十年来的调查和争论的产物，认为当时的反掺假者无疑是为了"公共利益"。

　　与本书主题关联度较高的有美国威斯康星大学 1969 届的博士恩斯特·沃尔特·施蒂布（Ernst Walter Stieb）的博士学位论文《英格兰对药品掺假的控制（1820—1906）》⑤ 和英伯格·保罗斯（Ingeborg Paulus）以其博士学位论文为基础出版的《寻求纯净食品：英国立法的社会学》⑥。《英格兰

---

　　① 例如，Peter Atkins, Ian Bowler, *Food in Society: Economic, Culture, Geography*, London, New York, Arnold, 2001.

　　J. C. Drummond, Wilbraham Anne, *The Englishman's Food, A History of Five Centuries of English Diet*, London, Readers Union: Jonathan Cape, 1957.

　　Alexander Fenton (ed.), *Order and Disorder: The Health Implications of Eating and Drinking in the Nineteenth and Twentieth Centuries*, Eastlinton, Tuckwell Press, 2000.

　　T. R. Gourvish, R. G. Wilson, *The British Brewing Industry*, 1830 – 1980, Cambridge, Cambridge University Press, 1994.

　　James P. Johnston, *A Hundred Years Eating, Food Drink, The Daily Diet in Britain since the Late Nineteenth Century*, Dublin, McGill-Queen's University Press, 1977.

　　Colin Spencer, *British Food: An Extraordinary Thousand Years of History*, New York, Columbia University Press, 2003.

　　John K. Walton, *Fish and Chips and the British Working Class*, 1870 – 1940, Leicester, Leicester University Press, 1992.

　　② Keir Waddington, "The Dangerous Sausage Diet, Meat and Disease in Victorian and Edwardian Britain", *Cultural and Social History*, 2011, Volume 8, Issue 1, pp. 51 – 71.

　　③ Katharine Thompson, *The Law of Food and Drink*, Crayford, Kent, Shaw and Sons, 1996.

　　④ John Burnett, *Plenty and Want, A Social History of Food in England from 1815 to the Present Day*, London, Routledge, 1989.

　　⑤ Ernst Walter Stieb, *Controlling Drug Adulteration in England* (1820 – 1906), Ph. D. Thesis, University of Wisconsin, 1969.

　　⑥ Ingeborg Paulus, *The Search for Pure Food, A Sociology of Legislation in Britain*, London, Martin Robertson & Company Ltd., 1974.

对药品掺假的控制（1820—1906）》的主旨是介绍近代以来出现的各种检测药品技术的优劣及其发展，对英格兰医药行业的形成及该行业内部的斗争也有描述，同时也涉及了医药人士对药品掺假的态度及所采取的措施，为了解当时的医药界精英如何对待食品和药品掺假提供了很好的背景知识。《寻求纯净食品：英国立法的社会学》从社会学的角度对英国食品立法的过程进行了解释，提出这一时期英国社会立法的过程一般经历几个阶段：改革者的动员宣传，议会感受到压力后成立专门委员会进行调查并发布调查报告，支持改革的议员在议会提出反掺假的议案，议会经过辩论妥协通过一部存在各种明显漏洞的法律；新的法律遭到一些商人的反抗，同时法院的司法解释不一致，加上执法中出现的新问题使改革者再次进行宣传动员，迫使议会成立新的专门委员会进行调查，接着议会再通过新的立法对此前的法律进行修正，如此循环往复。在立法的过程中，改革者和利益集团进行针锋相对的宣传以博取最大的舆论同情，从而迫使议会支持自己的要求。这部书从社会学的视角切入，视野开阔，分析中肯，观点新颖，不足之处在于多从宏观处着眼，细节分析较少。

需要特别指出的是，美国学界在研究食品药品安全法方面走在了前面，针对美国联邦国会通过的第一部纯净食品药品法案，学者提出了不同的解释模式。英国学者迈克尔·弗伦西（Michael French）和吉姆·菲利普斯（Jim Phillips）在 2000 年出版的《欺骗而非毒害？英国的食品管理（1875—1938）》一书中就运用了美国学界在这方面提出来的新解释模式。该书通过审视英国的食品和药品法，结合英国各种经济、社会和政治背景对其食品管理进行了历史学和社会学的分析。该书的不足之处在于：其一，没有涉及 1875 年前的几部重要立法，尤其是《1860 年防止食品掺假法》，1860 年法是英国第一部全面的反食品掺假法，而研究联邦食品立法的起源则是美国反食品掺假法研究的重点；其二，该书对于食品立法的执行状况着墨很少，而法律的执行状况更能反映出个体对待食品和药品立法的态度和差异；其三，该书对于政府内部之间的争论以及政府官员和商人之间的互动流于粗线条的勾勒，对他们之间的斗争缺乏详细的描述。当然，由于该书是英国学者首次尝试运用美国学界提出的理论，存在这些不足也在所难免。

以上这些著作大都认为 19 世纪的食品掺假现象明显多于此前所有时期，假冒伪劣现象比比皆是。研究者们认为，掺假现象泛滥的原因主要在于：自由贸易之下工业化和城市化的快速发展、食品业的过度竞争、掺假食品的消费群体庞大、掺假信息的公开传播和科学技术的发展。不过，有历史学家怀疑 19 世纪中后期的食品药品掺假是否真的增多了，他们认为此时的食品药品掺假可能和此前一样多，研究者们之所以感觉食品药品掺假增多了，可能是由于当时科学技术的发展使那些掺假更容易被发现而已。

英国食品掺假研究的另外一个方向是研究 19 世纪中后期出现的食品合作运动。这个运动主要是由工人阶级内部的一些人士发起的，他们通过建立自己的合作商店、工厂，生产纯净不掺假的食品，并以低廉的价格卖给工人，通过这种方式不再受那些"特殊形式的剥削"。学者们针对英国的食品合作运动也出版了一些研究著作。① 这些研究为了解那个时期工人阶级对纯净食品和掺假食品的态度提供了有价值的信息。有学者还进一步细化，探究了合作运动中妇女的态度、活动和她们的贡献。②

与英美等国外学者的研究相比，国内关于这方面的著作较少。钱乘旦教授的《第一个工业化社会》③ 和陈晓律教授的《英国福利制度的由来与发展》④ 对此有所提及，但由于主题不在于此，所以没有过多地叙述。高岱教授的《英国政党政治的新起点——第一次世界大战与英国自由党的没落》⑤ 中对自由党推动社会保障制度方面的研究，为笔者理解英国社会福利和保障制度的发展提供了新的视角。概言之，以上三位教授的著作有助于把食品和药品安全方面的立法放在英国工业化、社会福利和社会保障制度发展的大背景下来考察。

魏秀春教授 2013 年出版的专著《英国食品安全立法与监管史研究（1860—2000）》，是国内关于英国食品安全立法方面的第一个专题研究。这本书对 1860—2000 年英国所通过的一些重要的食品安全立法进行了梳理，分析了它们通过议会的原因和随后的执行情况。由于该书的研究时间跨度大，篇幅有限，对部分问题没有能够进行深入的探究分析，特别是对《1868 年制药法》《1872 年食品、饮料和药品修正案法》《1879 年食品和药

---

① 比如：Patrick Bolger, *The Irish Co-operative Movement: Its History and Development*, Dublin, Institute of Public Administration, 1977.

Peter Gurney, *Co-operative Culture and the Politics of Consumption in England*, 1870 - 1930, Manchester, Manchester University Press, 1996.

② 比如：Jean Gaffin, David Thoms, *Caring and Sharing: The Centenary History of the Co-operative Women's Guild*, London, Women's Co-operative Guild, 1983.

Catherine Webb, *The Woman with the Basket: The History of the Women's Co-operative Guild*, 1883 - 1927, London, Women's Co-operative Guild, 1983.

③ 钱乘旦：《第一个工业化社会》，成都：四川人民出版社，1988 年。

④ 陈晓律：《英国福利制度的由来与发展》，南京：南京大学出版社，1996 年。

⑤ 高岱：《英国政党政治的新起点——第一次世界大战与英国自由党的没落》，北京：北京大学出版社，2005 年。

品销售法修正案法》《1899 年食品和药品销售法修正案法》通过时改革者的舆论动员、议员之间的分歧和商业集团的反应及这些法律和时代的关系缺乏深入研究。

同时，国内一些专业性刊物上也发表了一些相关文章。这方面的代表性作品有刘金源、骆庆的《19 世纪伦敦市场上的牛奶掺假问题》（载《世界历史》，2014 年第 1 期），该文对英国 19 世纪时期牛奶的掺假状况、造成掺假的原因以及政府方面采取了什么措施做了详细的分析研究；刘亚平的《英国现代监管国家的建构，以食品安全为例》（载《华中师范大学学报》人文社会科学版，2013 年第 4 期），该文从政府监管的角度研究了英国政府针对食品和饮料掺假问题所采取的监管政策与国家政治制度发展之间的联系。

总体而言，国内关于英国 19 世纪中后期食品和药品安全立法方面的研究比较少，已有的研究多从宏观角度分析英国政府对食品和药品的监管情况，对于防止食品和药品掺假立法过程中的分歧和争论以及执法过程中存在的问题鲜有涉及。相比而言，国外相关研究比较多，尤其是对 19 世纪英国的知识精英如何调和市场经济与社会道德之间的矛盾、如何使市场"道德化"做了深入分析，不足之处在于实证分析较少，针对食品药品立法过程中的利益较量、法律原则的演进以及执法过程中的矛盾冲突等问题目前尚未有系统的研究。

三、基本思路和材料

本书的研究主题是 1850—1899 年这 50 年之间英国的食品和药品安全立法进程①。之所以选取这一时间段，是因为这是英国的食品和药品安全立法体系构建和形成的关键时期。这一时期正是 1846 年废除《谷物法》后自由贸易思想在英国大行其道、"自由放任主义"盛行的时期。在这样的历史大背景下，英国通过食品和药品安全立法纠正市场经济自由发展过程中出现的一些社会问题就显得特别不易，因此在法制建设史上更具有划时代的意义。

国内外关于英国 1850—1899 年这一时间段的食品和药品安全立法进程

---

① "立法进程"有广义和狭义之分。狭义的"立法进程"单纯指立法机关的立法活动。在一般情况下，立法与民间的活动是密切相关的，立法也是民意的反映，民众的舆论往往能促进并决定立法机关的立法。民意当然是不统一的，民意也是不断变化的，什么样的民意最终能决定立法，这个问题也可以归到立法进程之内，这属于广义的立法进程。本书的研究对象是广义的立法进程。

的专门研究基本属于空白，已有的研究或者属于粗线条的描述，或者以第二次世界大战后为起点，集中在"二战"后英国政府如何防止食品和药品掺假以及出台了什么样的措施等方面。本研究虽然集中在 1850—1899 年，但是为了把问题的来龙去脉解释清楚，为了说明一些事件的长远影响，部分内容的论述会适当往前或往后延伸。

从具体历史进程来看，本研究从 1850 年开始，是因为在这一年，在托马斯·威克利和亚瑟·哈塞尔的领导下，《柳叶刀》① 开始发表一系列关于食品和药品掺假问题的调查报告。报告发表之后，当时几乎所有的报纸杂志对《柳叶刀》的报告都予以转载并评论，引起了越来越多的读者的注意。由此，食品药品掺假问题开始成为民众关注的一个重要问题，拉开了民间改革者利用公共舆论要求政府监管食品和药品销售的改革序幕。

本研究以 1899 年为结束点，一是因为 1899 年通过的《1899 食品和药品销售法修正案法》修正了《1875 年食品和药品销售法》和《1879 年食品和药品销售法修正案法》存在的模糊之处，填补了这两部法律存在的部分漏洞，减少了政府执法中存在的矛盾现象。到 20 世纪初，食品和药品掺假现象已经显著减少。二是因为 1899 年通过的《1899 年食品和药品销售法修正案法》再次确认了《1875 年食品和药品销售法》和《1879 年食品和药品销售法修正案法》中存在的严格责任原则，而且更重要的是在某种程度上使严格责任原则成为公共卫生立法中的一个普遍的永久特征，奠定了英国当代食品和药品法以及公共卫生立法的基础。它们所包含的其他的一些重要原则，比如过错推定责任原则、卖主负责原则和地方政府要积极检查并保障食品和药品安全的原则，等等，直到今天还在发挥重要的作用，有的原则甚至还得到了强化。三是因为《1899 年食品和药品销售法修正案法》的通过，标志着英国现代食品和药品法的体系已经形成。此后英国虽然先后又通过了其他的食品和药品法，但主要是针对新出现的可能危害身体健康的食品以及新出现的掺假物作出规定（比如针对防腐剂的法律），这些法律的主体思想没有跳出《1899 年食品和药品销售法修正案法》所确定的框架。

---

① 《柳叶刀》是托马斯·威克利在 1823 年创立的关于医学的一个重要的专业刊物。威克利对《柳叶刀》的定位是传播医学信息，向医疗行业愚蠢的裙带关系和家族阴谋宣战。《柳叶刀》的创立是近代医学新闻史上的一个重要事件，它在创刊之初就对江湖庸医的所谓灵丹妙药、包治百病进行了无情的嘲笑。对于那些更隐蔽的庸医——有行医资格，但使用不合理的治疗手段，表面上是为了患者的利益，实则为了自己的贪婪或虚荣——同样进行了严厉的抨击。除了对医疗行业的弊端进行揭露之外，该杂志对其他领域的各种改革也有很大兴趣，食品掺假是它关注的重要问题之一。

　　本书在 19 世纪中后期英国公共卫生、社会福利和社会保障快速发展的大背景下，根据"揭露掺假、舆论动员、议会调查、议会辩论、通过新法、进一步揭露掺假"这一立法模式，采用历史分析的方法，从民间与政府互动的视角出发，分析英国在 1850—1899 年间通过的最初几部食品和药品安全法，分析相关利益团体为了取得自己的目标是如何展开宣传和斗争的：公共卫生方面的专家、民间反食品和药品掺假改革者、工商业利益集团和主要的政府官员以及议会议员，他们面对食品和药品掺假这个问题时表现出了什么样的态度，有什么样的目的，如何实现他们的目标，各种利益集团相互之间是如何斗争博弈的，这些斗争如何推动英国在食品和药品安全以及民事侵权行为方面立法原则的转变，立法原则方面的转变对近代英国的发展又有什么影响。通过这些研究，窥探英国 19 世纪中后期政府与社会之间权力界限的变化情况，深化对英国 19 世纪中后期社会变革历程的认识。

　　本书的写作主要利用的原始文献为英国《汉萨德议会议事录》——*Parliamentary Debates（Hansard），1859 – 1880*；议会专门委员会的调查文件——*Parliamentary Select Committee Reports，1855，1856，1874，1878，1879，1894，1895，1896*；地方政府事务部的年度报告——*Local Government Annual Reports，1871 – 1882*；同时参考当时出版的《伯明翰纪事》及参与改革的一些重要人物出版的回忆录。

　　此外，为了分析当时社会对食品和药品掺假问题的认识，笔者阅读了当时报纸杂志上大量的相关文章。为此，笔者从"英国期刊全文数据库"（British Periodicals）、"泰晤士报电子版数据库"（*The Times* Digital Archive 1785—1985）、"西文过刊全文数据库"（JSTOR）、"牛津大学出版社电子期刊（1849—1995）过刊数据库"（Oxford University Press）、英国皇家化学学会（Royal Society of Chemistry）期刊及数据库、剑桥期刊在线数据库（Cambridge Journals Online）以及"医学电子期刊全文数据库"（LWW）等数据库搜集了相关文章 7000 多篇。这些文章主要集中在《泰晤士报》《柳叶刀》《英国医学杂志》《食品药品和化妆品法杂志》《反掺假评论》《化学新闻》《化学家和药剂师》《领导者》《检查者》《英国评论》《化学家和药剂师》《食品杂货商》《分析师》《雅典娜神庙》《食品杂志》《弗雷泽杂志》《伦敦评论》《周六评论》《公共卫生》《公共舆论》等当时有影响的公开刊物上。这些报纸杂志上的相关文章，对于深入了解当时的历史情境，加深对问题的认识大有裨益。

　　当然，除了研读大量的原始文献之外，本书还参考了国内外相关的研究成果。这些已有的研究成果是本书进一步研究、进一步思考的基础，对于笔者开拓研究思路、全面把握英国食品和药品安全立法进程大有帮助。

第一章 1850 年前英国的食品药品状况

自从人类进入文明社会，食品和药品安全问题便随之而来。为了使民众的饮食和药品状况符合人类的尊严，文明国家出于不同的目的，在不同程度上通过政府行为对食品和药品的生产和销售过程进行了一定程度的监管。英国也不例外，它对食品和药品的监管可以追溯到两千年前。

第一节 19 世纪前英国的食品药品状况

19 世纪之前，与欧洲其他国家，甚或世界其他国家相比，英国的食品药品状况没有什么特殊之处，存在着一定程度的质量问题和卫生问题。出于管理和税收的需要，英国政府也在出台法律不断干预食品和药品的销售。

一、19 世纪前的食品掺假与立法状况

早在古希腊时代，欧洲就有食品掺假的记载。[①] 英国有文字记载的历史可以追溯到古罗马统治时期。罗马本土经常出现一些食品掺假的现象，各种各样的掺假在时人的著作中多有描述，尤其是葡萄酒的掺假常被提及。

加图（Cato，公元前 234～前 149 年）在他的《农业论》、老普林尼（Pliny the Elder，23～79）在《自然史》中都提到许多葡萄酒被掺了水。[②] 最恶劣的葡萄酒掺假形式是在酒中加入对人的身体有害的铅，使葡萄酒变

---

① John Postgate, *Lethal Lozenges and Tainted Tea: A Biography of John Postgate*（1820 – 1881），Warwickshire, Brewin Books, 2001, p. 2.

② Peter Barton Hutt, Peter Barton Hutt Ⅱ, "A History of government Regulation of Adulteration and Misbranding of Food", *Food, Drug, Cosmetic Law Journal*, January 1984, Vol. 39, No. 1; F. Leslie Hart, "A History of the Adulteration of Food Before 1906", *Food, Drug, Cosmetic Law Journal*, January, 1952, Vol. 7, No. 1.

甜。由于当时基本没有分析化学这方面的知识，人们经常分不清含铁化合物和含铅化合物，无疑也会出现一些被错误地指控在葡萄酒中添加了铅或含铅物质的无辜的葡萄酒商。[1] 除了葡萄酒外，其他掺假现象也屡见不鲜。老普林尼提到当时的橄榄油中添加了"人造油"，面包中添加了豆粕等掺假物，胡椒中掺入了杜松子；还有一些人提到在优质蜂蜜中添加变质的蜂蜜，在变质的肉汤中添加调味品。[2]

罗马治下的不列颠虽然处在罗马统治的边缘地区，但与欧陆的交流比较频繁，在罗马出现的这些掺假现象在同一时期的不列颠也可能存在，但由于此时不列颠的商品经济还处于初级阶段，掺假现象不会太严重，还构不成一个普遍的社会问题。诺曼征服以后，随着王权的稳固、社会的稳定和国内外贸易的逐渐发展，掺假行为也越来越多。这种现象导致 13 世纪以后英国政府和英国的一些主要城市相继通过法令，对市场上出售的日常的饮食进行常规的检查，对酒和面包等主要消费品格外重视。

就啤酒来说，早在"忏悔者"爱德华统治时期（1042—1066 年），切斯特一个不法啤酒制造商就因为掺假受到了惩罚。他被按在一辆马车上游街，当时的一位文人在马车上隐讳地写着"厕所的残渣（the residues of the local privies）"。[3] 1266 年，议会颁布了一项法令，明确禁止销售掺假的啤酒，这个法令一直到 17 世纪才被一项综合性的法令取代。[4] 后来，一些城市任命了专门的官员——啤酒检查员——防止掺假，每种啤酒出售前都要经过检查员的批准。啤酒只有达到规定的标准，才能以市场上正常的价格出售；如果商家的啤酒质量比较差但是勉强还能喝，啤酒检查员就根据质量确定其市场价值。伍斯特的啤酒检查员手册上写道：在酿酒商把酒装桶的那一天，检查员要去市内每个酿酒商的房子里品尝他们的啤酒是否有损人体健康，确定其质量与价格是否匹配。有些地方也出台法令禁止使用脏水酿造啤酒，而且在制造的过程中要避免啤酒被污染，为此还规定了各种酿造程序。为了防止啤酒的供不应求，有法令规定，当麦芽价格上升造成

---

[1] J. Hubert Hamence, "The 1860 Act and Its Influence on the Purity of the World's Food", in *Pure Food Century* 1960, Hertfordshire, The Garden City Press Limited Letchworth, 1960, p. 8.

[2] Peter Barton Hutt, Peter Barton Hutt Ⅱ, "A History of Government Regulation of Adulteration and Misbranding of Food", *Food*, *Drug*, *Cosmetic Law Journal*, January 1984, Vol. 39, No. 1.

[3] John Postgate, *Lethal Lozenges and Tainted Tea: A Biography of John Postgate* (1820 – 1881), p. 2.

[4] W. D. Bigelow, "The Development of Pure Food Legislation", *Science*, Apr. 15, 1898, New Series, Vol. 7, No. 172.

啤酒的利润非常少时，在这些时段内也必须酿造一定数量的啤酒。[①]

在面包方面，掺假品主要包括豌豆、白垩、酸橙、明矾和白蜡木粉。其中最让人反感的就是明矾，可能是因为这种掺假品有时候会以相对较大的结晶体形态出现在面包中，很容易被肉眼看到。1203 年[②]，约翰一世（1199—1216 年）颁布了英国历史上第一个关于面包的法令，随后该法令被多次修订，并扩大了应用范围。[③] 1266 年，亨利三世（1216—1272 年）颁布了一条关于食品质量的法规，用"颈手枷和游街"惩罚不诚实的面包师、酿酒商、葡萄酒商、屠夫和其他商人。对于面包掺假，法令规定对违法者进行羞辱性的惩罚："如果在本城面包师的面包里发现任何问题，对于初犯，将他从公会会馆的篱笆里拖出来，把一片有问题的面包挂在他的脖子上，拖着他穿过人最多、最肮脏的大街，一直到他自己的家门口；对再犯，同样将他从公馆拖出来，以同样的方法穿过大街，这次要戴上颈手枷，至少白天要在那里站立一小时；对第三次违法者，把他从店里拖出来，推倒他的烤炉，这个面包师在本城将永远不能再从事面包行业。"[④]

亨利三世颁布的这条法规也指示了调查"城镇中是否有任何变味的葡萄酒，或类似的对人的身体健康有害的产品"，并且规定了对在酒中掺假的酿酒商的惩罚。关于对身体有害的其他掺假，该法规定，对于"出售传播传染病的肉，或者死于瘟疫的动物的肉"的屠夫，和"制作对人的身体健康有害的面包或鱼肉"的厨师，或者"将存储了很长时间以致失去了原本包含的对人有益的自然成分的肉、鱼和面包等进行焖煮然后出售"的厨师同等处理。[⑤] 亨利三世颁布的这条法令一直适用到近代早期，直到 1634 年才对该法令进行了修改，将管辖范围扩展到出售腐烂的或发霉的食品，并且规定了一些更严格的惩罚。该法令一直到 1709 年才被废除。

上述法律对违反者的处罚通常是罚款和销毁掺假商品，虽然对于性质恶劣的违法商人会处以肉体惩罚或监禁，但是有记载的体罚或监禁非常少。

---

① J. Anthony Delmege, *Towards National Health or Health and Hygiene in England form Roman to Victorian Times*, London, Willianm Heinemann, 1931, p. 52.

② 有一种说法是 1202 年，见 F. Leslie Hart, "A History of the Adulteration of Food Before 1906", *Food*, *Drug*, *Cosmetic Law Journal*, January, 1952, Vol. 7, No. 1；W. D. Bigelow, "The Development of Pure Food Legislation", *Science*, Apr. 15, 1898, New Series, Vol. 7, No. 172.

③ Peter Barton Hutt, Peter Barton Hutt Ⅱ, "A History of Government Regulation of Adulteration and Misbranding of Food", *Food*, *Drug*, *Cosmetic Law Journal*, January 1984, Vol. 39, No. 1.

④ John Postgate, *Lethal Lozenges and Tainted Tea*: *A Biography of John Postgate*（1820－1881）, p. 2.

⑤ Thomas Herbert, *The Law on Adulteration Being the Sale of Food and Drugs Acts*, 1875 and 1879, *with Notes*, *Cases*, *and Extracts from Official Reports*, pp. 7－8.

大约在 1550 年，伦敦市市长销毁了 5 桶啤酒，据说是因为一些杂草、硫黄和沙粒粘在了木桶上。[①] 有记载说，有一个假酒商被判处喝一口他的假酒，然后在大庭广众之下将剩下的酒倒在他身上；有一个出售掺假面包的商贩被绑在马车上，脖子上挂着他的掺假面包，在伦敦的街道上游街示众。[②] 对更严重的违法者，偶尔会处以监禁和枷刑。例如，1476 年，时人记载说：今年伦敦市市长罗伯特·巴西特（Robert Basset）严惩了几个面包师，他把几个制作掺假面包的商人枷刑示众。[③] 不过，这种严厉的惩罚很明显只在非常罕见的情况下才发生，所以其威慑作用非常小，商人支付罚款之后，继续出售劣质食品，继续赚取不义之财。

需要提及的是，19 世纪之前那些试图监督面包的质量和价格的法令（包括 1266 年的食品法）只涉及白面包，没有包含白面包以外的面包和家庭制作的面包。在中世纪，上层社会一般吃白面包，而中下层民众吃黑面包或褐色面包，最下层的贫民吃的是豌豆或蚕豆粉做的面包，这些面包在质量方面差别很大。由于能吃得起白面包的人很少，所以白面包并不常见，在面包总数中只占很小的比例。[④] 因此英国大部分面包的制作和销售并不在这些法律的管辖范围内，关于面包的法律主要是为了保障上层阶级的食品安全。

从理论上来讲，对于故意出售有害健康的食品的商人，消费者可以根据英国的普通法进行起诉；如果一个商人故意改变食品的纯度和质量，消费者也可起诉他；如果一个人故意出售不卫生的肉或药品而使消费者得病或死亡，那就可以以过失杀人罪起诉他；如果受害人能证明被商人故意欺骗了，受害人也能起诉商人要求赔偿。例如，圣艾夫斯法院（the Fair Court of St. Ives）的记录显示，1293 年 5 月，一名妇女在购买奶酪时，商贩保证这些奶酪味道很好，但事后这名妇女发现买到的两块奶酪已经变质了，于

---

① J. Anthony Delmege, *Towards National Health or Health and Hygiene in England form Roman to Victorian Times*, p. 53.

② 派克（Pike）在 1873 年声称，在 14 世纪中叶的英格兰到处都能见到面包师因为违反了食品法律，被强制戴上颈枷，脖子上挂着一条面包，被围观的民众嘲笑和羞辱。派克无疑夸大了英国对食品掺假进行惩罚的普遍程度，详见 Peter Barton Hutt, Peter Barton Hutt Ⅱ, "A History of Government Regulation of Adulteration and Misbranding of Food".

③ J. Anthony Delmege, *Towards National Health or Health and Hygiene in England form Roman to Victorian Times*, p. 53.

④ J. Anthony Delmege, *Towards National Health or Health and Hygiene in England form Roman to Victorian Times*, p. 52.

是根据普通法进行了起诉，结果商贩被判定犯了伤害罪，赔偿购买者的损失。① 然而，圣艾夫斯的案件属于个例，在实践中，由于根据普通法的起诉大都属于刑法范畴，在法庭上要求证明犯罪意图，所以根据普通法的刑事起诉，成功的案例很少。

除了政府颁布的食品法律外，中世纪的行会或同业公会在控制食品安全方面也做出了一定的贡献。早在 12 世纪，一些食品贸易行会就拥有了强大的影响力。② 为了保护成员的良好声誉，伦敦城的商人行会率先采取措施确保所售商品的质量。③ 14 世纪时，这些行会涵盖了所有重要的食品商，包括面包师、酿酒商、屠夫、厨师、杂货商、水果商和盐工。④ 行会有自己的规章制度，一般都禁止缺斤短两，禁止掺假。一些行会被皇家特许状授予了搜查权，成立了专门的机构维持所售商品的纯净，他们的规章能得到更好的执行，有时比政府的法律还有效。比如，由于香料掺假太普遍，杂货商行会任命了被称作"筛杂质者"的专门调查人员，他们可能是英格兰最早的食品检查员，其主要职责是检查香料和类似的产品，在这些商品出售之前清除掉其中的杂质和掺假物，像小石子和没价值的粉末之类的东西。⑤ 很明显，筛杂质者只能处理肉眼可见的最恶劣的掺假。啤酒也是行会密切注意的一种商品，啤酒商行会任命了啤酒检测师检测啤酒质量，然后根据其浓度或质量在桶上按等级标记出来。不过，他们的检测方法很原始，甚至有点滑稽。⑥

虽然中世纪英国政府的法律和行会的行规看起来非常严厉，但掺假现

① Peter Barton Hutt, Peter Barton Hutt Ⅱ, "A History of Government Regulation of Adulteration and Misbranding of Food", *Food, Drug, Cosmetic Law Journal*, January 1984, Vol. 39, No. 1.

② F. Leslie Hart, "A History of the Adulteration of Food Before 1906", *Food, Drug, Cosmetic Law Journal*, January, 1952, Vol. 7, No. 1; Peter Barton Hutt, Peter Barton Hutt Ⅱ, "A History of Government Regulation of Adulteration and Misbranding of Food", *Food, Drug, Cosmetic Law Journal*, January 1984, Vol. 39, No. 1.

③ Harry Jephcott, "To the Prejudice of the Purchaser", *Food, Drug, Cosmetic Law Journal*, June, 1960, Vol. 15, No. 6.

④ Peter Barton Hutt, Peter Barton Hutt Ⅱ, "A History of Government Regulation of Adulteration and Misbranding of Food", *Food, Drug, Cosmetic Law Journal*, January 1984, Vol. 39, No. 1.

⑤ Frank A. Vorhes, JR., "The Significance of Progress in Food Protection to Agriculture", *Food, Drug, Cosmetic Law Journal*, May, 1955, Vol. 10, No. 5.

⑥ J. Hubert Hamence, "The 1860 Act and Its Influence on the Purity of the World's Food", p. 7. 据记载，当时检查酿酒商的"品酒师"要把一些酒倒到一个木凳上，然后穿着他们的皮马裤坐在酒打湿的地方，通过残留物的黏度来检测酒，如果酒加糖了，品酒师就会被粘在座位上，参见 Frank A. Vorhes, JR., "The Significance of Progress in Food Protection to Agriculture", *Food, Drug, Cosmetic Law Journal*, May, 1955, Vol. 10, No. 5; W. D. Bigelow, "The Development of Pure Food Legislation", *Science*, Apr. 15, 1898, New Series, Vol. 7, No. 172.

象并没有销声匿迹，有时甚至更多了。① 近代以来，英国政府也零零星星地颁布了一些防止掺假的法律。在食品方面，17 世纪初，英国对"粗面包"和"细面包"初步制定了一定的标准，违反标准将会受到惩罚。② 1749 年，议会通过了一项法令，要求面包师在面包上作出标记，以便于消费者识别和政府执法。③ 由于这些法律的首要目标并非保护消费者，食品掺假的状况并没有改变，到 19 世纪初时，甚至有人抱怨伦敦市场上的面包混合了白垩、明矾和其他掺假物，寡淡无味，对身体有害。④

除了食品外，英国政府最关注的就是茶叶和咖啡的掺假了，在这方面颁布了许多法律。比如，英国在 1725 年就通过了一部法律，规定任何茶叶经销商、制造商、染色者，或自称将要做这些生意的人，不能用其他植物叶子仿冒茶叶或对茶叶掺假，不能用棕儿茶或任何一种或多种药品改变、调制或者加工茶叶，也不能混合或导致其混合了茶叶之外的其他叶子或者其他任何成分，否则罚款 100 英镑。6 年后，议会又通过了一部管理范围更广的法律，规定对于出售"掺假、伪造茶叶（sophisticating tea）"的行为也进行处罚。具体而言就是，"几个坏心肠的人用大量黑刺李叶子、甘草叶子和已经被饮用过的茶叶或者其他植物叶子反复染色、调制或加工仿冒成茶叶；用棕儿茶、糖、糖浆、黏土、洋苏木树及其他成分对那些叶子和茶叶进行混合、染色等，然后将这些假茶叶当作真正的茶叶出售，这对国王陛下的臣民的健康造成了损害，减少了税收，破坏了公平交易。"⑤ 该法对于出售掺假的茶叶的经销商施加惩罚，但是对于掺假者本身却没有任何惩罚措施，导致茶叶的掺假仍然非常普遍。

1777 年，议会通过了新的法律弥补了上述疏漏。一方面在茶叶掺假物清单上添加了其他植物的叶子，⑥ 规定如果用大量黑刺李叶子、白蜡树叶子、接骨木树叶子以及其他树和灌木叶子制作并冒充茶叶出售，"这样罪恶

---

① Harry Jephcott, "To the Prejudice of the Purchaser", *Food, Drug, Cosmetic Law Journal*, June, 1960, Vol. 15, No. 6.

② Peter Barton Hutt, Peter Barton Hutt Ⅱ, "A History of Government Regulation of Adulteration and Misbranding of Food", *Food, Drug, Cosmetic Law Journal*, January 1984, Vol. 39, No. 1.

③ Peter Barton Hutt, Peter Barton Hutt Ⅱ, "A History of Government Regulation of Adulteration and Misbranding of Food", *Food, Drug, Cosmetic Law Journal*, January 1984, Vol. 39, No. 1.

④ F. Leslie Hart, "A History of the Adulteration of Food Before 1906", *Food, Drug, Cosmetic Law Journal*, January, 1952, Vol. 7, No. 1.

⑤ F. Leslie Hart, "A History of the Adulteration of Food Before 1906", *Food, Drug, Cosmetic Law Journal*, January, 1952, Vol. 7, No. 1.

⑥ Peter Barton Hutt, Peter Barton Hutt Ⅱ, "A History of Government Regulation of Adulteration and Misbranding of Food", *Food, Drug, Cosmetic Law Journal*, January 1984, Vol. 39, No. 1.

的行为增长到一定程度，将损害大量的木材、森林和树林下的草丛，对国王陛下的臣民的健康造成伤害，减少了税收，破坏了贸易公平，助长了不劳而获和投机取巧的风气"①。这样的文字描述自然让人们脑海中闪现出了一幅画面，英格兰大量的树正被砍掉，大片的森林遭到了毁灭性的破坏，这样做只是为了出售假茶叶，代价有点太大了。另一方面，该法律规定，任何人，不论是不是茶叶经销商，只要调制或者出售假茶，甚至他监管的商品中出现了假茶，都要受到重罚或者被监禁，而且所有掺假的茶叶都必须被烧掉。②

　　至于咖啡，1718 年，议会仍然认为有必要制定一项法规，防止居心不良的商人继续"用水、油脂、黄油或类似材料烘焙咖啡，使咖啡变得不健康，并且大大增加了咖啡的重量"③，"对国王陛下的税收和他的臣民的健康造成了损害，而且损害了诚实的、公正的经销商"。因此，议会在 1719 年通过了一部法律，对知道用这些材料掺假咖啡还故意出售这种咖啡者罚款 20 英镑（在随后的一部法律中增加到了 100 英镑）。④ 为了防止消费税方面的欺诈行为，政府在 1731 年通过了一项涉及咖啡的较为综合性的法律，禁止使用咖啡豆以外的果实制造咖啡。⑤ 到了 1803 年，政府注意到了新的掺假形式，关于咖啡的法律被进一步修订，禁止使用任何烧坏的、烧焦的，或者烘烤过的豌豆、黄豆，或者其他植物种子冒充咖啡豆出售。⑥ 但是，没过多久就出现了另外一种非常流行的掺假物：菊苣。由于菊苣和咖啡的税率以及经营成本的差异比较大，许多商人将菊苣冒充咖啡出售，尽管国税

　　① Thomas Herbert, *The Law on Adulteration Being the Sale of Food and Drugs Acts*, 1875 *and* 1879, *with Notes, Cases, and Extracts from Official Reports*, 1884, pp. 9 – 10.

　　② Peter Barton Hutt, Peter Barton Hutt Ⅱ, "A History of Government Regulation of Adulteration and Misbranding of Food", *Food, Drug, Cosmetic Law Journal*, January 1984, Vol. 39, No. 1.

　　③ F. Leslie Hart, "A History of the Adulteration of Food Before 1906", *Food, Drug, Cosmetic Law Journal*, January, 1952, Vol. 7, No. 1; Peter Barton Hutt, Peter Barton Hutt Ⅱ, "A History of Government Regulation of Adulteration and Misbranding of Food", *Food, Drug, Cosmetic Law Journal*, January 1984, Vol. 39, No. 1.

　　④ Thomas Herbert, *The Law on Adulteration Being the Sale of Food and Drugs Acts*, 1875 *and* 1879, *with Notes, Cases, and Extracts from Official Reports*, 1884, p. 10. 也有文章认为这部法律是 1718 年通过的，见 Maree Gallagher and Ian Thomas, "Food Fraud: The Deliberate Adulteration and Misdescription of Foodstuffs", *European Food and Feed Law Review*, 2010, Vol. 5, No. 6.

　　⑤ Peter Barton Hutt, Peter Barton Hutt Ⅱ, "A History of Government Regulation of Adulteration and Misbranding of Food", *Food, Drug, Cosmetic Law Journal*, January 1984, Vol. 39, No. 1.

　　⑥ F. Leslie Hart, "A History of the Adulteration of Food Before 1906", *Food, Drug, Cosmetic Law Journal*, January, 1952, Vol. 7, No. 1.

局持续不断地努力防止这种行为，但收效甚微。[1] 19 世纪 50 年代初，《柳叶刀》的调查引起了报纸杂志等媒体舆论对咖啡掺假的强烈批评。[2] 在这种情况下，国税局于 1853 年发出命令：应该在咖啡和菊苣的混合物的包装上注明"出售的是咖啡和菊苣的混合物"。只要包装上有这样的标签，商人就可以出售这种混合物，但是标签上的这个说明必须是独立的，能引起顾客的注意。如果顾客需要真正的纯咖啡，商人必须给顾客提供真正的咖啡。顾客若不作特殊说明，一般默认是买混合咖啡的。[3] 国税局的这个命令并没有起到预想的效果，不粘贴这种标签偷偷出售的行为仍然非常多，一直到维多利亚晚期提高了菊苣的税率后才终止了这种掺假。菊苣税率的提高一方面使税务局减少了损失，另一方面也使在咖啡中添加菊苣的行为得不偿失。

近代早期政府加强监管的另一个值得一提的饮品是啤酒。1604 年，英国颁布了一项法令，禁止通过弄虚作假购买腐烂的、不卫生的啤酒花，禁止啤酒花的"虚假包装"。[4] 在威廉三世统治时期，英国在 1701 年通过了一项法律，禁止在啤酒和麦芽酒中使用糖、蜂蜜、外国的谷物、几内亚胡椒、非常黑的焦糖、印度防己或任何不健康的成分。[5] 乔治三世时期通过了一部关于啤酒的法律，规定任何啤酒酿造商或零售商"不能为了加深麦芽汁或啤酒的颜色，将任何烈性酒、任何汁液或其他成分混合到麦芽或啤酒中，除了在酿造时普遍正常添加褐色的麦芽——不论是磨过的还是未磨过的——之外，也不能在麦芽汁或啤酒中使用或混合任何糖浆、蜂蜜、甘草、苦木科植物中提取的汁液、印度防己、摩洛哥豆蔻、几内亚胡椒，或者鸦片，或者任何榨取物和其他任何成分，不能用上述任何成分取代麦芽"，否则将罚款 200 英镑。[6]

上述古代和近代以来的各种反掺假的法律，只涉及民众饮食中的一部

① Thomas Herbert, *The Law on Adulteration Being the Sale of Food and Drugs Acts*, 1875 *and* 1879, *with Notes*, *Cases*, *and Extracts from Official Reports*, 1884, p. 10.

② 详见本书第二章第一节。

③ *First Report from the Select Committee on Adulteration of Food*, & *Co.*; *with the Minutes of Evidence*, *and Appendix* (8 August 1855), p. 51.

④ Peter Barton Hutt, Peter Barton Hutt Ⅱ, "A History of Government Regulation of Adulteration and Misbranding of Food", *Food*, *Drug*, *Cosmetic Law Journal*, January 1984, Vol. 39, No. 1.

⑤ F. Leslie Hart, "A History of the Adulteration of Food Before 1906", *Food*, *Drug*, *Cosmetic Law Journal*, January, 1952, Vol. 7, No. 1.

⑥ Thomas Herbert, *The Law on Adulteration Being the Sale of Food and Drugs Acts*, 1875 *and* 1879, *with Notes*, *Cases*, *and Extracts from Official Reports*, 1884, p. 11.

分，尽管其最主要的目的是控制价格、确保特定食品的持续供应[1]、保护税收、抑制不道德的竞争，但保护消费者的利益和健康也是立法者考虑的因素之一，而且这些目标之间似乎不太可能完全分开，在不同的时间和不同的地方，一个目标相对于另一个可能会更加被突显。[2] 在 19 世纪中叶以前，这些法律法规基本构成了英国防止食品掺假的制度框架。

总体来说，从中世纪到 19 世纪初，食品掺假的方式相对来说比较少，手法也比较简单。在某些情况下，掺假食品（通常更便宜）成为常态，一些消费者实际上更喜欢掺假食品的味道，而不是真正的纯净食品的味道。[3] 相应地，检测食品掺假的技术的发展也很缓慢，小共同体的社会控制和中古以来的各种食品法有助于把食品掺假降到最低程度。从 1203 年到 19 世纪的 600 多年里，英国民众的两大主要饮食——面包和啤酒，其质量和价格都受到一定的控制，掺假现象虽然也屡见不鲜，但还没有到泛滥成灾的地步。弗雷德里克·菲尔比博士在 1934 年出版的专著《食品掺假及分析史》中就认为，食品掺假现象一直到 1820 年都相对比较少。[4]

二、19 世纪前的药品掺假与立法状况

从人类发现某些植物成分和矿物成分有助于疾病的治疗开始，药品的掺假也就随之出现。公元 1 世纪，希腊一个外科医生佩达尼乌斯·迪奥思科雷德斯（Pedanius Dioscorides）编辑了一本《药品集》，里面提到了 1000 多种药品，描述了 40 种掺假物以及掺假方法。古希腊罗马时代其他著名的学者作家泰奥弗拉斯托斯（Theophrastus，公元前 371 ～前 287）、老普林尼和帕加马的盖伦（Galen，129 ～约 201）等人在他们的著作中也都提到了药品掺假。比如，老普林尼在描述了一些药品掺假方法之后，批评说当时"时髦的药店用欺诈性掺假破坏一切"，他认为罗马社会实际上正在破坏大自然本身的恩惠。[5]

---

① Peter Barton Hutt, Peter Barton Hutt Ⅱ, "A History of Government Regulation of Adulteration and Misbranding of Food", *Food, Drug, Cosmetic Law Journal*, January 1984, Vol. 39, No. 1.

② Frank A. Vorhes, JR., "The Significance of Progress in Food Protection to Agriculture", *Food, Drug, Cosmetic Law Journal*, May, 1955, Vol. 10, No. 5.

③ Maree Gallagher, Ian Thomas, "Food Fraud: The Deliberate Adulteration and Misdescription of Foodstuffs", *European Food and Feed Law Review*, 2010, Vol. 5, No. 6.

④ Frederick A. Filby, *A History of Food Adulteration and Analysis*, London, George Allen & Unwin Ltd., 1934, p. 16.

⑤ Peter Barton Hutt, Peter Barton Hutt Ⅱ, "A History of Government Regulation of Adulteration and Misbranding of Food", *Food, Drug, Cosmetic Law Journal*, January 1984, Vol. 39, No. 1.

盖伦也表达了对药品掺假的忧虑。他说，甘松里掺了一种称作"伪甘松"的植物，这种植物到处都有，其苍白的颜色一般用来漂白；甚至这种伪甘松也被掺假，通过混合真甘松的根增加重量；树胶有时也被掺到甘松里面。盖伦在他的书中提到的具体掺假很少，他拒绝揭露掺假的任何方法，他害怕公开掺假方法后会被居心不良者滥用。盖伦特别强调区分真假药品的必要性，他尽一切可能从声誉良好的药店直接获得药品以保证其纯度。[1] 盖伦呼吁医生对自己开出的药物的质量负责，建议医生亲自参与药品的配制，或者由其负责任的助手密切监督药品的制造。[2]

到了中世纪，药品掺假现象依然非常突出。据欧洲12世纪的著名药书记载，在当时，40磅药品中连两盎司没有质量问题的药品都很难找到。1526年，伦敦出版了一部药书《伟大的草药》。该书最明显的特色之一是，为了保护大众而揭露制造假药的方法，说明了当时药品掺假的程度。一直以来，保密是药商的惯用手段，药商通过保密获取高额利润，同时限制外人进入药品市场。《伟大的草药》这本书则把药品的掺假直接展现在公众面前，虽然是非常有限的公众，但这已是自希腊草药医生时代以来一个重大的飞跃。[3]

1617年，药剂师协会从英格兰古老的杂货商行会中脱离出来，开启了强调营养和药物科学的新时代。[4] 著名的科学家罗伯特·波义耳（Robert Boyle）开始通过化学实验检测药品的掺假。他抱怨说，在检查中经常能碰到掺假的化学制品。波义耳在他1661年出版的著作中写道：他很熟悉商店里面的药品，知道那些药品是怎样被贪婪的、不道德的商人掺假的，尤其是名贵的药品，掺假对他们来说获利更大。波义耳说的这种情况后来被阿姆斯特丹一个很著名且严谨的化学家所证实。阿姆斯特丹的这位化学家也是一个商人，他使波义耳相信，卖给西方的大部分肉桂和丁香在送到欧洲以前就已经被掺假了。1690年，波义耳出版了一本小书，这本书是英语世界第一本关于检测药品掺假的方法的著作。[5]

17世纪90年代皮埃尔·波密特（Pierre Pomet）出版的《药品史》是

---

① Ernst Walter Stieb, *Controlling Drug Adulteration in England* (1820 – 1906), pp. 23 – 29, 59.

② David L. Cowen, "Pharmacists and Physicians: An Uneasy Relationship", *Pharmacy in History*, 1992, Vol. 34, No. 1.

③ Ernst Walter Stieb, *Controlling Drug Adulteration in England* (1820 – 1906), pp. 67, 75.

④ Peter Barton Hutt, Peter Barton Hutt II, "A History of Government Regulation of Adulteration and Misbranding of Food", *Food, Drug, Cosmetic Law Journal*, January 1984, Vol. 39, No. 1.

⑤ Ernst Walter Stieb, *Controlling Drug Adulteration in England* (1820 – 1906), pp. 79, 82.

药品掺假方面的经典著作之一。在谁对掺假负责问题上，波密特认为是外国供应商的责任。但是对于他所在的国家内的药品，他认为掺假不是一般的商人或者批发商干的，而是小零售商干的，他们毫无良心地把有害的药品卖给善良的人民。波密特本人是一个药品批发商，也许他这样说仅仅是在回击对药品批发商的指责，但是他提出的谁对掺假负责的问题将在未来的争论中被不断提及。J. E. 基利伯特（J. E. Gilibert）在其 1776 年的书中认为，药品在制造过程中的每一个环节都被掺假了，每一个阶层都有错；同时因为药剂师太多，鱼龙混杂，泥沙俱下，有些药剂师即使想正派地做事也很难。①

19 世纪之前，在药品控制方面，英国中央政府层面没有通过专门的法律进行管理，药品掺假引起的重大问题一般都通过普通法调节。但是在地方上，一些城市授权医药行会制定行业准则管理药品问题。医药业的行会严格控制谁可以从事药品的配制工作，谁可以接受制药工作的培训，如何训练制药业的学徒等。② 所以中世纪的行会和后来的伦敦市商业公会在控制药品掺假方面发挥了一定的作用。例如，在 16 世纪，由英格兰医师学院任命的检查员被授权调查和惩罚药品销售和医疗实践中的违规行为，他拥有检查药房、销毁被篡改的和掺假的药物及针对药剂师进行考试并颁发执照的权力。③ 到 17 世纪，在皇家医师学院的帮助下，药剂师协会从杂货商行会中分离了出来，并且在 1617 年获得了独立的特许状；④ 药剂师协会有权检查药剂师的商店，如果发现假货，所有假货将在商店外面的大街上被烧掉，店主也要受到惩罚，甚至会被驱逐出公会。⑤

由于药品的制造涉及专门的知识和技术，普通民众一般难以感知药品掺假的存在，只有从事这个行业的技术人员才知道药品掺假的程度。所以从上古时期到现代，药品安全的问题，除了价格，一般不会引起普通民众的注意。实际上，在对药品掺假的科学分析和社会控制方面，古希腊罗马

---

① Ernst Walter Stieb, *Controlling Drug Adulteration in England* (1820 – 1906), pp. 67, 75, 40, 97, 105 – 107.

② David L. Cowen, "Pharmacy and Freedom", *Pharmacy in History*, 1984, Vol. 26, No. 2.

③ W. D. Bigelow, "The Development of Pure Food Legislation", *Science*, Apr. 15, 1898, New Series, Vol. 7, No. 172; David L. Cowen, "Pharmacists and Physicians: An Uneasy Relationship", *Pharmacy in History*, 1992, Vol. 34, No. 1.

④ David L. Cowen, "Pharmacists and Physicians: An Uneasy Relationship", *Pharmacy in History*, 1992, Vol. 34, No. 1.

⑤ John Postgate, *Lethal Lozenges and Tainted Tea: A Biography of John Postgate* (1820 – 1881), Studley, Brewin Books, 2000, p. 3.

时代的老普林尼、盖伦等人的著作所提出的方法直到 19 世纪才被突破，更好的检测方法直到 19 世纪中期或晚期才被提出。由于有效的检测方法的缺乏，实践中可操作的、行之有效的防止药品掺假的方法很难被制定。

第二节 19 世纪上半叶英国的食品药品状况

第一次工业革命的开展彻底改变了英国社会，食品和药品的销售模式与以往相比也发生了较大的变化，人口的聚集使掺假更加有利可图，新的技术条件也为掺假提供了便利，信息的快速传播也使得部分消费者发现自己购买的饮食和药品竟然是那样的糟糕。

一、19 世纪上半叶英国的食品药品掺假

（一）食品药品的掺假状况

开始于 18 世纪的英国工业革命，到 19 世纪初已经显示出初步的效果，城市化的进程快速发展，高度集中的城市人口带来了一系列问题。食品药品掺假问题与以前相比，变得更突出了。

《文学公报》在 1820 年评论一本著名的书的时候报道：人们所喝的饮用水很恐怖，不知道井里面都充满了什么让人呕吐的东西，似乎铅管、蓄水池和铜容器都是高度危险的。葡萄酒同样充满了各种掺假物，面包是帮助人们通向坟墓的拐杖，而非生活的支撑；波特酒让人感觉不到它的香甜。药品方面，很少有药能治病，差不多每种药里面都包含毒药，安慰剂中找不到可以安慰人的东西。家庭的餐桌上，就没有纯净的或无毒的东西。与以前相比，屠户用新方法喂养出来的肉少了很多营养；格罗斯特干酪已经被致命毒药红铅污染了，当红铅很缺乏时，干酪还混合了着色的胭脂树红；胡椒掺有人造的胡椒子，这种胡椒子由油炸饼（棉籽油残渣）、黏土和一部分辣椒构成，将这些东西一起粉碎，用筛子过滤后再碾成粉末装桶；碾碎的辣椒经常添加一部分真辣椒或者辣椒仓库里最差的辣椒—— 一种低劣的辣椒。①

《文学公报》继续写道：掺假的醋、掺假的红奶油、掺假的止咳糖、掺假的芥末、掺假的柠檬酸、有毒的辣椒、有毒的腌菜、有毒的糖果、有毒

---

① "Poisoning of Food", *Literary Gazette* (Jan. 15, 1820), p. 37.

的调味酱、有毒的沙司、有毒的鱼酱油、有毒的橄榄油、有毒的苏打水等比比皆是；而且这还不算完，这些有毒的东西被装在有毒的铜容器和铅容器中，毒上加毒。人们吃的腌菜加了铜后变得更绿；醋加了硫酸而味更足；奶油是在坏牛奶中加米粉和木薯粉制成的；糖果中混有糖、淀粉和土，并且用铜制品和铅制品来着色；调味酱是由蒸馏酒醋的残渣和煮胡桃绿色外皮的汁液构成的，再加上干椒粉、辣椒、西班牙甘椒、洋葱和盐来调味；芥末由芥末、小麦粉、辣椒、粗粒盐、莱菔子、姜黄和豌豆粉构成；柠檬酸和柠檬水通常是由廉价的酒石酸加工成的。①

《布莱克伍德的爱丁堡杂志》以非常幽默的方式写道：掺假是啤酒制造商、面包师、食品杂货商、葡萄酒商、糖果商、药剂师和厨师反对国王陛下所有臣民的生命的阴谋。欺诈已经达到很可笑的程度。人们都逃不掉地陷进这个强大的欺诈迷宫，甚至售毒者自己也被惩罚性的正义反过来逼迫吞食这种苦果。因为，出售有毒成分给面包师的药剂师在为自己的流氓行为得意的时候，他每天大量喝的啤酒中也有他自己的药品。反过来，啤酒商也被面包师、葡萄酒商和食品杂货商所毒害。而且，不论面包师的胃何时不舒服，他都会在他的朋友药剂师那里遇到致命的一击，卖给他的药是假药，而药剂师由于每天早晨都吃含有白垩和明矾的热卷，其健康也逐渐恶化。②

1825 年，《农夫的杂志》报道：在伦敦，过去是一品脱水加两品脱牛奶，现在则是四品脱水加到十或十一品脱牛奶里，再混合一些据说在母牛的乳腔里面已经被稀释过的液体。因为喂给奶牛的是蒸馏泔水、谷物、生马铃薯和许多其他相似的物质，在伦敦全年都这样喂，其他大城市冬天这样喂，结果奶牛的牛奶产量增加了，但却牺牲了质量。……其他许多大城市的掺假现象同样很厉害，而且由牛奶制成的食品的质量同样很糟糕。③

1844 年，《钱伯斯的爱丁堡杂志》中发表的文章写道：大城市居民很有理由不断抱怨卖给他们的牛奶严重掺假。（商人用——引者注）水和其他异物把牛奶染成所需要的白色，所用的色料大多数公众都很少听说。……在伦敦，很难获得质量过关的牛奶，有钱的家庭消耗的牛奶比较大，因而他们直接从郊区农场中获取；大酒馆和旅店为了自己的利益，从奶牛场购

---

① "Poisoning of Food", *Literary Gazette* (Jan. 15, 1820), p. 38.

② "There Is Death in the Pot", *Blackwoods Edinburgh Magazine* (Feb. 1820), p. 547.

③ "On the Quality, Price, and Consumption of Milk", *Farmer's Magazine* (August, 1825), p. 321.

买牛奶，因为通过其他方式很难获得真牛奶。①

媒体对掺假的这些报道虽然有夸大和以讹传讹的成分②，而且有些掺假并非有意为之，而是属于无心的疏忽③，但是这一时期与此前相比，掺假明显增多却是事实。19世纪上半叶的人们明显感觉到食品的状况与此前有所不同了，其中一个很重要的原因是政府的不作为。1815年，议会曾经派出委员会调查面包问题。委员会的意见是，自由竞争比管理和限制能产生更多的利润。结果，1815年废除了面包法，1830年废除了啤酒法。废除法律的结果是面包和啤酒的掺假比以前更严重了，以致1822年伦敦市通过新法，禁止面包掺假；乔治四世时期（1820—1830年在位）也通过了一条法律，规定在面包中添加明矾构成了刑事犯罪；威廉四世时期（1830—1837年在位）又通过了一条法律，规定面包只能用某些原料制作才是合法的，还规定不是小麦制作的面包必须专门注明，否则不仅要接受惩罚，而且还要把他们的名字和违法行为刊登在特定的报纸上。这些法律看似严厉，实则没有考虑到当时的实际状况，所以执法的效果并不明显。

总的来说，在当时的许多媒体看来，19世纪上半叶食品药品掺假无处不在，已经渗透到每一个家庭、每一个阶层的生活当中，只是掺假的程度不同而已。

（二）掺假造成的严重后果

食品药品掺假泛滥的影响是巨大的，下至百姓的身体健康、经济收入，上至国家的发展、民族的前途。

第一，掺假的泛滥严重影响了人们的身体健康，尤其是下层民众的健康。

19世纪上半叶，城市下层民众生活艰苦，劳动强度大，身体的健康状况相对比较差。掺假的食品在营养价值方面可能大为减少，本来就食不果腹的劳工长期食用掺假的食品，造成了严重的营养不良，很容易疾病缠身。雪上加霜的是，药品也被掺假了。吃了掺假的药品之后，他们本来可以治愈的小病被拖延成了大病，本来能够被治愈的病反而送了患者的命。据曼彻斯特统计协会1837年统计，19世纪上半叶城市人口的平均寿命大大低于农村人口，下层民众的平均寿命大大低于上层人民。④不得不说，这与城市

---

① "Adulterated Milk", *Chambers's Edinburgh Journal*, December 7, 1844, p. 363.

② 比如，当时很多报道掺假的报刊都提到牛奶里面掺有羊脑或者狗脑。

③ 比如，有报纸提到有的食品里面添了土。

④ 钱乘旦：《第一个工业化社会》，第113页。

中食品药品掺假的泛滥有很大的关系。

英国的报纸杂志对于掺假对消费者健康的影响有明确的揭露。[①]《文学公报》1848 年发表文章列举了大量食品药品掺假后反问道："在这样的环境下……我们怎能奢望死亡率降下来呢?"[②] 1820 年,《英国评论,和伦敦批评杂志》举例说,一个男人有 21 个孩子,其中 8 个孩子小时候就死了,这些孩子都明显生病了,尤其是胃病。[③] 1856 年,《钱伯斯的大众文学、科学和艺术杂志》发表文章说,"没收病牛的事情经常发生,说明这种恶心的交易很流行""屠夫(出售的)腐烂的肉不仅让人恶心而且对健康有害"。[④]

第二,食品药品掺假影响了国家的财政收入和民众的钱袋子。

在英国,一直到 1842 年开征个人所得税之前,对食品和饮料所征收的关税和国内税几乎占了全国税收的一半。由于食品药品掺假的泛滥,国家的税收大受影响,损失严重。1855 年 7 月 13 日,哈塞尔在议会调查食品药品掺假的专门委员会举行的听证会作证时说,据估计,单单啤酒的税收损失每年就有 10 万镑,[⑤] 这些钱都流入了往啤酒里面掺水的奸商的腰包。为了避免税收流失,议会曾经先后通过对茶叶、咖啡和糖进行检查的法律,但由于税务部门执行不力,掺假状况并没有多大的改观。

掺假的食品药品虽然比没有掺假的食品药品便宜,但民众并没有因此在经济上占便宜,反而是吃了亏。《柳叶刀》的创办人托马斯·威克利指出,在咖啡中添加菊苣等掺假物只会使商人牟取到更多的利润,而消费者的相对经济损失更大。威克利认为,菊苣不能当作咖啡卖,如果穷人想买咖啡菊苣混合物,他们至少应该知道混合的比例。[⑥]

对于受害最深的普通下层民众而言,面对掺假的普遍横行选择了默默

[①] "The Poor Man at Market", *Chambers's Journal of Popular Literature*, *Science and Arts*, June 14, 1856, p. 376.

[②] "Sanatory Measures", *Literary Gazette*, August 19, 1848, p. 545.

[③] "Accum on Adulterations of Food", *British Review*, *and London Critical Journal*, March, 1820, p. 172.

[④] "The Poor Man at Market", *Chambers's Journal of Popular Literature*, *Science and Arts*, June 14, 1856, p. 376.

[⑤] *First Report from the Select Committee on Adulteration of Food*, *& Co.*; *with the Minutes of Evidence*, *and Appendix* (July 27, 1855), p. 30.

[⑥] S. Squire Sprigge, *The Life and Times of Thomas Wakley*, New York, Robert E. Krieger Publishing Company, 1974, pp. 466 – 467.

地忍受，[1] 对于他们来说能填饱肚子就不错了，何况因为掺假行为的存在，他们偶尔也能买一些此前只有有钱人才能享受到的食品，这种状况一直持续到 19 世纪末。1894 年伦敦城的公共分析师塞奇威克·桑德斯（Sedgwick Saunders）博士在其年度报告中还批评说民众对食品药品掺假法案的实施漠不关心。[2] 只有在掺假产生了轰动效应之时，普通民众才抬起头来看看自己的食品药品的状况。比如 1858 年发生的"布拉德福德（Bradford）砷中毒"事件导致了 20 人死亡，数百人身患重病。民众纷纷给报刊写信表达自己的愤怒，《泰晤士报》就发表过这样的信件。[3]

第三，食品药品掺假影响了整个民族的道德。

随着工业革命的开展，食品药品掺假在这两个行业内已经成为公开的秘密，当时介绍各种掺假方法的小册子到处传播。许多人通过掺假，以牺牲消费者的健康和经济利益为代价，赚取了大量的不义之财。

普遍的掺假颠覆了诚实这个最重要的社会原则。更可怕的是，掺假被商人看作"公平的"商业行为，他们不以为耻，反以为荣。罗伯特·欧文（Robert Owen）抱怨说，"所有人都努力把东西卖得贵，买得便宜""为达此目的，双方都要想方设法获得强大的诈骗能力；因此，商业界就产生了一种精神，破坏了开放、诚实的原则"。[4] 当商业阶层作为一个整体将掺假视为一种正常现象时，很容易腐蚀社会的风气，对青少年的影响尤其大：为了自己的私利，可以违背道德，可以践踏一切良好的原则，而且这样做没有任何代价，不会受到惩罚。信奉这些主义的民族自然可能逐渐走向集体的道德堕落之路。

二、食品药品状况恶化的原因

与此前相比，学者大多认为工业革命时期英国的食品药品状况进一步

---

① Jillian London, "Tragedy, Transformation, and Triumph：Comparing the Factors and Forces that Led to the Adoption of the 1860 Adulteration Act in England and the 1906 Pure Food and Drug Act in the United States", *Food and Drug Law Journal*, 2014, Vol. 69, No. 2.

② "The Public and the Adulteration of Food and Drugs Act in the City", *The British Medical Journal*, Mar. 10, 1894, Vol. 1, No. 1732.

③ Jillian London, "Tragedy, Transformation, and Triumph：Comparing the Factors and Forces that Led to the Adoption of the 1860 Adulteration Act in England and the 1906 Pure Food and Drug Act in the United States", *Food and Drug Law Journal*, 2014, Vol. 69, No. 2.

④ George R. Searle, *Morality and the Market in Victorian Britain*. Oxford, Clarendon Press, 1998, p. 5.

恶化，之所以出现这种状况，原因是多方面的，具体如下：①

（一）以市场经济为主导的商业行为没有得到有效的制度约束

这个理由其实也是任何时代都存在掺假的部分原因之一。在市场经济之下，衡量一个人地位高低的标准之一是他赚取了多少钱，人们一般不介意他通过什么方法赚到钱。在商品交易的过程中，消费者和商人在信息方面的严重不对称，商人为了赚取更多的钱，很容易想到造假，所以只要有交易发生就可能存在欺诈。一些食品药品制造商和销售商为了降低成本以牟取更多的利润，在食品药品中掺假就成了他们最方便的选择。

如前所述，自中世纪以来，英国存在着一些管理食品药品掺假的法律，但这些法律所起的作用有限。近代以来，随着形势的变化，英国地方政府和中央政府几经变革，原先的法律已经基本不具备可操作性了，尤其是工业革命以来大量新出现的城镇不受中世纪的法律的约束。行会的规章制度是中世纪防止食品药品掺假的另外一种方法，但这种方法也逐渐失去了作用。资本主义的发展已经打破了行会的限制，到第一次工业革命时期，旧的行会已经消失殆尽。没有了硬性条件制约的食品药品市场，自然容易陷入无政府状态。

对 19 世纪的英国政府来说，主导其行为的是"自由放任"的思想，这种思想使政府很难重视食品药品掺假问题。18 世纪以来，"自由放任"的经济思想兴起并逐渐大行其道。这种思想认为，为了发展商业，应该让个人自由活动、自由发展、自由竞争，不应该用法律或习惯去限制或约束商业活动，由一只"看不见的手"来管理完全可以把国民经济安排得符合自然秩序的要求，而且社会各阶层都可以从这种秩序中得到自己想要的东西。所以对于商业的发展，政府不能干预，要完全依靠市场机制调节商业生产和流通，市场机制是唯一的自发调节器；政府只能充当守夜人的角色，它的职能仅限于保护国家、维护公正与秩序、提供公共产品等方面。到 19 世纪初，"自由放任"的思想已经成为英国社会的主流思想，虽然也存在一些不同的声音，但远不能与"自由放任"的思想抗衡。英国政府成员很多都是"自由放任"思想的信奉者，他们把事关公民身体健康和素质、民族未来这样的大事也当作经济问题，不予理睬，对食品药品的掺假听之任之，结果导致商人肆无忌惮地生产、出售掺假的食品药品。

---

① 魏秀春博士在其论文中提到国外一些学者所认为掺假盛行的一些原因，包括食品产业的过度竞争，税收过重，掺假食品和酒有庞大的消费群体等，详见魏秀春：《英国食品安全立法与监管史研究（1860—2000）》，北京：中国社会科学出版社，2013 年。

（二）工业化和城市化为大规模的掺假提供了机会

在工业革命之前，英国仍然处于农业占统治地位的社会，人们所需的大部分食品是自给自足的。18世纪上半叶，英国绝大部分的人口从事的是农业，80%的人住在农村。就连手工业者也和农业有紧密的联系，他们有的在村子里有自己的一块地，属于半农半工的状态；有的虽然以手工业为主，但同时在住宅旁种植蔬菜、水果，甚至一定数量的粮食，以达到自足。①

由于工业革命前的市场规模很有限，人们即使需要购买一些食品，也是从当地的商人处购买。消费者能看到他们购买的食品生产、加工和出售的环境，商人的未来和商业前途也依赖于其食品清洁度和诚实的声誉。退一步来说，即使社会不能控制食品掺假，小城镇依靠当地的法令和行会也能控制当地的商业活动，消费者很少感到需要外部的保护。以屠宰业为例，那时小社区的消费者主要依靠社会制约来控制他们的肉食品质量。当地的屠户从当地的农夫处买来牛、羊、猪和鸡，用当地的设施屠宰，在自己的店铺中切割。消费者能参观产品的整个加工过程。屠夫越过柜台能看到认识他的消费者，而且消费者还可能认识屠夫的父亲，屠夫的孩子和消费者的孩子一起去上学。屠夫以他们的职业为荣，他们知道自己任何不轨的行为马上就能传遍整个社区，所以在工作上小心谨慎。② 当然这种温情脉脉的手工的家庭作业并不能保证销售的所有食品都是卫生的、纯净的，个别的商人也会为了利益而置邻里温情于不顾，消费者和小商小贩对于食品的质量也会出现争执。

随着工业革命的开展，英国城市化进程的加快，那种田园诗式的风光逐渐不复存在，"快乐的英格兰"逐渐消失。③ 到1851年，英国城市人口已经占英国人口的51%。④ 工业革命带来的工业的增长和交通的急剧发展使食品、饮料和药品的生产脱离了社区的控制，在大城市中集中了起来，改变了过去小生产的状况。一方面，大城市自身的人口越来越多，对食品等生产资料的需求也大增，过去的小生产已经难以满足这么多人口的生存需求；另一方面，铁路系统可以把大城市制造的食品运到其他城市以及很偏

---

① 钱乘旦：《第一个工业化社会》，第5～6页。

② Lorine Swainston Goodwin, *The Pure Food, Drink, and Drug Crusaders, 1879-1914*, Jefferson, North Carolina, and London, Mcfarlan&Company, Inc., 1999, p.21.

③ 钱乘旦：《第一个工业化社会》，第1页。

④ 王章辉、孙娴：《工业社会的勃兴》，北京：人民出版社，1995年，第248页。

远的地区，还可以把偏远地区的商品运到城市。这样的改变使大公司逐渐取代小商业，实行封闭的工厂式的集中生产。这使消费者的食品供应完全掌握在制造商和销售商手中。食品商没有了消费者的直接监督，制造出来的食品质量就完全看他们良心的多寡了。[①]

此外，城市化和工厂制给许多人带来了健康问题，为掺假药品的肆虐提供了土壤。19 世纪的英国的城市化在快速发展的同时，城市的基础设施建设远远落后于城市发展的需要。在当时的许多城市里，贫民窟像雨后蘑菇一样，到处都是。贫民窟所在的地方，通常都是最肮脏的地方，垃圾遍地，污水成河，空气混浊，饮用水受到严重污染，这导致了城市流行病频发。在 19 世纪上半叶，城市人口的平均寿命大大低于农村人口，下层人民的平均寿命大大低于上层人民。[②]

工业革命把大量农村人口吸引到城市之后，却没有给他们提供一个稳定的生活。许多农村进城人员流离失所，工作朝不保夕，心灵所受的折磨可想而知，身体健康也每况愈下；即使是在工厂中有稳定工作的工人，他们的生活也很艰辛，工厂条件艰苦，劳动强度大，有些行业更是对健康的摧残。加上工业化带来的环境污染，健康出现问题成了普遍现象。这就为药品的大量生产提供了市场，一些骗子抓住机会，到处推销他们的"灵丹妙药"。

（三）与科学技术的发展有一定的关联

工业革命之前，科学技术还不发达，那时候大多只是类似米里掺沙、酒里掺水之类的非常简单的掺假。随着工业革命的进行，化学、物理和生物等学科也快速发展，人们对许多物质的性质了解得越来越清楚，能够通过科学技术改变物体本来的面貌。这些技术在造福人类的同时，也为掺假提供了条件。

例如，隔离和辨认细菌、霉菌和酵母的技术以及新发现的化学制品被用来储藏食品或者掩盖食品腐烂的痕迹。大公司开始雇佣工业化学家给腐烂的鸡蛋和发臭的黄油开发除臭剂除臭，开发色素增强颜色，开发添加剂改变味道，寻找方法软化果酱中的芜箐并且使泡菜保持新鲜。食品化学家和细菌学家在制造商那里很受欢迎，他们使已经腐烂的食品看起来正常，

---

① Jillian London, "Tragedy, Transformation, and Triumph: Comparing the Factors and Forces that Led to the Adoption of the 1860 Adulteration Act in England and the 1906 Pure Food and Drug Act in the United States", *Food and Drug Law Journal*, 2014, Vol. 69, No. 2.

② 钱乘旦：《第一个工业化社会》，第 112～117 页。

用人造的化学品取代自然的产品，明目张胆地行骗。越来越多的不良商人开始利用这些技术改造食品药品，以牟取更多的利益。对此，当时的报刊亦有报道。比如，1846 年时，《新季度评论》或者《国内、国外和殖民地杂志》指出，现代化学、生理学以及其他科学在市民经济方面的成功应用，非常明显地帮助了这种掺假的"邪恶"发展。① 1856 年，《威斯敏斯特评论》说，一些商人使用铜绿使咸菜的颜色看起来非常漂亮；用化学品使鱼酱的颜色更红。② 在那之前，利用化学物质给食品药品掺假显然是相对较少的。

此外，印刷业的发展为掺假信息的传播提供了便利条件，使越来越多的商人知道如何更隐蔽地掺假。在古腾堡的活字印刷技术出现之前，西方的书籍的印刷和传播成本非常高。到 18 世纪的时候，印刷的成本与此前相比已经大大降低，人们能相对比较容易地买到各种廉价的印刷品，这导致了各种描述食品药品掺假方法的小册子到处乱飞，这些小册子特别受小商人的欢迎。③《英国评论，和伦敦批评杂志》就指出，社会上出现了大量简单易懂的教人掺假的小册子，他们打着"指南"和"研究"的名义教人欺诈。④ 许多食品商和药品商，尤其是食品商和酒店老板，经常能得到一些内容为最近出现的关于掺假的新方法和新技术的小册子。⑤ 许多正愁怎么提高利润的商人想尽办法搜罗这些小册子，然后利用上面的方法进行掺假。

（四）商业道德和社会道德低下的结果

最后需要一提的是道德问题，当时相当一部分舆论认为这是食品药品掺假泛滥的主要原因。托马斯·卡莱尔（Thomas Carlyle）在 1829 年就批评说，人变成了彻头彻尾的机器，只知道赚取，不过问上帝。⑥ 塞缪尔·泰勒·柯勒律治（Samuel Taylor Coleridge）指出，"我们是一个繁忙的、大胆的商业国家"，这种定位使人们产生了一个"对待所有东西都通过市场这个

---

① "A Bill for the Improvement of the Sewerage and Drainage of Towns and Populous Districts, and for making provision for an ample Supply of Water, and for otherwise promoting the Health and Convenience of the Inhabitants", *New Quarterly Review*; or, *Home, foreign and colonial journal*, April, 1846, p. 2.

② "Politics and Education", *Westminster Review*, January, 1856, p. 248.

③ Frederick A. Filby, *A History of Food Adulteration and Analysis*, p. 18.

④ "Accum on Adulterations of Food", *British Review, and London Critical Journal*, March, 1820, p. 174.

⑤ John Burnett, *Plenty and Want, A Social History of Food in England from 1815 to the Present Day*, p. 92.

⑥ George R. Searle, *Morality and the Market in Victorian Britain*. p. 4.

媒介，通过市场价值来评估所有追求和成就的价值”的习惯。①

同样，当时的许多报刊也认为，由于没有了中世纪行会的约束，商人自行其是，为了赚钱而把道德和良心完全扔在了一边，导致掺假现象泛滥。《领导者》杂志曾写道：“（一些商人）信奉精明的自私自利的精神……对于他们顾客的生命风险毫不顾忌。为了一点利润，他们会牺牲消费者的生命”。②《威斯敏斯特评论》也说：“欺诈达到了惊人的程度，这些欺诈不是偶然的，也不是暂时的，是我们商业系统中普遍的持久的因素。”③ 一些报刊没有就商业论商业便认为是整个社会道德都出了问题。《领导者》一年后又发文称：“事实上，消费者十有八九也在掺假，屠夫、面包师、补锅匠、裁缝、药剂师等都要相互打交道，每个人都在掺假，反过来又都在购买掺假商品。每个人都在挣不义之财，在此处所失可能正好是他在其他方面之所得。奇怪的社会分工，社会在欺骗自己；奇怪的社会状况，每个人都不敢谴责他的同胞，因为他自己也是犯罪的帮凶。”④

对商业道德和社会道德进行批判的学者和报刊感受到了工业革命和城市化所带来的社会变化对人性的冲击，反映了英国社会在新旧交替之际由于旧的社会制度和组织已经被打破，新的社会制度和组织尚未健全所导致混乱，不过这种看法没有抓住食品药品掺假行为泛滥的根源。诚然，与此前相比，社会道德和商业道德可能有所下滑，人们的自律性有所降低，但是 19 世纪时的大多数英国人的道德和社会责任感未必与此前有多大的改变，变化的是约束人性的各种软硬制度。

总体而言，正是由于上述这些原因，食品药品的掺假随着英国工业化和城市化的快速发展而日益严重，这种状况逐渐引起了有识之士的注意。

第三节 一次夭折的立法诉求：阿卡姆对掺假的揭露

对于 19 世纪上半叶的消费者来说，他们大都没有意识到食品药品状况的急剧恶化。阿卡姆，作为时代的先锋，第一个站出来揭露掺假行为的泛滥，呼吁政府制定法律干预食品药品的生产和销售。遗憾的是，由于阿卡

---

① George R. Searle, *Morality and the Market in Victorian Britain*, p. 4.

② “Anarchy in Trade”, *Leader* (March 19, 1853), p. 277.

③ “The Morals of Trade”, *Westminster Review* (April, 1859), p. 388.

④ “Adulteration of Society”, *Leader* (July 15, 1854), p. 661.

姆自身的原因，这次立法诉求很快失败了。

一、阿卡姆的呼声

工业革命以来，虽然食品药品状况在不断恶化，掺假现象泛滥，但人们对这种状况并没有什么太大的反应，似乎习惯了这样的食品药品。之所以如此，主要是因为中上层人士对食品药品的掺假状况要么完全不了解，要么知道一点但不知道掺假的程度。对他们来说，只要多花钱，就能享受到纯净的食品和当时较高水平的医疗服务，他们认为自己吃的食品和药品没有什么问题。对穷人来说，他们以生存为主要追求，对食品的质量并没有太高的要求，也没有意识到掺假行为是对他们的一种欺诈，使他们的经济遭受损失，而商人则牟取了更大的利益。当人们都在黑暗中沉睡时，有人开始呐喊了，这个人就是弗雷德里克·阿卡姆。

1769 年，阿卡姆出生在德国汉诺威的一个小镇，他的父亲从军队退役后经营制造肥皂的生意，所以他从小就对化学感兴趣。阿卡姆从学校毕业后，开始研究制药学。1793 年，他被德国布兰德家族派往英国，在伦敦的药店实验室做助理。1798 年 6 月，阿卡姆开始发表一系列重要的文章，题目是《发现药品的真和纯》。这些文章使部分人士注意到了药品掺假的普遍性，文章中提到不仅零售商和批发药商会受骗，甚至专业人士也会被骗。他在文章中还指出《伦敦药典》中描述的检测药品的方法已经失效，并提出了检测药品纯度的新方法。这些文章发表后，阿卡姆引起了业内人士的注意，在专业圈内声名鹊起。1801 年，阿卡姆被任命为皇家学会化学技术员。[1]

阿卡姆的分析技术员身份及他在食品工艺方面积累的经验为他此后从事食品药品掺假的揭露工作提供了比当时其他大多数化学家更宽和更深的知识背景。虽然，早在 1798 年，阿卡姆已经呼吁英国公众注意掺假现象的猖獗泛滥，但他在 1820 年之前发表的关于掺假的文章都出现在专业的科学杂志上，所以对专业之外的广大中层及上层人士的影响不大。1820 年 1 月，阿卡姆出版了他一生中最引起轰动的书——《论食品掺假和烹饪毒药，揭露面包、啤酒、葡萄酒、烈酒、茶叶、咖啡、奶油、糖果、醋、芥末、胡椒粉、奶酪、橄榄油、泡菜和其他食品的掺假及检测方法》。该书以揭露食品掺假为主，同时涉及了部分药品掺假。当这本书出版时，化学知识正在

---

① Charles Albert Brown, *The Life and Chemical Services of Fredrick Accum*, Reprinted from the journal of Chemical Education of the American Chemical Society, 1925, pp. 1 - 8.

迅速扩展，并首次提供了多种检测手段，使以前只能被怀疑的多种掺假行为现在可以被肯定地识别出来。[①] 阿卡姆的书被认为是现代西方世界分析检测食品和药物掺假的分水岭著作，[②] 他在书中分析食品药品掺假时初步使用了当时一些较为现代的科学方法和工具，突破了此前同类著作只指出掺假存在而没有运用化学的科学方法分析掺假的局限。阿卡姆在该书中提出的检测方法在接下来的几十年里不断被模仿。这本书出版后很受欢迎，在面世的第一个月就出售了 1000 册，第一版很快就售罄了，1822 年已经出到了第四版。1820 年，该书的美国版出版，德文版在 1822 年出版。[③]

阿卡姆在书中指出，英国的食品和药品的质量状况不容乐观，啤酒掺假更加严重。在阿卡姆的书出版的几年前，伦敦及附近一些居民向议会请愿，请求调查啤酒掺假问题。1818 年，议会成立委员会，调查啤酒的质量和价格。委员会发现很多啤酒掺有药品、水、染色物和其他一些有毒元素。委员会调查结果公布之后，就没有了下文。[④] 到阿卡姆写这本书时，啤酒质量也没有得到任何改善。为了引起民众的注意，阿卡姆在书中大胆公布了调查委员会备忘录中记录的 70 个出售掺假啤酒的制造商名字。他认为，根据 1816 年英国颁布的啤酒法，可以对这些啤酒掺假商定罪，让他失望的是政府并没有对这些制造商采取任何惩罚措施。阿卡姆说，英国政府在检查商品时，对交税多的大制造商只是做做样子，对掺假商品视而不见，实际上变相地鼓励了这种欺诈行为。在当时，尽管偷几先令即可判处死刑，但是不道德的商人"抢劫"公众成百上千的先令却可以逍遥法外。[⑤]

阿卡姆认为，掺假的猖獗，除了由于战争导致的食品短缺之外，最重要的是工业化带来的不利影响：工业化带来的进一步的劳动分工虽然促进了英国的商业繁荣，但劳动分工带来的专业化也为制造商提供了便利，使其更容易掩盖欺诈行为；另一方面，工业化带来了商业渠道和门类的大规模增加，尤其是在英国的大城市里面，掺假品的交易通过各种迂回的渠道大行其道，挑战本来就很微弱的政府管理。

阿卡姆还对他那个时代的商业和大众道德进行了严厉的批评。他说，

①　Harry Jephcott, "To the Prejudice of the Purchaser", *Food*, *Drug*, *Cosmetic Law Journal*, June, 1960, Vol. 15, No. 6.

②　Jillian London, "Tragedy, Transformation, and Triumph: Comparing the Factors and Forces that Led to the Adoption of the 1860 Adulteration Act in England and the 1906 Pure Food and Drug Act in the United States", *Food and Drug Law Journal*, 2014, Vol. 69, No. 2.

③　Charles Albert Brown, *The Life and Chemical Services of Fredrick Accum*, p. 45.

④　Ernst Walter Stieb, *Controlling Drug Adulteration in England* (1820 – 1906), p. 548.

⑤　Ingeborg Paulus, *The Search for Pure Food*, *A Sociology of Legislation in Britain*, p. 61.

公众已经把生活必需品掺假的普遍化当成了一种商业手段，对这种现象习以为常，甚至已经普遍认为掺假是一种合理的致富方法了。[1] 无疑，阿卡姆的这个看法是正确的，虽然并不全面，但这是掺假猖獗的一个重要原因。

二、阿卡姆引起的社会反响

阿卡姆对食品药品掺假的揭露震惊了英国社会，引起了报纸杂志的关注，纷纷对阿卡姆的书做了介绍和评论，以致有学者评论该书"很可能是得到评论最多的化学著作"。[2] 这些评论意见所表达的主要观点在 19 世纪的反食品药品掺假斗争中将反复出现。

《检查者》发表文章说："阿卡姆，一个化学家，在食品药品掺假方面出版了一本很有用的书，使公众知道了面包师和酒商在制造日常生活必需品时使用有毒成分的秘密。"[3] 然后《检查者》对阿卡姆的书进行了详细的摘引，使读者了解面包和啤酒等日常消费品的掺假情况。

《英国评论，和伦敦批评杂志》发表了一篇很长的文章，对阿卡姆的书进行了学术层面的分析，指出哪些是阿卡姆的原创，哪些来自以前的文献，甚至指出哪些内容是站不住脚的，哪些观点是不合理的。比如，《英国评论，和伦敦批评杂志》认为："阿卡姆认为与其他掺假相比，面包掺假相对不重要。阿卡姆在这方面太仁慈了。面包是基本的主食，被普遍食用，即使里面只有一点毒素，毒素的累积也是很广泛的。面包不像其他食品，可以被替换。"[4] 《英国评论，和伦敦批评杂志》还指出，阿卡姆对有些掺假没有提到，建议该书修订时，分析一下牛奶掺假。[5] 总体上，《英国评论，和伦敦批评杂志》对阿卡姆揭露掺假表示支持，但是不希望阿卡姆采取耸人听闻的方式增加或维持大众的喧嚣，以致引起社会的骚乱。[6]

《布莱克伍德的爱丁堡杂志》认可阿卡姆的说法，认为掺假达到一种可笑的程度，每个人都在欺诈，每个人都在吞下欺诈的苦果，整个国家成了

---

[1] Ernst Walter Stieb, *Controlling Drug Adulteration in England* (1820 – 1906), p. 553, pp. 551 – 552.

[2] Ernst Walter Stieb, *Controlling Drug Adulteration in England* (1820 – 1906), p. 546.

[3] "Adulteration of Food", *Examiner*, February 13, 1820, p. 109.

[4] "Accum on Adulterations of Food", in *British Review, and London Critical Journal*, March, 1820, p. 175.

[5] "Accum on Adulterations of Food", in *British Review, and London Critical Journal*, March, 1820, p. 183.

[6] "Accum on Adulterations of Food", in *British Review, and London Critical Journal*, March, 1820, p. 171.

一个充满欺诈的迷宫。该杂志以非常幽默的方式评论说："阿卡姆在写书时像罗宾逊在策划反对欧洲所有国王的阴谋时一样，充满了同样忧郁的、阴沉的期望。阿卡姆所揭发的这个阴谋当然更可怕，在这个可尊敬的教授身上激起了更多的恐惧。"①

《爱丁堡评论》对掺假问题做了更为理性的分析，它的文章一方面呼吁民众冷静，找出食品药品掺假问题的症结所在，对当前的法律为什么不能防止掺假进行反思，另一方面也提出了防止掺假的有效方法。《爱丁堡评论》说："阿卡姆所揭露的危险的欺诈是在高尚贸易的伪装下进行的，不可能对这些欺诈进行太强烈的斥责；我们在愤怒时，倾向于通过惩罚报复这些不公正的行为。这种掺假不论从什么方面来看，都比刑事案件有更深的色彩，但奇怪的是，迄今为止对这种行为的惩罚也不过是罚款。然而，如果我们从批判这种行为的道德堕落转向冷静思考这个重要的问题，即——保护公众免于这种欺诈的最有效的方法是什么？——那么我们就会看到偏向较轻惩罚的理由。从经验来看，我们没有发现重罚能阻止掺假。相反，虽然对伪造罪有最严厉的法律制裁，且这些法律被无情地执行，但伪造行为却增加得很快。由于掺假经常是那些有钱的、受尊敬的人干的，对他们进行重罚，伴随公开的羞辱，好像是一个非常合适的惩罚：如果能合理地运用，这无疑能基本有效遏制并最终根除这些无耻的欺诈。"②

《爱丁堡评论》这段话指出了当时英国政府管理食品药品生产和销售的一个重要障碍：19 世纪上半叶的英国政府和社会普遍推崇的自由贸易政策是许多食品药品商和一些政府官员反对政府介入食品药品的生产和销售、防止食品药品掺假的一个重要理由。更重要的是，《爱丁堡评论》意识到对掺假者仅仅罚款是不够的，即使是重罚也达不到预期的效果。在这里它提出了一个预防食品药品掺假的更为有效的方法——对掺假行为用刑法进行惩戒，这是英国普通法未来发展的一个新方向，即民事行为刑事化，也是此后民法发展中即将出现的一个新原则——严格责任原则。这个原则在英国此后的反食品药品掺假运动中，成了斗争中的一个焦点问题，直到 19 世纪晚期，这个问题才逐渐被解决。

《文学公报》也大力支持阿卡姆对掺假的揭露。它在总结阿卡姆的书的

---

① "There Is Death in the Pot", *Blackwoods Edinburgh Magazine*, February, 1820, p. 43.

② "A Treatise on Adulterations of Food, and Culinary Poisons, Exhibiting the Fraudulent Sophistications of Bread, Beer, Wine, Spirituous Liquors, & Co. and Methods of detecting them", *Edinburgh Review, or critical journal*, January, 1820, pp. 143 - 144.

内容时以文学的笔法介绍了阿卡姆对食品和药品掺假问题的揭露，呼吁尽快结束这些邪恶的行为。《文学公报》说："想想我们是怎么被欺诈、出卖、毒害和灌药的，这非常可怕，我们差不多对阿卡姆也很生气，他冒着永远关上我们的嘴的风险掰开了我们的眼睛。""除了描述掺假之外，阿卡姆先生为我们提供了简单且确定的检测方法；他的书还包含了很多奇怪的文献和有用的食谱；该书充满了智慧，经常揭露错误，指引正确方向。""天啊！我想我们听到了它的惊叫，难道没有办法结束这些无耻的行为吗？"①

上述五家报刊的评论很有代表性。很明显，《英国评论》《布莱克伍德的爱丁堡杂志》和《爱丁堡评论》的笔调比较冷静，以说理为主且提出了中肯的意见，《检查者》和《文学公报》除了介绍阿卡姆的书的内容外，更多的是诉诸感情，突出对阿卡姆勇气的敬佩，试图引起读者对食品药品掺假问题的关注，激起民众对掺假所造成危害的恐惧和愤怒，最终迫使议会通过相应的法律管理食品药品的生产和销售，保障民众的健康和安全。

总体来说，这些报刊的目的部分达到了，它们的文章和阿卡姆的书在公众中，尤其是城市中上层阶级中间，引起了强烈的反响，有人给议会写信，请求议会进行调查，有人给议员施压，要求通过严格的法律防止食品药品掺假。

阿卡姆的书在食品和药品商业利益集团中间也引起了强烈的反应。面对民众的愤怒，商业利益集团慌了阵脚，尤其是被阿卡姆在书中公开点名的商人开始拼命地反击。1820年春，有人给阿卡姆写匿名信，对他进行恐吓；随后有人在报刊上发表文章，歪曲事实，否认掺假的存在或掺假的严重程度。比如《文学记事和每周评论》中发表的文章，一方面承认有许多日用品掺假，某些掺假在某些情况下甚至是有害的，但是认为这些罪恶是一直存在的，从来没有被根除过，阿卡姆"发出了一个没有必要的警告"；另一方面认为阿卡姆对当前食品药品掺假的描述"夸大了不能补救的罪恶"，"恳求我们的读者不要被阿卡姆的说法所吓倒，因为它们更多是想象的而非真实的"，"恳求读者继续像往常那样吃奶油冻，喝葡萄酒"。②

经过短暂的盲目的攻击之后，商业利益集团很快等来了对阿卡姆发起致命打击的机会。

---

① "Poisoning of Food", *Literary Gazette*, January 15, 1820, pp. 43 – 48.

② "A Treatise on the Adulterations of Food and Culinary Poisons; exhibiting the Fraudulent Sophistications of Bread, Beer, Wine, Spirituous Liquors, Tea, Coffee, Cream, Confectionery, Vinegar, Mustard, Pepper, Cheese, Olive Oil, Pickles, and other Articles employed in Domestic Economy, and Methods of detecting them", *Literary Chronicle and Weekly Review*, March 11, 1820, p. 161.

三、阿卡姆的失败及原因

对阿卡姆本人而言，如果说匿名恐吓信、报刊上的各种攻击言论他可以不屑一顾，可以说是商业利益集团的报复，下面的指控则是他无法解释的。

1820 年，英国皇家学会图书馆控告阿卡姆偷撕图书馆的藏书，阿卡姆因此被逮捕并被起诉犯了盗窃罪。[①] 早在 1806 年，英国皇家学会图书馆在丢失了两本书之后便制定了严厉的规章：对于偷盗行为，馆长可以对偷盗者处以最严厉的惩罚，对告密者奖励 10 几尼，[②] 以此表示对这种偷盗行为的重视。

阿卡姆被逮捕并被起诉的消息引起了商业利益集团的注意，他们立即抓住机会，在报纸杂志上大肆渲染这个事件，对阿卡姆的诚实度和人品进行攻击。阿卡姆开始受到报纸的嘲笑，成为讽刺的对象，《约翰牛》甚至模仿他的文章写诗奚落他。公共舆论在一夜之间转向，阿卡姆由伦敦最受欢迎的人变成了最让人讨厌的人之一，甚至从他的书中捞取了最大利益的出版商也成了他的敌人。最终在 1806 年 4 月开庭审判的时候，阿卡姆没有出现，他离开了英国，回德国老家去了。

偷撕书页案件使阿卡姆的名声受损，更重要的是他在没有审判的情况下就悄悄离开英国，背上了"畏罪潜逃"的恶名，使他完全失去了人们的信任。在民众的眼中，阿卡姆成了一个品行不端的懦夫，读者对他揭露的食品药品掺假状况的真实性产生了怀疑，他掀起的反对食品药品掺假的舆论狂潮很快便退潮了。

阿卡姆失败的原因有四点：

（一）时代的局限

从大的时代背景来看，工业革命还在如火如荼地进行当中，英国的城市化初步发展，这二者带来的与此前不同的负面效应刚刚出现。食品药品

---

① 在阿卡姆揭露食品药品掺假而收到匿名恐吓信几个月后，皇家学会图书馆管理员向馆长控诉说，阿卡姆从图书馆的贵重图书中撕下几页偷偷带回家。据说阿卡姆的这种行为已经持续几年了。馆长对管理员的这个指控最初不想理睬，但管理员反复控诉，最终在 1820 年 12 月 21 日，两个警察拿着搜查证进入了阿卡姆家。在阿卡姆家，警察发现有 30 多页纸是从图书馆的书中撕下的。阿卡姆被逮捕并被起诉犯了盗窃罪。幽默的法官驳回了起诉。馆长以毁坏图书罪再次起诉，法官将于 1821 年 4 月再审。在这期间，阿卡姆取保候审。阿卡姆的一些坚定的朋友为他辩护，认为那些撕下的纸来自阿卡姆自己的书，但这个理由很难让人信服。

② Ernst Walter Stieb, *Controlling Drug Adulteration in England* (1820 – 1906), p. 549.

掺假与此前相比，在方法上没有太大的差别，只是程度上有所增加。对于城市贫民和刚刚进城的来自农村的贫民来说，他们还挣扎在温饱线上，其主要任务是吃饱饭，根本无暇顾及食品的好坏。对于中产阶级①来说，掺假对他们的生活影响不大，只要他们愿意出更多的钱，总能买到高质量的面包，所以他们对掺假的程度并不了解，想当然地认为掺假不是太严重，对此不太重视。至于药品，由于当时医术的低下和相关科学的不发达，患病而死的比率很高，人们对药品本身将信将疑，很少把疾病的难以治愈归结到药品身上，因此很少注意到药品掺假。

从具体的时间段来看，阿卡姆的书发表的时候，英国刚刚从拿破仑战争中走出来，经济的发展还不稳定，国家的重心放在了贸易发展上。由对法战争制造的强烈的反雅各宾派的情绪导致政府对任何改革努力都采取镇压政策，这种反雅各宾派的情绪虽然在 1820 年后开始退潮，但影响还是很大。由亚当·斯密、马尔萨斯、边沁以及后来的赫伯特·斯宾塞等人提出的个人主义哲学和自由放任的思潮，已经成为当时英国政府信奉的主要思想。政府官员、议会议员和社会上相当一批有影响力的人士认为管得少的政府是最好的政府，他们反对政府对商业事务进行干预，坚持传统的商业自治，一切留给商业共同体自己根据惯例来解决。商人为了减轻舆论上的压力，经常故意混淆掺假和惯例的区别，以此反对政府的管理。

作为一名在德国出生长大的德国人，阿卡姆本人实际上也意识到了英国政府这种强烈的自由放任的态度。他吃惊地发现，政府没有积极地执行刑法起诉对公众福利有威胁的行为；一个人在公路上抢劫了同胞几个先令，会被判死刑，然而他使整个国家慢性中毒却能逃避惩罚；为了税收，政府减弱法律的严肃性以支持商业发展，对一些大商人不择手段地牟利的方法不闻不问。② 可以说，大的时代背景导致的政府对掺假的纵容是英国食品药品掺假泛滥的重要原因。

（二）这次舆论诉求缺乏有力的组织者，没有明确的计划和目标

纵观 19 世纪英国有关社会福利方面的法律制定，从工厂法到劳动立法，从限制童工立法到限制妇女工时法，从卫生立法到环保立法，大多都经历了这样一个过程：经过一批"专业人士"长期的调查准确掌握了某种

---

① "中产阶级"是一个随着时间变化其构成也在发生变化的概念。在本文中，"中产阶级"主要是指一些专业技术人员，比如医生、科学家、教师和高级技工。到 1841 年时，专业技术人员已经占全体就业人员的 2.3%，见钱乘旦：《第一个工业化社会》，第 234 页。

② Ernst Walter Stieb, Controlling Drug Adulteration in England (1820 – 1906), p. 415, p. 551.

社会弊病及其症结所在之后，在一批有影响力的民间或政府改革人士的推动下，通过有组织的宣传和动员，制造强大的公共舆论，向议会请愿并施加压力，最终迫使议会通过相应的法律对所揭露的情况进行改善。

相比之下，阿卡姆掀起的这次反食品药品掺假的舆论呼吁很大程度上带有偶然性。首先，阿卡姆本人不是一个有志于改善社会问题的改革家，对于如何要求英国政府通过法律防止食品药品掺假没有一个明确的计划。阿卡姆 1820 年出版揭露食品药品掺假的著作之前没有想到能引起那么大的社会反应，之后也没有认真考虑如何进一步利用社会舆论使政府干预食品药品的生产和销售问题。虽然阿卡姆是一个很善于鼓动听众情绪的演说家，但是他没有像 19 世纪中后期的社会改革者那样有计划地吸引媒体的注意，没有组织群众集会抗议食品药品掺假，没有发动民众向议会请愿，请求议会展开调查或进行立法。

其次，民众和媒体没有得到有效引导。民众对食品药品掺假问题的关注，完全是阿卡姆那本具有轰动效应的著作和一些报纸杂志宣传的结果，具有很大的随意性和盲目性。报纸杂志对阿卡姆揭露食品药品掺假问题的报道只是从吸引读者注意的发行量角度出发，他们自身没有推动解决食品药品掺假问题的动力，而且部分报纸杂志也未必支持政府介入食品药品的生产和销售过程，所以一旦出现新的情况，媒体很快转向，舆论随之逆转，对掺假的关注很快消失。

最后，这次改革诉求缺乏热心改革的人士的积极支持。食品药品掺假问题引起社会的注意之后，阿卡姆和部分报纸杂志所呼吁的改革诉求并没有吸引到关心社会问题的著名人士参与，在议会中没有支持者，在内阁中也没有同情者，在社会上也缺乏有影响力的人物的响应，整个过程基本是依照惯性在发展。[①]

（三）阿卡姆提供的食品药品掺假证据不够严谨

阿卡姆本人是一个高产的学者，著有 20 多本书，数十篇文章。他在 1815 年、1816 年、1817 年、1819 年皆有专著问世。在 1820 年，除了他的成名作《论食品掺假和烹饪毒药，揭露面包、啤酒、葡萄酒、烈酒、茶叶、咖啡、奶油、糖果、醋、芥末、胡椒粉、奶酪、橄榄油、泡菜和其他食品的掺假及检测方法》的出版之外，他还出版了《论酿酒的工艺》和《论从

---

① 或许阿卡姆本人只是为了让公众注意掺假的事实，没有打算通过自己的努力迫使国家立法来控制食品药品掺假。

当地水果中制造葡萄酒的工艺》。在 1821 年，他又出版了两本书。① 阿卡姆在短时间内写出这么多本书，很容易使专业学者怀疑这些书是急就章，是"剪刀加糨糊"，存在质量问题。不幸的是，阿卡姆出版的这些书确实有问题，许多书明显存在硬伤。②

对一个作者来说，一本书出现问题，就足以使人怀疑其所有的著作都有问题，遑论其大多数著作都存在错误和不严谨之处。食品药品掺假本身是一个很复杂的问题，如果没有长时间的调查，很难对其进行很准确的定性，在这方面出现任何问题都会给反对派提供口实。结果让人诧异的是，不仅阿卡姆的其他著作有问题，其引起巨大轰动效应的成名作《论食品掺假和烹饪毒药，揭露面包、啤酒、葡萄酒、烈酒、茶叶、咖啡、奶油、糖果、醋、芥末、胡椒粉、奶酪、橄榄油、泡菜和其他食品的掺假及检测方法》也存在很多让人质疑的地方，尤其是关于药品方面的内容引起了一些专业学者的严重不满。③

1820 年，法国配药师归博尔特出版了一本关于掺假的书，对两年前的研究成果作了详细的分析和谨慎的引用，在充分调查的基础上得出自己的结论，这和阿卡姆的书形成了鲜明的对比，后者的书中存在不少武断和不严谨之处。阿卡姆在书中说，药房中十分之九的药品和化学品都在掺假的状态下出售，对此他并没有提供相应的证据；阿卡姆说，很多热卷中掺有白垩，胡椒中掺有黏土，结果后来的调查发现这样的掺假很少，偶尔发生可能也是由于操作不当、环境不卫生导致的，并非故意所为。再如，阿卡姆的书说，除了用人心果制作果酱，浆果有时也用来制作人心果果酱。阿卡姆认为，辨别人心果果酱的方法是看它们所包含的种子数量，或在白纸上压碎之后看其所产生的绿迹。但是后来阿卡姆承认，这些方法没有办法检测人心果果酱的真伪。④

阿卡姆的书之所以出现许多错误和不严谨的地方，一方面与当时的技术条件有限有关，19 世纪 50 年代一些报刊在审视阿卡姆失败的原因时，都提到阿卡姆时代由于技术和相关科学的局限，很难对一些掺假进行精准检测。比如《都柏林评论》提到，"31 年前，阿卡姆做了《柳叶刀》所做的

---

① Charles Albert Brown, *The Life and Chemical Services of Fredrick Accum*, p. 33, p. 38, p. 40, p. 42.

② Charles Albert Brown, *The Life and Chemical Services of Fredrick Accum*, p. 33.

③ Ernst Walter Stieb, *Controlling Drug Adulteration in England*（1820 – 1906）, p. 99.

④ Ernst Walter Stieb, *Controlling Drug Adulteration in England*（1820 – 1906）, p. 549, p. 536, p. 551, pp. 147 – 149.

大部分工作"，两者的不同之处在于，"《柳叶刀》分析卫生委员会主要利用了显微镜来检测食品中的外来物质，而显微镜在 1820 年还鲜为人知"，[①]"当时的知识不能使他们的描述充分准确"。[②] 另一方面可能与阿卡姆有意识地走大众路线，把他的写作定位为主要为不懂化学的读者服务有关。阿卡姆在《论食品掺假和烹饪毒药，揭露面包、啤酒、葡萄酒、烈酒、茶叶、咖啡、奶油、糖果、醋、芥末、胡椒粉、奶酪、橄榄油、泡菜和其他食品的掺假及检测方法》的序言中明确说，这不是一本打算让大众精读的书，其目的是让公众知道掺假罪恶的巨大已经达到令人震惊的程度。为此，他故意夸大恐怖的元素，以耸人听闻的方法吸引民众注意问题的严重性，使读者意识到改革的紧迫性。阿卡姆为了使他的书畅销，对很多似是而非的惊人说法没有作认真的调查分析就加以引用，有哗众取宠之嫌。很明显，在这样的目标之下，这本书存在一些让人质疑、批评的地方在所难免。这些质疑和批评，加之阿卡姆被起诉后偷偷逃回国的污点，严重削弱了读者对阿卡姆和这本书的信任度。到 1824 年，民众已经普遍认为阿卡姆的书是在夸大其词了，食品药品掺假程度远没有他描写的那么严重。[③]

（四）阿卡姆从事的其他活动进一步削弱了民众对他的信任

阿卡姆不仅是学者、药店实验室助理和化学技术员，他还经常作为化学教师四处讲课，同时还经营关于化学设备的生意。阿卡姆并不隐瞒其商业意图，他在演讲、上课和所出版的书中都做广告说，他描述的检测掺假的实验所需要的设备和样本，他都能提供，而且价格合理。作为商人的阿卡姆善于讨价还价，名声比较差，他曾经和英国首相皮特做生意，把所有陈年旧货都卖了一个好价钱。

在整个化学史上，没有一个人像阿卡姆那样"长袖善舞"，兼讲师、学者、分析师、工业化学家和商人等多种身份于一身。阿卡姆的多种身份互相影响，从正面来说，可以相互促进，经过阿卡姆聪明的运作，为他带来了不少财富；[④] 从反面来讲，他的这些身份有时会产生冲突，比如商人的身份会使消费者怀疑其作为学者能否做到客观中立。由于阿卡姆不遗余力地推销他的商品，更使民众怀疑他出版揭露食品药品掺假的书是为了推销他

---

① "The Age of Honesty", *Dublin Review*, Dec. 1851, p. 592.

② "Food and Its Adulterations, Comprising the Reports of the Analytical Sanitary Commission of the Lancet", *Dublin Review*, Sept. 1855, p. 62.

③ John Postgate, *Lethal Lozenges and Tainted Tea: A Biography of John Postgate* (1820 – 1881), p. 23.

④ Charles Albert Brown, *The Life and Chemical Services of Fredrick Accum*, pp. 17 – 19.

的化学设备，进而怀疑书中内容的真实性。

更为重要的是，由于阿卡姆接触的各色人士非常庞杂，这在提高其知名度的同时，也为他带来了一定的负面影响：阿卡姆几乎在他的每一个交往圈子里都有敌人，尤其是在当时竞争很激烈的商业界，他作为一名成功的商人，无疑在商业竞争时很容易遭到其他精明好斗的商人的嫉恨。[1] 一旦出现对阿卡姆不利的情况，他的所有敌人会联合起来对他落井下石，图书馆撕书页的事件就为其对手提供了这样的机会，他们的攻击无疑是雪上加霜，使阿卡姆在民众中名声扫地。

四、阿卡姆的影响

19 世纪 20 年代初由阿卡姆掀起的反对食品药品掺假的舆论虽然很快消失了，没有迫使英国政府立即进行改革，但是影响却非常深远，其为后来的反食品药品掺假活动，尤其是英国 30 年后开始的要求政府对食品药品进行管理的大规模的改革运动留下了宝贵的经验教训。将英国 1860 年通过的反掺假法和美国国会 1906 年通过的《纯净食品和药品法》在很大程度上归功于阿卡姆最初的努力并不为过，"弗雷德里克·阿卡姆的书在一个世纪后被美国 1906 年《纯净食品药品法》的首席执行官查尔斯·布朗描述为'现代纯净食品运动的起源'。"[2]

阿卡姆使民众注意到食品药品掺假有愈演愈烈之势，在读者心中埋下了反对食品药品掺假、要求政府进行管理的种子，开启了一场从微弱到逐渐强大的反食品药品掺假运动，这场运动最终迫使英国议会通过了反食品药品掺假法。阿卡姆被迫离开英国之后，反食品药品掺假的大规模的社会舆论虽然暂时结束了，但是对掺假的揭露并没有完全消失。在 1851 年《柳叶刀》分析卫生委员会的调查结果发表之前，英国断断续续地出现了一些揭露食品药品掺假的文章和小册子。揭露掺假的文章一般发表在报纸和一些专业杂志上，有些文章模仿阿卡姆的文风，写得通俗易懂。在著作方面，受阿卡姆的启发，也可能是吸取了阿卡姆的教训，约翰·丁格沃尔·威廉斯在 1830 年以匿名为"欺诈和邪恶的敌人"出版了《致命掺假和慢性中

---

① Ernst Walter Stieb, *Controlling Drug Adulteration in England* (1820 – 1906), p. 552.

② Jillian London, "Tragedy, Transformation, and Triumph: Comparing the Factors and Forces that Led to the Adoption of the 1860 Adulteration Act in England and the 1906 Pure Food and Drug Act in the United States", *Food and Drug Law Journal*, 2014, Vol. 69, No. 2.

毒：瓶瓶罐罐中的疾病和死亡》。[①] 同年，威廉·布鲁克斯·奥肖内西博士应《柳叶刀》主编托马斯·威克利博士之邀分析了糖果掺假问题，并将调查结果发表在《柳叶刀》上。奥肖内西同时把调查结果呈交给了内政大臣，但是政府没有予以重视。此后，威克利对其他食品进行了更多的分析，只是没有在《柳叶刀》上发表。[②] 1831 年，又有人匿名出版《国内化学家－检测掺假说明》，列出了大量被掺假的物质。[③] 1848 年，约翰·米切尔出版了《论食品的掺假和利用化学方法的检测》。1850 年，阿方斯·雷诺·诺曼底出版了《化学分析商业手册》，提出了一些检测食品掺假的化学方法。

在药品方面，药剂师兼化学家理查德·菲利普在 1824 年、1836 年和 1851 年修订《伦敦药典》时，提出了一些检测药品是否纯净的新方法，引起了业内人士的注意。1834 年，英国议会专门委员会调查医疗改革的必要性时，理查德·菲利普出席作证，对药品的掺假程度提出了自己的看法；数年后，他对伦敦药剂师 1842—1843 年颁布的《伦敦药典》所描述的药品状况再次展开了调查，并提出了一份调查报告。[④] 远在美国的医生刘易斯·贝克（Lewis Beck）教授受阿卡姆的影响，在 1846 年发表了一篇类似的论文，名为《医学和艺术中使用的各种物质的掺假，以及检测它们的方法》。贝克的论文从阿卡姆停止的科学世界开始，将"不断改进的欧洲分析化学技术"应用于掺假的检测，有条不紊地讨论了药物中的常见掺假物，并像阿卡姆一样，"建议进行感官和分析测试"。[⑤]

总体来说，上述著作影响不大，且相互之间间隔时间比较长，没有形成规模效应，这些作者既没有阿卡姆那种抓人眼球的本领，也没有 19 世纪 50 年代亚瑟·哈塞尔调查食品药品掺假时专业的科学团队的支持以及和报纸杂志的密切合作关系，更没有社会改革人士和国会议员的大力推动。所以上述作品问世后，并没有掀起多大的波澜。大规模的要求政府对食品药品的生产和销售进行管理的运动要到 19 世纪 50 年代才真正开始，阿卡姆对

---

① F. Leslie Hart, "A History of the Adulteration of Food Before 1906", *Food*, *Drug*, *Cosmetic Law Journal*, January, 1952, Vol. 7, No. 1.

② John Postgate, *Lethal Lozenges and Tainted Tea: A Biography of John Postgate* (1820 – 1881), p. 24.

③ F. Leslie Hart, "A History of the Adulteration of Food Before 1906", *Food*, *Drug*, *Cosmetic Law Journal*, January, 1952, Vol. 7, No. 1.

④ Ernst Walter Stieb, *Controlling Drug Adulteration in England* (1820 – 1906), p. 554.

⑤ Jillian London, "Tragedy, Transformation, and Triumph: Comparing the Factors and Forces that Led to the Adoption of the 1860 Adulteration Act in England and the 1906 Pure Food and Drug Act in the United States", *Food and Drug Law Journal*, 2014, Vol. 69, No. 2.

这一时期反食品药品掺假运动的领导者影响也最大。

主导 19 世纪中期反食品药品掺假运动的领导人，像约翰·波斯特盖特、托马斯·威克利和亚瑟·哈塞尔等人，投身改革活动之前就已经知道阿卡姆事件，[①] 从他身上吸取了经验教训。

第一，他们意识到个人的力量是有限的，单靠一己之力很难取得成功，所以他们发挥团队的力量，联合其他同道组织民众，一起制造社会舆论，向议会施加压力。比如，托马斯·威克利和亚瑟·哈塞尔联合成立了分析卫生委员会，约翰·波斯特盖特和议员威廉·舍勒菲尔德（William Scholefield）合作向议会请愿。

第二，他们都意识到发起改革活动前，必须要有充分的准备，对食品药品掺假状况要有一个全面准确的调查了解，为自己的诉求准备好充分的经得起任何检验的证据。为此，《柳叶刀》制订了详细的计划，开展了长达数年的程序规范、步骤严谨、分析准确的调查。

第三，他们知道推动改革意味着改变现有的利益格局，容易引起各种冲突和斗争，是一件充满风险的事，阿卡姆的不谨慎导致的功亏一篑就是前车之鉴，所以他们都比较注意自身的言行和道德品质，尽量不给反对者留下任何可以利用的口实。比如，波斯特盖特经常用自己的钱支持宣传食品药品掺假的泛滥和危害；[②] 哈塞尔和威克利在出现矛盾有可能被部分商业利益集团利用时，两人很快握手言和。[③]

第四，为了使舆论持续关注反食品药品掺假运动，并对商人产生一定的威慑，《柳叶刀》像阿卡姆一样大胆地公布了所调查商人的名字、地址和他们出售的食品药品状况。[④]

最终，这些改革者通过密切合作，使 19 世纪的反掺假运动从个人努力的阶段迈入依靠群体推动的阶段，逐渐引起国会的注意，通过了相应的法律防止食品药品掺假。

---

① "A Treatise on the Adulterations of Food and Culinary Poisons; exhibiting the Fraudulent Sophistications of Bread, Beer, Wine, Spirituous Liquors, Tea, Coffee, Cream, Confectionery, Vinegar, Mustard, Pepper, Cheese, Olive Oil, Pickles, and other Articles employed in Domestic Economy, and Methods of detecting them", *Literary Chronicle and Weekly Review*, March 11, 1820, p. 24.

② John Postgate, *Lethal Lozenges and Tainted Tea：A Biography of John Postgate* (1820 – 1881), Studley, Brewin Book, 2001, pp. 64 – 65.

③ Arthur Hill Hassall, *The Narrative of A Busy Life：An Autobiography*, 1893, p. 53.

④ Ernest A. Gray, *By Candlelight：The Life of Dr. Arthur Hill Hassall*, 1817 – 1894, London, Robert Hale, 1983, p. 100.

第二章 《1860 年防止食品掺假法》的通过

从 1851 年开始，《柳叶刀》长达 5 年的定期发表食品药品掺假调查报告的做法引起了舆论的关注，掀起了要求政府管理食品药品的生产和销售的改革运动。在民间改革家波斯特盖特的不断推动下，议会成立了专门委员会调查食品药品掺假问题。专门委员会的调查报告承认了掺假的严重性。议会为了平衡各方利益，继续用习惯性的议会程序拖延立法的进程。民间改革人士和改革派议员只好继续动员各种舆论给议会施压。在一个突发的悲剧事件的影响下，议会经过激烈的辩论，最终通过了《1860 年防止食品掺假法》。由于这部法律通过之时阻力很大，是妥协的结果，最终通过的文本和改革者的期望差距比较大，可操作性很差，执行的效果自然不理想。

第一节 法律通过前的活动

阿卡姆掀起的反掺假浪潮失败之后，随着英国第一次工业革命的完成，食品药品的生产更加复杂化，这就为掺假提供了更多的机会，英国的食品药品状况继续恶化。一些专业人士相继投身于揭露和批判食品药品掺假的活动中，人们对食品药品状况的不满又达到了一个高潮。在掌握了充分的科学证据并广为宣传之后，民间改革人士和部分议员合作，说服议会成立调查委员会对这个问题进行调查取证。改革活动取得了初步的胜利。

一、《柳叶刀》的调查和波斯特盖特的活动

19 世纪中叶，工业化和城市化的发展在这个时期达到一个高潮，城市化带来的人口集中为掺假的商人提供了巨额利润，导致食品药品掺假更加严重。另外，随着工业化而来的科技进步也为检测掺假提供了新的工具和方法；化学和医药学科的发展，为食品药品的检测提供了更多的专业人士，

其中一些人把大量的精力放在了反对掺假的活动中。

随着咖啡在英国越来越普及，一些商人为了扩大市场，在咖啡中掺入杂质以降低价格，然后卖给不太富裕的顾客，最终下层劳工也成了咖啡的消费者。随着咖啡市场的扩大，掺假愈演愈烈，其中最常见的掺假物是菊苣。消费者对咖啡的掺假越来越不满，很多人在报纸上发表文章揭露咖啡的掺假。

面对社会的不满，政府为了平息公众的抱怨，任命了一个化学委员会调查咖啡的掺假问题。该委员会经过一番调查之后，发布了一份报告。财政大臣查尔斯·伍德（Charles Wood）1850 年 5 月在下院接受一些议员质询时引用了这个报告。伍德说，根据当时三位最著名的化学家的调查，用什么方法都检测不出咖啡混合了菊苣。[1] 伍德的意思是，咖啡里面可能没有掺菊苣，而且即使掺了菊苣，政府也无能为力，因为检测不出来，没有确凿的证据，政府只能听之任之。

伍德的说法不能让人信服，有人对他的说法提出质疑。这个质疑者就是亚瑟·哈塞尔博士。[2] 哈塞尔是一位经验丰富的医生、化学家和微生物学家，非常重要的一点是他还能熟练使用显微镜。哈塞尔说，他经常看到报纸上有文章抱怨磨碎的咖啡质量太差，很多人怀疑其纯净度，这使他怀疑咖啡里面确实掺有很多其他东西。为了查明真相，哈塞尔开始对食品掺假问题进行调查研究。

1850 年 8 月，哈塞尔在伦敦植物学会上宣读了一篇论文，题为《论咖啡掺假》。文章说，一个人只要受过合格的显微镜训练，很容易检测出咖啡是否掺了菊苣。随后他把文章交给了植物学会书记丹尼斯（Dennes）先生，

---

[1]　Ernest A. Gray, *By Candlelight: The Life of Dr. Arthur Hill Hassall* (1817 – 1894), p. 99.

[2]　哈塞尔 1817 年 12 月出生在米德塞克斯的特丁顿，他的妈妈在他出世 3 天后就去世了。哈塞尔家对医学有一种强烈的偏好，很多家庭成员都是医生。1834 年，哈塞尔去都柏林，跟随他的一个亲戚做学徒学医。这个亲戚在当地是一个很有影响力的人。1842 年，哈塞尔全家搬到伦敦开业行医，哈塞尔很快获得了医学博士学位。哈塞尔在行医之余，从事学术研究。他通过显微镜观察研究水果和蔬菜的腐烂，不到半年，先后发表 6 篇这方面的文章。1845 年，他出版了《英国淡水藻史》，这是公认的一部一流的著作。1846 年，他决定把显微镜应用到更专业且更广泛、更重要的主题上。哈塞尔在行医的过程中十分关注穷人的生活状况。他对住在不卫生的波特利（当地瓷器厂）的穷人进行调查。1849 年，他发表《论北区的卫生状况》，这是他首次作为卫生改革者的身份出现。1850 年，他用显微镜对伦敦饮用水进行了分析。1848—1849 年，他还在当时很著名的医学杂志《柳叶刀》上发表了一些论文。《柳叶刀》的创办人托马斯·威克利可能就是在这个时候知道了哈塞尔这个人。详见 Ernest A. Gray, By Candlelight: The Life of Dr. Arthur Hill Hassall, 1817 – 1894, pp. 10 – 12, p. 54, p. 80, p. 83, p. 86; Arthur Hill Hassall, The Narrative of A Busy Life: An Autobiography, p. 8.

并且说,他在不同商店购买的烘烤咖啡样本差不多都是掺假的,掺假物大同小异,一些是菊苣,还有一些是烘烤过的小麦、豌豆等。这些咖啡混合物的名字往往很花哨,它们的广告宣传绝对是夸大了成千上万倍。

丹尼斯先生把哈塞尔的文章摘要交给了媒体。由于咖啡在当时已经属于主要消费品,英国全社会不分阶层、性别基本都喝这种饮料,民众对咖啡的质量很关注,再加上此前不久财政大臣刚刚说过咖啡没有掺假,此时财政大臣的说法受到了挑战,这样的新闻是一个很好的卖点,所以丹尼斯先生觉得这样的新闻肯定会吸引民众的关注。不出所料,哈塞尔的文章立即引起了媒体的兴趣。

哈塞尔在把论文《论咖啡掺假》交给植物学会的同时,也给了《柳叶刀》一份,《柳叶刀》立即予以发表。《柳叶刀》的创办人托马斯·威克利[1]从事过多种职业,具有丰富的社会经验,他同情下层民众,积极参与并领导各项社会改革事业,是敢于向恶势力宣战的强人。威克利很早就对食品药品掺假问题感兴趣,他创办《柳叶刀》没多久就在该杂志上发表了揭露糖果掺假的文章。哈塞尔的文章立即让他意识到发动一场舆论战使民众关注食品药品掺假问题的机会到来了。

1850年8月初,威克利见到了哈塞尔,他对哈塞尔说:"我已经注意到你的所作所为,但如果你不公布出售假货者的名字和地址,并公布分析的结果,就不可能有持久的影响。你认为这样做可能会有无法承担的风险吗?"[2] 哈塞尔回答说,应该这样做,不过需要非常地认真、非常地谨慎小心。然后,威克利让哈塞尔详细写出他的观点,并列出一个明确的工作计划。经过协商,他们在1850年8月13日以《柳叶刀》的名义成立调查食品药品掺假的分析卫生委员会,由哈塞尔负责取样并分析食品药品样本,调查结果定期发表在《柳叶刀》上。分析卫生委员会制订了严格的取样计划,采取严谨科学的分析程序,认真检测每一件样本。

在《柳叶刀》发表调查报告之前,威克利公开宣称,政府官员除了对致人生病的猪肉或鱼肉有公开报告之外,并没有承认食品药品掺假的存在,

---

[1] 威克利1795年出生在德文郡,其父是一个成功的农场主。威克利从小受到良好教育,15岁时到一个药剂师那里做学徒。1815年,他去伦敦到一家医院当学生。1817年,他通过了英格兰外科医生皇家学会的资格考试,然后在他未来岳父的资助下在伦敦开业行医。他的经历使他对医药行业的弊端很了解,也很反感,决心改变现状。他意识到个人力量有限,媒体的威力强大,决心用杂志影响医疗行业的改革。《柳叶刀》创立并站稳之后,他又从政做验尸官、议员,推动更大的改革。详见 S. Squire Sprigge, *The Life and Times of Thomas Wakley*, p. 37, pp. 70–72.

[2] Ernest A. Gray, *By Candlelight: The Life of Dr. Arthur Hill Hassall*, 1817–1894, pp. 99–100.

没有承认由此导致的慢性中毒。所以他们利用显微镜来探测这个隐藏的秘密，保护公众的健康和诚实商人的商业优势，最终揭露并惩罚不诚实的商人。① 威克利说，为了呼吸的空气和饮用的水的纯净，政府已经任命了卫生委员会和下水道委员会进行调查。为了公众的利益，《柳叶刀》也要对目前食品药品状况进行一个广泛的严格的调查。调查以伦敦为中心，逐渐扩展到其他远处的城镇。这些调查的特征是以显微镜和软管测试为工具，以实际的观察和实验为基础，同时借鉴其他人的研究，得出独立的结论；把每种特殊的商品雕刻成版画保存下来作为证据；最重要的是公布购买的商品来自哪个商店、店主名字和地址，还有分析的细节。②

1851 年初，《柳叶刀》发表了第一篇调查报告，此后保持每周发表一篇报告的速度，直到调查快结束时才改为每周两篇，到 1855 年才暂时中止调查。这期间分析卫生委员会共分析了 2500 件样本，按照原先的计划，《柳叶刀》在发表调查报告时每篇都会注明样本来自哪个销售商及其地址。③ 调查结果显示，分析卫生委员会分析的样本鲜有不掺假的。

以糖为例，最初的 36 件样本中有 35 件含有糖螨，由此也查明了"杂货商痒"的原因。④ 哈塞尔发现，与糖螨相比，糖果的染色物对消费者来说才是致命的，彩色糖果是最完全无视消费者健康的掺假食品。在哈塞尔的时代，苯胺染料还没有被使用，除了少数可用的植物染料外，彩色糖果制造商都使用矿物颜料。在大多数情况下，这些矿物颜料是铅、砷、铜、汞和铬的化合物，都是含有剧毒的。哈塞尔分析了 100 件糖果样本，其中 59 件含有铬酸铅，12 件用红铅着色，6 件用朱砂（硫化汞）着色，4 件用白铅着色。有时候，一种糖果中会使用其中一种以上的颜料。⑤

所分析的其他食品，像竹芋粉，也是普遍存在掺假现象，而且价格高的竹芋粉的掺假比例并不低；辣椒粉，一半以上存在掺假现象；饮用水，污染严重，水中检测出有毒金属，例如铅；面包，在 24 件样本中均检测出掺有明矾；牛奶，在 26 件样本中，14 件掺有水，还掺有黄色的蔬菜胭脂树

---

① S. Squire Sprigge, *The Life and Times of Thomas Wakley*, p. 460.

② Ernest A. Gray, *By Candlelight: The Life of Dr. Arthur Hill Hassall*, 1817－1894, p. 101.

③ Ernest A. Gray, *By Candlelight: The Life of Dr. Arthur Hill Hassall*, 1817－1894, p. 103.

④ 早在 1850 年时，哈塞尔个人曾经研究过焦糖。他经过调查研究，发现关于糖里添沙的流行说法是不正确的，杂货商可能被诽谤了。事实是大部分焦糖没有过滤干净，在二次结晶时包含了活的和死的螨，这些螨导致了"杂货商痒"。

⑤ F. Leslie Hart, "A History of the Adulteration of Food Before 1906", *Food, Drug, Cosmetic Law Journal*, January, 1952, Vol. 7, No. 1.

红以恢复牛奶的自然的颜色。[1]

药品的调查流程是这样的：购买药品样本并编号后，首先研究药品本身及其结构特征；然后对其结构及主要掺假物的结构画图。在对烟草、鼻烟和鸦片进行分析时，哈塞尔主要让亨利·莱西比博士（Henry Letheby）操作完成。[2] 莱西比是一位有经验的分析化学家，后来成为伦敦城的卫生医疗官。哈塞尔对于其他自己不能确定的分析，同样把样本送给当时的其他著名学者来检测，包括使用他非常自信的显微镜技术时，他偶尔也会征求其他人的意见。调查结果同样表明，药品的掺假非常严重。

《柳叶刀》发表的食品药品掺假调查分析报告立即引起了公众的注意，使得它的销量急剧增加。这个调查的影响是很直接的，得到消息的商人很快做出了反应，食品药品掺假开始变得隐蔽起来，甚至咖啡和其他一些商品的市场批发价都受到了《柳叶刀》报告的影响。哈塞尔在 1855 年调查爱丁堡的面包和燕麦片时，发现掺假所占的比例降低了，已经很难获得充分的掺假样本使调查和报告像以前那样继续进行下去了。威克利对此评论说："从各地得到的众多信息使我们深受鼓舞。我们相信，我们分析卫生委员会的劳动将对公众有很大的好处；这些工作将继续进行，热情不减，我们将积极调查所有掺假者。我们也收到了一些威胁。给其他人带来的麻烦是可以谅解的，对我们正在追求的事业的所有指责最终证明都是完全无效的。虽然只发表了一个报告，但我们的事业已经得到了成千的人的认可。"[3]

正如威克利所料，《柳叶刀》的报告影响很大，当时差不多所有杂志和报纸都对此做出了评论或转引了它的调查报告。媒体上关于食品药品掺假的文章激起的舆论狂潮对政府造成了一定的压力，财政大臣伍德爵士 1851 年在下院做关于预算的演说时被迫再次提到了咖啡掺假问题。这次伍德改变了说法，不再否认掺假的存在，转而为咖啡中添加菊苣辩护。伍德说，咖啡混合菊苣已经被财政部的一个文件证明是合法的，理由是咖啡中添加菊苣是无害的，菊苣本身有营养而且便宜，所以这种掺假使咖啡更便宜，穷人也因此可以买得到，对穷人来说是一个福音。

威克利针对伍德的说法回应说：第一，菊苣不能当作咖啡卖；如果穷人想买咖啡菊苣混合物，他们至少应该知道混合的比例。第二，咖啡中添

---

① Ernest A. Gray, *By Candlelight*: *The Life of Dr. Arthur Hill Hassall*, 1817 – 1894, pp. 101 – 103.

② Arthur Hill Hassall, *The Narrative of a Busy Life*: *An Autobiography*, p. 49.

③ Ernst Walter Stieb, *Controlling Drug Adulteration in England* (1820 – 1906), p. 578.

加菊苣只会使商人牟取到更多的利润，而消费者的相对经济损失更大。第三，他认为咖啡中掺菊苣对殖民地的进口商非常不公平。那时，对从殖民地进口咖啡的商人在某种程度上是保护的，对来自殖民地的咖啡的税收是每磅4角，对法国的咖啡的税收是每磅6角；但从殖民地进口咖啡的商人没有从这种保护中得到好处，因为他们竞争不过国内混合了土豆粉和染色物的咖啡，所以财政部内有人建议废除这个保护措施。第四，他认为，如果混合菊苣是非法的，即如果财政部的那个讨厌的文件被废除，那么只要价格合理，诚实的商人就会提供合适的纯净饮料。①

1851年3月15日，哈塞尔在《柳叶刀》上又强化了他关于咖啡的立场。哈塞尔发现，菊苣既对身体有益，又有价值，并不是一种容易得到的廉价掺假物。纯净的菊苣价格相对比较高，并不像商人所说的那样便宜，所以商人不可能单独用菊苣来掺假。② 换句话说，咖啡往往打着掺了菊苣的名义而实际上掺了其他廉价物质。

《柳叶刀》的观点得到了大部分报纸杂志的支持，《领导者》就是一个典型的例子。该杂志在1851年7月发表文章《假冒咖啡问题》，说伍德在这件事上表现出了"完美的愚蠢，政府这方面的政策和其他政策一样，都是一种有组织的伪善"。③ 文章要求摧毁掺假贸易的基础，并指向了掺假横行的根源——自由放任的思想观念，认为即使自由放任原则是合理的，它也有一个尺度的问题。所谓"消费者应该自己照顾自己"这个说法，是对自由放任原则的荒唐延伸，"玷污了常识和我们社会的诚实情感"，"小心眼的一根筋者总是试图通过放任理论逃避社会科学中的实际困难。"④

《领导者》认为自由放任原则不是宗教信条，不能庸俗化，既然政府可以检查待售的所有不卫生的肉类，就有权检查可能有毒的咖啡、茶叶、可可、啤酒、牛奶等其他常见的消费品，两者没有什么区别。"下院之所以不希望通过一个阻止欺诈的议案，是因为下院一半的议员都是店主选的"。⑤ 因此，《领导者》的文章呼吁：支持普选权，这样才能顺利通过一个保护人民健康的议案。《领导者》在这里指出了防止掺假问题的一个很重要的症结：掺假的受害者大多数是穷人，而穷人当时没有选举权，不能通过选举权直接给政府施压保护他们自己的健康。

---

① S. Squire Sprigge, *The Life and Times of Thomas Wakley*, pp. 466 – 467.
② S. Squire Sprigge, *The Life and Times of Thomas Wakley*, pp. 466 – 467.
③ "The Sham Coffee Question", *Leader*, Vol. 67, No. 2. July 5, 1851, pp. 632 – 633.
④ "The Sham Coffee Question", *Leader*, Vol. 67, No. 2. July 5, 1851, p. 633.
⑤ "The Sham Coffee Question", *Leader*, Vol. 67, No. 2. July 5, 1851, p. 633.

与此同时，也有一些报纸杂志认为《柳叶刀》的调查报告并非十全十美。《雅典娜神庙》的一篇文章对分析卫生委员会的批评有一定合理性，代表了一些专家的看法，它指向了哈塞尔调查取样的科学性和技术问题。文章说，《柳叶刀》调查证明红糖里面有小虫子，但调查不提糖块里面没有小虫子；竹芋粉里面掺马铃薯粉，这是检测不出来的，而且这是无毒掺假；面包中除了有一点明矾之外，没有发现其他明显的掺假物，而且明矾的数量非常少，让人怀疑这么少的明矾是否真的能对身体产生损害。它向哈塞尔提出建议：在饮用水的检测上，如果分别描述在不干净的水中所发现的各种生物会更好，这样会避免别人认为他夸大了问题。对于烟草问题，哈塞尔通过化学和显微镜检测得出结论说没有掺假，他们对此怀疑，讽刺哈塞尔不抽烟，所以不懂或不重视烟草掺假问题。[①]

《雅典娜神庙》的文章在最后提出了反掺假的策略问题："为什么要反对很受欢迎的咖啡菊苣混合物，而不把精力放在所有人都反对的很坏的食品掺假上面呢？"同时承认，政府的职责无疑是保护共同体的生活。但是，从哈塞尔的调查结果中发现，公众的生活很明显受他所发现的掺假影响很小，"要求政府介入就是让数千人献身于这个可以忽略的事业"，[②] 等于浪费了这几千个人的生命。

如果说《雅典娜神庙》的文章对哈塞尔的调查结果属于有褒有贬、有肯定有否定，那么《检查者》对哈塞尔的调查就是毫不客气，直接否定了哈塞尔调查的真实性。1855 年 10 月，《检查者》报道了英国协会最近召开的一次会议，提到哈塞尔所出席的化学组的研讨情况时，对哈塞尔进行了赤裸裸的攻击。该杂志首先为这次会议定了调，表示这个最近召开的会议是这个协会举办的会议中最成功的会议之一，会上宣读了许多有意思、有分量的文章。然后该杂志又介绍了哈塞尔的观点：掺假行为非常普遍，差不多每种食品都掺假。[③]

接下来的文章便开始借与会人员之口反驳并攻击哈塞尔，把哈塞尔定性为比掺假者更流氓的人。文章说，哈塞尔所谴责的认为对健康有害的一些物品是无害的，例如水泵里面的水、白垩、菊苣和明矾等。"其他一些掺假肯定也一样，像极少量的硫酸和辣椒。"[④] 该杂志认为哈塞尔所说的"掺

---

① "Food and Its Adulterations", *Athenaeum*, June 30, 1855, p. 755.

② "Food and Its Adulterations", *Athenaeum*, June 30, 1855, p. 755.

③ "The British Association", *Examiner*, Oct. 6, 1855, p. 626.

④ "The British Association", *Examiner*, Oct. 6, 1855, p. 626.

假是为了牟利"这种说法在经济上很明显是不可能的，因为哈塞尔列举的一些物品很明显太贵而根本不会被使用，像朱砂、普鲁士蓝和雌黄等掺假物比要掺假的商品还贵。"有人曾信誓旦旦地宣称，啤酒商用罂粟汁给啤酒掺假，但有人指出，罂粟能对一桶酒产生明显的影响，而且罂粟的价格远远超过了麦芽。"①

《检查者》的这篇文章认为，在掺假和诚实贸易之间，必然有一个竞争，会快速把利润拉平到一个共同的标准。在《检查者》看来，掺假只是一小撮商人的行径，他们依靠流氓行为，垄断了掺假。针对一小撮人的掺假，文章认为，以普通法的严厉足以惩罚这些掺假，而且有效的竞争法则也会抑制掺假。② 很明显，这篇文章的这种说法是站不住脚的，自由竞争只会鼓励而非限制掺假，现存的法律已经被证明不能有效控制掺假。

反对《柳叶刀》调查结果的个人和集团除了在媒体上表达不同意见之外，还和《柳叶刀》一方发生了面对面的交锋，哈塞尔和制药业协会的西奥菲勒斯·雷德伍德（Theophilus Redwood）教授的辩论就是一个典型。③雷德伍德虽然公开坦率地承认了药品掺假的存在，但他经常宣称许多人夸大了掺假的程度。当哈塞尔的调查报告首次出现在《柳叶刀》上时，《制药业杂志》对这个报告表示了欢迎，并称赞说《柳叶刀》的出发点是良好的。当调查开始触及各地的药品市场时，《制药业杂志》开始怀疑哈塞尔个人的化学检测能力，认为《柳叶刀》的报告可能给人留下错误的印象，给制药业带来不利的影响。雷德伍德也开始反对《柳叶刀》分析卫生委员会对药品调查所采用的方法。④ 很多分析化学家和药剂师经常对某些药品的混合和掺假采取宽大的态度。雷德伍德也经常这样认为，他曾经在不纯净和掺假之间做出过一个区分，认为一些掺假仅仅是惯例。这种观点虽然有一定道理，但经常会被过分解读，被掺假者所利用。这正是哈塞尔所反对的。

1855 年，哈塞尔和雷德伍德同时参加了制药业协会的一次会议。雷德伍德否认用胭脂树红给牛奶、奶酪和其他物质染色是掺假。哈塞尔说，这种否认让他很吃惊，提出在会议上读一篇协会早期会议上的关于这个主题的论文，这篇论文能证明用胭脂树红染色是掺假，这个提议被接受了。哈塞尔自称提出了压倒性的证据证明用胭脂树红染色是最恶劣的掺假，证明

① "The British Association", *Examiner*, Oct. 6, 1855, p. 626.

② "The British Association", *Examiner*, Oct. 6, 1855, p. 627.

③ 英国制药业协会成立于 1841 年，雷德伍德是这个协会的发起者，在该协会的创立和早期的发展中做出了重要贡献，属于非常重要的人物。

④ Ernst Walter Stieb, *Controlling Drug Adulteration in England* (1820–1906), p. 491, p. 563.

在整个食品药品掺假中，很少有另一种掺假物在性质和数量上把原物质掺假贬损到这种程度。

很多与会者知道了哈塞尔和雷德伍德辩论的消息，所以当哈塞尔读这篇论文时，协会的房间里站满了人，甚至楼梯上都挤满了人。雷德伍德做了清晰且睿智的辩护，但这在哈塞尔看来有点诡辩。哈塞尔说，雷德伍德"为这种掺假行为找借口而非找理由；说他们要么改善了牛奶，要么赋予牛奶原先所没有的东西；但他无视更罪恶昭彰的掺假。虽然他得享雄辩的殊荣，但事实在我"。① 从哈塞尔的话可以看出来，在这场辩论中，哈塞尔落了下风。这从侧面说明，调查食品药品掺假和解释食品药品掺假是一个充满挑战的工作，稍有不慎就会落下被人攻击的口实。

像 30 多年前人们怀疑阿卡姆的动机一样，现在很多从掺假中牟利的商业人士也试图抹黑哈塞尔和威克利。《检查者》说，哈塞尔之所以大肆宣扬食品药品掺假，是为了患者找他看病，"无论如何，如果我们怀疑我们的食品已经被毒化，使用哈塞尔医生的服务吧。"② 并非只有这家报纸怀疑哈塞尔的动机，甚至和哈塞尔持不同意见的雷德伍德也怀疑威克利和哈塞尔的动机。有人说《柳叶刀》的调查是因为威克利有政治野心，在沽名钓誉；有人说威克利是为了提高《柳叶刀》的知名度，增加其销量。对此，威克利本人坦率地回答了成立分析卫生委员会的目的："我们相信，最危险也是最成功的计划之一是能增加刊物的销量。在这些报告发表的期间，在俱乐部的桌子上，绅士们的图书馆里，接着是在杂货商后面的营业室里，都能看到《柳叶刀》。由于这个特殊的刺激物，《柳叶刀》销量大增。报告停止后，这种局面就消失了。"③ 对于沽名钓誉的指控，威克利觉得不值一驳，没有理睬。以他作为激进议员和验尸官的身份，其名声早已经非常响亮了。在他看来，推动食品药品安全是一件不仅是对国家、民众有益的事情，而且对他本人和亲人来说也是大有裨益的。一个一生都在推动改革的人自然是不在意外界对其动机的议论的。

《柳叶刀》分析卫生委员会 4 年内连续发布食品药品掺假的情况，在社会上引起了很强的舆论效应。虽然舆论汹汹，但政府方面除了财政大臣伍德发表了一下自己的看法外，基本没有其他行动，政府首脑像不看报纸一样，对舆论的要求不予理睬，因而需要对政府直接施加压力。此时，在食

---

① Arthur Hill Hassall, *The Narrative of a Busy Life: An Autobiography*, pp. 49 – 50.

② "The British Association", *Examiner*, Oct. 6, 1855, p. 627.

③ Ernest Walter Stieb, *Controlling Drug Adulteration in England* (1820 – 1906), p. 578.

品药品立法运动中起了重要作用的约翰·波斯特盖特出现了，他发起对政府施压的活动，最终迫使议会有所行动。

波斯特盖特 1820 年 10 月出生于约克郡的斯卡布罗，自幼家庭贫困，年少时就显示出了独特的个性，11 岁的时候自愿离家，在一个杂货商兼葡萄酒商那里当学徒，他正是在这里了解到了食品中的掺假行为。3 年后，他实在不能忍受这个行业的欺诈行为，辞职并自学了一些化学知识。1834 年春，他成为一个外科医生的助手。① 24 岁的时候，他在一个诊疗所做助理药剂师，亲眼看到大量的药品被掺假。没过多久，他具备了开办诊所的资格。1851 年，波斯特盖特和新婚的妻子搬到了伯明翰定居，成为一名全科医生。②

19 世纪中期的伯明翰，随着工业化和城市化的发展，城市中的住房建设跟不上移民的速度，大片的地区变成了肮脏、拥挤的贫民窟，这些地方充满了贫穷、肮脏、营养不良和疾病。伯明翰公共卫生委员会 1849 年的调查报告说，当地的井被污染了，流出的水像韭菜一样绿；附近的河流被垃圾阻塞，河流上面覆盖了一层厚厚的垃圾；城市里面发热和斑疹伤寒等流行病经常出现；治安最差的地方已经变成罪恶的天堂、小偷的乐园。这种状况在波斯特盖特搬进来时更加恶化。对公益事业感兴趣的波斯特盖特对伯明翰的卫生状况很不满意，他加入了地方问题的政治论战，猛烈抨击政府的不作为。

波斯特盖特没有止步于简单的抱怨或抗议，他希望做些建设性工作。1852 年，他自费出版了名为《伯明翰的卫生及改善意见》的小册子。他在小册子中除了分析实际存在的一些问题之外，更重要的是提出了改善的方法。波斯特盖特特别强调城市墓地问题，他说"除了允许肉体腐烂毒害呼吸的空气之外，还能有什么？一场雨下来就会把死尸的液体混合到饮用水中"。③ 他提出，解决的办法就是关闭城内所有坟场，只是仍然保留纪念碑，让死者埋葬在远离生者之处，即在郊外的一些森林中。

从他的小册子中可以看出来，波斯特盖特已经理解了一个重要的政治

---

① John Postgate, *Lethal Lozenges and Tainted Tea: A Biography of John Postgate* (1820 – 1881), pp. 7 – 11.

② 波斯特盖特非常努力，他把空闲时间都用来学习。他在学习医药的同时，还自学拉丁语、化学和植物学等学科，不断扩充各方面的知识。17 岁的时候，他在《约克郡杂志》上发表了一篇文章：《论稀有植物和他们的特性》。20 多岁的时候，他的学术能力就已经在医学院享有盛誉。他本人还具有很强的公共服务精神，曾经帮助一个小镇建立图书馆和文献学会。

③ John Postgate, *Lethal Lozenges and Tainted Tea: A Biography of John Postgate* (1820 – 1881), p. 18, p. 20.

现实：为了对社会问题有所贡献，不仅需要大声清晰地讲出问题所在，而且也必须向政客们尽可能详细地提出他们最可能采取的行动。波斯特盖特对于公共卫生改革的参与，为他后来要求政府对食品药品掺假进行控制积累了经验。

波斯特盖特对掺假及其后果非常熟悉，在他的从业经历中经常碰到食品药品掺假问题。令他印象特别深的一次是，他的一位女患者在喝完咖啡之后上吐下泻。他检查了咖啡，发现里面不仅包含了菊苣，而且还有一些有害的黑色物质。虽然事实上他没能证明这些黑色物质是什么，但他认为这些黑色物质就是毒源。正是这个经历，促使波斯特盖特发起要求政府管理食品药品的销售的运动，并把余生都投入到这场运动之中。①

波斯特盖特作为一名职业医生，知道《柳叶刀》及其分析卫生委员会的调查活动。他对《柳叶刀》报道出来的食品药品掺假很熟悉，但没有证据证明他和《柳叶刀》的分析卫生委员会有任何直接的面对面的接触，他好像是独立地发起了他自己的"运动"，直接为通过防止食品药品掺假的立法进行政治游说。波斯特盖特很幸运，那时的伯明翰是一个政治城市，市民很乐意关心地方性的和全国性的问题。政治集会，不论是为了全国性的问题还是地方教区的问题，总有很多人参加；民众集会通过的向议会请愿的决议总能找到很多人的签名支持。舆论的总体发展趋势普遍是走向激进的方向：支持民众的自由权利，支持自由贸易、选举制改革、普遍的社会改革和公平的权利。这种状况为波斯特盖特发起要求政府管理食品药品掺假的活动提供了很好的土壤。

1854 年 1 月 7 日，波斯特盖特给伯明翰在英国议会下院的一名议员威廉·舍勒菲尔德②先生写了一封公开信，描述了掺假的罪恶，勾勒了以成立公共分析师为基础的反食品药品掺假的立法措施。公共分析师的职责和度量衡检查员、肉类检查员的职责有点类似。舍勒菲尔德在 1 月 9 日回信说，他非常乐意和波斯特盖特一起阻止这种罪恶，并且认为他提出的成立公共

---

① 《柳叶刀》揭露食品药品掺假所造成的轰动效应使越来越多的人开始关注这个问题，著名作家狄更斯写过这方面的文章，作家查尔斯·金斯利也写过这方面的东西并演说过。也许是因为许多有影响的人在关注这件事业，波斯特盖特也开始把他更多的注意力转向了这个与他专业经历直接相关的问题。

② 舍勒菲尔德（1809—1867 年）是伯明翰很受尊敬的一位先生，自由党议员（1847—1867年），来自一个政治家庭；1847 年进入议会之前他是伯明翰市长和法院执行官。舍勒菲尔德是一个很有原则的人，在他担任市长期间，他拒绝在他的任期内接受市议会投票为一次意外花费开支 200英镑的决定，他还是议会 12 个投票支持人民宪章的议员之一。

分析师的建议是其所见过的最好的建议。① 波斯特盖特在与舍勒菲尔德联系的同时，还拜访了伯明翰的市长和市议会的一些成员，建议市议会通过市镇改革议案，任命一个公共分析师检查食品。这些官员原则上同意了他的建议，但却没有任何行动。② 此后，波斯特盖特开始把重点放在舍勒菲尔德身上。

1月23日，波斯特盖特给舍勒菲尔德写了第二封信，补充了他的想法，提出了防止食品药品掺假的具体措施。舍勒菲尔德对他的补充措施也很支持，这让波斯特盖特很高兴，于是开始联系其他议员，争取更多的议员支持他的计划。他通过从地方上购买食品药品样本并证明掺假的存在取得了来自北沃里克郡的下院议员斯普纳（Spooner）先生的支持，斯普纳同意在议会中支持舍勒菲尔德。然后波斯特盖特又给伯明翰另一位下院议员乔治·弗雷德里克·芒茨（George Frederick Muntz）③ 写信。芒茨和舍勒菲尔德讨论了一下情况，他对波斯特盖特的意见的可行性表示怀疑。芒茨给波斯特盖特回复说，目前任何能阻止食品药品掺假的法律都会影响商业目前的发展，势必遭到一些商人的激烈的反对，但是他保证，将尽可能地帮助舍勒菲尔德。波斯特盖特向芒茨强调，只有不诚实的商人才会害怕反掺假的立法，根据他的设想，所任命的公共分析师会积极地保护诚实的商人，而且还能帮助他们分析可疑的商品。为了打消芒茨的顾虑，波斯特盖特补充说，由于出售掺假商品的经销商对出售真品的商人构成了威胁，已经有几个商人支持他的计划。

为了充分动员公众的兴趣，引起议会的注意，1854年4月，波斯特盖特组织了一个由伯明翰科学界和医学界的人士参加的关于掺假的会议，舍勒菲尔德担任会议主席。会议认真讨论了食品药品掺假的问题和波斯特盖特的立法意见，并根据波斯特盖特的提议通过了一些决议，要求舍勒菲尔德和芒茨把这个问题提交给下院。大会最后对支持它的媒体、波斯特盖特

---

① John Alfred Langford, *Modern Birmingham and Its Institutions*: *A Chronicle of Local Events*, *From 1841 to 1871*, Volume 2, Birmingham: E. C. Osborne, 84, New Street. London, Simpkin, Marshall & Co., 1877, pp. 446–447. 参见 John Postgate, *Lethal Lozenges and Tainted Tea*: *A Biography of John Postgate* (1820–1881), pp. 30–31; Jillian London, "Tragedy, Transformation, and Triumph: Comparing the Factors and Forces that Led to the Adoption of the 1860 Adulteration Act in England and the 1906 Pure Food and Drug Act in the United States", *Food and Drug Law Journal*, 2014, Vol. 69, No. 2.

② 1854年《柳叶刀》的一篇文章报道说伯明翰任命了一个公共分析员，检测各种掺假。但波斯特盖特的传记作者认为这个说法是错误的。

③ 乔治·弗雷德里克·芒茨（1794—1857年）也是一个政治改革者，1840—1857年间为议会下院议员。

的热情和立法建议、《柳叶刀》的编辑揭露这种可恶的掺假的勇气表达了谢意。《柳叶刀》《伯明翰信使》《中部郡县通讯》《艾瑞思伯明翰公报》《泰晤士报》及伦敦的一些报纸对会议的目的和性质都有所报道。[①]

波斯特盖特再接再厉，继续政治游说。他给内阁大臣、议员、市政府官员、科学家等要人写信；他在其他城镇召开聚会，呼吁民众支持他的行动，有时还亲自拜访当地要人；他安排在集会的地方购买当地的食品药品样本，并证明掺假的存在。在沃尔夫汉普顿，他得到了特别积极的回应，当地成立了一个委员会支持他的活动。他和这个委员会的主席一起给整个医学界写了一封信，然后联系威克利，要求威克利支持他的事业，并希望这封信在《柳叶刀》上公开发表。[②]

威克利在《柳叶刀》上全文刊发了这封信。该信对掺假的罪恶和造成的伤害做一个概述之后说："这些行为导致的罪恶正在惊人地增长，对年轻人和工人阶级带来了直接的伤害，因为这些食物是他们主要的消费品，掺假使食品数量减少、质量恶化。这个问题要求社会严肃考虑，这个问题和大众健康密切相关，急需立法机关的干预，阻止强加于社会的掺假行为，尤其是对穷人的掺假。"[③] 该信告诉医学界的同仁，舍勒菲尔德将在议会中提出掺假问题，请求医学界同仁考虑成立城镇委员会向议会请愿支持立法，并提供合适的建议和信息。

当舍勒菲尔德正准备在议会提出管理食品药品的销售的议案时，波斯特盖特考虑了一下，认为当前的条件还不成熟。因为提出立法议案前需要解决很多问题，比如，谁给公共分析师支付工资，对于再三欺诈的经销商怎么办，和批发商相关的欺诈谁来负责？如果要进行补偿，由谁来补偿，补偿给谁？药剂师对处方的关键成分故意遗漏了该怎么办？这些问题无疑需要有无可辩驳的答案后才能有效地立法。所以波斯特盖特认为，应该先由议会成立一个专门委员会调查食品药品的掺假问题，以此获得权威的专家证据，使掺假的情况对所有人来说——内阁政府、立法机关、医学界、商人和公众——都是确定无疑的。舍勒菲尔德放弃了提出议案的计划，同意要求议会成立一个专门的调查委员会。1855 年 6 月 26 日，他在下院提出

①　John Postgate, *Lethal Lozenges and Tainted Tea: A Biography of John Postgate* (1820 – 1881), pp. 30 – 32.

②　Jillian London, "Tragedy, Transformation, and Triumph: Comparing the Factors and Forces that Led to the Adoption of the 1860 Adulteration Act in England and the 1906 Pure Food and Drug Act in the United States", *Food and Drug Law Journal*, 2014, Vol. 69, No. 2.

③　Ernst Walter Stieb, *Controlling Drug Adulteration in England* (1820 – 1906), p. 570.

了这样的动议。①

对下院大多数议员来说，掺假问题既不是他们造成的，也不是他们所喜欢的，其主要任务是对这个问题找出一个解决方法：怎么样使支持改革者满意，同时不疏远反对改革的商业利益集团和地方政府利益集团。可能许多议员也认为掺假很普遍，但在国家干预商业活动的行为还处于婴儿期之时，他们也根本不清楚能做什么来控制掺假。为了安抚改革者，议会同意成立一个专门委员会调查这个问题，这样一方面有利于议员避免直接面对这个难题，另一方面也希望委员会能提供一个满意的解决方法。②

对政府内阁来说，这时由帕默斯顿领导的自由派占多数的内阁在1855年2月5日刚刚取代由阿伯丁勋爵领导的保守派联盟。新的内阁正在忙于它的稳定，还要处理克里米亚战争、中国的太平天国起义、印度的大起义及其他比食品药品掺假更急迫的事情，但是他们也希望改革的声音安静下来，所以默许了议会成立专门委员会。于是议会很快任命了一个包括舍勒菲尔德在内的15名议员组成的专门委员会，舍勒菲尔德任该专门委员会的主席。

二、议会的调查和舆论的反应

议会调查食品、饮料和药品掺假的专门委员会在1855年7月13日开始召集证人进行听证，到这年8月8日总共开了8次会议，从17个证人处取证。这期间，专门委员会公布了两个临时报告，主要是政府官员和哈塞尔的证词。在1856年2月到5月之间，专门委员会再次召集，共开会超过12次，询问了40名证人。此后，专门委员会提交了它的最终的报告，概述了证人的证词和专门委员会对议会的建议。

证人来自相关的各种领域，包括化学、制药学和法医学的教授，律师，内外科医生，税务局、邮局官员和负责食品的官员，伦敦和曼彻斯特附近卫生委员会的官员，都柏林市长，从事批发或零售生意的药剂师，食品制造商，专业分析师，持照药剂师（酿酒和药品制造方面的权威），杂志编辑，杂货商，茶叶代理商，面包师，磨坊主。这些证人中，一些证人被召唤了不止一次，波斯特盖特被召唤了三次，哈塞尔也被召唤了三次。专门

---

① Jillian London, "Tragedy, Transformation, and Triumph: Comparing the Factors and Forces that Led to the Adoption of the 1860 Adulteration Act in England and the 1906 Pure Food and Drug Act in the United States", *Food and Drug Law Journal*, 2014, Vol. 69, No. 2.

② Ingeborg Paulus, *British Food and Drug Legislation: A Case Study in the Sociology of Law*, Ph. D. Thesis, University of London, 1973, p. 68.

委员会的议员和证人代表了各种利益集团：要求改革的科学家、文官、政府和商业集团。有批评者认为，不足之处是没有召唤纯粹的消费者。

委员会虽然面对的是不同的证人，但对每一个证人所问的问题大同小异，一般都会问他们：针对某种商品，是否存在掺假，他们所了解的掺假是什么样的，达到了什么样的程度，是什么原因造成的，具体的某种商品的掺假造成了什么样的危害，他们所知道的与掺假相关的各方对这种掺假是怎么看的，针对掺假他们有什么样的控制方法。证人对这些问题的回答大致分为两派，一派认为掺假很严重，需要议会通过严格的法律进行管理；另一派倾向于认为与以前相比，总体上掺假没有太大的变化，完全不需要政府的干预，通过市场规律或行业的自律就能解决这个问题。

专门委员会在 1856 年 7 月 22 日完成了最后的听证，同时也完成了它最后的报告。① 在报告中，委员会同意两种掺假应该区别对待②：有毒的掺假，不仅是欺诈性的，而且对健康或幸福有害；无害的掺假，即不会对消费者的身体带来伤害的掺假，有时使产品更加便宜，在最坏的情况下只是欺骗了消费者，给消费者带来了经济损失。③

专门委员会承认，虽然自《柳叶刀》轰动性地公布它的调查结果以来，掺假已经大幅度减少，但在全国范围内还是很猖獗，而且已经被许多人当作生活的常态。专门委员会的报告认为，政府应该做点什么，尤其是要保护穷人，穷人没法保护自己。出席听证会的证人，只有律师和少部分经销商质疑需要严格管理的必要性，其他证人都支持政府进行管理，许多人还持强烈支持意见。在英格兰，消费者只有在受到的损害是个人的且能证明是被有意损害（犯罪意图）的时候，才能根据普通法要求法院采取补救措施；如果损害是普遍性的，国家就能作为公诉人进行起诉，但是国家也必须证明被告的犯罪意图。个人和国家的起诉程序都是很繁琐的，且代价高昂，因此根本不适合普遍采用。最快且代价最低的方法是即决审判，这种起诉方法在那之前只在涉及税务部门所管理的商品和面包法所管理的商品中才被采用。因此委员会的报告建议：对所有掺假商品的受害者来说，他

① 可能是受到了雷德伍德的影响，报告很少提药品，这导致 1860 年前在下院提出来的议案都没有提到药品。

② 委员会报告的这种区引起了泰晤士报的愤怒，泰晤士报虽然大体上支持委员会的观点，但觉得对无害掺假的处罚太温和则会为有害掺假打开大门。不论什么掺假，消费者都掌握在商人手中。

③ *Report from the Select Committee on Adulteration of Food*, & Co.; *Together with the Proceedings of the Committee*, *Minutes of Evidence*, *Appendix and Index* (22 July 1856), p. xv.

们能采取的最方便、最经济的方法就是由治安法官进行即决审判。报告强烈建议，在未来的食品药品法律中采用这种审判方法。未来法律的目标是打击欺诈，无论在什么地方能证明欺诈的意图，都要进行惩罚。专门委员会并不认为它自己能界定什么构成欺诈，最好的方法是把这个问题留给执法者。①

在议会专门委员会举行听证会期间，商业集团虽然还没有很好地组织起来，但是他们在专门委员会的代言人坚持不懈地要求在最终的报告中写进他们自己的观点，这些观点集中在由代表食品杂货业的一个议员莫法特（Moffatt）起草的《少数派报告》上。在《少数派报告》中，莫法特着重强调一些科学专家提供的证据相互冲突，尤其是莱西比、哈塞尔和雷德伍德的证据。他强调说，已经有许多法律控制面包、面粉、茶叶、咖啡、啤酒和烈酒的销售了，只不过缺少对药品的控制。因此，除了需要立法控制当前关于药品方面的弊病之外，对于面包、面粉、茶叶、咖啡、糖、牛奶、啤酒、烈酒和葡萄酒等食品和饮料，没有充分的理由使委员会在报告中建议通过进一步的立法，没有什么措施比当前的法律更严厉；而且当前的法律没有提高生活必需品的价格，不会导致伤害和麻烦；更重要的是，干预商业将和最近的更开明的立法政策相矛盾，将会阻挡商业自由系统的发展，而这是近来立法的目标。② 尽管莫法特先生很雄辩，专门委员会中的另外8名成员对他的少数派报告还是不支持。随后，支持商人掺假的这个拥护者试图修改报告中有损商业形象的措辞的提议也被否决了。

委员会内部的小分歧反映了19世纪中期英国政府的一个困境：怎么样在确保公众健康和避免公众不被欺诈的同时不侵犯商业共同体谋取利润最大化的权利，国家在不给商业制造麻烦的同时使商业贸易不损害消费者的利益。这方面最大的困难在于不干预商业自由就能终止商人掺假的自由。尽管专门委员会很难说明议会未来会支持谁的观点，但它的报告的总的方向是倾向于支持专家证人所提出的方法，利用法律保护消费者。

专门委员会的报告发表之后，议会要面对的是象征"公共卫生利益"的医疗业、代表"私人商业利益"的商业集团和代表"税务局利益"的公务员之间的斗争。到19世纪中期，政府已经认识到了医疗行业的重要性，

---

① *Report from the Select Committee on Adulteration of Food*, & Co.; *Together with the Proceedings of the Committee*, *Minutes of Evidence*, *Appendix and Index* (22 July 1856), pp. v - x.

② *Report from the Select Committee on Adulteration of Food*, & Co.; *Together with the Proceedings of the Committee*, *Minutes of Evidence*, *Appendix and Index* (22 July 1856), p. xxv.

一些医药专家成为政府决策的顾问。议会所要做的是，怎么样在不怠慢他们必不可少的科学顾问，不疏远重要的财政支持者且不使它自己的公务员在所有人的眼里看起来不合格的情况下，调解这些不同利益集团的利益。很明显，这是一个很难调和的任务。

要求改革的运动，不论它的具体要求是什么，一般而言总是包含实质性的内容和象征性的内容，而道德声讨总是象征性内容中的很重要的一部分。19 世纪反对食品药品掺假的运动当然也不例外，它既有实质性的一面，也有象征性的一面。其实质性在于遏制越来越泛滥的掺假真正意味着帮助大众获得更好的营养和健康，尤其是对于那些不能自助、需要国家保护的人。由于反掺假的改革运动的实质性的这一面，议会不断被关心社会的媒体提醒说"必须要做点什么了"。同时，反掺假的改革运动在身份政治的象征领域也是一场道德运动，新出现的行业试图为他们的行为赢得地位和声望。因此，改革的一些鼓动者不是无私的，它也是为医疗业新出现的分支获得行业利益的活动，议会的任何决定不仅对商人，而且对代表科学的改革者都有直接的影响。

所以，议会也需要调和两种道德问题。商业集团在界定它的利益时，提出了一种个人主义的道德："公众想要我们的产品，我们的商业习惯允许我们用相对低廉的价格出售商品。如果我们允许政府干预我们辛苦赢得的自由，价格将会增加，对公众将不利。因此，新的立法对消费者和商业都没好处，只会伤害两者。"[1] 而保护工人阶级消费者的利益的医学界则提出了一种集体主义的道德："掺假造成的罪恶损害了消费者的健康，而且经常剥夺了消费者必需的营养。因此，立法控制这种罪恶对消费者有好处，能使他们健康，同时能迫使商业集团变得诚实。"[2] 这对议会来说都是很难解决的问题。议会进退维谷，唯一可行的方法就是搁置专门委员会的报告，因此它采用不作为的方法对抗改革者的要求。

不论议会是什么态度，公众舆论对掺假的关注没有消失，议会原先希望通过成立专门委员会的方法平息公众舆论的目的没有达到，专门委员会对食品药品掺假状况的调查反而使这个问题更突出了，掺假问题成了公众关注的焦点。调查委员会发表的报告在英国被广为传阅，给公众留下了深

---

① Ingeborg Paulus, *British Food and Drug Legislation: A Case Study in the Sociology of Law*, p. 93.

② Ingeborg Paulus, *British Food and Drug Legislation: A Case Study in the Sociology of Law*, p. 93.

刻的印象。

议会专门委员会发表第一篇报告后不久，《领导者》发表了一篇文章，对当时英国全社会存在的掺假现象进行了深刻的批判，指出掺假已经祸及整个社会。《领导者》说："屠夫、面包师、整个商人团体，甚至补锅匠、裁缝、耕童、贼等，每个和其他人打交道者都掺假，每个人反过来也都购买掺假商品；甚至议会同样掺假了。"① 《领导者》这样说，实际上已经意识到了掺假问题不是一个孤立的现象，而是在工业化的大潮下，旧秩序已经被破坏而新秩序还未建立的情况下，整个社会都处在一种失序的状态，需要建立新的约束规范。《领导者》在批评了药品的掺假之后，呼吁政府和社会采取行动："甚至一个小的开始也比没有好；如果我们能阻止食品中的掺假，我们就能逐渐把这种纯洁扩展到社会、教会、议会、政府以及所有事关我们的公私生活中。"②

针对委员会的报告，狄更斯的《家庭琐语》在 1856 年 3 月 22 日发表了一篇名为《毒药》的长文，认为"禁止所有秘密的和故意的掺假"不仅是社会的进步，而且对商业利益集团也有好处。它明确提出，"干预食品药品掺假无疑是国家的一个责任，保护民众的生活绝不是国家无关紧要的功能"。③ 为此，它提出了控制掺假的具体的方法，不过它的方法只是对 30 多年前阿卡姆所提方法的一个总结。虽然《家庭琐语》提出的控制掺假的方法没有原创性，但向公众传递了一个信息：政府要行动起来保护人民的健康。

还在议会专门委员会召开听证会时期，波斯特盖特就注意到公众对掺假的兴趣在听证会期间被进一步激发了出来，他们的兴趣随着每一个报告的发表及报纸杂志的分析而高涨。波斯特盖特对此积极加以利用。当议会专门委员会召开听证会取证时，波斯特盖特通过给媒体透露消息或写信，一直使这个主题出现在公众的视野中。在支持改革的媒体的呼吁下，一些改革者集结在议会调查委员会支持反掺假的成员的背后，准备采取进一步的行动，争取更多的民众给议会施加压力。专门委员会的这些委员们通过长时间的调查取证，已经坚信议会通过法律采取一定措施的时机已经到来：掺假是一个事实，是一个问题；这个问题只有通过立法行动才能解决，这表明政府必须干预一些商业事务。

---

① "Vulgar Impatience of Adulteration", *Leader*, Aug. 4, 1855, pp. 741 – 742.

② "Vulgar Impatience of Adulteration", *Leader*, Aug. 4, 1855, p. 742.

③ "Poison", *Household Words*, March 22, 1856, pp. 224 – 228.

1856 年 2 月，为了引起更多人的注意，波斯特盖特应伯明翰市长之请，在伯明翰市政厅的一个会议上发表演说，呼吁民众关注食品药品掺假问题，积极支持改革者的行动，发动一切力量向议会请愿。波斯特盖特的演说结束之后，会议讨论了提交给议会专门委员会的证据。最后，大会通过了两个决议，一个决议表达了对掺假造成的危害的忧虑，另一个决议要求政府采取控制措施。会议一致通过了一个给下院的请愿①，说明掺假的严重性及其造成的危害，要求下院立法介入这个问题。这个请愿书由舍勒菲尔德提交给下院，副本送交首相和内政大臣。②

议会专门委员会的调查结束后，波斯特盖特觉得行动的时刻到了，利用调查委员会的报告和媒体的舆论影响正处在高潮的时候抓紧行动，加强委员会的报告对议会的影响，迫使议会通过一个议案。更让改革者深受鼓舞的是，由于从英国出口到西班牙的药品和其他商品的掺假情况太严重了，西班牙议会在 1856 年通过了反掺假法，对英国的出口商造成了一定的冲击。波斯特盖特通知舍勒菲尔德，让他在下院提出一个议案，这个议案不用覆盖所有问题，药品掺假不用在这个议案中出现，但要让食品掺假成为一种犯罪，违法者可以被判处监禁 6 个月，同时成立一个机构执行这部法律的规定。

舍勒菲尔德与波斯特盖特经过磋商后，立刻在下院提出了一个议案，这个议案没有包含药品问题。③ 此后舍勒菲尔德在议会中提出的议案都没有涉及药品。由于当时议会有很多更重要的事情需要尽快处理，时间很紧张，所以这个议案直到 1857 年 6 月 25 日才被一读。这是一个内容很广泛的、对商人具有很强威胁性的议案④，甚至改革的支持者《柳叶刀》都怀疑其中

---

① 请愿书的内容："伯明翰居民召集大会之后的谦卑请愿，您的请愿人确信，食品药品掺假在不列颠和爱尔兰王国已经达到了惊人的程度。这样的系统严重影响了女王陛下臣民的健康和身体状况，迄今为止所采用的方法都没能约束这种罪恶。这对本国商业阶级的道德福利非常重要，这样的系统颠覆了诚实这个第一原则，严重影响了人民的品质，如果有可能，应该结束之。您的请愿人谦卑地请求下院严肃考虑这个问题，提供一些补救方法，消灭这些罪恶。"

② John Postgate, *Lethal Lozenges and Tainted Tea：A Biography of John Postgate* (1820 – 1881), p. 44.

③ 这个议案的名称是"防止食品和饮料掺假法案"，由 1855 年专门委员会的 4 个成员起草。该议案界定了食品和饮料；规定了即决审判，分析师的证明书可以当作证据；为执法提供资金，并规定罚款用来执法；坚持强制任命检查员和分析师；任命一个中央咨询委员会制定标准，并帮助地方政府处理在该法执行中产生的问题；如果出售了掺假商品，除非商贩能证明他不知道所售商品掺假了，否则违法。授权检查员进入他们怀疑有掺假商品的制造地或仓库，有权没收这些被怀疑为掺假的商品；如果没收的商品发现没有掺假，要归还给原主。

④ 波斯特盖特的传记认为这是一个没有什么威胁性的议案，这种说法是不对的。

一些要求不可能通过，尤其是这个条款：允许检查员在没有检查证且仅仅是怀疑有掺假商品的情况下就进入食品厂和仓库取样检查。这个条款很明显侵犯了当时私人住宅不得随意进入的观念。那些最积极且叫得最响的食品商聚在议会走廊里进行抗议，在莫法特和特拉弗斯（Travers）这些议员的领导下反对这个议案。法案在进行二读时，食品商对议员施加了更大的压力，他们对议员的影响很大，没有一个议员敢为这个议案辩护。舍勒菲尔德很失望，不得不撤回了这个议案。①

波斯特盖特对舍勒菲尔德议案的失败也很失望，但他没有绝望，而是继续为改革事业战斗。他明白，如果不坚持下去将功亏一篑。波斯特盖特宣布，只要他能在下院找到一个议员提出动议，只要有一份报纸发表他的演说、发表他的关于检测掺假的文章，他都将继续工作，直到议会通过一个有效的法律为止。为此，他继续组织集会，宣传通过法律控制掺假的必要性。同时，只要有人邀请波斯特盖特参加集会，他都会参加。他几乎参加了英格兰北部的所有集会，像林肯、斯卡镇、韦克菲尔德、利兹、布拉德福德、达德利、伍尔弗汉普顿等地组织的集会，都能看到波斯特盖特的身影，听到他慷慨激昂的声音。波斯特盖特参加这些集会通常是受到市长或一些专业组织的邀请，他来之后除了发表反掺假的演说之外，还帮助当地建立反掺假的组织。

为了进一步扩大宣传效果，波斯特盖特在1857年又出版了《关于掺假的几句话》。这是一本薄薄的小册子，其中列举了一些在当时的英国很有名的有害掺假的例子，波斯特盖特说，连英国人一向看不起的西班牙都已经采取了行动，英国也需要立法反对"恶毒的商人"。这些商人除了靠欺骗获益和确保他自己的安全外，其他完全不考虑，为了满足他们追求利益的目的，就毫不顾忌地把最毒的毒药塞在食品里。②

波斯特盖特的书虽然写得很好，但读者的反响并不大。从《柳叶刀》1851年发表第一篇调查报告到舍勒菲尔德议案的失败，反对食品药品掺假的活动已经持续了7年，民众对掺假问题的兴趣已经开始降低。除了《柳叶刀》之外，很多有影响的报纸，像《泰晤士报》等，对掺假的关注越来越少了，他们的版面被其他事情所占据。幸运的是，改革者找到了其他宣

---

① G. K. Beeston, "A Brief History of the Inauguration of Food and Drug Legislation in Great Britain", *Food*, *Drug*, *Cosmetic Law Journal*, August, 1953, Vol. 8, No. 8.

② John Postgate, *Lethal Lozenges and Tainted Tea: A Biography of John Postgate* (1820–1881), p. 45.

传食品掺假的平台：全国社会科学促进协会的公共卫生部。

全国社会科学促进协会（社科协会）成立于 1857 年，维多利亚时代中期许多非常有影响的人——包括许多议员——都属于这个协会，波斯特盖特和舍勒菲尔德也是该协会的会员。1857 年，该协会在伯明翰举行了第一次会议，波斯特盖特帮助协会对会议进行了安排。会议从 10 月 13 日开到 10 月 15 日，持续 3 天。波斯特盖特在公共卫生小组宣读了一篇关于食品药品掺假的论文，该论文在会后发表在协会的会报上。波斯特盖特所在的会议小组主席斯坦利勋爵（Lord Stanley）以及协会主席布鲁厄姆勋爵（Lord Brougham）高度赞扬了他的贡献，他们同意他的立法建议，鼓励他不管遇到什么挫折都不要气馁，要战斗到底。[1]

当然，不是社科协会的所有成员都支持波斯特盖特等人的改革，在这次会议上出现了反对的声音。波斯特盖特的传记作者说，有人试图阻止波斯特盖特宣读他的论文。但是，是谁、为什么及如何反对波斯特盖特，这些都不得而知，可以推测是食品药品商在背后捣鬼。不管怎样，波斯特盖特的论文还是得以宣读，并在协会公报上发表。这篇论文首先界定了掺假，反映了改革者的普遍态度，认为只有国家才能防止掺假之恶：从道德上来讲，掺假通过替换有效成分对买主进行欺骗，是一种犯罪。然后波斯特盖特对常见的掺假、掺假对公众道德和健康的影响、对税收和商业的影响进行了一个简单的分析。他要求阻止掺假，任命公共分析师，进行即决审判。最后，大会通过决议：社科协会执行委员会向议会请愿立法。

1858 年，支持改革的议员又在下院提交了两个反对食品掺假的议案，但还是由于缺少支持而被迫撤回。英美学界通常认为，从 1854 年到 1859 年是英国各种公共卫生立法贫乏的时期。[2] 由于要求防止食品药品掺假的呼声和其他公共卫生立法的要求基本同时发生，反对食品药品掺假的议案的命运和那些保护公共卫生的议案的命运就密切相关；也就是说，只要有必要，那些反对力量就会集结起来反对任何公共卫生议案。[3] 当环境不利于总的公共卫生立法时，对食品药品立法来说也不会有任何有利的氛围。

---

① John Postgate, *Lethal Lozenges and Tainted Tea: A Biography of John Postgate* (1820 – 1881), p. 45.

② Lambert Royston, *Sir John Simon 1816 – 1904 and English Social Administration*, London, MacGibbon & Kee, 1963, p. 278.

③ 例如，那时制定的最重要的公共卫生立法之一是《1859 年公共卫生法》，由 105 票比 95 票勉强通过，这纯粹是一个政治意外。根据约翰·西蒙的说法，总卫生委员会的一个前主席拉了 6 个不关心此事的议员进入议事厅，才勉强确保了议案以微弱多数通过。

对防止食品药品掺假议案的反对主要来自议员个人，他们的态度主要也是根据自身对现实的判断和对议案的认识来区分的，这里没有党派忠诚，保守党和自由党成员对待这些议案的态度差不多是均等分布的。政府要员对于这样的议案表现出来的态度是冷漠，既不支持也不反对。政府内部在卫生管理问题上一团糟，当时主要由 4 个部门负责卫生问题：枢密院、内政部、济贫法委员会和贸易委员会。贸易委员会负责在征税时对相关的食品进行分析。对于由哪个部门负责执行未来可能出现的立法，政府内部也没有达成一致意见。①

三、灾难事件的爆发

灾难性的事件往往能推动政治制度的发展建设，英国食品药品安全制度的发展也与一个突发性的灾难有关。

1858 年 10 月，布拉德福德（Bradford）发生了一件让全英国震惊的灾难性事件。一位名叫约瑟夫·尼尔（Joseph Neal）的糖果批发商，他在布拉德福德生产各种糖果。薄荷糖是尼尔销售的其中一种产品，他将水、口香糖、糖和调味剂混合成糊状，然后将其涂抹在木板上晾干，最后切成菱形。和当时的许多糖果制造商一样，尼尔有时会在糖果中掺假，从而降低成本。由于糖是最昂贵的成分，尼尔和其他商人经常用钙化合物代替它。有一次，尼尔收到一份生产薄荷糖的订单，由于太忙，尼尔让他的房客帮忙去药店购买这种钙化合物。同样不巧的是，药店老板生病了，于是由老板的助手爬到药店的阁楼去给尼尔的房客取钙化合物，结果助手错把一桶砷当作钙化合物卖给了房客。尼尔虽然对房客买回来的"钙化合物"有所怀疑，但只是觉得可能是质地和颜色有瑕疵，在品尝了一口之后就将"钙化物"混入了其他原料中。虽然尼尔很快就生病了，但是他没有意识到自己的病和品尝"钙化合物"有关，所以糖果生产出来之后就卖给了批发商。这批糖果很快就出现在了市场上，导致 20 人死亡（其中一半是儿童），数百人身患重病。尼尔和药店老板、药店助手被指控"过失杀人"，最终却都被无罪释放，没有受到任何惩罚。②

这个消息一传出，舆论大哗，全国的媒体连篇累牍地抨击食品和药品

---

① Ingeborg Paulus, *British Food and Drug Legislation：A Case Study in the Sociology of Law*, pp. 98 – 99.

② Jillian London, "Tragedy, Transformation, and Triumph：Comparing the Factors and Forces that Led to the Adoption of the 1860 Adulteration Act in England and the 1906 Pure Food and Drug Act in the United States", *Food and Drug Law Journal*, 2014, Vol. 69, No. 2.

掺假问题。包括《布拉德福德观察报》《伦敦时报》《笨拙》《曼彻斯特卫报》《利物浦水星报》在内的许多报纸杂志都报道了这一事件，并呼吁人们注意掺假的危害和改革的必要性。《柳叶刀》发表文章说，议会专门委员会应该对这场灾难负一定责任，因为他们的报告对药品掺假提得很少，而且他们也没有更有效地迫使议会通过法律禁止掺假。《曼彻斯特卫报》和《泰晤士报》的领导人本身也强烈支持立法，对"布拉德福德事件"密切关注。他们的编辑收到大量的信件，要求利用他们报纸的威望，运用他们的影响迫使立法者行动。① 除了媒体之外，布拉德福德、曼彻斯特、伯明翰及其他城市为此也召集了许多次群众集会，他们通过决议，要求议会采取行动，无数的请愿信飞进议会。

"布拉德福德事件"导致的舆论愤怒连同社科协会施加的压力产生了一个明显的效果：科学的准则已经打败了商业的准则，掺假现在被越来越多的人明确看作犯罪，要求政府采取行动，控制掺假。1859 年，波斯特盖特说服舍勒菲尔德继续战斗。他们的新策略是提交一个有缺陷的不太严厉的议案，只要这个议案通过了，就将在所谓的商业自由的原则中打进一个薄薄的楔子。有了这个楔子，以后可以据此扩大根据地，对原先的议案不断修正，使其逐渐严格。

波斯特盖特起草了这个议案。该议案仅仅授予英格兰的地方政府任命公共分析师的权力，要求公共分析师代表公众分析样本，要求对出售掺假者进行适度的惩罚。为了使议员对这个问题感兴趣并投票支持立法，社科协会在议员及其他有影响的人士中间散发了一个报告，恳请他们注意这个明显的事实：布拉德福德最近那个可悲的意外事件，其直接原因就是掺假。

为了继续给议会施压并影响更多的议员，波斯特盖特安排伯明翰市长在 1859 年 1 月 28 日再次召开一次市大会。波斯特盖特在会上再次谈到掺假，他检测并展示了在伯明翰购买到的掺假物。会议最后通过决议，要求此前议会调查掺假的专门委员会使已经采纳的波斯特盖特的建议——建立市公共分析师网络并对掺假进行严厉的惩罚——成为法律。1859 年 2 月，舍勒菲尔德提出了一个新议案。这个议案在议会中被反复修改，但一直到当年 7 月还没有看到能通过的希望，直到那次议会的会期结束，议案又被推迟了几个月。1860 年，舍勒菲尔德将议案修改后，再次在下院中提出。这次议案规定，公共分析师的条款适用于整个大不列颠。

---

① Ingeborg Paulus, *The Search for Pure Food*, *A Sociology of Legislation in Britain*, pp. 27–28.

第二节 《1860年防止食品掺假法》的通过

对改革者来说，下院在1860年同意讨论舍勒菲尔德提出的反食品掺假的议案，仅仅是迈出了成功的一小步，他们在议会中还将面临更猛烈的暴风雨，要面对各种各样的反对派。这些反对派包括：顽固坚持自由放任、反对政府干预商业事务的议员，同意议会对食品药品的销售进行立法但要求不能给商人制造太多麻烦的议员和支持控制食品药品掺假但认为舍勒菲尔德提出的议案太弱、根本达不到这个目标的议员。改革者为了推动议案的通过，与反对派进行了辩论，最终通过妥协，终于使议案变成了法律。1860年法案能够通过议会是诸多因素结合的结果，其中一个重要因素是这部法案是多方妥协的结果，这就决定了它的内容对商人不具有致命的威胁，对防止掺假来说能发挥的作用不大。虽然如此，这部法律的影响确实是深远的。

一、1860年法能够通过的原因

舍勒菲尔德议案1860年在下院提出后，引起了议会激烈的辩论。总体而言，议员针对议案中的"犯罪意识"、"保证书"和"公共分析师"等问题产生了巨大的分歧。议会的辩论表明坚持自由放任、坚持传统的"顾客负责"格言、反对政府扩大权力干预食品的生产和销售的力量虽然受到了挑战，但仍然非常强大，一些议员顽固地站在保护店主权利而非普通消费者利益一方。正如《领导者》所言，下院一半的议员都是店主选的，若要使议会通过保护人民健康的议案，首先要实现普选权。[①]

议员们对舍勒菲尔德议案进行了一些修改后，终于使它通过了议会上下两院。[②] 1860年7月，维多利亚女王签署了这个议案。这就是《1860年防止食品掺假法》，全称是《1860年地方政府防止食品或饮料掺假议会法》。[③]

从议会辩论的过程可以看出，其实从1860年舍勒菲尔德再次提出议案

---

① "The Sham Coffee Question", *Leader*, July 5, 1851, p. 633.

② 当议案在上院辩论时，波斯特盖特试图加大对违法商人的惩罚的力度。为此，他给沙夫茨伯里伯爵提供了两个草案。但是这个计划后来被放弃了，因为如果上院做了较大的修改后，还需要下院通过，这样做太冒险了，有可能导致整个议案都被拒绝。

③ John Postgate, *Lethal Lozenges and Tainted Tea: A Biography of John Postgate* (1820 - 1881), p. 48.

开始，改革的反对者已经明白，通过一部综合性的防止食品和饮料掺假的法律已经是不可避免的趋势了。所以他们改变了策略，不再反对议案的通过，他们辩论的总策略是尽可能地保护商人，尽可能地减少对现存秩序的冲击，尽可能使食品法和当时已经存在的法律原则没有太大的偏离。所以，"顾客留心"这个老格言没有转化成新的"卖方负责"。

40 年前阿卡姆掀起了要求议会通过管理食品药品法律的舆论，为什么这样的法律一直到 1860 年才到来呢？原因是多方面的，除了前述议会辩论防止食品掺假的议案时所反映的时代特征之外，还有如下的原因：

（一）改革者的行动基本出于公心

从政府外的哈塞尔、威克利和波斯特盖特到议会中的舍勒菲尔德，这些改革的积极参与者，每个人基本上都是出于公心在做这件事情。他们的执着、坚持和热情，使他们愿意冒像 40 年前阿卡姆所遭受的身败名裂那样的风险推动社会关注这个问题，推动政府对食品药品的销售进行管理。

对于威克利来说，不可否认他成立《柳叶刀》分析卫生委员会，推动调查食品药品掺假状况并在《柳叶刀》上公布分析结果，有扩大《柳叶刀》的影响并提高其销量的考虑，但这在他发起这场运动的动机中只占很小的一部分，他更多的是为了提升英国民众的社会道德、为了保护公众——包括他自己——免遭掺假之害。威克利把权力完全交给了哈塞尔，自始至终没有对哈塞尔的工作进行任何形式的干预，《柳叶刀》上的分析报告完全根据分析卫生委员会的意见发表。哈塞尔和威克利的联盟是一个完美的结合，哈塞尔具有较高的专业技术和科学知识，威克利的个人影响、勇气和远见在当时是很出色的，这两者的结合使反掺假的宣传能持续数年而不衰。

哈塞尔本人的行为虽然客观上推动了分析化学这个行业的逐渐成熟，提高了分析化学家的威望，但他在主观上未必明确把它当作一个行动的目标。调查食品药品掺假对威克利和哈塞尔都有风险。哈塞尔说："至于我，代价是我的一切，我的科学和专业名声。我要对我所做的一切承担责任，许多人是可能要失败的。如果我的调查不准确，没能保护威克利先生，他和《柳叶刀》将受到严重伤害，我的科学生涯也将在毁灭中戛然而止。"[①]哈塞尔为分析卫生委员会的调查工作付出了辛苦的劳动，为此他的健康还受到了损害。

---

① Arthur Hill Hassall, *The Narrative of A Busy Life: An Autobiography*, p. 45.

舍勒菲尔德本人是一个以支持社会改革立法闻名的议员，他的家乡伯明翰的掺假状况也非常严重，他积极参与这个活动毫不奇怪。为了推动反食品药品掺假事业，舍勒菲尔德在波斯特盖特的影响下，先后在下院提出了不少于9个反掺假议案。[1] 波斯特盖特投入反掺假活动，亦是因为他见到的掺假所导致的恶果使他震惊。[2] 波斯特盖特对反掺假活动的投入是非常忘我的，甚至是达到了一种极端的程度[3]。波斯特盖特精力充沛，他一方面要完成教学任务，另一方面还需要经营他的诊所。他购买掺假样本和组织反掺假活动所需要的花费全部由他本人支出，但是他教学和诊所的收入并不够支付这些开支，为了开展反掺假活动，他经常把家里的钱拿出来投入到活动中去，他甚至偷妻子的钱来出版小册子。这给他妻子带来了无穷的烦恼，他的家庭也因此经常缺少购买生活必需品的钱。他的孩子们也很讨厌父母的吝啬，怨恨父亲的不关心。正是他这种几近不顾一切的对改革活动的积极组织和领导，才引起了更多的民众的注意，最终通过不断地给议会施压，迫使议会通过了1860年法。

（二）改革者相互之间矛盾比较小

波斯特盖特和舍勒菲尔德之间的合作堪称典范。舍勒菲尔德是波斯特盖特在议会中的代表，他在议会中把波斯特盖特的要求完整地表达了出来，他在下院中提出的反掺假议案大部分内容都是波斯特盖特起草的，他几乎就是波斯特盖特的传声筒。当然，这并不是说舍勒菲尔德是一个木偶，他有自己的信仰和观点，也是一个愿意接受合理观点的人。当他和波斯特盖特的观点出现分歧时，只要波斯特盖特提出能让他认可的、合理的理由，他都会接受。他们两个人的配合为议会和民间舆论的沟通起到了良好的桥梁作用。

哈塞尔和威克利的合作也是比较顺利的。威克利本人非常好斗，他的这种好斗的性格有时会发展到不近人情的地步。威克利的这种性格在反掺假的改革活动中既有好的一面，也有不利的一面。好的一面是，改革本来

---

① Jillian London, "Tragedy, Transformation, and Triumph: Comparing the Factors and Forces that Led to the Adoption of the 1860 Adulteration Act in England and the 1906 Pure Food and Drug Act in the United States", *Food and Drug Law Journal*, 2014, Vol. 69, No. 2.

② John Postgate, *Lethal Lozenges and Tainted Tea: A Biography of John Postgate* (1820 – 1881), p. 32, p. 48.

③ 1853 年，波斯特盖特第一个儿子和女儿出生。两年后，即 1855 年，波斯特盖特就开始政治游说了。1856 年，他第二个女儿出生；1857 年，第三个女儿出生；就在 1857 年，他的大女儿夭亡；1859 年，他第二个儿子出生。但是，所有这一切，不论是高兴还是悲伤，都没有阻挡波斯特盖特反掺假的活动。

就是要触及一部分既得利益集团的利益，遭到这部分人的反对是必然的，改革者如果没有无畏的勇气、不怕困难的精神，是很难推动改革前进的。在反掺假行动的初期，威克利提供了媒介支持，他的这种性格使他在面对商人的各种攻击时，能顶住各种冷嘲热讽和打击报复，让掺假的事实广泛传播。

威克利性格不利的一面是，他的好斗容易扩大打击面、制造敌人，可能会在无意中把改革的同情者和中立者推到了对立面。威克利对雅各布·贝尔（Jacob Bell）和西奥菲勒斯·雷德伍德的挖苦讽刺就是一个例子，他无形中疏远了另一批改革者。甚至哈塞尔有时也感受到了威克利的锋芒。[1] 1855 年，舆论得知哈塞尔是分析卫生委员会的主要执行者之后，把大量的荣誉都给了哈塞尔，为他召开各种庆功会。哈塞尔本人也积极争功，这引起了威克利对哈塞尔的不满，认为自己的功劳被忽视了。不过两个人之间的这种不和谐是短暂的，[2] 二人为了改革大业很快就继续携手前行了。二人的和谐对反掺假改革的不断深入起了重要作用。[3]

波斯特盖特和威克利及哈塞尔的关系则比较微妙，他和这两个人一直没有面对面的接触。波斯特盖特只是在 1854 年 12 月和威克利联系，要求他在《柳叶刀》上发布一个通知，扩大公众对掺假的兴趣。威克利和哈塞尔似乎对波斯特盖特这个反食品药品掺假改革运动的年轻的后来者不是很热情。[4] 波斯特盖特本人对自己在运动中的角色有点敏感，对自己作为运动领导人的身份比较在意。[5] 然而，不管他们的关系怎么微妙，在努力通过一部防止食品药品掺假的法律方面，他们是一致的，没有发生大的矛盾，更没有相互攻击、拆台。

总体而言，哈塞尔的研究为呼吁立法控制食品药品掺假提供了科学基础；威克利为调查研究报告的传播提供了媒介，他的热情、勇气和好斗鼓

---

① Ernst Walter Stieb, *Controlling Drug Adulteration in England* (1820 - 1906), p. 556, p. 562, p. 573.

② 在一次晚宴上，为了消除外界对两人关系的进一步猜测，哈塞尔称赞了威克利先生的勇敢，提议为他的健康干杯。威克利答谢说，在他和哈塞尔博士之间有分歧是真的，但是，他转身并向讲台上的女士们鞠躬的同时说："这仅仅是恋人间的争吵，现在我们比任何时候都好。"

③ Ernest A. Gray, *By Candlelight: The Life of Dr. Arthur Hill Hassall* (1817 - 1894), p. 108.

④ 他们二人似乎认为波斯特盖特抢了他们的风头，在和他们争功，所以在他们的自传中对波斯特盖特绝口不提。

⑤ 1860 年法通过之后，波斯特盖特多次强调自己在这个法律的通过中所起的作用，认为自己是《1860 年防止食品掺假法》之父。这种宣称虽然引起了哈塞尔和威克利的不满，但二人的回应也只是强调各自的功劳。更重要的是他们的争论发生在 1860 年法通过之后，对此前法律的通过没有什么影响。

舞了其他改革者；波斯特盖特的积极奔走，在把无形的舆论转变成可见的压力方面起了重要的作用，他们之间的这种无形的分工、配合促成了法律的最终制定。

（三）"布拉德福德事件"的影响

突发的灾难性事件对政治制度建设的发展具有特别重要的推动作用，这一点是学界共识。"布拉德福德事件"就是这样的突发的灾难事件，它以令人震惊的悲剧的方式向公众提出了两个问题——毒药的安全性和食品的掺假，引起了全国的关注，迅速推动议会在 1859 年通过了《毒药储存和销售法》。但是这个事件的影响并没有因为 1859 年毒药法的通过而结束，那些改革者不断拿这个悲剧督促议会通过一部全面的食品药品掺假法，议会内部的改革支持者也以这个悲剧反驳反对立法管理食品掺假的议员。例如，当一名下院议员因舍勒菲尔德议案的家长式作风和攻击性而要求推迟该法案时，未来的三届首相罗伯特·塞西尔勋爵特别提醒这位议员和议会其他成员讨论"布拉德福德事件"，最后确保法案"轻松通过"。① 虽然英国最终通过一部综合性的防止食品药品掺假法只是时间问题，但这个事件无疑加速了这部法律的到来。

（四）1860 年法是妥协的结果

像波斯特盖特之类的很多改革者都明白，想要通过一部他们理想的法律非常难，面对的阻力根本无法克服。与其完全没有法律，不如通过一个有缺陷的法律。如果政府能积极执行这样的法律、法院能站在消费者的一边进行解释，还是能起到很大作用的；即使政府不积极、法院也不支持消费者，通过这样一部法律，也是在"商业自治"的铁板上打入了一个楔子。此后，以这个楔子为中心，不断进行修正就可以了。

对商人来说，他们意识到防止食品掺假的法律的到来已经是不可避免的了，如果他们再强硬地反对通过这样的法律，他们的生意会受到更大的影响，而且部分商人也希望能把一些混合的商品合法化，这样才能继续维持他们的生意。所以他们最终同意通过一部干预食品销售、防止食品掺假的法律，但尽可能让这个法律的条款对他们有利。

---

① Jillian London, "Tragedy, Transformation, and Triumph: Comparing the Factors and Forces that Led to the Adoption of the 1860 Adulteration Act in England and the 1906 Pure Food and Drug Act in the United States", *Food and Drug Law Journal*, 2014, Vol. 69, No. 2.

二、1860 年法的内容

《1860 年防止食品掺假法》是英国通过的第一部全面地阻止食品和饮料掺假的法律，是把全部食品和饮料放在一部法律中的初步尝试。该法的序言指出，掺假行为欺骗了女王陛下的臣民，损害了他们的健康，要求比过去更有效的法律防止这种行为的发生。新法的内容非常简单，一些重要条款很模糊，改革者设想的一些重要的立法目标没有能全部实现。

《1860 年防止食品掺假法》首先规定，任何人出售或被揭发所出售的食品或饮料中添加了对健康有害的物质或成分，而且商人也知道添加了对健康有害的物质或成分的话，将遭到不超过 5 英镑的罚款。这条规定明确了有害掺假是违法行为，政府可以防止这种行为的发生。但是，由于需要证明商人知道食品中添加了有害的物质或成分，这就为政府执法设置了一个巨大的障碍，执法者想在诉讼中打赢官司非常困难。政府在花费了巨大的人力、物力和财力之后，即使打赢了官司，商人最多也只是被罚款 5 英镑，这对于他们从掺假中所牟取的利益来说是微不足道的。这导致了一些地方政府为了避免被指责浪费纳税人的税款，选择不作为，不起诉商人。

《1860 年防止食品掺假法》第二条规定：任何人，如果把任何不纯净或掺假的食品或饮料当作纯净的或未掺假的食品或饮料出售，而且他也知道此真相，那么也应遭到上述惩罚。这条规定和上一条规定一样，一方面承认出售无害的掺假品也违法，法律禁止这种行为，另一方面需要执法者证明商人知道掺假的存在，这加大了执法难度，零售商可以很容易地以不知情为由逃脱法律的制裁，所以在实践中同样不能有效控制无害掺假。[①]

接下来，1860 年法规定，零售商在批发食品或饮料时，如果从经销商处取得关于食品或饮料是纯净的保证书，那么即使消费者从零售商处购买的食品或饮料是掺假的，零售商也可以免于处罚。这条规定明显是为了保护零售商，避免由于经销商或制造商掺假而使他们遭到法律的惩罚。由于这一条不是强迫零售商出具保证书，所以现实中经销商和零售商为了继续掺假，很少选择向顾客出示保证书。同样，零售商在批发食品时，一般也不要求供货商开具保证书。

在执法方面，《1860 年防止食品掺假法》授权地方政府任命在医疗、化学和显微镜知识方面具有一定水平的专业人员作为公共分析师，分析可

---

① 参见 W. D. Bigelow, "The Development of Pure Food Legislation", *Science*, Apr. 15, 1898, New Series, Vol. 7, No. 172.

能掺假的食品或饮料样本。当然，地方政府也有权将他们所任命的公共分析师免职。这部法律没有规定公共分析师可以主动到商店搜集样本进行分析；如果有消费者向公共分析师抱怨某个地方掺假严重，公共分析师可以到这些地方抽检相应的食品和饮料。① 公共分析师分析样本之后，必须出具证明书。公共分析师出具的关于食品和饮料分析的证明书必须标明分析的结果：是否掺假了；如果掺假了，是否对健康有害。地方政府根据公共分析师的证明书决定是否起诉某个商人。由于地方政府往往由当地的商人组成，所以很少有地方政府同意起诉掺假商；在个别情况下，也会出现一些商人利用起诉商业对手掺假的机会打击竞争者，以此取得市场优势。

需要说明的是，《1860 年防止食品掺假法》没有规定设立相应的中央机构统一管辖公共分析师的执法或指导公共分析师的工作，他们如何执法完全由地方政府决定。更加令人失望的是，该法关于地方政府任命公共分析师的规定是非强制性的，也就是说，地方政府可以任命公共分析师，也可以拒绝任命公共分析师。结果到 1874 年，此时距《1860 年食品掺假法》生效已经 14 年了，任命公共分析师的市镇还不到六分之一。② 可想而知，执法情况就更糟糕了。

对消费者来说，如果他们想对产品进行分析，必须事先告诉商人他要对商品进行分析的意图，给商人一个和他一起去找分析师分析样本的机会，以此确保样本没有被篡改。公共分析师为消费者或商人的样本所做的分析是收费的，每次 10 先令 6 便士。如果消费者把商人起诉到了法官那里，可以由两个治安法官进行即决审判。法官在审判时，也可以找其他分析师分析样本，综合对比各方的分析结果后再做出判决。如果法官判决商人败诉，则没收商人掺假的食品或饮料并处以不超过 5 英镑的罚款。商人如果拒绝缴纳罚款，会被判处监禁。诉讼双方当然也有上诉的权力，如果他们对治安法官的判决不满，可以上诉。在实践中，由于普通消费者走完全部的诉讼程序需要花费大量的时间和金钱，很少会有消费者个人起诉商人。

从上述《1860 年防止食品掺假法》的主要规定可以看出，该法没有为有效控制食品和饮料的掺假提供多少便利条件，它所考虑的是尽量不给商人制造太多的麻烦，尽量不干预"正常的"商业秩序，政府在管理商业秩

---

① 1862 年，议会通过对《1860 年防止食品掺假法》的修正案，规定地方政府可以任命检查员搜集样本，然后把他们搜集到的样本交给公共分析师分析。

② *Report from the Select Committee on Adulteration of Food Act* (1872)；*Together with the Proceedings of the Committee*，*Minutes of Evidence*，*Appendix and Index* (23 July 1874)，p. iii.

序方面权力非常有限。议会之所以没有授予政府更多的管理权力，一定程度上与英国社会对政府权力的警惕有关。

防止政府滥用权力一直是英国历史的一个主要特征。随着工业革命的开展，中等阶级和下层人民在争取自己的政治、经济权利的同时，仍然用警惕的目光注视着政府权力，防止政府权力的扩张侵犯人民的自由。然而，工业革命和城市化带来的一系列社会问题仅仅依靠民间的力量或者市场的调节是解决不了的，政府公权力的介入势所难免。在解决这些问题的过程中，政府权力的扩张不可避免。怎样在使政府解决问题的同时又能保障政府权力不侵犯人民的自由成了中等阶级要解决的一个难题。19 世纪上半期最流行的思潮之一——边沁的功利主义学说，为中等阶级的这个难题提供了一个解决方法。

功利主义学说认为，立法的根本目的在于"增进最大多数人的最大幸福"。衡量一个法律草案是否符合功利原则，第一，要看该法律草案是否符合避苦求乐原则；第二，法律通过后，受益的人是否多于受害的人。① 在中等阶级看来，他们代表了最大多数人的最大幸福，所以政府权力在解决社会问题时，要以促进他们的利益为主；政府权力的扩张，要以"必需"为前提，也就是说如果没有政府的干预将导致社会失序时，政府才能扩张权力；政府在解决问题时，不能给他们制造太多的麻烦；如果给他们带来了麻烦，这些麻烦一定要小于给他们带来的利益。

英国中等阶级对权力的这种警惕贯穿于整个 19 世纪，每当出现新的立法提案时，他们都要用这些原则来衡量新法是否有必要，防止食品掺假的议案也不例外。议会在辩论食品掺假议案时，多个议员表达了对议案扩大政府权力所带来的后果的担心，表达了对议案是否能保护并推进中等阶级的利益的顾虑。

比如，在辩论时，哈代提出：如果这个议案成为法律，结果只会是"在食品销售方面建立一个非常令人讨厌的告发和间谍系统，会导致过度起诉，没理由地制造很多麻烦"。② 哈代还认为，这个议案授予执法者的权力太大。在某些情况下，这个议案"将把一个非常专断的权力放到想给其他人制造麻烦的人手中"，比如"议案第二款授权每个自治市镇的议会任命一个或多个拥有合格的化学、医学和显微镜知识的人作为所有食品和饮料的

---

① 谷春德、史彤彪：《西方法律思想史》，北京：中国人民大学出版社，2006 年，第 295 页。
② *Hansard's Parliamentary Debates*（1859），pp. 846 – 847.

分析师，这将导致所任命的分析师和所有城市的化学家之间无休止的争吵"。①

克劳福德（Crawford）也认为，"执行这个议案带来的罪恶将比议案打算纠正的罪恶无限大"。② 亨利在批评议案中关于"估计有害健康"的表述后，得出结论："如果英国将遭受这个议案制造的这种后果的折磨，那么他们矫正罪恶的努力只会导致更大的罪恶。"③ 哈利伯顿（Haliburton）甚至警告下院不要过度立法，这方面有前车之鉴，过度立法在美国及其殖民地已经造成了很大的罪恶。④

应该说，对政府权力的警惕，一直是英美社会所推崇的一个原则。不仅中等阶级害怕政府过多干预他们的事务，普通百姓也害怕政府侵犯他们的权力。这种对权力的警惕，导致1860年最终通过的防止食品掺假法没有授予政府足够的权力，不能有效控制掺假。但是，随着科技的进步、社会的发展，政府权力的逐步扩大是一个必然的趋势，怎么平衡政府与民间的关系一直是一个不断引起争论的话题。

三、1860 年法的影响

当舍勒菲尔德的防止食品掺假的议案还在议会中辩论之时，很多改革者已经预料到了它的结局。《柳叶刀》的评论最能代表他们对待《1860年防止食品掺假法》的态度。《柳叶刀》表示，该法在两院遭到了"激烈的、狡猾的反对，那些长期以来为保护消费者而艰难工作的人，对新法的反应是一致的：该法是没用的，它的最大障碍是要求起诉者必须证明犯罪意图"。⑤

早在1860年3月15日，《化学家和药剂师》就认为，还在议会中辩论的防止食品掺假的议案阻止不了掺假。食品掺假的最大的受害者是贫穷的工人，他们既不能支付半克朗去分析所购产品，也没有时间和钱财进行诉讼。所以《化学家和药剂师》说，舍勒菲尔德的议案起不到保护消费者的作用，但律师对此会很高兴，这可能是该议案能带来的一个成果。"一些商人为了自利，可以利用该法的笨拙机制，恶意地反对其竞争对手，但穷

---

① *Hansard's Parliamentary Debates*（1859），p. 847.
② *Hansard's Parliamentary Debates*（1859），p. 850.
③ *Hansard's Parliamentary Debates*（1860），p. 2036.
④ *Hansard's Parliamentary Debates*（1860），p. 546.
⑤ Ingeborg Paulus，*British Food and Drug Legislation：A Case Study in the Sociology of Law*，p. 102.

人——虽然总是为其立法，但很少受惠——还像以前一样处于不受保护的状态，吃一点，他们的钱袋就瘪一点。"①《泰晤士报》也觉得该法没有任何作用，所以对它没有进行任何的评论。不过《化学新闻》没有绝望，它在 1860 年 7 月发表文章，警告它的读者：他们有责任使该法起作用，建议化学家继续坚持他们的宣传和动员，"直到地方政府感到羞愧被迫任命分析师为止"。②

按照一个公共分析师的说法，从 1860 年到 1872 年，根据 1860 年法的规定在英格兰分析的样本不到 300 件。1860 年被任命为伦敦市公共分析师的莱西比（A. D. Letheby）说，他在第一季度只收到四次分析请求——一份牛奶样本、两份面包样本和一份芥末样本。在这四份样本中，牛奶加了水，芥末含有面粉和姜黄，其中一份面包含有米粉和明矾。③ 食品掺假方面发起的一些起诉，也只是根据旧税法进行的。例如，从 1866 年到 1868 年，根据旧税法，有 34 起案件由于食品和饮料掺假被宣判有罪。一般来说，税务局会把治安法官的罚款减少到最初罚款的五分之一到四分之一，也就是说，一个定罪的商人，将会遭到 5 英镑的罚款，而非最初的 25 英镑。对此，《柳叶刀》在 1869 年 7 月发表文章说，对 34 件定罪的案件的总罚款超过 2000 英镑，但最终只收了 500 英镑，因为税务委员会大方地减免了。④ 不过，从 1860 年代后期开始，税务委员会化学家的执法稍微有了点起色。一方面是因为，他们试图改变由于媒体的宣传而给公众留下的颟顸无能、对于遏制掺假毫无用处的形象；另一方面是因为，他们也希望通过更有效的执法，最终能获得执行食品药品法的任务。税务局的化学家暗示，把保护消费者的责任交给税务局而非地方政府，该法将起死回生，最终会有效防止掺假。

虽然《1860 年防止食品掺假法》出台之后，在当时没有得到多少好评，甚至许多人认为它完全不起作用，而且在随后十余年的发展中所起的作用确实非常小，但以今天的眼光来看，它却具有非常重要的意义。1860 年的反掺假法在西方国家的食品立法史上具有重要意义，这个法案代表了当时最强大的工业化国家在其全国范围内监管食品供应的首次尝试，而且

① *Chemist and Druggist*, March 15, 1860, pp. 125 – 126.

② *Chemical News*, July 1860, p. 73.

③ F. Leslie Hart, "A History of the Adulteration of Food Before 1906", *Food, Drug, Cosmetic Law Journal*, January, 1952, Vol. 7, No. 1.

④ Ingeborg Paulus, *British Food and Drug Legislation: A Case Study in the Sociology of Law*, pp. 107 – 108.

更重要的是，这部法案是工业化时代政府开始认识到需要保护公众免受毒害欺诈的较早的例子，标志着政府角色的重要变化。[①]《1860 年防止食品掺假法》成功确立了一个新的原则：从 1860 年开始，食品和饮料的销售成为政府可以合法干预的领域。这在此前是遭到激烈反对的，政府干预任何商业事务都被认为是破坏了商业自由这一神圣的原则。

"自由贸易"是英国 19 世纪的特色。到 19 世纪中期，维多利亚时代的不列颠已经成为对商业贸易限制最少的国家，它有最低的关税和最少的进口限制，大部分妨碍自由贸易的措施到 1860 年都已经被废除了。帕默斯顿、格莱斯顿及大部分的辉格党和托利党政客都支持自由贸易。到 19 世纪 70 年代，自由贸易的潮流发展到了顶峰，其支持者认为是这种思想支撑了英国经济的繁荣。这种观点经过引申，变成了政府干预国家内部贸易也是多余的，政府对商业进行规范和检查的做法不受欢迎。面对自由的市场经济带来的弊端，这种思潮认为，"顾客留心"法则的存在已经限制了最糟糕的、过分的欺诈，消费者应该利用这一点；公众应该照顾好自己，如果不能照顾好自己，就自作自受，即使是有毒的雪白的面包也只能吃下去。[②] 这样的思想观念经过 19 世纪 50 年代改革者的不断批评，其缺陷逐渐受到越来越多的人质疑，《1860 年防止食品掺假法》的通过就是这种质疑的结果。

英国是一个在传统与变革的交替中前进发展的国家，旧的传统不断被变革所突破，新的突破又逐渐成为新的传统；下一轮的变革又在新的传统上开始。传统与变革是英国发展的主旋律。[③]《1860 年防止食品掺假法》的通过是在食品和饮料的销售领域对"自由放任"原则的一个有力突破，对原来看似牢不可破的"自由放任"思想是一个冲击，打开了一个突破口，逐渐树立了一个新的原则：为了人民的生命和健康，政府是可以介入食品行业的。这就为政府随着形势的变化，不断加深干预的程度和范围提供了一个基石。

在"自由放任"的舆论正处于强劲上升势头的 19 世纪中期，英国议会能逆此潮流，通过一部干预食品市场的综合性法律，在当时的民主世界尚

---

① Jillian London, "Tragedy, Transformation, and Triumph: Comparing the Factors and Forces that Led to the Adoption of the 1860 Adulteration Act in England and the 1906 Pure Food and Drug Act in the United States", *Food and Drug Law Journal*, 2014, Vol. 69, No. 2.

② John Postgate, *Lethal Lozenges and Tainted Tea: A Biography of John Postgate* (1820 – 1881), pp. 52 –53.

③ 详见钱乘旦、陈晓律：《在传统与变革之间——英国文化模式溯源》，杭州：浙江人民出版社，1991 年。

属首例，领先其他国家约半个世纪。此后，其他民主国家的改革者为了本国能通过类似的法律，经常以英国《1860 年防止食品掺假法》为例证明本国管理食品药品生产的必要性。这方面，美国是一个典型。美国内战结束之后，逐渐开始注意食品药品掺假问题，各州的改革者都以英国为师，结合美国的经验，通过本州的食品药品立法，最终在 1906 年通过了联邦第一部防止食品药品掺假立法。

研究英国食品历史的专家约翰·伯内特指出，《1860 年防止食品掺假法》对经济自由的干预在当时仍然是很少见的，在范围上是有限的。"该法试图在卖方和买方之间插入一部法律，对他们之间的一些行为进行规范，这是对'自由放任'原则的一个很大的突破，也是对当时本来就很稀缺的公共卫生法律的一个重要贡献。这部法律确立了一个重要的先例：保护消费者的金钱和健康免遭损害是政府的一个责任。"①

像许多批评者所指出的那样，这部法律确实存在很多问题，但只要政府积极执法，还是能有效遏制掺假的泛滥的。爱尔兰的情况是一个很好的例子：都柏林的卫生医疗官兼公共分析师查尔斯·卡梅伦（Charles Camer-on）博士积极执行《1860 年防止食品掺假法》，从 1862 年到 1874 年，他分析了 2600 件样本，据报道，这些样本中有 1500 件是掺假的。他针对这 1500 件掺假所做的起诉中，有 340 件的被告被定罪。此后，都柏林的掺假急剧减少。②

---

① John Burnett, *Plenty and Want*, *A Social History of Food in England from* 1815 *to the Present Day*, p. 229.

② John Burnett, *Plenty and Want*, *A Social History of Food in England from* 1815 *to the Present Day*, pp. 228 – 229.

第三章　三部奠基性法律的通过

　　《1860 年防止食品掺假法》虽然意义重大，但在操作层面上还存在很多问题，所以该法通过之后，除了在爱尔兰取得意外收获之外，英格兰本土的执法情况并不乐观，发现并起诉的掺假案件很少。经过短暂的沉寂之后，改革者继续努力，游说议会，先后使其通过了《1868 年制药法》、《1872 年食品、饮料和药品修正案法》和《1875 年食品和药品销售法》。《1868 年制药法》奠定了未来药品管理的基础，一直到 20 世纪之后才做出了重大改变。1872 年法吸收了《1868 年制药法》的某些规定，终于把药品和食品统一在一部法律之中进行管理。1872 年法虽然比 1860 年法更全面、更严格，但还是存在一些模糊的地方。这些模糊的地方虽然经过法院的积极解释，但还是导致政府在执法时给商人制造了不少麻烦，伤害了一些诚实的商人。议会在商人的要求下，成立调查委员会进行调查。经过调查取证，议会在 1875 年通过了一部食品药品销售法，纠正了 1872 法的一些偏颇之处，同时也确认了法官的积极解释。至此，英国现代食品药品法体系终于成型，尤其是 1875 年法奠定的法律框架，直到 1968 年才被彻底改变，而且这些法律规定的一些原则贯穿于英国此后的很多食品药品立法之中，也被其他公共卫生和社会立法改革所采纳。

第一节　《1868 年制药法》

　　尽管 1855 年议会调查食品药品掺假专门委员会听到了关于药品掺假的证词，但可能是受到雷德伍德所提供证词的影响，最终在提交给议会的报告中对药品掺假提的建议很少。此后，药品掺假及其控制从 1856 年到 1867 年间受到的注意相对都比较少，这期间所有提交到议会的反食品掺假议案都没有包含任何控制药品掺假的条款，1860 年法也是对药品只字不提。

《1868 年制药法》的通过开始改变这种状况，而且最重要的是该法确立了民事侵权领域里的过错推定责任原则。

一、英国医药业对待掺假的态度

近代英国制药业主要来源于中世纪的杂货商胡椒粉行会。在中世纪，药商是杂货商行会的成员，他们处理天然的、未加工的药品。当时的化学家也制造药品，主要是矿物药品和化学药品。杂货商行会成立于 1428 年，是从 1189 年伦敦就已经存在的胡椒粉商行会演变而来，后者的主要业务是处理来自东方的香料和药品。近代以来，随着专业化的发展，逐渐出现了专门制药并销售药品的药剂师阶层。[1] 1607 年，伦敦的药剂师行会与杂货商行会合并。1617 年，药剂师从杂货商行会分离而出，成立药剂师协会，成为制药业的一个专门组织。[2]

随着时代的发展，药剂师的功能逐渐变化，越来越多的药剂师成为开业医生，他们的制药功能逐渐转给了化学家和药商。这种转变到 18 世纪末基本完成。此时，药剂师和化学家的身份差异变得很明显了，在普通人的眼里已经是两个不同的阶层。但是，一些药剂师对制药权的丢失很不满意，多次试图夺回制药的控制权，继续名正言顺地制药，结果都失败了。而药剂师的医学身份也越来越突出。

1815 年，议会通过药剂师法，对药剂师的医学功能予以承认，同时规定不干预化学家和药商的制药权利，只要他们不侵占法律所认可的药剂师的医学功能即可。从此，药剂师协会变成了主要是医学性质的团体。制药业慢慢具备了当代行业的特征，开始与医学界有了明显区别。1813 年到 1844 年间，议会至少五次尝试通过法律规范药品的制造。[3] 但化学家和药剂师都对此予以抵制，认为这是对他们权利的干涉。1841 年，化学家和药剂师开始意识到教育、资质、公众认可和公众支持的必要性，于是其内部的一些人士在 1842 年发起成立制药业协会，主要由精通化学知识的制药化学家组成，会员人数基本稳定在 2000 人左右，最多时曾经达到 4000 人。[4]

1842 年，制药业协会就开始了一项教育计划。1852 年，化学家和药剂

---

① 王艳：近代早期英国医生职业的变迁，长春：吉林大学硕士学位论文，2007 年，第 20 页。

② Ernst Walter Stieb, *Controlling Drug Adulteration in England* (1820 – 1906), p. 473.

③ David L. Cowen, "Pharmacists and Physicians: An Uneasy Relationship", *Pharmacy in History*, 1992, Vol. 34, No. 1.

④ http://hansard. millbanksystems. com/commons/1865/mar/29/bill – 78 – second – reading. 2017 年 12 月。

师在议会的代表提出了一项议案，试图赋予制药业协会特权，这遭到了激烈反对。在议会辩论时，尽管乔治·格雷（George Gray）爵士强烈反对建立垄断行业，反对赋予化学家和药剂师决定谁应该和谁不应该开药房的专有权，但这个议案在修正后还是通过了，虽然药剂师对最终的议案并不完全满意。该法案创建了一个全国的化学家和药剂师登记的制度，这一制度为医学界树立了榜样，他们在 1858 年建立了一个相似的医学模式。1852 年的登记制度没有达到药剂师的期望，因为这个法律没有提供限制性的颁发执照的政策，相反，它提供了一种明确的方法。前者是将执业资格限制在有合法执照的人的范围内，并将无执照执业定为犯罪，后者是一个人可以自由地在一个行业工作，但若没有合法执照就不能使用这个行业的头衔（比如，没有药剂师的执照就不能自称是药剂师），否则就是犯罪。从这个规定可以看出来，《1852 年制药法》典型地反映了维多利亚时代在监管和执业自由之间的妥协。①

1852 年之后，"制药化学家"开始在制药业协会登记。由于加入制药业协会需要通过严格的考试，且考试花费不菲，制药业内许多小药商都无法加入该协会，加上制药业协会内部的分歧，一些化学家和药剂师为了保护自己的业务，1859 年创办了《化学家和药剂师》杂志。② 1860 年底，在《化学家和药剂师》的一个编辑的赞助下，化学家和药剂师协会成立了。该协会对会员的资格要求非常低，没有入会考试，允许药店的店员、学徒、一些兼职制药的医生，甚至对化学一无所知的药商成为会员，其人数在3000 人左右。③ 此外，由于一些"化学家"的主要业务和制药业相去甚远，他们也开始逐渐强调自己的独特性。由此，"化学家"与"制药化学家"之间的区别也开始出现。④

药品掺假在 17、18 世纪以来的医生、药剂师、化学家和药商的争吵中多有提及。在这段时间内，这些人之间的功能有太多的重叠，基本都从事制药的业务，只不过投入的时间有长有短。他们所制造的药品在市场上都能买到，相互之间互通有无，很多情况下也分不清药品到底来自医生、药

---

① David L. Cowen, "Pharmacists and Physicians: An Uneasy Relationship", *Pharmacy in History*, 1992, Vol. 34, No. 1.

② Ingeborg Paulus, *British Food and Drug Legislation: A Case Study in the Sociology of Law*, p. 51.

③ http://hansard. millbanksystems. com/commons/1865/mar/29/bill – 78 – second – reading. 2017 年 12 月。

④ Roy Porter, *Health for Sale*, *Quackery in England* 1660 – 1850, New York, Manchester, Manchester University Press, 1989, p. 16, p. 30.

剂师还是化学家。对于药品掺假的泛滥问题，他们基本没有做任何实质性的工作改善药品质量，也都不承认自己这一方为药品掺假负责，而是相互指责对方制造的药品掺了假。

在中世纪的时候，一些行会和协会获得了各种不同的检查药品的生产和销售的权利，但是这些检查的目的主要是为了限制竞争、防止外界的侵入，药品的质量问题不是他们检查的重点，只有在掺假非常恶劣的情况下他们才偶尔警告一下会员。随着时间的推移，这些检查权力在不同的组织之间来回变动。到1815年，检查权力落到了药剂师协会和医学会的手上，但这两个机构似乎从来没用过这个权力。20年后，即在1841年制药业协会成立之前，药剂师协会和医学会的这些检查权力又逐渐消失了。①

19世纪上半叶，药品的出售基本上是一种不受监管的活动，任何人都可以购买任何数量的药品，甚至是购买毒性最强的药品也没有任何限制。任何人出售任何药品，不论带来什么后果，都不会因此而受惩罚。结果是大量不合格的药房从业者不分青红皂白地供应大量用于医疗的物质。药房出售的药品的质量经常受到怀疑，存在掺假、没按照要求储存以及缺少关键成分等问题。药品出售和购买的不受限制以及价格的相对低廉带来的后果是药品的滥用，大量的有毒物质被许多家庭随意购买并用来治病。毒性很大的砷和士的宁到处可见，甚至被应用到农业上，最后上了人们的餐桌。药品中可以含有任何强效成分，药品说明书也没有被要求标明成分。人们通常没有办法知道一种药物里面到底含有什么成分。②

制药业协会成立之后，掺假及其控制问题成为他们举行会议时经常讨论的主要问题之一。据估计，在该协会成立的最初15年，至少三分之一的会议有一部分内容是关于掺假问题的。制药业协会的刊物《制药业杂志》也很重视掺假问题，发表了很多关于掺假问题的文章。该杂志在第一卷就发表文章说，他们的目标是鼓励协会成员有更高的道德标准，并为他们检测掺假提供合适的信息。

制药业协会承认，药品掺假是存在的。它认为，产生掺假的原因是多方面的：从药品的制造到收集再到最后给患者的过程中，任何环节都可能出问题；再加上药品供应不足，对药品需求的性质不同，药品的高价格，

---

① Ernst Walter Stieb, *Controlling Drug Adulteration in England* (1820 – 1906), pp. 496 – 497, pp. 474 – 476, p. 451, p. 507.

② Stuart Anderson, "From 'Bespoke' to 'Off – the – Peg': Community Pharmacists and the Retailing of Medicines in Great Britain 1900 to 1970", *Pharmacy in History*, 2008, Vol. 50, No. 2.

储存时的变质等都可能导致掺假。为了减轻责任，协会认为很多人都应该为药品掺假负责：外国人、药品捐客或批发商、药品研磨商、零售药剂师、大众、不合格的药品商、杂货商、油商和杂货零售商。换句话说，他们能找到的所有不诚实或粗心大意的人都是药品掺假的制造者或参与者。

在上述掺假的原因里面，最经常被提到的一个因素是经济，即"对廉价药品的狂热"恶化了本已很激烈的竞争，鼓励了一批不合格的从业者、杂货商和油商。制药业协会重要领导人之一雅各布·贝尔就认为，部分药剂师为了迎合其患者追求廉价药品的需求，经常给他们提供廉价的药品。制药商为了满足这种市场需求，就要降低成本，掺假是降低成本的一种简单的方法。在贝尔看来，这是药品掺假泛滥的一个重要原因。

针对社会上要求控制掺假的呼声，贝尔支持这种控制掺假的诉求，但反对采用医学界过去控制掺假的方法，即定期检查、毁掉劣质药品并公布违法者的名字，他认为这些方法是无效的。贝尔也反对由政府成立专门的机构控制药品掺假，因为在他看来，政府权力是很难控制的，如果政府介入，可能会抑制掺假，但也会限制药品业的发展，侵犯药品业的权利，在执法官员和制药商中间制造矛盾；同时，政府干预也会给外界留下药品掺假只能由政府管理，制药业自己却逃避行业责任的印象。

贝尔认为，解决掺假的方法在于制药业自己纠正自己的缺陷，进行自我管理。制药业自我管理的方法是，提高制药化学家的素质，通过教育和培训提高他们的专业知识，并限制不合格的竞争者，以此避免由于恶性竞争而导致的掺假；通过药剂师教育公众，使公众知道劣质药品的固有危险；对那些使用了高质量药品的药剂师，应该进行嘉奖。制药业协会其他重要成员也支持贝尔的建议。他们认为，开业药剂师从制造商那里接收成药时，应该确定药品的真实性和纯度。① 换句话说，药剂师要对他们分发的所有药品负责。贝尔等人的看法和当时社会的一些主流观念一致，认为政府的干预应该是有限的，如果政府权力行使不当，其造成的恶果远远超过它打算纠正的弊端；教育是推动社会进步的最好的方法，通过教育提高公民个人的素质，进而改善社会风气，最终能有效解决一些社会问题。

布拉德福德事件的发生使制药业意识到，离政府干预食品掺假的时间不远了，议会可能很快会通过一部控制食品掺假的法律。政府为了控制食品掺假而干预食品销售的目的是保障消费者的健康和生命安全，避免消费者在经济上被欺诈，既然政府同意了"干预食品销售保障人民的健康和金

---

① Ernst Walter Stieb, *Controlling Drug Adulteration in England* (1820 – 1906), pp. 480 – 483.

钱"这个原则，那么一旦通过的食品法律达不到这个目的，势必会对旧的法律进行修正，最终达到原先想要取得的目标。药品掺假的危害与食品掺假相比更严重，既然政府可以干预食品掺假，那么同样可以干预药品掺假，议会通过法律把控制食品掺假的原则扩展到药品领域、干预医药界自治权力的时间也不远了。

制药业意识到，针对他们的斗争开始了。因此，制药业内部的部分团体开始行动起来，准备在未来的斗争中维持并扩大他们的利益。化学家和药剂师建立了他们自己的商业杂志，鼓吹保护他们成员的利益。1859 年，他们创办《化学家和药剂师》（该刊至今还在出版）。这个刊物在指导、界定、保护、解释和扩大他们成员的利益方面影响很大。1860 年 11 月，该刊的编辑 A. C. 伍顿赞助成立了化学家和药剂师联合协会。这是一个不稳定的组织，到 1871 年就不存在了。该组织的主要功能是保护化学家和药剂师的利益，它在未来几年的药品改革活动中非常积极。

英国医学界的发展与欧陆同行相比一直比较落后，到 19 世纪时还比较混乱。19 世纪前半叶，英国医学界面临的最重要问题之一是怎么改革的问题。1858 年，议会通过法令对医学教育进行了规范并限制不合格的从业者，同时把各种医学从业者纳入一个基本的规则体系之下，像内科医师学会、外科医师学会、药剂师协会、各种地方医学会和外科协会都要遵守法令所规定的最低限度的规则。正是由于医学界这种混乱的状态，英国医学会等组织在对药品掺假的社会控制进程中基本没有发挥实质性的作用。[①] 投入反掺假运动的一些人，像哈塞尔、威克利和波斯特盖特等人，虽然都是医生，但都是以个人的身份在行动，不代表他们所参加的医学组织。

英国医学会承认药品掺假很普遍，化学家的商店里几乎每种药品都是掺假的，已经严重影响到了患者，也影响到了医生的名声。[②] 他们也认为，需要改变这种状况，需要提高药品的质量。但是，医学会反对由政府管理食品药品的销售，认为这会带来比掺假更严重的恶果。他们不相信政府的管理能力，认为新建立的管理机构在试图根除掺假罪恶的时候，只会培养另外一种邪恶的官僚文牍。他们提出，根据行业自治的原则，既然药品是制药业出现的问题，那么控制掺假的最有效的方法是由制药业协会自己来

---

① Roy Porter, *Health for Sale：Quackery in England* 1660 – 1850, New York, Manchester University Press, 1989, p. 16.

② 患者吃了医生开的药之后，病情不见好转，很自然首先怀疑的是医生的医术不精。

处理。① 他们认为，制药业协会成立之后，正在努力约束自己的会员，积极控制掺假。该协会可以在政府的援助下共同提高药剂师的教育质量，并要求制药者参加合适的考核且获得执照。②

正是基于上面的考虑，当 19 世纪中期掀起要求政府控制食品药品掺假的舆论诉求时，医学会基本置身事外，很少公开发表自己的看法，即使有个别的声音，也是否定性的。比如，在《柳叶刀》发表系列调查报告掀起反掺假的舆论活动时，英国医学会所属的杂志除了发表一些关于掺假的著作的书评之外，仅仅刊登过一篇评论《柳叶刀》活动的社论，反对《柳叶刀》批评个体商人的方法，认为错误的分析会对一些无辜者造成损害。除此之外，他们对掺假问题一概保持沉默。

二、《1868 年制药法的通过》

（一）议会对药品议案的辩论及其意义

19 世纪上半叶，人们对药品安全的关注首先体现在毒性比较大的药品上，每年有大量的药品中毒死亡事件，其中超过三分之一是砷的过量使用造成的。19 世纪 50 年代初，制药业协会联合医生向内政大臣提交了一份关于如何销售砷的提案，这个提案构成了 1851 年《砷法案》的基础。1851 年的《砷法案》使毒药的零售首次受到限制，它规定必须保存每笔砷的销售记录，卖方必须认识购买者，而且买方必须是成年人，砷必须与烟灰或靛蓝混合染成黑色或红色后才能出售。只要满足这些条件，任何人都可以出售砷。该法案对于防止砷的滥用有一定的积极意义，但它缺乏充分的执法规定，这只不过是一份意向声明而已。③

1851 年《砷法案》通过之后，鸦片和其他有毒药品的使用越来越多。由于鸦片具有缓解疼痛和镇静的特性，它被医生广泛使用，许多药品都包含鸦片的成分，尤其是在当时发展势头非常快的专利药中。例如，鸦片酊剂就是大多数家庭必不可少的常备药品，其通常被用于婴儿安抚奶嘴，使婴儿保持安静。因此，许多患者不可避免地对鸦片"上瘾"，开始依赖鸦

---

① 1855—1856 年议会调查掺假委员会的报告也承认了制药业协会对药品掺假问题的有利影响，而且和医学会的观点一样，认为只有采取措施要求制药业的从业者有合适的资格之后，药品质量才会有进一步的改善。

② Ernst Walter Stieb, *Controlling Drug Adulteration in England* (1820 – 1906), pp. 516 – 520, pp. 493 – 494.

③ Stuart Anderson, "From 'Bespoke' to 'Off – the – Peg'：Community Pharmacists and the Retailing of Medicines in Great Britain 1900 to 1970", *Pharmacy in History*, 2008, Vol. 50, No. 2.

片。使用强效药物进行自我治疗或自杀或杀人在当时并不鲜见，法律没有区分合法的医疗用途和非医疗用途。由于药品监管体系更多地关注毒性强的药品如何售卖而不是如何使用，人们可以通过化学家或药剂师的常规渠道合法地获得供应。

《1860年防止食品掺假法》通过之后，经过短暂的沉寂，波斯特盖特继续活动，准备使议会通过一部综合性的食品药品法。制药业协会害怕波斯特盖特提出的议案对他们不利，为了掌握主动权，他们也准备提出自己的议案。

此时的制药业与它的分析化学同行一样，正忙于确立独立的专业地位和认同，以及控制他们自己事务的权力。在制药业协会精力充沛的主席 G. W. 桑福德（G. W. Sandford）的鼓动之下，他们在1868年向上院的代表议员格兰维尔（Granville）伯爵提交了一份由制药业协会、化学家和药剂师协会共同起草的议案。[①] 因为当时许多医生通过学徒教育也是有执照的药剂师，他们既能开药方，又能配制和销售药品，所以制药业协会与化学家和药剂师协会的首要目标是把药品配制与销售权从医生那里剥离出去，使自己成为唯一的药品配制者，确立制药业管理自己事务的权力，确立制药业自己的教育系统和颁发资格证书的条件，最终彻底脱离医学界。

1868年6月15日，格兰维尔伯爵在上院提出制药业的议案要求进行二读。格兰维尔解释说，该议案的"目的是为公众提供安全，迫使所有开店出售毒药者、所有化学家和药剂师都要接受大不列颠制药业协会关于他们开业知识的考试"；"除非有适当的合格证书，否则任何人不准开店出售有毒的药品，或者称自己为'化学家和药剂师'"；要求"出售的每盒或每瓶毒药必须标出产品的名字、'毒药'这个词和卖主的名字及地址"。[②]

议会对这个议案的辩论主要集中在两个问题上：一、谁来组织制药化学家和药剂师等制药业从业者的资格考试；二、毒药如何销售。

对于第一个问题，马尔波洛（Marlborough）公爵说，"议案把对全国化学家的考试看作保护公众健康所必须的条件，是可取的"，但政府对其考试方式应该有一定的控制。他反对由制药业协会组织化学家和药剂师的开业考试，因为制药业协会是一个民间团体，如果将来有同样性质的团体出现，会被这些团体认为是对他们的歧视。他提出，应该由枢密院确定考试以什么样的方式进行；制药业协会对一般的毒药销售有权制定规则，然后由枢

---

① 这个议案的名称为"毒药销售和制药法"，后被修正为"制药法"。
② *Hansard's Parliamentary Debates* (1868), pp. 1554–1555.

密院批准。① 马尔波洛的提议被上院通过。这表明，到 19 世纪中后期，平等公正开始成为立法的一个重要原则。议员在立法的时候，要时刻考虑到他们是民间纠纷的中间人，不能袒护或歧视任何一方，甚至不能歧视当前还不存在但未来会出现的一方。

第二个问题涉及了 19 世纪时的许多药品。由于制药技术的不成熟，那时的许多药品都有毒，药品产生的副作用经常比其要治疗的疾病本身更严重。所以议案提出对一些毒性比较大的药品施行严格的控制，比如只能卖给认识的顾客。对于这个问题，议员的意见分歧较大。

首先，毒性较大的药品如何界定，包含哪些药品，议员所提毒药清单中列出的毒药是否包含了所有毒性较大的药品？如马尔波洛公爵就质疑格兰维尔伯爵是否把市场上出售的对人类生命有害的所有毒药都包含在了议案中。他指出，有充分的证据证明，鸦片及其制品在英格兰几个地方大量销售。鸦片及其制品被大量使用，甚至是婴儿也在使用，对人的生命造成很大的危胁。关于这个主题的报告是最让人痛苦的，因此把鸦片添加到议案上他很高兴。有了这些限制之后，他同意批准这个议案。②

其次，毒药是否只能出售给认识的顾客。下院在讨论毒药的销售问题时，议员洛（Lowe）提出，把任何毒药卖给一个他不认识的人都应是非法的，除非顾客能拿出证据，他需要证明一个所购毒药的合法目的，并且知道这个毒药的用途、危险性和合适的剂量。罗伯特·蒙塔古（Robert Montagu）勋爵认为只要顾客说明合法目的就可以出售毒药的建议不合理，③ 他希望知道毒药销售者怎么确定顾客声称所要的毒药是杀死老鼠的说法的真实性。④ 盖斯利（Gaselee）议员进而认为，只卖给认识的人的规定会导致一种招揽系统。⑤

最后，毒药是否只能装在一种特制的"毒药瓶"中。这看起来是一个小问题，听起来也有点可笑，议员的辩论却能反映当时的立法原则和议员对政府权力的认识。更重要的是，在辩论的过程中，议员要求把毒药装在一种特制的瓶子中的提议反映了一种和过往完全不同的立法原则，这种原

---

① *Hansard's Parliamentary Debates*（1868），pp. 1555 – 1556.

② *Hansard's Parliamentary Debates*（1868），p. 1556.

③ 蒙塔古的说法有点混乱，他一方面提出，买方应该使卖方满意地相信，买方为了医学的目的而确实需要这些药，否则卖方不能出售；另一方面，他也质疑，如果一个人在陌生的地方不认识一个人，怎么买药？比如说，他在伯明翰，想要一剂鸦片町治疗他的牙疼，他如何能买到药？详见 Hansard's Parliamentary Debates（1868）pp. 1219 – 1220.

④ http://hansard. millbanksystems. com/lords/1868/jun/15/no – 103 – committee. 2018 年 1 月。

⑤ *Hansard's Parliamentary Debates*（1868），p. 1219.

则是否应该变成可执行的法律一直到今天还有很大的争议。

针对制药业的议案，里兹代尔（Redesdale）勋爵提出了一个修正，他提出应该把毒药装在一种特殊的瓶子中，这种瓶子可以称为"毒药瓶"。一旦民众都知道毒药只能在一种专门的瓶子里出售，而使用其他瓶子出售毒药或使用"毒药瓶"出售不是毒药的东西都属于非法时，人们被毒害的风险就会小很多。当时很多人由于拿错毒药而被毒害，这种致命的失误经常是在黑夜中发生的，所以这种瓶子的设计要点是要使每个抓住瓶子的人都知道所拿的是"毒药瓶"，这样能避免很多失误。① 里兹代尔对于他的这个修正非常执着，认为自己必须在这个条款上给同僚施压，为了保护公众，在毒药销售上必须做点事。他坚信，这在实践中会防止一些重大危险的发生。②

里兹代尔勋爵的提议遭到了众多议员的反对。金伯利（Kimberley）伯爵反对说，"化学家的意见是，安全不是靠坚持使用特殊的瓶子获得的"，即使里兹代尔提出的"这个修正被议会采纳了，也不会给那些错误地把外用药当作内服药喝掉者提供任何安全"。③ 马尔波洛公爵也认为，里兹代尔勋爵的意见是有缺陷的，其带来的坏处超过了好处，因为他所提出的要装在毒药瓶中的毒药清单遗漏了很多毒性更强的东西；结果将是有毒的液体被放在普通瓶子中，毒性相对小的反而放了毒药瓶中。马尔波洛公爵觉得，解决这个问题的最好的办法是把它留给枢密院和制药业协会，由他们决定采取什么样的方式警告那些粗心大意的人小心毒药。如果枢密院和制药业协会认为采用一种特殊的瓶子是必要的，那就这样做，但这不代表议会可以通过法律强制他们这样做。④

上院议长也不赞成里兹代尔的修正，他怀疑里兹代尔没有完全意识到这个修正的后果，如果紧急情况下缺少毒药瓶怎么办？⑤ 索尔兹伯里（Salisbury）侯爵也质疑说，里兹代尔提出把许多毒药都放在一些特殊的瓶子里，那么医生日常的处方毒药是否也要这样做；而且里兹代尔的修正在实践中也是有问题的，比如在紧急情况下，医生可以到其他化学家处寻找药品，如果正好有他急需的药品而凑巧这位化学家库存的毒药瓶用完了，这就绝对妨碍他供应这批药了。同时，毒药瓶也是有专利的，专利定然属

---

① *Hansard's Parliamentary Debates*（1868），p. 1556.
② *Hansard's Parliamentary Debates*（1868），p. 1630，p. 1745.
③ *Hansard's Parliamentary Debates*（1868），p. 1748.
④ *Hansard's Parliamentary Debates*（1868），pp. 1747 - 1748.
⑤ *Hansard's Parliamentary Debates*（1868），pp. 1629 - 1630.

于某个具体的人，这也会带来一些问题，最让人反对的就是垄断问题。①

除了实践上的理由，索尔兹伯里还反对里兹代尔关于"毒药瓶"的这一修正所体现的立法原则。他说："迄今为止，我们立法的原则是保护人们免于其他人故意犯的错所造成的伤害；但我们还没有以这样的原则来立法：有人愚蠢到半夜起床，怕麻烦不开灯就喝光了瓶子中的东西，仅仅是因为这些蠢人的这种行为可能对自身造成危险，就立法保护理性的人们免于可能的危险。这样的立法对一些行业施加了全新的限制"，"这样的法律原则和英国的习惯完全相反，其直接趋势是阻挡人类的商业发展"，这个原则如果在英国被采用了，他确信"将产生比它试图阻止的罪恶更大的罪恶"。②

面对众多议员的反对，里兹代尔虽然有点气馁，但认为那些反对意见也不是完全让人信服的。针对索尔兹伯里所谓的提出的修正所体现的原则和当前的立法原则相反的说法，里兹代尔提醒议会，"已经有很多这样的立法存在，每天都有人因为从正在开动的火车上跳下来而受到惩罚，都认为乘客这样做即使没有危险也不是法律不管的理由"。③然而，里兹代尔的答复并没有令反对的议员满意。

综观议员的反对意见，除了索尔兹伯里以外，其他议员基本不反对立法保护所谓粗心大意的"蠢人"，所反对的仅仅是技术上的不可行以及实践上的得不偿失。议会关于"毒药瓶"问题的辩论反映出的思想观念，一方面再次印证功利主义的立法观在当时仍然有强大的影响，认为立法带来的好处必须超过它所产生的恶果，否则通过的法律就是一个失败的法律，就属于恶法；④另一方面，里兹代尔所提修正案体现了一个新的立法原则：对一部分特殊人群是否需要特殊立法？对这些特殊人群的立法如果给大多数人带来了不便，违反了功利主义的原则，这样的立法是否可以被接受？

在边沁的功利主义法学看来，立法所要干预的行为必须具备的特征之一就是普遍性，即"立法不是针对某些特定的人的行为而言的，而是针对社会上的一般人所进行的行为规制"。⑤功利主义的这种观点承认了人的共性，但把共性推到极端，忽略了不同群体的差异。比如，男女的差异，儿童、老人和中青年人的差异，正常人和身体异常及精神异常的人的差异。妇女、儿童、老人和精神及身体异常者相对来说属于社会弱势群体，他们

---

① *Hansard's Parliamentary Debates*（1868），pp. 1744 – 1746.

② *Hansard's Parliamentary Debates*（1868），p. 1746.

③ *Hansard's Parliamentary Debates*（1868），p. 1748.

④ 何勤华：《西方法律思想史》，上海：复旦大学出版社，2009 年，第 189 页。

⑤ 何勤华：《西方法律思想史》，第 193 页。

是否需要特别的立法保护？若对他们的保护给其他人带来不便，是否仍然值得提供这种保护？功利主义的立法观最初显然没有考虑这些差别。

18世纪结束后，它的时代特征"仁慈的时代"并没有结束，而是在19世纪英国社会越来越复杂的情况下得到了新的发展，社会道德和风尚进一步提高，对弱势群体的关注越来越多。随着社会科学包括心理学和社会学的发展，专家学者通过调查研究，认为确实需要把有些群体和其他群体区别对待，比如在对待儿童方面，不能再把他们当作小大人了；在对待女性方面，女性的身体结构和男性不同，不能从事同样的劳动。这些研究在立法方面的反映就是需要针对他们制定专门的法律，比如关于儿童教育的法律、关于妇女劳动的法律。面对这样的社会现实，功利主义的一些观点显然需要修正了。

边沁的继承人约翰·密尔在19世纪60年代初适时地修正了功利主义[1]。边沁的功利主义也认为，人在有自私倾向的同时，也存在"同情"或"仁慈"这样纯粹社会性的动机。密尔充分利用这一点，把人的"同情"或"仁慈"的动机发扬光大。密尔提出，"幸福不仅是一个涉己的概念，更是一个涉他的概念"，"法律与社会组织应该处置个人的幸福或（可以说从实际方面讲）利益，使它尽可能地与全体利益相协调"。[2] 这样的解释就超越了阶级和阶层的限制，所谓"最大多数人的最大幸福"不是一个阶级或阶层的利益就能代表得了的，每个阶层的个体的幸福和社会公益之间是相互促进的关系。这种观点对于主张关注弱势群体并保障他们的权利的改革者来说，是一个很好的理论武器。

密尔1865年当选下院议员，他的观点应该对一些议员有一定的影响。里兹代尔是否受密尔影响不得而知，但他提出的关于"毒药瓶"的修正远远超越了当时的观念。"毒药瓶"的提出是为了保护粗心大意的人，粗心大意的人显然很难和鳏寡孤独废疾者等弱势群体归为一类。如果对粗心大意的人都需要专门立法保护，[3] 那么对于妇女、儿童等弱势群体来说更需要立法保障他们的权益。

议会对"毒药瓶"问题的辩论，虽然最终没有立法规定毒药一定要装在特殊的瓶子中，但议会辩论本身有助于传播新的思想观念，促使人们继

---

[1]　约翰·密尔的《功利主义》一书在1863年出版。

[2]　何勤华：《西方法律思想史》，上海：交通大学出版社，2009年，第187页，第198页。

[3]　应该说英美的法律在当代有这样的发展趋势，即在法律实践中为消费者由于粗心而受到的伤害提供补偿。20世纪90年代发生的著名的"麦当劳咖啡烫伤案"似乎就是这方面的经典案例。

续思考、讨论如何更好地保护弱势群体问题，为未来的社会立法创造一个更宽松的社会环境，有助于推动一个更加公平的社会的到来。

（二）《1868 年制药法》的内容和影响

议会对制药业的议案的辩论很快结束，议案在上院简单修正后被率先通过了。7 月 14 ～ 15 日，下院相关委员会讨论议案细节问题时，在枢密院的坚持下，加入了一项禁止出售掺假药品的条款："任何根据该法注册的人出售任何这样的掺假品，都应被认为是故意掺假，除非他能证明不是故意的"。这条规定将对未来产生重要影响。最后经过表决，下院很快也通过了这个议案。

总体来说，制药业协会所提出的这个议案在议会中辩论时，没有遇到太大的反对，① 媒体对此也很少报道。立法机关最终批准的这个议案，在一些关键条款上和制药业协会原先的议案不同，能够更好地保护公众。尽管化学家和药剂师协会认为议会最终通过的一些规定给他们造成了不便，有点过于严厉了，但是该法也认可了他们长期以来所想要的目标。

1. 对药品的控制

《1868 年制药法》规定，所有出售的药品包装上面必须有卖主的名字和地址；制作《英国药典》上的任何药品，除了根据这个药典的配方制作之外，其他任何制作方法都是非法的；相应地，任何人如果要求购买的药品是根据药典中的配方制造的，但得到的药品和药典的配方不同，那么卖方同样是违法的；对于毒药严加管理，对一些毒药施行严格登记制度，而且只能卖给认识销售者的买主或卖给有一个认识买卖双方的人的买主。

法案在药品方面的规定立即收到了良好的效果，比如由于对鸦片的控制，由鸦片和鸦片制品导致的死亡率从 1868 年的 6.4‰降低到 1869 年 4.5‰，5 岁以下小孩的死亡率从 1863—1867 年间的 20.5‰降到 1871 年的 12.7‰，19 世纪 80 年代又降到6‰～ 7‰。②

2. 对从事制药业的资格控制

《1868 年制药法》规定，任何法定的成年人，如果想成为制药化学家或药剂师，必须要注册。在注册时，人们一方面要证明其在过去实际上从事过配药工作，或被制药化学家或药剂师雇佣作为他们的助手做过配药工

---

① 主要原因是这个时候当代制药业还没有形成，制药商的规模一般很小，远没有形成大的利益集团。议案的主旨是制药业协会提出的，是为了规范本行业，提高整体的教育水平，符合当时流行的行业自治的原则，所以这个议案基本没有遇到什么反对。

② https://en.wikipedia.org/wiki/Pharmacy_Act_1868. 2018 年 2 月 6 日。

作；另一方面又要通过制药业协会理事会在枢密院同意下所组织的专门考试，证明其在配药方面是合格的。通过考试后，才可以登记成为一个制药化学家或药剂师。简单来说，这个规定就是要在制药业建立一个准入制度，必须要达到一定的条件才有资格从事配药方面的工作。在制药业协会看来，这样做能提高药剂师鉴别假药的能力，有效防止药品掺假。如果药剂师或制药化学家出售了掺假药品，制药业协会能实施的惩罚是把违法者从登记簿中除名。

相比于同期英国议会管理其他行业的立法，《1868 年制药法》没有把该行业的从业者限定为男性，女性只要通过资格考试，同样可以从事制药工作。因此，1869 年有 223 位女士的名字出现在第一批药剂师登记簿上，他们大多是《1868 年制药法》通过前已经从业的男药剂师的妻子、遗孀或女儿。爱丽丝·维克利（Alice Vickery）成为第一个合格的药剂师。[1] 无疑，这样的规定对于当时男女还严重不平等、女性大多只能待在家中相夫教子的英国是非常有意义的，《1868 年制药法》有助于促进英国在那之后向女性开放更多的职业，对于推动女性的独立和男女的平等有非常重要的作用。

3. 对如何处理药品掺假纷争的规定

在英国民事侵权领域内，一直奉行的是过错责任原则，过错是人身损害和财产损失赔偿请求的必要条件，原告必须证明被告的行为是有意的或存在过失，法院才能对被告进行惩处。在商业领域内，通行的是买主负责原则，卖主对于售出的货物概不负责，除非能证明卖主存在欺诈或有契约对商品的质量有明确的保证。也就是说，如果存在商品质量问题，买主必须证明卖主存在欺诈行为，即主观故意，才能获得赔偿。

很明显，在简单的商品经济时代，买卖双方实力基本相当，商品构成也不是很复杂，通过一般的常规检查，凭借经验就能发现产品是否存在质量问题。[2] 由于买卖双方地位基本相同，信息拥有量基本相等，买主负责的原则基本能起到保护消费者的作用。随着工业化的发展和科学技术的飞速进步，产品的构成越来越复杂，尤其是生物和化学技术之下制造出来的食品，消费者完全没有判断其是否掺假、是否对健康有害的能力。《1860 年防止食品掺假法》没有考虑到食品工业逐渐发生的这种变化，依然坚持买主

---

① https://en.wikipedia.org/wiki/Pharmacy_Act_1868. 2018 年 2 月 6 日。

② 许光红：《论美国产品责任归责原则的发展及其对完善我国立法的借鉴》，北京：对外经济贸易大学法律硕士（JM）2005 年学位论文，第 3 页。

负责的原则，导致在执法的过程中困难重重，起诉人很难证明被告故意掺假或存在犯罪故意。

由于药品的特殊性，大部分患者对药品的构成及效用基本一无所知，和医生、制药商相比，患者处于严重信息不对称的地位。在药品的制造和销售领域，若仍然坚持买主负责的原则，坚持患者必须证明被告在药品中故意掺假的规定，受到假药损害的患者将完全失去赔偿救济的机会。所以，议会在辩论制药业协会的议案时，下院要求在第 24 款中，不再由患者证明制药商故意掺假。该款规定，所有药品掺假都是有害的，除非卖方能证明没有害处；任何根据该法注册的人若出售任何掺假药品，都被认为知道药品是掺假的，即假定他有故意的意图，除非他有相反的证据证明他不知道药品是掺假的。这一款弥补了《1860 年防止食品掺假法》的缺憾，由买方负责转向了卖方负责，有力地推动了食品药品立法的进一步发展。①

《1868 年制药法》第 24 款的规定为执法者的执法扫除了一个重要障碍，不必再由控方证明卖方故意掺假，虽然这条规定也有一个缺陷，它没有界定什么是掺假，这为各地执法的不统一提供了借口，制造了另外的矛盾。尽管有这样的缺陷，该款对英国民事侵权领域立法原则的发展有重要贡献：它首次在法律上明确了过错推定责任原则，这是在举证责任方面的一次重要转变，是民事侵权行为归责原则的一个非常重要的发展。

早在 1860 年，防止食品掺假的议案在议会辩论时，一些议员曾经在议案中提出放弃过错责任原则，采用过错推定责任原则，但失败了；八年后，这个原则终于在制药法中实现了。该原则假定被告有违法的故意，存在欺诈的意图，除非他能证明自己没有这种故意。这个原则把举证的责任留给了卖方，等于在药品领域基本放弃了"谁主张，谁举证"的原则，对于患者的保护是一个质的飞跃。

《1868 年制药法》完成了制药领域英国民事侵权行为从过错责任原则到过错推定责任原则的转变。这个转变虽然发生在特定的药品领域，但意义重大：一方面，举证的责任从起诉方转到了辩护方，为食品药品立法的进一步发展打下了基础。此后，被告必须证明他不知道而且不应该知道他出售的药品掺假了。这就为 1872 年王座法庭的法官在判决食品掺假案件时采用这个原则提供了依据，同时为《1875 年食品和药品销售法》的进一步发展——在食品领域采用过错推定责任原则奠定了基础。另一方面，过错推定责任原则的采用，为现代工业社会下各种事故受害者的损害赔偿提供

---

① Ernst Walter Stieb, *Controlling Drug Adulteration in England* (1820 – 1906), p. 437.

了一个有效的工具，对于缓和英国社会急剧转型时所发生的社会矛盾起了重要的作用。随着现代工业社会的发展，科学技术的进步，到 19 世纪晚期，这个原则适用的领域越来越广泛。

总体来看，《1868 年制药法》对于规范英国制药业的制药活动，减少药品掺假和毒药的滥用起到了重要的作用，也为《1872 年食品、饮料和药品修正案》和《1875 年食品和药品销售法》的通过奠定了重要基础，而且后两部法律吸收了《1868 年制药法》的条款和过错推定责任原则，使 1875 年后食品掺假泛滥的状况也得到了有效的抑制。

与同期欧美发达国家相似立法相比，英国《1868 年制药法》并不是最严格的（普鲁士对药品的管理某种程度上比英国更严格、更全面），但其对未来将成为一个重要社会问题的鸦片等容易成瘾的毒品的限制，先后被欧洲其他国家效仿。《1868 年制药法》也成为西方国家立法控制社会问题的一个重要象征。①

第二节　《1872 年食品、饮料和药品修正案法》

《1860 年防止食品掺假法》通过之后，对改革者来说虽然取得了一定的成果，但在实践操作中，该法还存在很多问题，尤其是对健康无害的掺假，基本没有受到该法的影响。为了进一步加强《1860 年防止食品掺假法》的效力，改革者试图对其进行修正，一方面力图把药品管理纳入食品掺假法中，形成一部综合性的食品药品法；另一方面把举证的责任放到商人的身上，为执法者的有效执法扫除最重要的一个障碍。为此，他们展开了新一轮的改革活动。

一、1872 年法的通过

（一）继续战斗：议会外的活动

人们对于《1860 年防止食品掺假法》的实施效果存在不同的看法，尤其是在职业化学家内部，他们对该法生效以来食品掺假是减少了、增加了抑或是没有变化，存在着截然不同的论断。哈塞尔认为，1860 年法的实施，使食品掺假明显减少了；伦敦分析师兼伯明翰化学讲师阿尔弗雷德·希尔

---

① David F. Musto："The History of Legislative Control over Opium, Cocaine, and their Derivatives"，http://www.druglibrary.org/SCHAFFER/History/ophs.htm. 2018 年 2 月 5 日。

（Alfred Hill）认为，1866 年时的食品掺假状况和 1860 年的一样，基本没有什么变化；利物浦卫生医疗官则报告说，自从 1855 年以来，掺假现象有增无减。

在波斯特盖特看来，《1860 年防止食品掺假法》的实施效果并不乐观，他很清楚该法的缺陷：由于该法是非强制性的，许多地方政府根本不想采取行动，因为地方政府和地方议会的官员有很多是商人，他们不想激怒自己的同行，所以很多地方政府选择不作为，没有任命公共分析师。波斯特盖特认识到，他必须采取进一步的政治行动使该法的执行具有强制性。此外，该法还存在一个明显的空白需要填补：药品掺假也需要控制。所以，他继续针对掺假和新法进行演说；《英国医学杂志》详细报道了 1861 年末他在布里德灵顿发表的一次有代表性的演讲。

随后波斯特盖特找到舍勒菲尔德，请他继续在议会采取行动。舍勒菲尔德对《1860 年防止食品掺假法》的弊端也深有了解，同意提出一个议案，对其进行修正。波斯特盖特很快起草了一个议案，在 1863 年 9 月 10 日交给舍勒菲尔德，舍勒菲尔德对这个草案很满意。不幸的是，舍勒菲尔德的健康状况正在急剧恶化，不能进行进一步的活动了。接下来的四年里，虽然舍勒菲尔德也急于在议会内游说议会接受波斯特盖特的修正案，但他可怜的身体状况没有好转，舍勒菲尔德在 1867 年 4 月去世了。在这四年内，波斯特盖特的议案在议会中没有丝毫的进展。

1867 年，伯明翰在议会下院的一个席位重新选举，约翰·布莱特（John Bright）当选。① 随后，波斯特盖特找到布莱特，请他在议会提出议案，布莱特爽快地答应了，承诺将尽其所能帮助波斯特盖特。舍勒菲尔德去世后，他的继任者乔治·狄克逊（George Dixon）也同意提出议案，完成舍勒菲尔德未竟之事业。

狄克逊对波斯特盖特的草案进行了修改，规定制造掺假商品为重罪，故意出售有毒或有害的食品药品为轻罪，要处以罚款和监禁；零售商出售的掺假商品如果是批发商掺假的，零售商免予被起诉；要求地方政府任命检查员，由检查员购买样本交给公共分析师进行分析；地方政府必须任命公共分析师，公共分析师和检查员一起把有毒和有害的掺假报告呈交给治安法官。治安法官收到报告后，命令检查这些商品的制造地点并没收有毒有害的掺假物和现场使用的其他原料。

---

① 布莱特在议会中一位卓越的演讲人，也是一位改革派，以推动议会改革闻名，同时对推动公共卫生和社会立法也有一点儿兴趣，但在经济上他是一个自由贸易论者，反对政府的过多干预。

1868 年 6 月 10 日，狄克逊在下院提出了他修改后的议案。狄克逊说，"当前的法律完全没有执行议会的明智的意图，主要原因是消费者个人不愿意起诉商人"。他提出的这个议案的目的是，"把对故意出售掺假食品药品的商人的惩罚扩展到掺假制造商身上"；把《1860 年防止食品掺假法》的规定应用到药品上；最重要的条款是任命一些公共官员，搜集掺假信息，然后根据他们掌握的信息起诉制造或出售掺假食品药品的商人。① 这个议案没有遭到多少反对并在 1868 年 6 月 23 日通过了二读。然而，由于制药业协会提出的关于制药方面的议案也开始在议会进行辩论，有议员以两个议案有重合之处、这次议会会期时间紧张为由，没有再继续讨论狄克逊的议案。狄克逊的议案失败了。

虽然波斯特盖特等人准备的防止食品药品掺假议案失败了，但是《1868 年制药法》却通过了，所以他们并不气馁，继续发起曾经支持通过《1860 年防止食品掺假法》的政治动员。波斯特盖特邀请一些议员到他的家乡伯明翰查看他们从当地购买的掺假的食品药品，希望议员考虑他起草的关于防止食品药品掺假的议案。同时，他还利用全国社会科学促进协会在伯明翰召开会议的机会，在会上宣读了一篇关于食品、饮料和药品掺假的立法状况的论文。之后协会通过了一个决议，要求其委员会继续努力促进更有效的立法。

狄克逊在伯明翰商会做演讲时也提到了掺假问题，希望商人不要顽固反对政府的立法管理。狄克逊的演说和他们所提议案的副本在全国的商会中开始流传。1869 年 4 月 13 日，狄克逊将议案又做修改之后，再次在议会下院中提了出来。新议案要求公共分析师的任命和罢免须经女王陛下的一位国务大臣批准，在爱尔兰则须经总督批准；公共分析师需要拥有"专业的医学、化学和显微镜知识"；地方当局必须给公共分析师提供其认为"合适的薪酬"，薪酬是否合适也应该受到更高和更有资格的主管当局的监管和批准；由中央政府任命一些特派员，与地方当局协商并协助地方当局执行防止和惩处掺假的措施。② 结果议案再次遭到议会的反对，狄克逊不得不在当年的 7 月把它撤回。由于防止食品药品掺假改革取得进展好像很困难，狄克逊有点失望。狄克逊的主要兴趣在于推动教育改革，为了把精力放在教育改革上，他觉得必须退出波斯特盖特的改革活动。不过，狄克逊答应，

---

① *Hansard's Parliamentary Debates*（1868），p. 1351.

② "Adulteration of Food, Drink, and Drugs", *The British Medical Journal*, May 1, 1869, Vol. 1, No. 435.

一旦其他议员在议会中提出防止食品药品掺假的议案，他会全力支持。

狄克逊退出之后，波斯特盖特很快就找到了第三个同盟者，菲利普·亨利·芒茨（Phillip Henry Muntz）。① 芒茨是沃里克郡的议员，敏锐干练，像波斯特盖特一样精力充沛、激情四射，且懂得议会程序中的许多陷阱，尽管他也不能完全避免这些陷阱。1869 年末，芒茨同意取代狄克逊在议会中进行活动之后，波斯特盖特针对一些具体问题与他进行了一次长谈，并提出了另外一个议案草案让他研究。

芒茨研读了波斯特盖特提出的草案之后，对其提出的措施表示同意。1870 年 2 月，芒茨找机会在下院提出了这个草案，并说明这个议案和上届议会提出的防止食品药品掺假议案相似，② 芒茨的议案很快通过了一读。3 月初要进行二读时，议案的反对者开始在议会找机会阻挠议会的通过。《泰晤士报》对此报道说："《1860 年防止食品掺假法》的修正案的二读被芒茨先生提了出来，但遭到布鲁斯（Bruce）先生的反对，理由是没有时间讨论。芒茨回答说，该议案已经讨论过了，已经确定 2/3 的穷人正在被抢劫，另外 1/3 的人被掺假所毒害，他认为到了采取措施的时候了。斯特普尔顿（Stapleton）先生提议讨论休会。"③ 结果，一直到这次议会的会期结束也没对该议案进行二读。5 月 26 日，愤怒的芒茨先生给波斯特盖特写了封信说，他在前一天撤回了议案，这次开会没有机会通过了，下次会期时必须更早一点提出议案。④

在议会休会期间，波斯特盖特邀请芒茨去自己的家乡伯明翰，参加他们的集会，向芒茨展示各种掺假手段，同时他们还动员一切资源安排当地以及伦敦的媒体进行适当的宣传。经过短暂的宣传之后，芒茨在 1871 年 2 月再次提出这个议案。很快，议案再次轻松通过了一读，接着顺利通过了

---

① 菲利普·亨利·芒茨的父亲是 1857 年去世的乔治·芒茨，也是议会积极主张改革的议员。

② "Adulteration of Food", *The British Medical Journal*, Feb. 26, 1870, Vol. 1, No. 478.

③ "Parliamentary Intelligence", *The Times*, March 10, 1870, p. 6；参见 John Postgate, *Lethal Lozenges and Tainted Tea: A Biography of John Postgate* (1820–1881), p. 53.

④ 19 世纪的英国，正处于改革流行的时代，整个社会正忙于处理工业革命引起的最糟糕的罪恶。波斯特盖特的议案激起的敌对好像是不成比例的。很少有人否认掺假的普遍存在，即使在掺假规模上存在一些争议；所有人都承认这是露骨的欺诈，对诚实的商人和消费者都不公平；所有人都同意掺假的恶果主要都落在了穷人身上；掺假的危害也得到了很好的宣传，掺假平时所导致的伤害和偶尔致命的意外事故也证实了其危害性。好像很奇怪，在这样的情况下，提出立法纠正这样明显弊病的努力竟然引起了那么多的反对。《波斯特盖特传》的作者认为，其实，也不奇怪，只要是改革，即使最终是让人不满意的妥协，都会赢得很困难，都会遭到既得利益集团的强烈反对。英国从 1832 年议会改革以来，议会每次通过一些社会改革方面的法令，都会遭到既得利益集团的激烈反对。

二读。5月末，议案进入下院委员会进行讨论，但是还像往常一样遭到了反对。反对者提出了一个修正案，要求延缓6个月再讨论，他们利用议会的一个程序成功搁置了议案。芒茨知道在这次会期结束之前议会都没有机会讨论这个议案了，因而只好在6月1日撤回议案。虽然议案的通过又失败了，但是芒茨还是很乐观：这个议案是很严厉的，没有通过是在预料之中，但已经取得了不错的进展，明年将会有很大的机会通过。

（二）1872年法的通过

1872年2月3日，波斯特盖特为了在这一年通过议案，再次在伯明翰举行会议为芒茨造势。会议还是像以前一样，利用刚从本地购买的无数样本证明食品、饮料和药品掺假像1860年法通过前一样糟糕，从而要求政府加强管理。会议结束后，通过媒体宣传他们的证据和看法。

2月13日，芒茨再次提出了食品药品议案，这个议案把《1860年防止食品掺假法》和《1868年制药法》的精神糅合在了一起。议案平静地通过了一读，二读时又横生枝节，该议案明显和另一个议案——政府提出的公共卫生议案——有重合之处。这对芒茨来说很不利，"政府所提议案已经包含了食品药品的条款，再通过食品药品议案就是重复立法"会是一个很好的反对二读的理由。出乎意料的是，反对者并没有利用这个借口。

3月6日，芒茨提出二读。对于政府的公共卫生议案所造成的威胁，芒茨采用了以退为进的策略。芒茨说，他很高兴地看到公共卫生议案吸收了他提出的这个议案中的某些条款。只要政府的公共卫生议案通过，他的议案就没必要在议会中进行进一步的讨论。因此，他只是要求议会对这个议案进行形式上的二读。[1]

尤斯塔斯·塞西尔（Eustace Cecil）勋爵对芒茨的议案表示支持。不过，在他看来，芒茨提出的这个议案在性质上还是太宽大了，不够严格。[2]多米尼克·科里根（Dominic Corrigan）爵士原则上也支持芒茨的议案，但他希望重新界定掺假，"应该被界定成从所出售的物质中添加或去掉任何物质，不论这些物质是否有害"。[3]他举例说，如果一加仑牛奶里面添加一品脱水，这和添加了更有害的东西一样，都是掺假。科里根之所以强调这个问题，是因为他曾经是调查爱尔兰精神病院的一个专员，当时他发现监护人承包的脱脂牛奶有问题，奶油被无良商人抽走了。精神患者喝的牛奶缺

---

[1] *Hansard's Parliamentary Debates*（1872），p. 1507.

[2] *Hansard's Parliamentary Debates*（1872），pp. 1507–1508.

[3] *Hansard's Parliamentary Debates*（1872），p. 1508.

乏营养，导致了他们的健康恶化。①

总体来说，下院发言的议员没有反对议案的，都是要求加强它的效力，所以议案顺利通过了二读。为了避免议案再次流产，改革派成功说服政府删除了公共卫生议案中涉及掺假的条款。7月9日，议案再次交给下院委员会。辩论至中途，一个反对者再次提出议会程序问题，试图拖延时间。议案支持者与反对者针锋相对，采取了疲劳战术来应对。支持议案的议员在11日晚上集会通宵达旦进行讨论，让反对者疲惫不堪。12日凌晨两点半，议案连同提出的修正案通过了委员会。7月22日晚上，议会对议案进行了三读，23日凌晨1点50分下院通过了议案。②

就在下院通过议案的同一天，索尔兹伯里勋爵在上院提出了这个议案。这个议案在上院的命运比在下院的顺利多了。7月26日，议案通过了二读；7月29日，委员会通过了该议案；8月1日，上院对议案进行了三读后通过了该议案。8月10日，维多利亚女王批准了这个议案，1872年防止食品药品掺假议案正式成为法律。③

（三）1872年法的基本内容

《1872年食品、饮料和药品修正案法》与《1860年防止食品掺假法》相比，虽然有很多相似之处，但其进步性是很明显的。首先，它把《1868年制药法》的内容囊括在本法之内，成为英国历史上第一部综合性的食品药品法，体现了近代以来在食品药品掺假领域的一个立法趋势：食品、饮料和药品的管理可以放在一部单一的法律中。

其次，1872年法规定，商人在出售无害的混合物时，如果明确告诉消费者其产品不是混合的，结果却发现是混合的，其行为就构成了违法。对这种行为的惩罚力度，包括对故意出售有害掺假的处罚力度，与《1860年防止食品掺假法》相比，都加强了很多。④ 对添加有毒物质的处罚是：对初犯处以不超过50英镑的罚款；对再犯是判处6个月的监禁苦役。对于意图以欺骗方式增加商品的重量或体积且不告诉买方的，可处以不超过20英镑

---

① *Hansard's Parliamentary Debates* (1872)，p. 1508.

② John Alfred Langford, *Modern Birmingham and Its Institutions：A Chronicle of Local Events, From 1841 to 1871*，Volume 2，p. 463.

③ John Alfred Langford, *Modern Birmingham and Its Institutions：A Chronicle of Local Events, From 1841 to 1871*，Volume 2，pp. 463 – 464.

④ Ingeborg Paulus, *British Food and Drug Legislation：A Case Study in the Sociology of Law*，p. 138.

的罚款；再犯将由法官公布他的名字。①

再次，1872 年法进一步明确了执法者的责任，扩大了任命公共分析师的范围。只要是拥有独立警察机构的自治城市，都可以任命公共分析师。为了保障公共分析师的工作，地方政府也可以任命检查员购买样本，并交给公共分析师分析检测。公共分析师必须提供年度分析报告。地方政府要强制"负责公害、度量衡和市场的检查员""采购并提交涉嫌掺假的物品，并根据分析证明书提出起诉"。②

更重要的是，根据《1871 年地方政府事务部法》，地方政府事务部有权约束地方政府。也就是说，只要地方政府事务部要求地方政府任命检查员和公共分析师，地方政府就必须服从这个命令。从这个意义上来说，1872 年法具有了强制性，地方政府事务部作为中央政府机构可以命令地方政府加强对食品药品掺假的打击力度。

1872 年法的一个主要的弊端是对掺假的定义。该法规定：任何食品、饮料或任何药品如果混合了任何其他物质，目的是不诚实地增加重量或体积，发货前不把这种混合通知任何购买者的，都构成了掺假。这个定义忽略了对重量和体积没有明显影响的加色剂或调味剂，而一些加色剂、防腐剂和调味剂的毒性很大。③ 随着工业化的进行和科技的发展，加色剂、调味剂和防腐剂的问题会越来越突出。

该法第二个重要的问题是，对犯罪意图问题的规定不严谨。从表面上看，1872 年法和《1860 年防止食品掺假法》的规定相似，但实际上可以有不同的解释，这为后来法官对其做出有利于消费者的司法解释提供了机会。

该法的第三个问题是执法主体不明确。1872 年法允许任命检查员购买样本以供检测是否掺假，这样就增加了任命公共分析师的机会，但是该法对于谁或者具备什么样的资格的人可以担任公共分析师没有明确的规定。卫生医疗官立即看到了机会，试图夺取执行该法的权力。1872 年法通过之后，都市卫生医疗官协会举行了多次会议，宣称只有他们才有资格充任公共分析师，并为该法的有效运作提出了一些建议。比如，提议在大伦敦建立两个实验室；在卫生医疗官的监督下，公共分析师建立标准的分析程序，避免出现相互矛盾的分析。这些提议遭到了那些并非为卫生医疗官的公共

① "The Adulteration Act", *The British Medical Journal*, Aug. 17, 1872, Vol. 2, No. 607.

② "The Adulteration Act", *The British Medical Journal*, Aug. 17, 1872, Vol. 2, No. 607, p. 201.

③ John Postgate, *Lethal Lozenges and Tainted Tea: A Biography of John Postgate* (1820 – 1881), p. 55.

分析师的强烈反对。反对者以哈塞尔为代表。哈塞尔的观点是有资格的化学家不愿意附属于卫生医疗官，他提出的解决方法是卫生医疗官在执法的过程中只能起辅助作用，他们长期的工作实践能帮助具有化学技能的分析师。[①]

虽然哈塞尔等人反对由卫生医疗官充当公共分析师，但是由于卫生医疗官一般在当地的声望都比较高，很多地方政府都任命卫生医疗官为公共分析师，即使许多卫生医疗官并不能胜任化学分析工作。那些没有担任卫生医疗官的公共分析师经常被地方政府晾在一边，未能获得任命。这个因素加上其他原因，导致了这一时期医学专业和化学专业之间的不和。这两个团体曾经为获得一部防止食品药品掺假的法律长期共同奋斗，但是在用什么样的方法完成他们的共同目标方面却严重分裂了。

最后一个影响该法执行的问题是公共分析师的工资问题。《1872年食品、饮料和药品修正案法》本身没有提及公共分析师的报酬来源，议会在辩论这个议案的时候也没有关注这个问题。所以该法生效后，由于是由地方政府负责执行，卫生医疗官提出地方政府有3个选择：根据当地生活水平给公共分析师支付合理的工资，而且针对消费者送来的样本，公共分析师在分析检测时可以收取一定的费用但费用要上交政府；既允许给公共分析师支付工资，又允许收取的检测费用归公共分析师所有；不给公共分析师发工资，但允许他们收取检测费用。卫生医疗官的建议看似考虑了各个地方的实际情况，但没有想到不同的薪酬支付方式对于该法执行的效果影响却非常大。

（四）1872年法顺利通过的原因

《1872年反食品药品掺假法》[②] 的通过与《1860年防止食品掺假法》的通过相比，顺利了许多。之所以如此，有如下原因：

第一，选举权的扩大。1867年英国议会第二次改革之后，选民的人数进一步增加，中产阶级中的下层也获得了选举权，他们对议会的影响越来越大，议员也开始更多地注意中产阶级的呼声。19世纪50年代以来，反食品药品掺假的中坚力量就是中产阶级，他们当中的许多人还是这场运动的发起者和领导者。为了防止食品药品掺假，推动政府保障食品药品的纯净，

[①] Ingeborg Paulus, *British Food and Drug Legislation: A Case Study in the Sociology of Law*, pp. 138 - 139.

[②] 该法的正式名称为《1872年食品、饮料和药品修正案法》（*The Food, Drink and Drug Amendment Bill of 1872*）。

一些改革者不断为之奔走，像《柳叶刀》的创办人托马斯·威克利、亚瑟·哈塞尔博士和波斯特盖特医生都在为食品药品的纯净而斗争。

在经历了最初的个人奋战之后，一些反食品药品掺假的改革者联合起来，建立了反掺假协会，他们团结了一批志同道合者，为实现食品药品的纯净一起开展行动。该协会的成员主要来自中产阶级，协会在利物浦、伯明翰和爱尔兰等地都设有分支，同时出版刊物《反掺假评论》。为了对议会施压，波斯特盖特不断举行群众集会，反掺假协会挨家挨户进行游说，获得了大批民众的签名支持。1872 年初，反掺假协会将签名交给了议会，督促议会通过一部新的反食品药品掺假法。

另外一个中产阶级团体，对知识界影响颇大的全国社会科学促进协会也发挥了重要作用。《1868 年制药法》通过之后，全国社会科学促进协会再次对食品药品掺假产生了兴趣，经常召开会议讨论这个问题。全国社会科学促进协会的成员囊括了当时英国大批专业技术人员，他们公开的讨论和随后通过的决议明显使议会感受到了他们的影响力。①

在新的选举形势下，反食品药品掺假的改革活动对议员个人前途的影响自然不容小觑，一些议员再也不能像以前那样可以无视这部分民众的诉求了。这无疑为 1872 年法的通过提供了更多的支持。

第二，改革者千方百计地推动。食品药品掺假涉及巨大的商业利益，任何试图反对掺假的行动都会遭到商业利益集团的拼命反对，而大多数议员都与商业利益集团有着千丝万缕的联系，自然很难指望议会主动通过防止掺假的法律，改革者的主动出击成为必然的选择。在这方面，波斯特盖特和下院的芒茨、尤斯塔斯·塞西尔等支持反掺假的议员都为 1872 年法的通过做出了重要的贡献。

波斯特盖特自从 19 世纪 50 年代投入反食品药品掺假的改革运动中以来，对这个事业一直全身心地投入，从未懈怠，为此甚至影响了家庭的幸福和子女的教育。1872 年反食品药品掺假的议案在下院提出之前，波斯特盖特又开始为它的通过造势：他一方面组织集会，动员媒体进行广泛的报道宣传，另一方面不断拜访可能支持反掺假的国会议员，介绍食品药品掺假的严重性，请他们支持芒茨的议案。②

---

① Ingeborg Paulus, *British Food and Drug Legislation: A Case Study in the Sociology of Law*, p. 130, p. 134.

② John Postgate, *Lethal Lozenges and Tainted Tea: A Biography of John Postgate* (1820 - 1881), pp. 53 - 55.

议员芒茨虽然是反食品药品掺假改革运动的后来者，但他像此前支持1860 年法的议员舍勒菲尔德一样热情，而且更熟悉议会的程序和各种陷阱。在芒茨的带领下，有效避开了一些议员的反对。另外一位议员尤斯塔斯·塞西尔对议案的通过也发挥了重要作用。早在 1870 年 4 月，波斯特盖特已经认识了塞西尔，当时他们两人进行了短暂的交谈，波斯特盖特请塞西尔积极支持芒茨的议案。塞西尔认为，只靠单个的议员，很难使下院通过反食品药品掺假议案，若有政府的帮助，议案成为法律的机会就大为增加。所以他积极与内阁联系，要求政府对食品药品掺假采取积极的措施。此外，议案能迅速通过上院也得益于塞西尔的积极奔走。上院议员索尔兹伯里侯爵是塞西尔的哥哥，塞西尔积极联系索尔兹伯里，请他支持这个议案，并在委员会阶段对它进行修正，提高违法者的成本，加强执行和惩罚的力度。[1] 反掺假协会的书记佩恩（T. Payne）先生对此曾评论说："下院的尤斯塔斯·塞西尔勋爵和上院的索尔兹伯里侯爵对最初提出的法案作了许多改进，我们都要感谢他们。"[2]

为了使议案能够通过议会，改革者经过协商，采取了疲劳作战的策略。芒茨深谙议员的心理，为了减少不必要的反对票，他与支持议案的其他议员采取了疲劳战术，通常在晚上提出讨论反食品药品掺假议案。由于此前他们在议会对这个议案没有进行大张旗鼓的宣传，所以反对者放松了警惕。加上经过几个小时的讨论之后，有些对议案并不是特别反感的议员可能会提前离开议会，而支持议案的议员则坚持到底，不惜彻夜不眠，这样在凌晨进行表决之时，支持议案的议员就比较容易争取到多数票。议案在下院进行辩论和表决的几个关键时刻，芒茨等人都采用了这个策略。因此，这个议案通过的速度以及基本没有引起太多争论的状况，使 1860 年反掺假法的支持者维利尔斯（Villiers）议员都评论说，该法的通过像是一个意外。他们当时都没有意识到，这个意外对商业、公共分析师、消费者和未来的法律都有深远的影响。

第三，《1872 年防止食品药品掺假议案》在表面上和 1860 年法的规定大同小异，减轻了商业界对政府可能管理"混合物"的恐惧，导致他们没有对该议案予以重视。《1872 年反食品药品掺假法》除了增加了关于药品的规定之外，从表面上看，它和《1860 年防止食品掺假法》没有什么大的

---

① John Alfred Langford, *Modern Birmingham and Its Institutions*: *A Chronicle of Local Events*, *From* 1841 *to* 1871, Volume 2, p. 464.

② "The Adulteration Act", *The British Medical Journal*, Aug. 17, 1872, Vol. 2, No. 607.

不同：1872 年法最重要的第二款和 1860 年法的第一款所表述的意思基本一样；① 两者的差异之处是对违法者的惩罚程度有所不同，1872 年法的罚款大大增加，而且区分了有害掺假和欺诈掺假。

防止食品药品掺假议案在二读的时候，芒茨明确说，人们已经开始意识到这个事实，该法不是干预商业习惯的，仅仅是为了阻止有害的混合物。他举例说："如果选择咖啡里混合豆类，或牛奶里添加水，根据该法没有人会说什么；但如果面包师在面包里添加砖粉、熟石膏或任何有毒的东西，那么该议案的条款就会使他遭到严厉惩罚。"② 芒茨的这种说法明显减少了一些议员对这个议案的反对，使一些顽固的反对者降低了警惕性，为议案的通过创造了有利的环境。③

当防止食品药品掺假议案在议会中被讨论的时候，其他一些重要议案也正在议会作为议题引起了激烈的辩论。与食品药品议案密切相关的是烈酒许可证议案和公共卫生议案，这两个议案涉及的利益集团和食品药品议案涉及的利益集团有重合之处。反对食品药品议案的议员受到芒茨的影响，觉得从 1872 年法的表述上来看，它和老法一样无效，犯罪意图还是要由原告来证明。④ 因此，他们没有太重视食品药品议案，而是把更多的精力放在了烈酒许可证议案和公共卫生议案上面了。当食品药品议案生效并产生了重大影响之后，他们才意识到自己犯了一个多大的错误。

商业集团的一名重要的坚定的支持者霍尔本（R. M. Holborn）在 1875 年 7 月回忆说，当这个议案通过时，他们一直都处于混乱状态，谁都不知道发生了什么，也不知道这个议案意味着什么。⑤ 议会的辩论记录也证明了这一点，关于 1872 年食品药品议案的记载不足一页，没有议员发言反对这

---

① 两者的表述甚至都是很相似的，比如两个法令的核心部分，1860 年法是这样的：Every person who shall sell any article of food or drink with which to the knowledge of such person any ingredient or material injurious to the health of persons eating or drinking such article has been mixed, and every person who shall sell as pure or unadulterated any article of food or drink which is adulterated and not pure, shall…

1872 年法的表述：Every person who shall sell any article of food or drink with which to the knowledge of such person any ingredient or material injurious to the health of persons eating or drinking such article has been mixed, and every person who shall sell as unadulterated any article of food or drink or any drug which is adulterated, shall…可以看出来，1872 年法添加了药品、删除了"纯净"这个词，其他表述和 1860 年法是一样的。

② *Hansard's Parliamentary Debates*（1872），p. 1507.

③ "Adulteration under the New Act", *The British Medical Journal*, Oct. 5, 1872, Vol. 2, No. 614.

④ 至于后来在实践中，王座法庭的法官判定不需要证明卖方的犯罪意图，那完全是法官重新解读的结果，而且基本上可以断定是法官故意曲解原文的结果。

⑤ *Chemist and Druggist*, July 15, 1875, p. 240.

个议案，发言的议员都认为这个议案是不够严厉的。

第四，此前对食品药品议案很冷漠的政府这时也开始公开表态支持这个议案的通过。从 1850 年《柳叶刀》开始揭露食品药品掺假以来，虽然舆论汹汹，但内阁政府很少对此予以正式的支持，《1860 年防止食品掺假法》的通过很难找到政府支持的影子。一直到 1871 年 7 月，《食品杂志》还发表文章说，直到此时，"政府可能还没有认识到，为了保护女王陛下的臣民的健康，通过一些适当的措施并不损害它的立法尊严"。①

对当时的几届政府来说，无论是自由党还是保守党，虽然不断有一些议员试图说服他们支持一个有效的防止食品药品掺假的法律，但是政府认为食品药品掺假问题还没有重要到使其发动整个政府机构、运用一切策略通过一部法律的地步，这个问题没有直接挑战国家的利益，而且也没有威胁到社会的日常生活，没有威胁到社会的稳定，加上商业利益集团强大的反对声音——他们的代表不时提醒政府不要介入食品药品的生产和销售，政府就觉得在这个问题上拖延是最方便的对策。此外，通过新的法律意味着政府责任的增加，进而带来的可能是新的政府机构的设立和政府人员的增加，接着可能是政府开支的增加，意味着政府财政平衡被打破，为此而导致的税收的增加必然得罪一部分选民。这些因素加在一起就促使政府选择了不作为。政府的不作为虽然可能带来一定程度上的舆论抨击，但不作为意味着一个问题可以被推迟，也避免了承担疏远重要的支持者或被直接击败的风险。所以一直到 19 世纪 70 年代，政府在面对舆论的压力时总是求助于经过多次实践检验的对舆论要求熟视无睹的战术，或把他们从一个办公室踢到另一个办公室。没有政府的支持，议员个人的议案在议会中通过的机会微乎其微。

19 世纪 70 年代初，反食品药品掺假的力量逐渐增大，强大的联合起来的坚定的选民已经赢得了足够多的有影响的议员的支持，他们对政府的推诿不再沉默。这些选民知道，他们的要求最终会被政府听到。就在 1871 年，内阁政府的一些重要成员和食品药品掺假立法的民间支持者开始对负责这方面立法的政府官员施压，要求审查过去的立法是否起到了防止掺假的作用。对政府有重要影响的一些名人，包括德比勋爵和迪斯雷利先生，都做了公开演说以支持公共卫生立法。政府被迫改变态度。首先在 1871 年，内阁在议会中提出了地方政府事务部法并顺利通过，这为在地方上任

---

① Ingeborg Paulus, *British Food and Drug Legislation: A Case Study in the Sociology of Law*, p. 135.

命卫生检查员和公共分析师提供了可能。接着在 1872 年，政府提出了 1872 年公共卫生议案，其中包含了一些食品药品方面的规定。后来为了配合芒茨所提的食品药品议案的通过，政府又在他们的公共卫生议案中删除了涉及食品药品管理的部分。可以说，政府的支持对议案的通过起了催化剂的作用。

二、民间和法官对 1872 年法的解读

（一）民间对 1872 年法的解读

总体来讲，1872 年法和 1860 年的防止食品掺假法有许多相似之处。在一般民众看来，1872 年法和 1860 年法没有太大的区别，这导致了民间人士大多都没有认识到 1872 年法可能带来的变化。

代表食品商利益的《食品杂货商》向它的读者保证，1872 年法更多的是让人讨厌而非让人害怕，只要商人遵守规定，新法对他们没有威胁。《化学家和药剂师》也完全误解了形势，它把这个议案看作外行立法的一部分，调侃说"1872 年法只会让《法令全书》变厚，它的运转不会有实际的好处，惹恼可能违法也可能没有违法的半打人之后，就会被人遗忘，逐渐消失"。[1]

大多数改革支持者对 1872 年法也不看好，他们的批评都围绕着犯罪意图这个条款和地方政府不愿意遵守该法上面。《柳叶刀》预言，从对该法的解释中"会产生很多不确定的东西和很多愚蠢的东西"。[2] 当其他人都还没有意识到该法可能会产生多么严厉的效果时，只有《食品杂志》好像模模糊糊地感觉到新法已经完成了它的目标，认为至少立法机关已经试图对混合物立法了。[3]

面对 1872 年法在"犯罪意图"方面的这个重要的缺陷，改革者明白，短期内要求议会修正 1872 年法，删掉关于犯罪意图的规定是不现实的。此时，社会上许多有影响的著名人士已经接受了过错推定责任原则这样的司法观念，包括一些政府官员也认可了这种思想。改革者意识到，影响为数不多的独立且中立的法官比影响易受党派和选民影响的议会成员来说容易

---

① *Chemist and Druggist*, March 15, 1872, pp. 86 – 87.

② *The Lancet*, September 28, 1872, p. 472.

③ *Food Journal*, September, 1872, pp. 281 – 282.

多了①。法官并非不食人间烟火，他们也有他们的交往圈。法官的一些朋友可能已经受到新观念的影响，这些朋友和法官的交流无形中能影响法官的意见。另外，这些法官也是看报纸的，他们时常翻阅当时的主要报纸，比如《泰晤士报》之类的著名报纸，报纸的内容也能对法官产生影响。《泰晤士报》在19世纪中后期的改革活动中一直是积极支持进步力量的，该报发表的关于民事侵权方面的文章自然倾向过错推定责任原则。

改革者意识到了这一点之后，开始刻意通过各种途径影响法官。一些公共协会的成员，尤其是社科协会的一些成员，对改革者提出来的新观点都很熟悉，支持改革者的诉求。在1872年法通过之前，这些协会的成员和一些法官经常有私下的交流。1872年法通过之后，改革者更加积极游说这些成员，希望他们能影响法官的思想，尤其是王座法庭法官的思想。

虽然没有直接证据证明法官们是否受到了改革者所采取的游说策略的影响，但王座法庭的法官在一些案件中所作出的重要的司法解释确实支持了改革者的要求，确立了过错推定责任原则。

（二）法官对1872年法的解读

1872年法生效之后，根据该法立即引出了一些案件，其中一些案件的判决让商业界大为震动。

法院根据1872年法所判决的第一个案件是一个茶叶商被起诉在茶叶中掺假，法官判定这个商人违法，罚款10英镑，同时停业整顿三天；处理掉违法的茶叶之后，商人可以以合理的、更高的价格出售剩下的好茶叶。结果这个被起诉的商人重新开业之后，他的生意没有受什么影响。《柳叶刀》在1872年10月、《反掺假评论》在1873年4月都发表文章提到了这个案子，② 这是根据新法所做的第一个成功的起诉。随后又有许多茶叶商被起诉，茶叶的质量有了改观。

---

① 对议员个人来说，虽然他们对经济、政治、社会以及其他事情都有自己的观点和看法，但更多的是要遵从或必须遵从最有势力的选民的要求。在选举权还远未普及的19世纪70年代，议员为了连任，最容易受到那些有钱有势的选民的影响。这些有势力的选民通过各种途径能让议会知道他们的愿望。在议会，当一个集团的利益受到攻击时，它都要全力逼迫其他集团在对其利益构成损害的议案上达成妥协。有强大影响的集团能明确有力地阻止某些议员提出的损害他们利益的议案，能通过增进他们利益的立法。当然，一般情况下，任何集团都不可能强大到为所欲为的程度，需要通过与其他集团的合作才能推进他们的利益。利益集团之间的合作必然需要参与方相互之间的妥协。这些妥协表现在立法上，就是法律本文表述的模棱性，这就为不同的解释提供了机会。这些模糊性的文字到底代表了什么意思，最终需要法院的司法解释来决定。法庭对议会所通过的法律的解释，未必代表了议会立法的本意，但议会若想推翻法院的解释，也不是一件容易的事。

② *The Anti - Adulteration Review*, April, 1873, pp. 10 - 11.

上述根据 1872 年法对茶叶商的判决基本在《1860 年防止食品掺假法》的框架之内，即如果根据 1860 年法进行判决，除了罚款数量略微有差异之外，也不会有太大的差别，这个判决在商人及消费者的预料当中。所以此时的很多法官都没有突破 1860 年法的限度，仍然按照此前的思维判案。1873 年克勒肯维尔的两个案件就证明了这一点。由于控方不能证明犯罪意图，当地的治安法官根据 1872 年法的第三部分，驳回了两个关于掺假牛奶案件的传唤。① 真正重新解释 1872 年法并引起社会轰动的是法官对下面这两个案件的判决，这两次判决不仅影响了商业界和消费者，也影响了民众对 1872 年法的看法，影响了英国的食品药品管理的法治进程。

1. 关于菲茨帕特里克诉凯利案（Fitzpatrick V. Kelly）的审判

利物浦的一个黄油商凯利被检查员指控他出售的黄油里掺有不相干的脂肪，所以被传唤到治安法官面前接受审判。起诉是根据 1872 年法第二款和第三款进行的，但治安法官驳回了起诉，理由是：其一，该产品（黄油）在出售时没有声称未掺假；其二，根据 1872 年法第三款，要证明犯罪意图，即黄油商知道黄油掺假了。这个案子被检查员的上司菲茨帕特里克上诉到了王座法庭，称为"菲茨帕特里克诉凯利案"。上诉人希望上诉法庭澄清两个法律问题：其一，上诉人菲茨帕特里克是否必须证明黄油商出售黄油时声称他的黄油没有掺假；其二，上诉人是否必须证明卖主知道黄油掺假了。②

曾经在 1866 年的一个案件中就支持严格责任的王座法庭的法官布莱克本（Blackburn）认为，治安法官在这两点上都错了，因为虽然 1872 年法第二款第一部分确实要求证明犯罪意图，但第二款第二部分没有要求证明犯罪意图。1872 年法第二款第一部分规定，对任何在其出售的食品或饮料中故意添加有毒或有害成分者罚款 50 英镑；该款第二部分规定，任何把掺假的食品或饮料当作未掺假的出售者应罚款不超过 20 英镑；第三部分规定，任何食品、饮料或药品如果混合了任何其他物质，目的是不诚实地增加其重量或体积，发货前不把这种混合通知任何购买者的，都构成了掺假。布莱克本对此详细解释说，纵观这部法律的全部内容可以推断出，该款第一部分要求控方证明卖方知道他出售的食品或饮料是掺假的以致对健康有害，不论他出售食品或饮料时是否宣称没有掺假；而第二款却没有明确要求控

---

① "The Adulteration of Food Act in Islington", *The British Medical Journal*, May 10, 1873, Vol. 1, No. 645, p. 540.

② Ingeborg Paulus, *The Search for Pure Food*, *A Sociology of Legislation in Britain*, p. 32.

方必须证明卖方知道掺假，只是说卖方把掺假的当未掺假的出售就可以罚款，这说明不需要控方证明商人出售食品或饮料时明确宣称其商品是未掺假的，只要证明他出售的方式导致顾客认为这是未掺假的就可以了，比如他把像黄油的东西当作黄油出售。①

所以布莱克本法官说，把掺假的当未掺假的出售不需要证明"卖方知道掺假"就可以对其进行惩罚。布莱克本法官的逻辑是这样的：如果一个商人想避开被起诉和被惩罚的风险，他不需要费什么麻烦就能确定他出售的产品是否掺假了；或者，如果商人愿意，他可以宣布他不出售未掺假商品，在这种情况下除非他知道他出售的掺假品对健康是有害的，否则他也不违法。在布莱克本看来，治安法官拒绝定罪的第二个理由好像是来自一个错误的观念：为了根据第二款第二部分定罪，必须根据第二款第三部分证明卖方知道商品掺假了，掺假的目的是欺诈性地增加体积或重量，但很明显不是这样，治安法官理解错了。布莱克本承认，第二款第三部分虽然难理解，但很明显它的意思不是在制定了第二部分后再制定第三部分来放宽该法以支持卖方，而是为了增加另一类被看作掺假的行为，即添加一些外来物质以增加体积或重量，所以卖方有时候虽然没有添加实际的物质，但客观上起到了增加体积或重量的作用的也是掺假。因此，如果一个人欺诈性地膨胀食品以包含更多的空气或泡沫，那么这种行为就由这部分法律来管辖。简单地说，布莱克本法官认为第二部分和第三部分是并列关系而非从属关系。最后，布莱克本法官总结说，无论第二部分和第三部分是什么意思，它都是打算增加而不是减少卖方的责任的。

总的来讲，治安法官的意见是，除非出售掺假产品的人在出售时明确说明"这是没有掺假的"，而且也必须证明他知道这个产品已经混合了其他物质以增加重量或体积，否则他不能定罪；而布莱克本法官从 1872 年法中得出的结论是：不需要证明卖方出售食品或饮料时明确宣称是未掺假的，只要证明他出售的方式导致顾客认为这是未掺假的就可以了。

王座法庭的另外两位法官奎恩（Quain）和阿奇博尔德（Archibald）基本同意布莱克本的意见。阿奇博尔德认为，治安法官在这两方面都错了，理由是如果治安法官的解释成立，那么这个有价值且有用的法律就无效

---

① Ingeborg Paulus, *British Food and Drug Legislation: A Case Study in the Sociology of Law*, Ph. D. dissertation, 1973, pp. 140 – 141.

了。① 王座法庭最后的审判结果是把案件发回治安法官处重审。这个案件成为对1872年法进一步解释的重要判决，强化了该法的效力，弥补了它原先的缺陷。

王座法庭在菲茨帕特里克诉凯利案中对犯罪意图的解释也进一步推动了民事案件中的过错推定责任原则，即在一些民事行为中不必由控方证明被告的故意，如果被告不能证明自己无过错，那么被告就要承担一定的责任，甚至是刑事责任。早在1866年，法官布莱克本在一个案件中判定，在那些很难找到责任人的社会有害行为的案件中，责任的推定必须在某个人身上。就当时他所判的案件而言，责任必须在房地产的所有人身上，不论在他的房地产上发生了什么事，他在法律上都负有责任，即使受害者不能证明房产主人在道德上也为这些行为负责，除非房地产的主人证明自己完全没有责任。

王座法庭对菲茨帕特里克诉凯利案的判决是1866年的案件判决的进一步发展和强化，把民事行为的一些违法行为逐渐刑事化。到19世纪70年代，这种推理逐渐成为法官思想观念的一部分。顾客负责（过错责任原则）的格言逐渐被抛弃，人们开始认为商人应该对他们所出售的东西负责，商人经营某种生意就可被解释作包含了一种特定的责任，即应该知道商人出售的商品的构成和性质。所以，商人在其经营范围内应该了解他们所出售的物品的情况，要为他们生意的所有问题负责。以前商人都在为他们的掺假行为寻求逃避道德责任，以此逃脱法律的惩罚，② 现在法官则判定他们要为和掺假相关的具体行为负责，不论他们实际上是否违反了道德。所以说，这个案子的判决，就把药品领域的过错推定责任原则延伸到了食品销售领域，等于在食品药品掺假领域完全确立了过错推定责任原则。此后，过错推定责任原则开始成为一个起点，随着社会的发展，为了保护弱势群体的利益，改革者将推动这个原则的进一步发展，确立更新的原则，即无过错

---

① 阿奇博尔德法官的这个理由是基于议会的立法意图来说的。现在有学者认为，立法意图是一个很难说清的东西；对议会来说，是否存在立法意图都有很大的疑问。

② 近代以来，在民事侵权行为的诉讼中，被告的责任一般限于一个理性人所能预见的后果。因此，任何人不应受到惩罚或进行损害赔偿，除非他做的事或遗漏的事表明这个人应受惩罚。然而，到19世纪晚期，在像家庭及亲属关系、雇主和雇员关系，运输、车辆和公路法，环保和污染、保险和税收管理，烟草、药品、酒、食品和乳制品业中，道德应受指责的证据不再被认为是确立刑事责任中必不可少的。与犯罪意图相关的"道德含义"被换成道德色彩稍淡的"有意做法律禁止的行为"。禁止某些行为不是因为一种道德堕落或刑事目的，而是因为他们违反大众的利益。这些对责任的重新解释并非是历史的偶然，而是在19世纪晚期关于保护公众利益方面社会状况和信仰改变的结果。立法者逐渐相信，利用刑法程序执行新的不涉及道德过失的管理措施，比民法程序能更好地保护公众。法律功能逐渐从处罚转到威慑，通过广泛的威慑来保护公众。

责任原则。

有意思的是，菲茨帕特里克诉凯利案被王座法庭驳回重新审判时，治安法官裁定黄油商凯利无罪，因为被请来进行分析检测的分析师对于黄油是否真正掺假了意见不一，没有确切的证据，结果疑罪从无。虽然凯利无罪，菲茨帕特里克诉凯利案还是在商业界引起了震动，他们对该案的判决进行了激烈的批评。《食品杂货商》1873 年 9 月发表了一篇社论，题目就是《凯利的胜利》。王座法庭对于商业界的反对毫不动摇，坚持他们的看法，在 1874 年罗伯特诉埃杰顿案（Roberts V. Egerton）中进一步确认了他们的过错推定责任原则这个司法理念。

2. 对罗伯特诉埃杰顿案的审判

伯肯黑德一个茶叶商出售的某种"茶叶"被检查员认为掺假了，公共分析师对这种茶叶进行分析后裁定，这些茶叶在制作的过程中添加了普鲁士蓝和其他物质后，构成了掺假，茶叶商因此被起诉到治安法官那里。治安法官审理后判决说，这些茶叶被普鲁士蓝和其他物质染色后看起来更绿，茶叶商把这些染过的茶叶当作"绿茶叶"出售，有罪。茶叶商不服治安法官的判决，立即上诉到王座法庭。王座法庭的法官们意见不一，但多数意见支持治安法官，维持原判。

法庭争论的焦点是，这个茶叶商是否违反了 1872 年反食品药品掺假法，即是否出售了假茶叶。首席大法官科伯恩（Cockburn）、法官布莱克本和阿奇博尔德意见基本一致：这种茶叶在商业上被称为"绿茶叶"，尽管已经使其看起来像中国的绿茶叶，但实际上不是"纯净"的绿茶叶，因此这样出售就是掺假。他们重申 1872 年反食品药品掺假法第二款第二部分的规定，不需要证明商人知道掺假；首席大法官科伯恩也特别强调说：虽然商人出售的茶叶和进口的时候一模一样，但必须推断商人知道掺假，因为他在这个行业工作，对他的生意应该有充分的了解。更重要的是，商人应该知道他们的商品的状况这个推断在菲茨帕特里克诉凯利案和另外一个案件中已经被承认。①

法官奎恩不同意他的同僚们的这种意见。他认为，这些茶叶是从中国进口的，零售商出售这些茶叶不适用于 1872 年法。奎恩不认为茶叶商把掺假的产品当作未掺假的产品出售，因为茶叶商出售的是一种众所周知的从

---

① 在罗伯特诉埃杰顿案判决之前的 1873 年 5 月，旺兹沃思的两个面包师因为他们的面包掺了明矾而被起诉掺假，结果每人被罚款 20 先令，外加 23 先令的诉讼费用。治安法官在判决时说，根据 1872 年法，他把一个面包师应该知道他的面包的成分作为初步的证据。

中国进口的商品，尽管存在一种来自日本的未染色的绿茶叶。① 也就是说，奎恩的意思是英国民众都知道那些茶叶是从中国进口的，中国的茶叶自然与其他国家的茶叶有一定的差异。这种差异是否是由掺假造成的，不在零售商的营业范围内。所以茶叶商出售中国的茶叶等于暗示了消费者：他出售的中国茶叶是和其他国家的茶叶不同的。

从本质上来说，《1860 年防止食品掺假法》和《1872 年反食品和药品掺假法》在禁止掺假食品和饮料销售的部分的表述是一样的，只不过 1872 年法添加了药品，删除了"纯净"这个词。虽然两部法律基本一样，但法官在判案时却做出了不同的解释，上述这两个案子都对 1872 年法进行了严格责任的解释。② 王座法庭的法官们之所以对 1872 年反食品药品掺假法进行严格责任的解释，一方面是因为严格责任的解释在 19 世纪 70 年代已经成为一些法官判案推理的一部分，比如在 1842 年的总检察长诉洛克伍德案和 1846 年的"R. 诉伍德罗案"中，法官已经作出了严格责任的解释。1866 年，法官布莱克本在自己主持的 R. 诉史蒂芬案的审判中也运用了严格责任的解释，在该案中他判定，社会伤害行为中没有个人补救的案件，责任的推定必须在某个人身上。需要注意的是，在"菲茨帕特里克诉凯利案"和"罗伯特诉埃杰顿案"的判决中，王座法院的法官们并没有基于"遵循先例"这样的普通法传统作出推断——这也是英国最流行的法律推理方法——尽管已经有 19 世纪 40 年代和 60 年代的先例可循，说明严格责任已经成为布莱克本等法官法律思维的一部分了。另一方面是因为法官们认为，如果这些商人明白不能从法律之网逃脱，如果他们不想被公众厌恶、不想被政府起诉，他们最终会采取措施确保他们的产品符合法律的要求，只不过要略微麻烦一点，付出一点代价，而这点麻烦和代价远远比被起诉遭到的损失要小得多。法官们知道，时间和金钱是商人最能理解的两件事，如果商人得知他们面对的是一个有效的法律，他们很快就确保不会因为违法而浪费时间和金钱。③

王座法庭对 1872 年法做出的过错推定责任原则的解释影响重大：一方面，这两次判决被媒体广为报道，以致 1875 年议会通过另外一部防止食品

---

① Ingeborg Paulus, *British Food and Drug Legislation: A Case Study in the Sociology of Law*, pp. 143 – 144.

② Ingeborg Paulus, *British Food and Drug Legislation: A Case Study in the Sociology of Law*, p. 143.

③ Ingeborg Paulus, *British Food and Drug Legislation: A Case Study in the Sociology of Law*, p. 141, p. 151.

药品掺假法时，1872 年司法解释所确立的判例为要求删除犯罪意图的议员提供了坚实的立论基础和舆论基础，促使反对的议员不得不考虑在食品药品掺假中要求犯罪意图是否合理；另一方面，过错推定原则进一步加强了英国已经出现的严格责任的法律思维。此后，越来越多的法官在界定责任时，开始把举证的重担从消费者身上转到卖方，最终也转到批发商和制造者身上。这种转变不仅发生在食品药品领域，其他许多事关民生的领域同样也发生了这种有利于弱势群体的转变：从雇员到雇主（工厂立法），从租户到出租人（公共卫生和卫生设备），从旅客到运输者（旅客法），从地方政府到中央政府（地方政府法），等等。19 世纪中后期，随着工业革命的继续进行，大公司和大企业的发展势头迅猛，个人在面对这些"巨无霸"时完全没有自我保护的能力。法律中的严格责任原则使个人在对抗大公司、大企业的过程中有了更好的法律依据，使民众个体的利益得到了更好的保护，有力地缓和了工业革命以来英国社会出现的各种矛盾。

第三节　《1875 年食品和药品销售法》

王座法庭对几个食品掺假案件的判决在社会上引起了极大的震动。这些判决对改革者来说像 1872 年法一样，自然是一个意外收获。不过他们并不满足于改革就到此为止，深谙食品药品法缺陷的改革者受到判决的鼓舞后再接再厉，继续为完善食品药品法而宣传。对一些商人来说，他们认为法院的判决妨碍了商业的正常进程，他们成了这个判决的受害者。商人利益集团不断给议会施加压力，要求议会通过新的法律保护他们的利益。议会再次成立专门的委员会调查 1872 年法的运行情况，随后通过了《1875 年食品和药品销售法》，英国现代食品药品法的体系就此形成。

一、对 1872 年法执行状况的不同反应

（一）1872 年法的执行状况

1872 年法生效之后，大多数地方政府的执法积极性普遍不高。提交给林肯郡林齐地区的季度法庭报告指出，围绕 1872 年反食品和药品掺假法所做的工作非常少，主要是因为样本采集后，分析师出具证明书通常需要两

三个月的时间。地方政府认为在获得样本两三个月后才提起诉讼是不可行的。[①] 王座法庭法官们对 1872 年法第二款的司法解释虽然对英国的未来影响深远，有利于改变一些商人的投机心理，为进一步控制食品药品掺假提供了法律基础，但该法在其他方面的缺陷还是很明显，这些缺陷导致了执行方面的杂乱无章。

第一，该法还是由地方政府来执行，而对地方政府是否执行仍然没有强制性。在改革者看来，1860 年通过的防止食品掺假法之所以在许多地区形同具文，就是因为没有要求各地必须任命分析食品掺假的公共分析师。为了弥补这个漏洞，改革派希望在新的法案中能够加入这个规定，但是芒茨为了安抚反对派，这个希望也没有实现，1872 年法仍然由地方政府执行。由于地方政府的官员多由当地的商人构成，这些商人不想令他们的同行对其不满，所以其执法的积极性自然不高。

内阁政府态度的转变以及地方政府事务部的设立令改革派又看到了希望。他们希望地方政府事务部能够督促地方政府积极执法，改变此前的消极心态，提高执法效率。令改革派失望的是，虽然地方政府事务部可以强制地方政府执行 1872 年法，但在该法生效的最初一段时间里，地方政府事务部对它的执行非常谨慎。由于地方政府事务部收到了从事进口商品的零售商提交的大量的备忘录，抱怨 1872 年法给他们带来的困难，加上委员会估计下院下一届会议将任命一个特别委员会调查该法的实施情况，因此暂时推迟了有关任命分析师的任何强制行动。[②] 1872 年法能否得到有效实施的关键是公共分析师的任命，但是到了 1874 年 7 月，英国 171 个市镇和 54 个郡中只有 26 个市镇和 34 个郡任命了公共分析师。[③] 到 1875 年春，有 60 个地方任命了公共分析师，公共分析师任职时间最长的为 32 个月，最短的仅为几个月，平均任职时间为 18 个月。[④] 此外，即使任命了公共分析师，地方政府还有两个方法避免执行 1872 年法：其一，他们能阻止检查员购买样本；其二，他们可以根据分析师的证明书拒绝起诉，因为分析师的证明书是起诉的基础，他们完全可以在起诉书中找出不适合起诉的理由。

---

① "The Adulteration Act", *The British Medical Journal*, Apr. 25, 1874, Vol. 1, No. 695.

② "Report of the Local Government Board", *The British Medical Journal*, Sep. 26, 1874, Vol. 2, No. 717.

③ *Report from the Select Committee on Adulteration of Food Act* (1872); *Together with the Proceedings of the Committee, Minutes of Evidence, Appendix and Index* (23 July 1874), p. iii.

④ Ingeborg Paulus, *British Food and Drug Legislation: A Case Study in the Sociology of Law*, p. 188.

第二，在司法方面，一些法庭允许私人起诉，一些不允许。一些治安法官对该法也很抵触，他们经常站在商人一边，像被告的辩护律师一样祖护商人，所以最终被定罪的掺假商人数量也非常少。比如，1874年，一家杂货店的老板托马斯·皮特（Thomas Peat）因出售掺假可可被起诉到泰晤士河治安法庭。该地区的公共分析师罗杰斯（Rogers）博士发现这些样本由可可、淀粉和糖组成。法官拉兴顿（Lushington）先生说，这种混合物对健康无害，而且可可与糖和淀粉混合后，对某些人来说会比不混合时更有益健康。他认为在这种情况下不存在欺诈或损害健康的因素，可可与其他成分混合而非在纯净状态下出售更适合普通消费者。因此，法官驳回了起诉。①

根据一些公共分析师的说法，从1872年末到1874年中期，根据1872年法只有276件被定罪。这些被定罪的案件许多是因为牛奶掺假，罚款金额非常低，平均不到2英镑。② 根据另一个公共分析师的说法，从1873年秋到1875年春，在16个月的时间内，60个地区共分析了14383件样本，其中有3774件是掺假的，掺假率约为26%，这其中又有约三分之一是牛奶的掺假。③

第三，由于1872年法没有规定执行标准，导致各地公共分析师在执法时的执行标准不统一。一些分析师认为，对于第一次掺假的商人，就只给他一个警告，如果发现商人再次掺假，他们才请求地方政府起诉；另一些分析师则认为，不论是初犯还是再犯，发现掺假就起诉。此外，由于1872年法没有规定如何任命公共分析师以及公共分析师应该具有什么样的资格限制，所以一些地方政府任命当地卫生医疗官为公共分析师，这些卫生医疗官虽然通常在医学方面是合格的，但不是合格的化学家。公共分析师之间的认知和技术水平差距较大，④ 在证据的认定方面，分析师内部经常意见相左，导致政府对掺假的起诉败多胜少，有时令真正的掺假者逍遥法外，

---

① "Adulteration of Food Act: Prosecutions", *The British Medical Journal*, May 9, 1874 Vol. 1, No. 697.

② *Report from the Select Committee on Adulteration of Food Act* (1872); *Together with the Proceedings of the Committee*, *Minutes of Evidence*, *Appendix and Index*, Ⅵ (1874–1875), p. 13.

③ Ingeborg Paulus, *British Food and Drug Legislation: A Case Study in the Sociology of Law*, p. 188.

④ "Analyses Under The Adulteration Act", *The British Medical Journal*, Nov. 16, 1872, Vol. 2, No. 620.

有时又无端骚扰了一些诚实的商人。①

例如，1874 年，杂货商本杰明·纳特·雷纳（Benjamin Nutt Rayner）出售的黄油因为掺假被起诉至肯特郡锡廷伯恩的即决法庭。根据该地公共分析师泰迪（Tidy）博士的分析，该黄油掺入了约21.5%的水和大量的黄油以外的脂肪混合物。被告则抱怨说，从检查员采集样本到向他送达显示分析结果的传票，已经过去了十四个星期。他从检查员采样的那个木桶里取了一份样本，请著名的分析师阿尔弗雷德·华克莱恩（Alfred Wanklyn）先生做了分析，结果显示黄油没有掺假。此外，分析师泰迪宣称的掺了21.5%的水，相当于一磅黄油掺入了三盎司半的水，有专家指出这么少的黄油是不可能吸收那么多的水。在这种情况下，法官下令对有问题的黄油进行进一步的分析。②

第四，大多数分析师的工作积极性不高。由于地方当局对于执法不积极，为了应付1872 年法的要求，虽然一些地方任命了分析师，③ 但并不期望分析师做什么事情，所以各地支付给分析师的薪资普遍不高。④ 由此带来的结果，一方面是地方政府任命的很多分析师都是无能之辈，不能胜任分析工作，导致他们出具的证明书经不起检验质疑；另一方面是考虑到分析工作和随后诉讼中需要付出的时间和精力，许多分析师对他们的新工作并不热情，⑤ 还有一些公共分析师为了赚钱，在本职工作之外有很多兼职，为了快速完成分析任务，就把大多数工作交给了不合格的助理，结果这些分析证明书也充满了错误，许多甚至是非常低级的错误。因此，不管控方分析证明书是来自卫生医疗官的还是来自有化学技能的公共分析师的，辩方请来的分析师专家经常能在控方的证明书上面找到系统性的错误，控方的证明书经常在法庭上遭受抨击、嘲讽。这些事情被曝光之后，公共分析师立即成了众矢之的。一些报纸大肆报道公共分析师之间的矛盾冲突，那些相互冲突的证词成了商业集团的笑料，甚至降低了公众对"专家"这个词的评价。

总体而言，1872 年反食品药品掺假法在有效控制食品药品掺假方面困

---

① 对于面包中是否包含了明矾问题就是一个最好的例子，详见 "The Adulteration of Bread"，*The British Medical Journal*，Nov. 15，1873，Vol. 2，No. 672.

② "Adulteration of Food Act: Prosecutions"，*The British Medical Journal*，May 9，1874，Vol. 1，No. 697.

③ 部分地方的分析师任命情况和薪酬规定，可见 "Adulteration of Food Act"，*The British Medical Journal*，Feb. 8，1873，Vol. 1，No. 632.

④ "Parliamentary Expert"，*The British Medical Journal*，May 10，1873，Vol. 1，No. 645.

⑤ "The Adulteration Act"，*The British Medical Journal*，Nov. 2，1872，Vol. 2，No. 618.

难重重，它的缺陷对改革者来说是不能忍受的，对商业利益集团来说也是不能容忍的。

（二）改革者对 1872 年法的反应

对改革者来说，他们很清楚 1872 年反食品药品掺假法的缺陷在何处，他们想要一个更严格的法律：立法控制厨房用品的出售，实现完全的无过错责任原则，使地方政府事务部强迫地方政府任命公共分析师，使法律的执行统一、明确。所以在 1872 年法通过之后没过多久，改革者就开始了他们的宣传，只是这次的宣传主要集中在媒体的批评上。

《泰晤士报》一直是反对掺假的最有影响力的日报，它不断刊发文章提供充分的证据，证明掺假的存在及其罪恶。作为一家信誉度较高的报纸，不像有些操守不高的媒体为了扩大影响而编造耸人听闻的故事，《泰晤士报》一直尽力坚持客观公正的态度报道掺假问题。19 世纪 80 年代中期，《泰晤士报》平均每年报道 40 个有关掺假的案件。这个报道密度还是比较大的，因为在 19 世纪 90 年代中期，在食品药品掺假方面，起诉的数量明显比 19 世纪 70 年代中期高，而这时《泰晤士报》平均每年才报道 10～12 个案件。[1]

其他支持改革的报刊，像《食品、水和空气》和《反掺假评论》，也不断发表文章评论相关的案件。它们的报道有两个目的：首先，向反掺假支持者表明，只有在有效的法律的支持下，才能有效防止掺假；其次，对掺假程度、掺假的普遍性和发生地的曝光能迫使掺假者不再掺假，这种做法也需要法律支持。从 1873 年 5 月到 1874 年 10 月，《反掺假评论》报道了约 350 件食品药品掺假案件。[2] 实际上，它差不多一半的版面都投入到这上面了。

《化学新闻》和《分析师》也刊发了一些关于食品药品掺假案件的文章，但他们的目的更多的是为了警告公共分析师，让他们在分析样本的时候小心谨慎，因为如果初审败诉，地方政府不愿意花纳税人的钱上诉，这样就会功亏一篑。更重要的是，由公共分析师负责的起诉只要失败，都会成为商人抹黑公共分析师的把柄。甚至远在美国的杂志《科学美国人》在 1874 年都刊发文章介绍了英国 1872 年法及英国的掺假状况。该文章说英国

---

① Ingeborg Paulus, *British Food and Drug Legislation: A Case Study in the Sociology of Law*, p. 158.

② Ingeborg Paulus, *British Food and Drug Legislation: A Case Study in the Sociology of Law*, p. 159.

市场上的茶叶、葡萄酒、啤酒、黄油、玉米粉和牛奶等商品掺假严重，1872 年法的实施带来的一个有趣后果是，美国出口商发往英国的掺假商品发现有被扣押的风险后，立即调转船头将货物运回美国。①

与 19 世纪 50 年代的宣传动员相比，这次的改革动员似乎少了点激情，对 1872 年法的批评主要集中在媒体对掺假案件的报道上。此前推动食品药品立法进程的波斯特盖特在 1872 年法通过之后，没有再大规模地组织民间改革力量抗议请愿，他所做的也只是对各种执法状况发表文章批评一下而已。之所以出现这样的情况，很大的原因是因为食品药品立法经过 20 多年的发展，已经逐步进入了成熟状态，加上时代的发展，政府在这方面的自我纠错功能开始出现，即对舆论的批评越来越敏感了。

（三）商业集团的反抗

1872 年法在防止食品药品掺假的同时，也给部分诚实的商人造成了麻烦。在利兹市，1872 年法的首次运用是在 1874 年，当时有六名牛奶经销商被指控出售掺假牛奶。分析师出具的证明书显示这六名经销商所销售的牛奶添加水的比例平均为 12%，其中一份牛奶样品的掺水比例高达 27%。领薪的治安法官布鲁斯（Bruce）先生判处掺水最多的经销商 60 先令的罚款，其他经销商每人被判处 40 先令的罚款。结果六名被告一致否认在牛奶中添加了水，声称他们从批发商处购买的牛奶就是这样的，掺水的行为发生在他们购买牛奶之前。然而，布鲁斯先生告诉他们，这并不能免除他们的责任，因为他们应该为自己购买的牛奶负责，可以在购买前对所购牛奶进行分析。②

在伦敦南华克区，牛奶经销商玛丽·安·梅里特（Mary Ann Merritt）在 1874 年被指控在牛奶中掺水，然后将掺水的牛奶作为纯牛奶出售。检查员威廉·亨利·多曼（William Henry Doman）在治安法庭作证说，他和助手一起去了被告的商店，并指示助手购买一便士的牛奶。助手购买到牛奶后，当着店主梅里特夫人的面将牛奶倒入一个瓶子并告诉她，他是检查员的助手，将对购买到的牛奶进行分析。梅里特夫人说牛奶是纯净的，她从批发商买来时就是那样的。检查员将牛奶交给了公共分析师穆特（Muter）博士，穆特的分析结果显示牛奶中掺入了 20% 的水。治安法官帕特里奇

---

① "English Food Adulteration", *Scientific American*, August 15, 1874, Vol. 31, No. 7.

② "Adulteration Prosecution", *The British Medical Journal*, Apr. 11, 1874, Vol. 1, No. 693.

（Partridge）对被告处以 40 先令的罚款。①

在曼彻斯特市，一名牛奶商因出售的牛奶中被检测出掺了水而被罚款 5 英镑；一家果酱公司和泡菜制造商出售的黑醋栗果酱中被分析师检测发现掺有超过 25% 的防风草，而且果酱中醋栗的果实不足 25%，制造商因此被罚款 20 英镑。② 这些案件令商人觉得受到了不公正的对待。他们认为不根据犯罪意图就定罪是对普通法的严重背离，所以那些被宣判有罪的违法商人自己并不觉得是耻辱，他们的很多同行也不认为他们道德低下；相反，他们被看作一个不公平的法律的牺牲品，被不公平地起诉了。1872 年法在他们眼里就是恶法。③ 为了维护他们的利益，他们一方面直接给自己的议员施压，另一方面不断制造舆论，要求修改 1872 年法。

1872 年法本身的模糊性；地方政府、检查员和公共分析师巨大的自由裁量权；执法带来各地民众税负的增加；各地执法的不平衡和标准的不一致；小商人成了大商人的替罪羊，但法律执行者却没有权力介入去惩罚实际的违反者；许多治安法官不愿意在没有其他证据的情况下，仅仅根据一个公共分析师的证明书将有掺假嫌疑的商人定罪；一些治安法官在只能将掺假的商人定罪的情况下，也很少选择将其监禁，只是罚款了事。所有这些都使 1872 年法名声扫地，遭到了多方面的抨击。雪上加霜的是，王座法庭过错推定责任原则的司法解释使零售商的处境更加不利，但是对制造商和批发商等大商人却没有什么影响。所以虽然有许多零售商被定罪，但是只有积极的反食品药品掺假者把每个定罪都看作一次胜利，商业保护团体支持他们被定罪的成员，积极宣传，把大多数起诉都解释成小商人受到了想显示自己权力的公共分析师的迫害，说大部分定罪都是不公正的，结果导致被定罪的商人很少有耻辱感，反而成了"烈士"，使 1872 年法基本失去了一些议员提出的通过将掺假行为刑事化令违法者感到羞耻的初衷。就连支持改革的《柳叶刀》也承认 1872 年法有这方面的缺陷。1874 年 6 月 13 日，《柳叶刀》在评论 1874 年议会专门委员会的一场听证会时用其通常的直率说，从那个议案成为法律以来，其最重要条款的缺陷对所有相关方来

---

① "Adulteration of Food Act: Prosecution", *The British Medical Journal*, May 9, 1874, Vol. 1, No. 697.

② "Adulteration of Food Act: Prosecution", *The British Medical Journal*, May 9, 1874, Vol. 1, No. 697.

③ 对商人来说，只要商业现状能被维持，他们就不会要求议员反对对他们影响不大的议案。王座法庭的判决意味着他们在经营方式上要做出一些改变，当这种改变意味着丧失利润时，无论是什么形式的改变，都会受到商人的抵制。

说已经越来越明显了，该法的机制完全是错误的。

面对改革者对 1872 年法执行状况的批评，本来就感到"委屈"的商人也开始了他们自己的反宣传，为他们的事业召集支持者，要求废除这个给"无辜的"商人带来麻烦的不公平的法律。由于公共分析师是直接的执法者，他们成了商人攻击的焦点，被指责不称职、以起诉为乐，在商人的眼里就是恶棍。① 很明显，那些被定罪的商人知道，他们在消费者眼中的道德形象尽管未必被认可，但通过对分析师的攻击，可能会挽回一点颜面。

面对商人的"委屈"，代表食品商利益的《食品杂货商》在 1875 年前的那一段时间内连篇累牍地发表文章反对 1872 年法。它这些文章总的主旨是食品杂货商受到了迫害以及 1872 年法"对小商人及无辜的商人是一种严重的不公平"。它认为，被法庭大量驳回的起诉食品商掺假的诉讼案件表明：检查员没有能力做这个工作，公共分析师不称职、非常笨拙，之所以如此是因为他们没有遵循法律的要求或是因为在法庭上给出了矛盾的证据。在这些起诉食品商的案件中，即使政府胜诉了，法院的判决也不断被证明是不公平的，因为食品商的行为是"商业惯例"而非"真正的"掺假，对许多食品商的定罪实际上是因为他出售了"混合物"而没有告知消费者是混合物，只是在法律上来说构成了掺假。

《食品杂货商》在 1874 年 1 月 17 日的一篇社论中评论说："我们已经大胆揭露了根据无知骗子的证据而对个体店主起诉的不公平，这些骗子被雇做公共分析师"。《食品杂货商》的文章极尽讽刺谩骂之能，把公共分析师描绘作一群吵吵嚷嚷的、无原则的、被医学界抛弃的骗子："我们被严肃告知，泰晤士河的烂泥竟然被制造成了黄油；棺材腐烂后，里面暗黑色的木头被烧烤、磨碎添加到咖啡里面；生病死的小牛的脑髓被制成奶油；可可里面添加了油渣和其他下水；茶叶是由野李叶、铁粉和蚕粪制造而成；糖里面掺有沙子；牛奶里面掺有白垩；果酱的原料不是果实，而是芜菁；竹芋粉来自马铃薯，等等。所有这些都是一群吵吵嚷嚷的无原则的被医学界抛弃者编造的荒谬的故事。这帮人在他们的本职领域失败了，长期以来依靠投机钻营，通过扩大并维持荒唐的恐慌——这种恐慌在防止掺假法通过时达到高潮，为他们自己创造了分析的工作。掺假法的运转实际上已经

---

① 反掺假的改革者对公共分析师也特别不满意，其代表是《反掺假评论》，指责公共分析师没有积极地执法，被定罪的商人太少。据 1874 年议会专门委员会调查，从 1872 年末到 1874 年中期，根据 1872 年法只定罪了约 276 件，而且这些被定罪的许多是牛奶掺假，一般罚款都很少，除去诉讼费用，平均不到 2 英镑。

证明，不是食品，不是药品，而是真相被掺假了……没有检查出所宣称的杂货商的食品掺假，而是检查出了这批自封的'委员'的谎言，而且所有这些自阿卡姆以来喜欢耸人听闻的胡说八道的骗子，各种恶棍，通过叫嚣'瓶子里的死亡'以及指责那些本来很勤奋诚实、本来是他们学习的榜样的人来达到他们自己的目的。"[1]

对食品药品商来说，公共分析师好像拥有某种"邪恶"的力量，被反复指责利用权力反对"无辜"的商人，以便实现他们自己的目标，成为新法"万能"的执行者。《食品杂货商》在歪曲公共分析师的名声方面很成功，但他们的这种指责完全违背了事实。公共分析师通常把他们的业务限制在分析样本上，他们只有在发现样本掺假且证明起诉是合理的情况下才通知政府，政府在不知道掺假样本来自哪个商人的情况下决定是否起诉。《食品杂货商》不敢公开承认，实际上是其他商人对起诉食品药品商负责。[2]

不过，一定程度上，公共分析师确实为起诉承担一些责任。公共分析师的证明书是起诉食品药品商的关键。一些地方政府授权当地卫生医疗官为公共分析师，这些卫生医疗官通常很忙，他们是合格的医学人，但不是合格的化学家，这导致他们的证明书存在不严谨的地方，容易被商人抓住把柄。此外，一些公共分析师有很多职务，为了尽快完成分析样本的任务，就依靠不合格的助理，导致分析过程和结果也有很多错误。因此，不管分析结果是来自卫生医疗官还是来自公共分析师，系统的错误在法庭上总是清晰可见。分析师的证明书备受质疑、充满争议，有的证明书在法庭上被批驳得体无完肤[3]。法庭上的事情又在媒体上被戏剧化地表现出来，因此容易给公众造成是分析师的分析导致了起诉后又导致了败诉的印象。

另外，公共分析师是一个复杂的群体，内部任何分歧和争斗都为商人提供了抨击他们的机会。1874年3月，《泰晤士报》报道了公共分析师阿尔弗雷德·华克莱恩博士和雷德伍德之间的争论，这可能是著名化学家之间最有名的分歧了，雷德伍德的反对意见导致华克莱恩博士的工作受到阻

---

① Ingeborg Paulus, *British Food and Drug Legislation: A Case Study in the Sociology of Law*, p. 155.

② 地方政府通常由商人构成。

③ 公共分析师的分析经常被质疑，其中一个原因是因为他们的内部没有建立一致的规则，甚至对掺假的认定都不统一，导致一些分析书缺乏基本的程序规范。再者，每一个被起诉的商人，如果他不认罪，他都能获得其他分析师的证明书证明他的产品是合法的，证明公共分析师在他的产品分析上犯了错误。商业保护团体现在也开始履行他们的职责，为负担不起律师费用的商人提供辩护，挑战公共分析师的证明书。

碍。① 分析化学从业者的每次争吵都被媒体广泛评论和解读，被反对者冷嘲热讽。这些情况导致公共分析师对自己也充满了怀疑：自己是否真的有资格来做这个工作。② 1875 年 4 月 17 日，《柳叶刀》承认，对公共分析师自身来说，那些冲突的证词是一种羞辱，报纸上对那些不和进行广泛的宣扬必然会降低公众对"专家"这个词的评价。③

总的来说，不管要求政府管理食品药品掺假的改革者和反对政府管理的商人怎么宣传，他们的目的都是为了改变当前的法律：一方认为，当前的法律不够严格，存在缺陷，不能马上终止各种掺假；另一方认为，当前的法律导致许多"诚实的"商人成为"罪犯"。两个相互对立的阵营对于1872 年法的运作情况持完全相反的看法。反掺假方受王座法庭判决结果的鼓舞，要求修正该法的缺陷，更加严格地执行该法；商业及其支持者则更加着急，要求对他们不能容忍的状况采取补救措施，要求终止耻辱化。④

1874 年 2 月，议会下院进行大选。食品药品商集团积极参与，代表他们利益的刊物也督促食品药品商及其支持者在选举中支持商业利益的议员，尤其是投票给在政纲中承诺改变 1872 年法的议员。医学界也积极参与选举，他们对自由党在公共卫生立法方面的拖拉政策强烈不满。各方的宣传，导致舆论再次关注食品药品法问题。1873 年初《反掺假评论》上面的一篇文章可以反映出公众在这一段时间内关注掺假问题的普遍性：令人满意地发现，该法已经制造了巨大的公众兴趣，在作恶者中间产生了恐慌。它引起的公众讨论和小册子、报告，不论正式的还是非正式的，是很多的，没有理由抱怨这个问题没被充分注意。⑤ 这个问题实际上已经变成了一个真正的公共问题。

面对汹汹的舆论，刚上台的保守党政府很快做出了回应。1874 年 5 月，议会宣布成立一个专门委员会再次调查食品药品掺假问题，尤其是评估1872 年法的运行状况。

---

① 详见 *The Times*，3 月 2 日、3 月 4 日和 3 月 6 日的报道。

② 公共分析师的分析证明书存在缺陷也与分析化学还不发达、立法者没有界定什么构成掺假、没有统一的检测方法有关。除了这些技术缺陷之外，分析化学这个新兴学科在当时的名声也不好，因为大家不认为这个学科在世俗上有什么价值。这些因素，包括公共分析师和化学家、公共分析师和卫生医疗官之间的矛盾，都增加了在法庭上提出相反证据的可能性。

③ Ingeborg Paulus, *British Food and Drug Legislation：A Case Study in the Sociology of Law*, p. 157.

④ 一个急需澄清的问题是"染色茶叶"的问题。当"黄油判决"已经让商人忧心忡忡时，"染色茶叶"的判决就把他们动员了起来。伦敦茶叶经销商和食品杂货商协会成为要求变革的重要的压力集团。他们举行会议，向议会请愿，并派代表团直接拜访议员。

⑤ *Anti - Adulteration Review*，January，1873，p. 14.

二、1874 年议会专门委员会的调查

1855 年议会的第一次调查是在改革派掀起的舆论压力下被迫进行的；1874 年的这次调查则主要是应改革的对象，即有势力的商业共同体的要求而进行的。这次听证会的目的也与 1855 年时的不同，那时主要是为了安抚消费者和改革派的情绪，调查食品药品掺假的程度和危害，而这次则是调查 1872 年法的运行情况，调查所有受 1872 年法影响的团体——包括伦敦城很有影响的茶叶商——所宣称的不满是否属实，安抚商业利益集团的情绪。

这次听证会同样吸引了不少媒体的注意。在调查委员会举行听证会期间，许多日报、周报还有对食品药品掺假这个问题感兴趣的主题性杂志对听证会期间发生的事情进行了广泛报道。《柳叶刀》和《泰晤士报》仍然冲在宣传的前沿，经常发表文章通报听证会的听证情况并进行评论，把越来越多的潜在的利益集团带到公众面前，使公众始终能看到这个事情的进展状况。

议会这次成立的专门调查委员会的构成有利于商业利益集团，其成员多为支持商业利益集团的议员。调查委员会选取的参加听证会的证人也缺乏代表性，没有囊括与 1872 年法运行相关的所有利益相关方。调查委员会共举行了 14 次会议，召集了 57 个证人。[1] 这些证人中包含了 28 个和制造业或批发贸易有关的证人——大部分是茶叶批发商；9 个小商人；化学家和其他学科专家共 11 人；地方政府事务部委员、税务局的官员和曾经参与该法执行活动的律师共 9 人。一些受人尊敬的、名声在外的科学专家，像哈塞尔，没有被召唤作证，尽管这些没受到召唤的专家宣称自愿提供他们所了解的信息。

调查委员会在 1874 年 5 月 4 日召开了第一场听证会。7 月 3 日，也就是差不多 2 个月之后，调查委员会就发表了关于 1872 年法各种意见的完整报告。调查委员会在 2 个月这么短的时间内就完成了调查任务，可能是因为支持商业利益集团的议员想给选民留下他们效率很高的印象，有讨好选民的意思在内。[2]《柳叶刀》在 1874 年 7 月 25 日发表了一篇题为《议会掺假委员会可耻的企图及其不寻常的报告》的社论，该社论对专门委员会的

---

[1] *Report from the Select Committee on Adulteration of Food Act* (1872)；*Together with the Proceedings of the Committee*，*Minutes of Evidence*，*Appendix and Index* (23 July 1874)，p. iii，p. xiv.

[2] 4 个和食品制造及批发行业联系非常密切的议员，除了一个在开始的时候错过一些听证会外，其他人没有错过任何一场。其中一个议员的问题明显偏向商人，反对分析师，以致遭到很多媒体，包括《柳叶刀》和《泰晤士报》的激烈批评。

报告进行了解读，称该报告错误连篇，明显站在了商业利益集团的一边，具有高度的误导性。

整个听证会表明，保护商业集团的利益在参加听证会的议员及一些证人的心中是最重要的。对普通消费者的保护，尤其是工人阶级的利益，很少被考虑到。听证会中叫得最响的商业代表是茶叶商。由于罗伯特诉埃杰顿关于染色的绿茶叶的判决，茶叶利益集团的主要目标是使茶叶在进入英国国内市场前由政府来检查。这样在英国国内市场上就不会出现掺假的进口茶叶，以此避免被起诉后制造的任何麻烦。除此之外，这次听证会继续出现了影响未来食品药品立法进程的另外一个趋势：商人之间的竞争。

委员会的报告主要包括以下内容：

（一）对 1872 年法的批评

听证会上的主要意见就是批评 1872 年法及王座法庭的解释，为零售商鸣冤。听证会召唤的第一位证人是地方政府事务部的官员休·欧文（Hugh Owen），他在作证时宣读了一封全国商会坎特伯雷分部给专门委员会的一封信。商会在信中为他们的成员鸣不平，希望委员会注意 1872 年法的压迫性，尤其是在茶叶方面，伤害都落在了单个的商人身上，真正的违法者却逍遥法外，而且国家税收也遭受到重大损失。

商会说，这方面冤屈最大的是零售商，他们经常被不公平地起诉，虽然没有一个案子证明被起诉的零售商用任何方法给茶叶掺假了，但已经对他们的名声造成了损害。全国发生的无数的对商人的起诉自然在公众心中放大了掺假的罪恶，加上那些夸大的报告，必然影响民众对茶叶的看法，导致茶叶的销量大减。商会还提醒道，茶叶税在税收中占的比例很大，"要求政府考虑怎么样能最好地保护并鼓励它们，而非通过仓促的法律来压制和伤害它们的交易"。① 商会为零售商的辩护在某种程度上是正确的，1872 年法确实为零售商制造了不少麻烦，一些零售商确实是在不知情的情况下出售了掺假品。但以 19 世纪中期出现的新观念——商人应该知道他所出售的产品的状况——来看，零售商对他出售的掺假品至少负有部分责任。

参加听证会的支持商业集团的证人为了推卸掺假的责任，把矛头对准了确实有问题的公共分析师和治安法官。他们指责公共分析师不合格，公共分析师指控根本没有掺假的无辜的商人掺假；指责治安法官不坚持犯罪意图的证据就把诚实的商人变成罪犯。尤托克西特的一些茶叶商和食品商

---

① *Report from the Select Committee on Adulteration of Food Act* (1872)；*Together with the Proceedings of the Committee*, *Minutes of Evidence*, *Appendix and Index* (23 July 1874)，p. 8.

抱怨说：他们有理由抱怨 1872 年法的实际运作情况，"它没有区分诚实的和无赖的意图，它是《法令全书》中唯一一个惩罚公认没有错误的人的法律"。[①] 另外一个证人在 5 月 11 日作证时抱怨治安法官不断地曲解法律，严重阻碍了商业发展。他说，最重要的是应该为受人尊敬的商人提供庇护，使他们免于任何不利的起诉，因为法律的目的不应该是制造罪犯。1872 年法的"危险之处在于使诚实的人看起来像是罪犯！虽然都知道他不是罪犯，但法庭的判决对他的名声仍然有影响"。[②] 总之，在商业利益集团看来，1872 年法对商人造成了非常大的伤害，至于谁造成了掺假的存在则相互推诿，进口商推给中国商人，说茶叶到英国前已经被中国商人掺假了；零售商推给批发商或制造商，牛奶商推给农场主。当责任无法推卸时，就推给公共分析师，甚至是治安法官，指责公共分析师不合格，把本来不存在掺假的商品硬是分析出了掺假，指责治安法官不坚持犯罪意图就把诚实的商人变成了罪犯。

一些作证的律师也表达了他们对王座法庭对 1872 年法进行过错推定责任原则解释的忧虑，公共分析师的证明书是确定罪行的初步证据，被告如果不能给出相反的证据就成了罪犯。在律师看来，这对被告非常不公平，尤其是对零售商不公平。

甚至连《柳叶刀》也表达了对小零售商的同情：对法官、陪审团、化学家、制造商和零售商来说，1872 年法最重要条款的缺陷对所有相关方来说已经日渐明显；一些人经常成为真正罪犯的替罪羊。实际上，"该法的体系从根本上就是错的，检查员不敢冒险潜入深水去捉拿商业鲸鱼和大鳄，只在浅水区飘浮，随机抓一些小鱼、小虾，然后罚款了事。一些零售商甚至会因为分析师初步的证据而破产，而那些掺假可能确实不是他所为"。[③]

（二）部分商人对该法的利用

在食品药品安全立法的进程中，有些企业由于在技术上暂时领先，其产品更符合纯净的要求[④]。为了保持这种垄断性，他们往往会游说政府通过立法宣布那些相对不纯净的产品违法，以此打击竞争对手，保持其市场优势。1870 年之后，英国也逐渐出现了这种现象。

---

① *Report from the Select Committee on Adulteration of Food Act* (1872)；*Together with the Proceedings of the Committee*, *Minutes of Evidence*, *Appendix and Index* (23 July 1874), p. 9.

② *Report from the Select Committee on Adulteration of Food Act* (1872)；*Together with the Proceedings of the Committee*, *Minutes of Evidence*, *Appendix and Index* (23 July 1874), p. 68.

③ *The Lancet*, June 13, 1874, pp. 842–843.

④ 这种纯净未必更健康。

1872 年反食品药品掺假法规定，在出售混合物时，如果宣称是纯净的，就必须是纯净的，否则违法。这部法律无意中给了大商人乔治·卡德伯里（George Cadbury）的公司一个竞争性优势。卡德伯里的公司在 19 世纪 60 年代末用不掺假的可可香精制造出了纯净的可可，这在英国属于首次。在掺假横行的时代，卡德伯里公司的可可在市场上显示不出太大的优势，消费者分辨不出卡德伯里公司的可可和其他牌子的可可有什么区别，还是愿意选择更便宜的可可。

1872 年法通过之后，情况有了改变，卡德伯里公司的产品可以做广告说他们的可可保证是纯净的产品。其他公司的可可中往往混合了西米、糖或其他添加剂，这些公司不能公然说他们的可可是纯净的，否则就违反了1872 年法，这导致他们的产品在市场上处于劣势，销量大减。

正是出于保持竞争优势的考虑，1874 年 5 月卡德伯里在听证会上作证时说，1872 年法带来的整体效果是好的，它的通过使可可里面不再含有不健康的东西了。[1] 很明显，1872 年法给卡德伯里公司带来了利益，他们支持 1872 年法的存在。随着经济的发展，商业公司之间竞争的越来越激烈，一些商人利用政府打击对手的现象越来越明显。

（三）主要证人的建议

调查委员会在听取了众多证人的证词之后，发表了最终的报告。报告总结了出席听证会的证人提出的建议：

（1）治安法官审判掺假嫌疑人时应将其定性为刑事罪而非民事纠纷（改革者认为该法是一部刑事法律，但商业代表不一定认可这个界定，而是更倾向于把这种诉讼当作民事的而非刑事的，但是法官自己经常认为这部法律是刑法），不承认被告及其配偶的证据。

（2）如果零售商从批发商处获得了证明产品是纯净的保证书，那么就不能在相关案件中传唤批发商出庭作证。

（3）证据有争议时，样本不能分割，不能把证据中的一部分交由小商贩送给第三方——诸如萨默塞特宫的政府实验室之类的——进行分析。

（4）许多公共分析师仍然没有经验，而且技术通常不过关，但是如果由南肯辛顿的化学学院对公共分析师统一进行考试，合格者才能被录用，这可能可以改变目前许多公共分析师不合格的情况（尽管调查委员会没有像《食品杂货商》文章中所宣称的那样对公共分析师进行遣责，但是在它

---

① *Report from the Select Committee on Adulteration of Food Act* (1872)；*Together with the Proceedings of the Committee*，*Minutes of Evidence*，*Appendix and Index* (23 July 1874)，pp. 111 – 117.

最终的报告中也承认，这些公共分析师中的一些人在执行他们的新的困难任务时表现出来的是热情大于谨慎)。

（5）拒绝出售样本的商贩将受到惩罚。

（6）外国的茶叶在进入英国时，海关应该对其进行检查，不掺假的茶叶才允许进入国内消费市场。

（7）由于当时对于牛奶中有多少水没有统一的标准，所以牛奶经常被过量掺水，要制定统一的标准确保一致。

（8）混合物应该明确地将其成分标示出来。

（9）1872 年法没有操作性，应该废除；取代 1872 年的新法要区分欺诈性地从商品中抽走有用的物质和欺诈性地添加物质，或添加有毒的物质。新法将是强制性的法律。①

（四）调查委员会的最终报告

听证会结束后，调查委员会很快发表了最终的报告。报告概述了主要饮食的掺假行为，像茶叶、牛奶、黄油、面包、玉米粉、葡萄酒、烈酒和啤酒的掺假情况，说明过去 20 多年这些掺假是怎么变化的。在这方面，报告没有提出新证据。它综合了各方的观点及所提出的建议后，向议会提出了自己的建议。

1. 安抚茶叶商利益集团

对于茶叶商特别关注的茶叶的掺假及相关的王座法庭的判决，报告特别重视，把他们收集到的关于茶叶的意见放在了首要的地位。报告说，1856 年时议会专门委员会的调查就表明来自中国的一些茶叶被掺假了，但被掺假的数量并不大。此后，由于 1860 年法的通过，绿茶的进口量已经大大降低。

为了打消消费者的疑虑，调查委员会说，有理由相信英国很少对茶叶进行掺假。报告强调说："有确凿的证据证明，不论是在中国还是在英国，在给茶叶染色时没有用有害的物质，染色的程度绝对不会对健康有害。"②为了显示其公正，报告也承认了部分商人可能用染色来掩盖一些劣质茶叶的质量。

报告认为，1872 年法给零售食品杂货商制造了非常大的麻烦，因为证

---

① *Report from the Select Committee on Adulteration of Food Act* (1872); *Together with the Proceedings of the Committee, Minutes of Evidence, Appendix and Index* (23 July 1874), p. viii.

② *Report from the Select Committee on Adulteration of Food Act* (1872); *Together with the Proceedings of the Committee, Minutes of Evidence, Appendix and Index* (23 July 1874), p. iii.

据和样本完全掌握在起诉方的手里，被告不能作为证人出庭；只有公共分析师才能对商品做出评判，而公共分析师之间的意见并不统一；零售商没有掺假，掺假行为在他们进货之前就已经发生了，他们不应该为中国制造商的把戏负责；更重要的是，王座法庭最近判决把染色的茶叶当作绿茶叶出售是掺假的。所以报告建议：在茶叶进入海关的时候就应该检查其是否掺假，如果发现其严重掺假，应该拒绝这些茶叶进入国内。这样可以防止外国掺假的茶叶进入英国，也给零售商减少了麻烦。海关关长同意由海关来负责这样的检查。①

针对王座法庭的判决，报告打着为了穷人的利益的旗号说，在谴责对茶叶染色的同时，调查委员会不能说把染过色的茶叶当作绿茶叶出售是违法的。把茶叶上面的人工色素去掉现在好像很普遍，但这种程序没有提取出色素中的基本成分，仅仅是去掉了颜色，色素中的其他物质还是留在了茶叶上。所以它建议，应该允许茶叶中有一定比例的染色物质和其他杂质，不过这个比例不能太小，因为如果限制得太严，会把一些价格低的茶叶拒之于英国之外，而穷人是这些茶叶最大的消费者。②

2. 牛奶的标准问题

由于牛奶商也在积极活动，牛奶也是专门委员会调查的一个重要消费品。报告认为，在1872年法通过之前，牛奶普遍掺有水。1872年法得到积极执行的地方的牛奶质量有了很大的改善，但这个好结果的取得是以对牛奶商的严重不公和伤害为前提的，否则就不能维持这种好结果。

之所以出现这样的情况，报告认为是因为一些公共分析师定的标准太高、太僵硬，没有充分考虑牛奶的自然变化。牛奶的质量不仅随着牛的饲料、牛的品种、牛的年龄、牛所受到的对待和牛的喂养环境的变化而变化，而且即使是来自同一品种的、在相同系统管理下的牛的牛奶也会有很大的不同。甚至在同一个时间给一只牛挤奶，所挤的第一品脱牛奶和最后一品脱的牛奶在营养上也存在一定的差异，相对来说第一品脱的牛奶营养更丰富。因此，应该考虑容易被化学工作者偶尔忽视的这些自然的变化。③

报告指出，尽管牛奶质量方面有那么多的差异，还是有人提出能在牛

---

① *Report from the Select Committee on Adulteration of Food Act* (1872); *Together with the Proceedings of the Committee, Minutes of Evidence, Appendix and Index* (23 July 1874), p. iv.

② *Report from the Select Committee on Adulteration of Food Act* (1872); *Together with the Proceedings of the Committee, Minutes of Evidence, Appendix and Index* (23 July 1874), p. iii, p. iv.

③ *Report from the Select Committee on Adulteration of Food Act* (1872); *Together with the Proceedings of the Committee, Minutes of Evidence, Appendix and Index* (23 July 1874), p. iv.

奶所包含的固体比例上达成一个标准，低于这个标准的牛奶就是不纯净的。但是，如果定了一个较低的标准，将会刺激出售更高标准牛奶的商人从牛奶中提取一部分油脂，只要提取后的牛奶不低于标准都是合法的。对此，委员会的意见是，欺诈性地提取油脂应该受到惩罚；同时，他们认为出售脱脂牛奶也应该受到鼓励，因为脱脂牛奶也是有价值、有营养的一种食品。[①]

公允地说，尽管调查委员会的报告后来受到了很多批评，但它在牛奶方面所提出的这些建议是合理的，也是后来执法都要碰到的难题。其他国家，包括美国，在立法时也都出现了这样的问题。

3. 关于 1872 年法的执行问题

专门委员会要调查的最重要的问题是 1872 年法的运行情况，这也是商人最关心的问题。

首先是公共分析师的资格能力问题。商人代表再次把批评的矛头指向了公共分析师。代表商人利益的证人宣称，1872 年法执行的不成功主要是由于分析师的无能和没有经验。委员会对此谨慎地承认，一些公共分析师在"执行他们的任务时表现出来的更多的是热情而非谨慎，不能对这些被突然召来服务的专家期望太多，有些人缺乏必要的化学知识，而且他们本身所属的化学分支在社会上的认可度也不高"。[②] 一个著名的化学家说，英国目前很少有真正合格的分析师，他认为合格的分析师不超过 12 个。但是，"随着化学分析学科和教育的发展，没有理由怀疑未来几年不会涌现出大批可靠的分析师"。[③]

调查委员会指出，公共分析师的任免现在由地方政府事务部掌控，但是地方政府事务部基本不干涉他们的工作，现在还没有任何有权威的机构或组织对他们的工作进行指导，这也是导致公共分析师的分析相互矛盾、受到批评的原因之一。报告建议，为了提高分析师的分析质量，地方政府事务部应该让分析师进行合理的考试，给通过考试的人发证明书，以此证明他们有完成官方职责的能力。这个考试可以由南肯辛顿化学学院组织，考试包括与分析师相关的所有知识和技能。

---

① *Report from the Select Committee on Adulteration of Food Act* (1872); *Together with the Proceedings of the Committee, Minutes of Evidence, Appendix and Index* (23 July 1874), p. iv, p. v.

② *Report from the Select Committee on Adulteration of Food Act* (1872); *Together with the Proceedings of the Committee, Minutes of Evidence, Appendix and Index* (23 July 1874), p. vii.

③ *Report from the Select Committee on Adulteration of Food Act* (1872); *Together with the Proceedings of the Committee, Minutes of Evidence, Appendix and Index* (23 July 1874), p. vii.

其次是关于证据的裁定问题。在一些案件中，治安法官只接受本地区根据1872年法任命的公共分析师所提供的分析书作为证据，其他任何人的分析都不能在法庭上作为证据。专门委员会不同意这样做，他们认为其他信誉卓著的分析师的证据应该可以用来作为辩护理由。专门委员会建议，当化学部门对一些案件的证据有争议时，应该有一个上诉机构来解决分歧。这样的上诉机构可以很容易在税务局的萨默塞特宫的实验室建立。如果地方政府的化学分析受到质疑，被质疑的样本可以由萨默塞特宫的实验室重新分析，他们的分析可以看作最终的裁决证据。萨默塞特宫愿意接受这个任务，他们的官方证人说，萨默塞特宫目前的实验室和人员只要稍微扩展一下就能承担这些重要的任务。

再次是公共分析师是否出庭作证的问题。在有些地区，法官要求公共分析师必须亲自出庭作证，否则不接受他们的分析书；有些地区的法官不要求公共分析师出庭，只要分析书上有公共分析师的签字即可。这就带来一些麻烦，有的分析师住在他们任职的地区之外，有的分析师兼任几个职务，如果要求他们出庭，再加上分析样本前检查员还要将样本送到分析师的家里，这些都需要花费地方政府开支。地方政府为了节省开支，对执法就会不积极。

专门委员会建议，地方政府的化学家不必出庭，他们的分析就可以被当作证据，除非被告要求分析师亲自出庭；分析师在证词上签名好像也没有太多的必要，显然法律也没有要求这么做。无论如何，委员会认为，各地在这方面的执法应该是相似的，应该由某个中央机构公布分析不同商品的合适的程序，以便在法庭上获得更大的一致性。至于样本，如果能保护得好，能很好地密封，可以用邮寄或其他安全的方法。①

4. 专门委员会最终的建议

最后，报告总结说：一些地位很高的证人也说，在他们分析的无数的食品和饮料中，很少发现对健康绝对有害的物质；即使为了掺假偶尔使用了对健康有害的物质，用量也非常小，相对无害。委员会认为，在掺假问题上，"公众知道他们是被欺骗而非被毒害对他们来说也是提供了一些安慰"，议会的目的是保护消费者免于欺诈，消费者应该能够获得他们想要的商品；但是，"不能为了让消费者不受欺骗之苦而给商业制造没必要的麻烦，更不应通过控制价格来干预买卖双方或试图帮助消费者确定任何商品

---

① *Report from the Select Committee on Adulteration of Food Act* (1872); *Together with the Proceedings of the Committee*, *Minutes of Evidence*, *Appendix and Index* (23 July 1874), p. vi, p. vii.

的真实货币价值"。①

专门委员会的最终建议是，应该废除《1860 年防止食品掺假法》和《1872 年食品药品法》，通过另一部法律取代它们，加强并修正原有的那些条款；在新法中，除了那些已经建议的改变之外，应该规定"欺诈性地提取任何商品中的重要成分都应该受到惩罚，但应该在这种情况和欺诈性或有害的添加成分之间进行区分，后者严格来说构成了掺假"；未来要通过的法律应该有强制性。②

三、对专门委员会报告的反应

议会专门委员会的报告出炉后，遭到了一些改革力量的激烈批评。《柳叶刀》在 1874 年 7 月 25 日的一篇社论《议会掺假委员会可耻的企图及其不寻常的报告》中称，该报告错误连篇，具有很强的误导性。

报告虽然遭到了一些改革者的强烈批评，但它所提出的一些问题是确实存在的，尤其是关于公共分析师的部分，对公共分析师造成了很大的影响。早在议会调查之前，批评公共分析师的声音已经响彻云霄，议会的调查报告使公共分析师的处境雪上加霜。他们的专业技能受到了严重的质疑，被指责追逐私利、怀有野心，公共分析师的职位只是他们的跳板，为将来找到更好的工作而准备，公共分析师保护公众免受掺假伤害的、负责的、富有同情心的公民形象已经打了折扣。调查报告针对公共分析师提出的两个建议——把有争议的分析提交给萨默塞特宫的政府化学家仲裁，由南肯辛顿的化学学院进行统一的资格考试以提高公共分析师的能力——公共分析师都没有接受。在他们看来，他们的名声已经很低了，接受调查委员会提出的任何一个建议都只能使他们的地位和声望更低。

由于强大的商业媒体及其他媒体对公共分析师的攻击，导致在提到公共分析师的时候都要在前面加上一个前缀"无能的"。这使公共分析师觉得他们为了尊严而战斗的时候到了，要想获得和卫生医疗官③一样的地位，必须组织起来。1874 年 8 月，经过筹划，公共分析师中的一些积极分子成立了公共分析师协会。新协会的目标是：成员之间要相互帮助，相互合作，驳斥不公平的指责；拒绝外界对分析师行业独立地位的干预；成立保护性

---

① *Report from the Select Committee on Adulteration of Food Act* (1872); *Together with the Proceedings of the Committee, Minutes of Evidence, Appendix and Index* (23 July 1874), p. viii.

② *Report from the Select Committee on Adulteration of Food Act* (1872); *Together with the Proceedings of the Committee, Minutes of Evidence, Appendix and Index* (23 July 1874), p. vii.

③ 卫生医疗官，尤其是大城市里面的，已经建立起他们自己的协会来维护他们的利益。

社团。他们认为，作为一个机构，尽管遭到很多反对，但是他们比全国其他机构更适合做食品分析这个工作；也应该像医学从业者或药剂师一样受到尊敬。①

公共分析师协会成立之后，协会寻求通过职业化和行业自决来提高分析师的地位和声望。针对议会调查委员会的报告对他们的两个建议，他们做出了反应。协会的长远目标是试图把教育和考试权抓在自己的手中，确定专业技能的标准，他们作为分析师的工作能够获得足够的报酬，推动最好的教育，成为一个考试和许可证发放机构。他们希望通过教育和考试，规范行业活动，避免分析师之间出现相互矛盾的分析，以此提高自己的社会地位。

在当时的英国，工业革命带来的经济大发展还在快速进行之中，许多行业的发展急需化学专家的指导，结果化学家"泛滥"，泥沙俱下，其水平参差不齐。19世纪的食品化学的专业伦理还没有形成，其专门化不像今天那么严格，一方面是因为技术和专业人员达不到专门化的可能，当时的人不用上一个官方或社会认可的化学学校或大学，不用考试，只要跟随一个公认的从业者做学徒并得到这位从业者的认可就可以获得一个"化学家"的称号。另一方面是因为没必要专门化，当时的食品工业虽然已经开始发展，但是还处于起步阶段，门槛不高，略懂一点技术的人都可以从事这个工作。这导致的结果是，任何稍微懂点化学皮毛的人，包括医生，都能成为一名"化学家"。任何"化学家"，都可以加入皇家学会或化学协会，但是这并不代表每一个"化学家"都是合格的化学家。公共分析师协会成立的目的之一就是，他们认为一个有声望的协会能够提高公共分析师的门槛，可以严格限制不合格的化学家加入该协会，使公共分析师协会像医学会一样发挥作用。

虽然化学家队伍存在诸多问题，但是作为化学家的公共分析师必须要有一个实验室或至少能去实验室对样本进行分析，所以公共分析师就认为将对未来公共分析师的培训留给他们自己也是便利的。他们的理由是公共分析师控制这些受训者的好处是很明显的，其中之一就是能够保证在未来执法过程中对疑似掺假食品的分析程序一致，反过来也能把对公共分析师的分析证明书的质疑降到最低程度，同时也减少了分析师之间对同一商品的检测结果相互矛盾的现象。所以公共分析师认为他们自己才是化学行业

---

① Bernard Dyer, *The Society of Public Analysts and Other Analytical Chemists*, *Some Reminiscences of Its First Fifty Years*, Cambridge, W. Heffer & Sons LTD., 1932, p. 2.

的真正专家，把税务局萨默塞特官的化学家看作技工。① 公共分析师希望在强大的公共分析师协会的帮助下，最终完全控制食品分析等化学事务，把萨默塞特官的化学家以及其他不合格的化学家排除在外。

公共分析师协会的直接目标是抗衡食品商对议会的影响，在议会的科学界代表中建立统一战线，召集尽可能多的支持者。他们认为，如果议会调查委员会在听证会结束后提出的建议——南肯辛顿的化学学院成为发证机构——生效了，公共分析师将完全失去对他们自己事务的管理权，包括在他们自己的实验室培训未来的分析师的权力。如果萨默塞特官变成了他们的"上诉"机构，这意味着地方上的公共分析师将变得毫无用处，他们的证明书或证据在得到萨默塞特官的化学家支持之前将没有任何公信力。

具体而言，专门委员会的报告最激起公共分析师反对的是下面的内容：

（1）未来的公共分析师，医学知识应该是其资格条件的一部分。

（2）萨默塞特官应该任命一个仲裁人决定公共分析师和商人之间产生争议的证据的合理性。

（3）南肯辛顿化学学院应该成为公共分析师的考试学校，所有想成为公共分析师的候选人必须参加该学院组织的考试。

（4）报告建议未来的反食品药品掺假法律不需要界定什么是掺假。

（5）公共分析师必须留下样本的一部分，签名并密封后交给商贩。

（6）专门委员会的报告建议，公共分析师可以自行起诉。

上述建议中的第一条使公共分析师可能面临医学从业者的竞争，第二条使公共分析师的证据分析失去了权威，第三条使其不能决定这个团体的成员拥有什么样的技能，第四条使公共分析师在分析鉴定商品时没有了依据和标准。第五条使公共分析师的分析证明丧失了唯一性，因为交给商贩的一部分样本可能会被替换掉，导致本来就遭到商人攻击的公共分析师的名声和处境雪上加霜，给公众又留下了不好的印象。因此，许多公共分析师反对分割样本交给商贩，不能给商贩任何通过篡改样本抹黑公共分析师的机会。公平而言，要求把样本分割给商贩进行再分析，这好像是新法的

---

① 公共分析师这样看，部分是因为他们很多人在化学领域具有一定的国际知名度，其著作已经广泛出版，但是税务局的化学家是不出名的科学家，尽管他们是有声望的公务员。后者之所以声名不著，部分是因为他们的工作性质，分析范围主要限于税收的产品，所以其工作很标准，千篇一律，某种程度上就是技工；还有一部分原因是因为他们的公务员身份，不能就某些问题随意公开发表意见，而公共分析师能自由表达他们的意见。但是，不像公共分析师，商业利益集团和媒体一般对这些化学家并不太关注。因此，如果由萨莫斯特官的政府化学家裁定公共分析师证明书是否准确，那将是公共分析师构建自己公共形象的巨大阻碍。

一个合理的原则，对被告也是公平的，但是由于公共分析师在 1874 年和 1875 年处于守势，所以任何对他们分析证明结果的最微不足道的怀疑都足以激起激烈的反对。第六条表面上增加了公共分析师的权力，但其实使公共分析师失去了中立的地位，使分析师成为利害相关方。所以有公共分析师指出，他们在消费者和商人之间是独立的，起诉是地方政府的事，他们只负责分析鉴定，不能参与起诉，否则就给反对派留下了攻击的靶子。

面对可能丧失一切权力的威胁，公共分析师协会立即向议会提出了他们的意见：

（1）界定什么是食品药品掺假。

（2）解释了为什么他们认为染色绿茶叶应该被当作掺假绿茶叶的原因。

（3）混合物应该贴标签并明确告诉消费者。

（4）样本购买者应该能包括各种不同的人，尤其是和著名的检查员没有联系的人，以便防止商贩根据不同的顾客提供不同的商品。

（5）所采购的样本只能编码，不能显示商人的名字和地址。

（6）应该由来自化学界的独立的仲裁团体检查公共分析师的技术是否合格。

（7）每年选出一批独立的公共分析师，组成一个咨询法庭，裁定有争议的分析证明书。

上述意见成了公共分析师协会宣传的基础，也是他们想要达到的基本目标，是其在食品药品立法方面的政纲。就像医学界和制药界在反食品药品掺假运动中的目标一样，公共分析师的目标和公共福利立法相连。19 世纪 70 年代的医药界已经取得了相当程度的独立，公共分析师正在谋取相似的独立性，要求把制药化学家和卫生医疗官从食品药品法的执行中排挤出去。因此，他们理想中反食品药品掺假法律，像以前一样，连接两个重要目标：一方面更好地防止食品药品掺假，另一方面使公共分析师成为新法的唯一执行者。

四、《1875 年食品和药品销售法》的通过

（一）议会的分歧

1874 年议会专门委员会的调查把 1872 年法的缺陷展现在了公众面前：

法规的模糊性；非强制性，地方政府有自由裁量权①；在实际操作中，该法的执行给无辜者带来了很多麻烦，小商人成了替罪羊；许多治安法官不愿意在没有其他证据的情况下仅仅根据公共分析师的一纸证明书把被告定罪；对被定罪的商人罚款太少。所有这些都使改革者和商人认定，需要修正1872年法了。

在1874年议会会期还没有结束的时候，议会中就提出了一个"食品药品销售议案"，打算修正1872年反食品药品掺假法。② 这个议案的名称反映了一个重要的事实：对掺假的定义没有达成一致意见。

与1872年法相比，这个议案有一些新规定，包括：允许被告及其配偶提供证据；允许使用保证书作为辩护理由；使海关检查未完税的茶叶。这些新规定主要是为了对零售商更公平，使其最大可能地为自己辩护。同时，该议案删掉了所有可能和过错推定责任原则相关的规定，仅在第七款中有所保留：除了标示出来之外，"禁止出售混合的食品、饮料和药品"。但是，由于第七款是第五、六款的一个限定性条款，出售未标示的混合品并不构成王座法庭法官所判定的那种意义上的过错推定责任。这等于删掉了过去立法中一条非常有效的规定。

议会对这个议案的辩论集中在下面两个问题上。

1. 关于公共分析师相互冲突的分析的裁决问题

全国商会在这次议会的辩论中积极活动③，它除了坚决要求保留犯罪意图的规定之外，最警惕的是公共分析师提出的成立一个由公共分析师构成的仲裁法庭的建议。公共分析师提出，这个仲裁法庭每年选举一次，由其裁决公共分析师之间相互冲突的分析结果。商业利益集团要求仲裁法庭由

---

① 1872年法没有被所有地区执行；在任命了公共分析师的地方，该法的执行也有很多局限；甚至即使任命了合格的公共分析师，如果地方政府不给他配备一个专门的检查员，或不给他配备其他能履行检查员职责的警察或其他被认可的官员，该法仍然是一纸空文。从1873年的起诉情况来看，伦敦和其他一些大城市的诉讼的数量出奇的少。

② *Hansard's Parliamentary Debates*（1874），p. 1520.

③ 在议会辩论这个议案期间，商业组织积极对议会施加影响。茶叶商和食品商协会的书记R. M. 霍尔本发挥了重要的作用。霍尔本是许多议员的亲密顾问，他参加了关于这个议案的所有辩论，而且当必要的时候，他会把某些条款及可能的结果告诉他的同行以便动员支持做出有利于他们的改变。作为商会的发言人，霍尔本向政府成员施压，要求重新表述某些条款，他在维护商业团体的利益方面起了重要作用。

萨默塞特宫的化学家①组成。商人从他们长期的经验出发，知道萨默塞特宫更支持他们，也知道萨默塞特宫的化学家在检测掺假方面不像公共分析师那样经验丰富，一个由萨默塞特宫化学家构成的仲裁委员会证明对商业利益集团有利。全国商会为了实现这个目标花了大量的时间和金钱。公共分析师协会的主席和副主席亲自到议会游说，拜访了议会地方政府事务部的主席。代表公共分析师利益的议员与代表商会利益的议员经过斗争，最终达成了妥协，允许把有争议的分析交给萨默塞特宫评估，但萨默塞特宫的评估是否有效由法官来裁决。

2. 关于犯罪意图（即"商人知道"这个表述）和商业惯例问题

由于"食品药品销售议案"仍然有"商人知道"这样的表述，这遭到了支持改革的议员的强烈反对。他们担心，如果这个要求控方提供卖方故意出售掺假品证据的议案通过了，食品药品掺假的泛滥程度将重新回到《柳叶刀》发起调查时的状况。食品药品议案的坚定支持者芒茨强烈反对保留"商人知道"这样的规定：这将使所有阻止掺假的努力都付诸东流。芒茨提出了一个修正，如果零售商能证明他从批发商处得到的产品就是掺假的，那么就由批发商负责。这对于避免零售商所遭受的不公是非常必要的。② 同时，芒茨也反对使用"根据商业惯例"这些词，因为在他看来，商业惯例有许多是对消费者不利的，属于不应该出现的惯例。

议员普莱费尔（Playfair）认为犯罪意图和商业惯例将使新议案无效，所以他支持删掉"商人知道"和"根据商业惯例"之类的表述。普莱费尔说，此前的法律是有效的，因为许多食品都得到了改善，但新议案给予公众的保护远远不够，消费者需要更多的保护。他指出，《1868年制药法》已经规定，卖方如果不能证明相反的情况，就被认为知道掺假，而新议案的规定则是一种倒退。"一个人故意出售掺假品，即使他对他的生意无知，也要受到惩罚。"③甚至是公共分析师认为对食品药品立法不友好的一个议员也非常坚定地列出了议案的缺点：在目前的法律之下，掺假率已经被降到了最低；但如果它们返回到了老状态，要求证明出售掺假品的故意，那么，

---

① 萨默塞特宫的化学实验室建立于1842年，当初是分析烟草和鼻烟的，主要目的是评估税收，后来根据各种税法，把其分析扩展到很多食品上面。公共分析师反对他们作为仲裁法庭的理由是：萨默塞特宫的主要兴趣在于税收而非防止掺假；他们对食品分析这个主题没有做过什么科学贡献；他们得不到科学界化学家的信任；他们严格来说不是独立的，因为他们是一个政府机构；他们的任命将造成分析工作的垄断，破坏了分析化学家中自由职业者的生计。

② *Hansard's Parliamentary Debates*（1874），p. 603.

③ *Hansard's Parliamentary Debates*（1874），pp. 609 – 610.

将重新回到 22 年前存在的状态。[①]

面对批评，政府许诺考虑议员所提出的修改意见。改革者和商业集团的代表经过一番斗争后，最终双方议员都妥协了，删除了"根据商业惯例"的条款，在一个重要条款上删掉了"故意"这个词，但在另外两个条款上仍然保留了"商人知道"这个表述。总体而言，使出售对健康无害的掺假者也受到惩罚，虽然惩罚比较轻，[②] 但是初步在法律中明确了严格责任原则。

经过修改后的这个议案通过了下院的三读。这个议案与改革者的期望相差甚远。反掺假的力量加紧宣传行动，《化学新闻》、《柳叶刀》和《泰晤士报》等支持改革的力量发表文章，表达对下院的不满。比如，《柳叶刀》发文章讽刺说，"这个议案是被掺假制造商的秘密会议设计的"。[③] 改革者希望能在上院加强这个议案。

除了报纸和杂志对议会施压之外，一些制造商和批发商对提交给上院等待批准的无效的议案也表达了不满。都柏林的大陪审团已经通过了一个决议，要求政府删掉新议案中所有有关犯罪故意的表述，但高等法院的法官没有对大陪审团的裁决表态，而是把他们的要求交给了上院的同僚。甚至下院有一些议员都暗示，如果没有来自商业利益集团的激烈的反抗，他们可能会接受一个更严格的议案。到 6 月，要求一个有效的防止食品药品掺假的法律的宣传动员逐渐增强。

1875 年 6 月，这个议案在上院提出，上院的贵族们马上被各种游说代表团包围了。议案进入报告阶段后，支持严格责任的议员开始反击。一些贵族开始对某些条款中仍然保留"故意"一词表达了强烈的反对。支持这个议案的里奇满（Richmond）公爵最初坚决反对对该议案进行任何大的改动，但在报告阶段，他的态度发生了变化。他告诉他的同事：自议案通过委员会以来，他收到了无数封信，督促他支持一些高尚的贵族已经在议会表达的对议案的反对意见。他也被告知，这个问题在季度法庭已经被讨论过，有同样的结果；他非常尊重这些法庭在执行该法时的观点，相信法官们对该法的观点是务实的、合理的。因此，他在议案三读时提出删掉"故意"这个词，插入一些改革者认为是必要的词。[④]

---

① *Hansard's Parliamentary Debates* (1874), p. 601.

② *Hansard's Parliamentary Debates* (1875), p. 1184.

③ *The Lancet*, February 27, 1875, p. 311.

④ *Hansard's Parliamentary Debates* (1875), p. 944.

　　由于反掺假力量大规模请愿，要求删掉新法中关于"商人知道"这样的表述，上院被舆论所动摇，他们放弃了一些利益集团的狭隘利益，转而考虑了国家的整体利益。结果，上院在三读时最终删掉了一些条款中"商人知道"的表述。这时，下院也认识到妥协是必要的，就批准了这个修改。

（二）《1875 年食品和药品销售法》的内容和影响

　　《1875 年食品和药品销售法》的序言非常短，它说这是"一部废除食品掺假法①的法律，为食品药品在纯净状态下出售提供更好的货源。"② 该法共有 36 条，在法律史上第一次对"食品"和"药品"做了定义。在全部条款中，有 9 条涉及禁止出售掺假的食品药品，有 3 条禁止出售有害的食品药品；对初犯者罚款 50 英镑，对再犯者判处不超过 6 个月的监禁，附加劳役。起诉方必须证明食品药品是有害的，但被告必须证明他不知道、也不可能知道食品药品是掺假的、有害的。

　　1875 年法第二条界定了什么是食品和药品："'食品'这个词应该包括人类所食用的任何食品或饮料，除了药品或者水；'药品'这个词应该包括任何内服或外敷的药物。"③ 这个定义基本上囊括了人类所有的食品药品，其不足之处在于，由于时代的局限，没有考虑到后来对食品安全造成重大影响的防腐剂、染色剂之类的化学制品。这些化学制品没法归类到该法的"食品"定义当中，因为防腐剂之类的东西很明显不是用来食用的。

　　该法第三、第四和第五条是关于有害掺假的。第三条规定："任何人不准用任何成分或原料混合、着色、污染或撒粉于任何打算出售的食品上面致使这种食品对健康有害，也不能命令或允许任何人这样做，任何人不准出售任何被混合、着色、污染或上面被撒粉的食品，否则对初犯者处以不超过 50 英镑的罚款；初犯者被定罪之后的任何再犯，都是轻罪，应被监禁不超过 6 个月的时间，附加劳役。"④ 第四条的规定和第三条的措辞相似，只不过把"食品"换成了"药品"。这两条规定与 1872 年法相比，没有了"商人知道"这样的表述。关键的是第五条："如果他被指控时能向法官或法院证明，他不知道他出售的食品或药品像上述条款所提到的那样被混合、着色、污染或撒粉，而且他通过合理注意也不可能知道，那么当他出售任

---

① 要废除的法律指的是《1872 年食品、饮料和药品修正案法》。
② "The Sale of Food and Drugs, 1875", p. 1.　http://www.legislation.gov.uk/ukpga/1875.
③ "The Sale of Food and Drugs, 1875", p. 1.
④ "The Sale of Food and Drugs, 1875", p. 2.

何食品或任何药品时，依据该法上述两款，不应该被定罪。"① 根据这三条规定，控方在起诉商人的时候，不再需要证明掺假对健康有害，也不再需要证明卖方知道其掺假的商品对健康有害。该法明确把举证的责任转到了被告的身上，需要卖方证明自己不知道掺假、不知道其商品对健康有害，这就极大地便利了对有害掺假的控制。

1875 年法的第六和第七条是关于混合物的，这两条对混合物也做出了有利于消费者的规定。第六条和第七条分别规定："任何人不准出售对消费者不利的、非消费者所要求的性质、材料和质量的食品或药品，否则处以不超过 20 英镑的罚款"，"任何人不准出售非由消费者要求的成分所构成的混合食品或混合药品，否则处以不超过 20 英镑的罚款"。② 这两条规定在混合物方面也明确了过错推定责任原则。如果买卖双方发生纠纷，只要买方认为他购买到的商品不是他想要的，卖主就必须证明他出售的商品包含的成分就是一般情况下大家所公认的成分，没有添加或减少其成分。这是对消费者保护的一个重大进步，尽管对违法者的惩罚不超过 20 英镑，治安法官和法官还有权减少罚款。

该法第九条规定："任何人，如果从食品中抽取了其任何一部分以致有害地影响了其质量、原料或性质，在打算出售时没有说明商品的状态经过改变了，任何人如果出售了任何这样改变的食品而不告知这种改变，这两种情况都要处以不超过 20 英镑的罚款。"③ 这条规定主要是为了防止把已经抽脂的牛奶当作非抽脂牛奶出售。根据这条规定在起诉违法者的时候，政府必须证明被告所提供的产品是打算出售的，但被告必须证明添加或去掉某种成分不是为了欺诈。这条规定要求控方证明被告"打算出售"这个目的，但这个举证责任与被告证明其并非为了"欺诈"相比，明显要容易得多。这条规定和第六条及第七条规定一样，把举证的责任放在了商人的身上，为控方的胜诉提供了有利条件。

1875 年法第 10～19 条规定了分析师的职责和任命、样本的收集和法庭的起诉程序，允许任何一方对有争议的分析结果进行上诉，萨默塞特宫是上诉机构，由它仲裁各种相互矛盾的分析结果。其他条款还包括被告及其配偶提供证据的规则，分析师可以被召来帮助控方起诉或为被告辩护的条件，允许惩罚拒绝出售样本给被授权的检查员的卖主，监禁保证书的伪

---

① "The Sale of Food and Drugs, 1875", p. 2.

② "The Sale of Food and Drugs, 1875", p. 2.

③ "The Sale of Food and Drugs, 1875", p. 3.

造者等。①

1875 年法第 20～28 条规定了起诉的程序；第 29 条规定了执行该法所需要的开支主要来自当地的税收；第 30～32 条主要是为了安抚茶叶商利益集团，对茶叶的进口和销售做出了特殊的规定。进口茶叶商主动要求政府检测未完税的茶叶，以此避免麻烦的诉讼。第 33 条和第 34 条规定了该法在苏格兰和爱尔兰如何适用；最后两条规定了该法的生效日期和名称。②

总的来说，《1875 年食品和药品销售法》的最大进步性在于确立了过错推定责任原则。这个原则使该法具有了比此前所有食品药品法强大得多的效力，对于有效控制食品药品掺假起了重要的作用。据统计，1875 年法生效后，掺假大量减少，日常的主要食品的质量明显改善。以面包为例，《柳叶刀》1872 年的调查发现，所检查的面包有一半还是掺假的；1875 年法生效不到两年，公共分析师 1877 年给地方政府事务部的季度报告表明，所分析的 998 件样本中有 74 件是掺假的，掺假比例已经降到了 7.4%；1881 年，分析样本 1037 件中有 49 件掺假，掺假比例是 4.7%；1884 年，分析样本 1217 件中有 24 件掺假，掺假比例为 2.0%。③

《1875 年食品和药品销售法》对商人来说也是一个胜利，因为批发商和制造商已经成功地保护了他们自己免于刑事起诉。被定罪的出售了掺假产品的零售商，如果在批发商品时从制造商或批发商那里获得保证商品没有掺假的保证书，那么他可以在民事诉讼中起诉批发商或制造商并得到损害赔偿，但不能把批发商和制造商召来对其进行刑事审判。

对公共分析师来说，尽管新法授予公共分析师一定程度的自治权，但许多地方政府仍然把公共分析师的职位和卫生医疗官联系起来，因此阻碍了公共分析师从卫生医疗官分离出来的努力，阻碍了他们彻底的行业自治。简言之，公共分析师期望借助于新法达到自己目标的进展很慢。1875 年之后，公共分析师还需要继续提高他们自身的专业素质，避免分析方面的失误④，其专业化还需要漫长的道路去走。

《1875 年食品和药品销售法》是政府支持的第一部反对食品药品掺假

① "The Sale of Food and Drugs, 1875", pp. 3–6.
② "The Sale of Food and Drugs, 1875", pp. 6–12.
③ John Burnett, *Plenty and Want, A Social History of Food in England from 1815 to the Present Day*, pp. 232–233.
④ 公共分析师的证明书每一次受到质疑，都会被一些报纸杂志嘲讽，尤其是商业媒体不择手段地谴责公共分析师的无能和对权力的炫耀，表扬他们的对手萨默塞特宫化学家的公正无私。萨默塞特宫的化学家虽然不能公开表态，但也利用他们自己的证明书暗讽公共分析师。

的法律。这部法律影响了英国未来 50 多年的食品药品管理进程，在 19 世纪后半期及 20 世纪前 30 年都非常有名，对于英国食品药品掺假的减少起了重要作用。这都归功于该法的一些规定体现了过错推定责任原则。过错推定责任原则的利用有助于把违法的商人定罪，使打算出售不卫生的和掺假的商品的商人慑于该法的威力而不敢轻易犯险，否则食品药品掺假不会下降得那么快。1880 年 2 月，《反掺假评论》报道说，从 1870 年到 1880 年，政府起诉了约 2000 件和食品药品掺假相关的案件，这些案件大部分发生在 1875 年后。

《泰晤士报》等媒体对这样的结果很高兴，认为由一部分正义人士所坚持的反掺假活动取得的成功超过了预期。在他们看来，这个断断续续进行了 20 多年的运动已经基本完成了它的使命。1875 年之后，食品药品掺假问题没有再像此前那样掀起大规模的要求政府管理的活动，公众、此前坚持改革的名人和一般的媒体好像暂时对已经取得的对食品药品掺假的控制很满意，反掺假的声音几乎从公众的视野中消失了。此后，尽管有人偶尔试图使食品药品掺假再次成为一个"公共舆论问题"，但这个问题在众多的改革问题中已经不再是一个焦点。1876 年初，反掺假协会呼吁再发动一次变革，并准备了请愿书在工业城市散发。结果应者寥寥，协会被迫改变了其工作重点，在接下来几年里集中在酒的掺假上，和当时限制酒的销售渠道的运动融合在了一起。

民众对食品药品掺假不再关注的状况在 1899 年通过《食品药品销售法修正案》① 的时候也反映了出来。当食品药品销售法修正议案在议会提出之时，各利益集团之间斗争激烈，时人把其概括为"城市对乡村"之争，即城市商人和乡村农场主之间的利益纷争，尤其是黄油业和人造黄油业之间的利益之争。代表这些利益集团的议员在议会展开了激烈的辩论，单单下院委员会阶段的辩论就占了《汉萨德议会议事录》的 120 页，议案的三读又占了 15 页。尽管议会的辩论非常激烈，但报纸对这个修正案的通过的反应比较少，普通大众对这个问题的关注更少。② 普通民众没有参与 1899 年法的活动，是因为食品药品掺假对他们中的很多人来说不再是一个问题。一些改革者试图像 19 世纪 70 年代及更早的时候那样制造一个反食品药品掺假"运动"的努力没有得到公众的支持。到 19 世纪末，食品领域所出现的

---

① 该议案多数条款是处理农产品的，例如乳制品、黄油和人造黄油方面的规定。

② 反映公共舆论的杂志《公共舆论》中没有一个条目是关于这个议案的，甚至相近主题的也没有。

一些新成分，像有争议的染色剂、防腐剂、苯胺染料和抗氧化剂等，远远超出了普通消费者的理解力。在食品的价值和纯度方面，消费者不得不更加依赖专家，即食品化学家，来告诉民众什么是安全的和有营养的。可以说，此后英国食品药品法律方面的变化和加强不再依靠公众的舆论动员，而是在立法领域内遵照食品技术的变化和卫生要求及无数新药品的出现而逐渐变化的。

1875 年法的另一个重要意义是，它把政府的权力进一步扩张到此前被商人认为是商业特权的领域。比如，茶叶商为了避免被起诉的麻烦，主动要求政府在国外的茶叶进入英国前在海关进行检查。政府一旦对进口茶叶进行检测，对其他茶叶的检测也势在必行。此后政府对茶叶的检查逐渐成了常态。越来越多的民众开始把国家干预看作解决当下弊病的最有效的方法。

1875 年法是使英国食品工业走上现代化的重要标志。[①]《1875 年食品和药品销售法》促使食品业内部开始重视食品分析技术的发展。起初，食品业对分析技术的发展感兴趣纯粹是为了避免被起诉，或者遭到起诉的时候利用分析技术为自己辩护。随着该行业越来越多地利用新的科学技术，制造商开始从科学创造中看到了好处。食品业从利用食品分析师分析原料的质量，逐渐发展到利用分析师检测配方、检查食品成分之间的化学反应，为一些成分寻找替代品并分析对手的产品。在这个过程中，逐渐刺激了新的食品工艺的出现，食品业开始成为一门科学。

1875 年之后，虽然随着社会的发展和新的化学发现、新食品加工和新食品原料和药品的出现，《1875 年食品和药品销售法》被不断修正以适应新的形势，但这部法律的基本框架——食品药品放在一个单一的立法中，采用大概一致的处理原则——被此后的多部法律所继承。议会 1928 年通过的食品药品法，把此前公共卫生中的一些相关措施也纳入食品药品法之中。1938 年的食品药品法，废除了自亨利八世以来 36 部法中的约 250 条规定，代之以简单的 103 款。该法简明扼要，由公共卫生法律中所有和食品相关的条款及食品药品销售相关的法律（药品的生产一般在其他法律的管辖之下，但其掺假仍然在食品药品法的管理之下）及一些牛奶法构成。1955 年，议会再次修订食品药品法，废除了所有过时的相关规定。1968 年，议会开始把药品单独处理，删除《1955 年食品药品法》内关于药品的规定，不再把食品和药品放在一起处理。至此，1875 年法的框架才被打破。但是，

---

① 陈晓律：《英国福利制度的由来与发展》，第 33 页。

1875 年法的基本原则——过错推定责任原则——一直没有被抛弃，到今天还在发挥作用。

第四章　近代英国食品药品安全法律体系的形成

《1875 年食品和药品销售法》运行没多久，一些细节上的缺陷就日渐显露，其中最重要的一个问题是以分析而非消费为目的购买样本的人是否受到了损害。答案若是否定的，将威胁到整个法律的运行。1879 年通过了一个修正案，弥补了这一漏洞，此后该法基本运行顺畅。随着社会的变化，到 19 世纪末，新的问题不断出现，尤其是食品纯净的标准问题，一直是引起各种纷争的重要因素，加上政府机构之间的不协调问题，1889 年对 1875 年法再次进行了修订，基本上理顺了各种关系，使该法又平稳运行了 38 年。在这期间，英国针对不同的商品，又出台了一些专门性的法律，比如人造黄油法，除此之外在其他一些法律中也包含了有关食品安全的法律，比如公共卫生法和商标法等。到 19 世纪末，英国已经形成了一套基本成熟的有关食品药品安全的法律制度。

第一节　1875 年法的应用和问题

《1875 年食品和药品销售法》虽然通过了，但相关的执法人员，不论是资格、能力还是人数，却不可能一步到位。这个问题对于公共分析师来说尤其突出，具有"分析师"头衔的人原本就不多，能胜任法律要求的工作的分析师更少。虽然公共分析师最初遭受到不少批评，但他们联合起来，努力改变分析不一致的局面，为起诉掺假商人提供了较好的基础，有效降低了掺假率。司法方面，苏格兰法庭对戴维森诉麦克劳德案（Davidson V. M'Leod）的判决使 1875 年法几乎无效，这促使议会很快通过了 1879 年修正案。

一、公共分析师面临的问题

根据 1875 年法，公共分析师将是执法环节中的重要一环，公共分析师出具的商品是否掺假的证明书的准确性是法官能否将违法的商人定罪的重要一环。很遗憾的是，最初的公共分析师有相当一部分不合格。

1875 年法规定，除非公共分析师候选人具有"合格的知识、技能和经验"，否则不准被任命，但是法律并没有说明公共分析师必须具备什么样的知识、技能和经验，实际上也是将这个问题留给了任命机构、教区、市镇委员会或郡议会，由他们决定候选人是否达到了这些模糊的要求标准。但是这些政府机构基本没有判断公共分析师候选人是否合格的方法，整个选拔过程可能以最令人不满意的方法进行。由于公共分析师候选人需要提供推荐信，候选人们纷纷去找自己认识的最有影响力的名人，有的找贵族，有的找国会议员，有的找政府高官，各显神通，谁的推荐信名头大谁就最有可能被任命。地方政府事务部将是否批准地方当局提交的候选人名单问题交给了自己的医疗顾问，由于公共分析师需要具备的首要资质是化学方面的知识，所以地方政府事务部的批准就成了走过场，很少有候选人被拒绝，20 多年来只有五六个候选人被否决过。结果就是很多专业能力不合格的公共分析师被任命，其中一些人甚至只是具有入门知识。[1] 这种状况一直到 19 世纪 80 年代之后才逐渐改善。

《1875 年食品和药品销售法》通过之后，《柳叶刀》做了一个大胆的预测：萨默塞特宫的化学家将会有很多事情去做![2] 《柳叶刀》一针见血地指出了 1875 年法的一个弊端，该法对于公共分析师和萨默塞特宫的化学家之间的权限和资格问题没有明确化，使两者已经持续了十多年的明争暗斗进一步扩大，媒体的推波助澜又加深了他们的分歧。善于发现机会的商人当然不会放过公共分析师和萨默塞特宫的化学家之间的任何分歧，他们充分利用了这种形势。许多食品行业的商人利用他们的保护组织建立了辩护基金，帮助被起诉的食品商，挑战公共分析师的分析证明书。[3] 食品是否掺假的分歧大多都是因为 1875 年法未对什么是掺假作出明确的界定。因此，每一方都忙于解释该法，每一派都作出了自己的解释，以便最大或最小限度

---

① *Report from the Select Committee on Food Products Adulteration*; *Together with the Proceedings of the Committee*, *Minutes of Evidence*, *Appendix and Index* (10 March 1896), p. 5.

② *The Lancet*, October 23, 1815, p. 603.

③ *The Grocer*, September 25, 1875, pp. 288–289.

地遵守其规定。地方政府事务部公布了一个中立的解释。《食品杂货商》在1875 年 9 月 25 日承认，商业利益集团仅仅是小胜；它承认政府对商业行为的管理是既成事实，食品商必须有相应行动，劝告它的读者遵守该法的规定，但是继续攻击"自封的骗子"，即公共分析师。①

虽然与此前的法律相比，《1875 年食品和药品销售法》有许多进步之处，地方政府事务部也宣称 1875 年法已经弥补了此前的防止食品药品掺假法的缺陷，但是公共分析师和萨默塞特宫化学家之间大量有争议的分析让人不相信这种说法。1875 年法最令公共分析师和萨默塞特宫化学家不满的是该法缺乏掺假的定义和标准，尤其是关于牛奶和黄油的掺假。当时在牛奶和黄油这两种商品中添加水是被允许的，但是添加的比例没有达成一致。每一群分析师都有他们自己的牛奶和黄油的分析标准，公共分析师和萨默塞特宫的化学家都不认为对方的分析结果是正确的。两派之间没有任何交流，萨默塞特宫的化学家无视公共分析师通过他们协会的杂志提高检测科学化的任何努力。②

比如牛奶问题，一些分析师把牛奶标准定得比较低，导致一些掺了水的牛奶也被当作纯净的牛奶，堂而皇之地出现在许多零售商的店中。还有一些分析师把牛奶的标准定得很高而且非常死板，没有充分考虑到自然环境的变化对牛奶质量带来的变化。在一些糟糕的自然环境下，很难使牛奶中的固体含量达到 10%。而且，一头牛在同一时间段所挤的奶，第一品脱和最后一品脱的品质也不同，两者的差异非常大，一个固体含量非常丰富，另一个则很少。所以一些被公共分析师认为掺水的牛奶，最终经过调查证明没有掺水，这导致一些地方政府不愿意处理牛奶掺假问题。这些问题经过一些商人和媒体的渲染后都被推到了公共分析师身上，公共分析师似乎成了掺假的罪魁祸首。

同时，那些不具备公共分析师资格但经常被一些商人拜访的"分析师"也发展出了他们自己独特的牛奶分析方法，这进一步扩大了牛奶是否掺假方面的分歧。例如，公共分析师杜普雷（Dupre）博士曾经挑战沃尔克（Voelker）博士的分析结果，后者那时还不是公共分析师，但是经常作为商人的专家证人出现。在 1876 年，《反掺假评论》差不多每个月都发表关于公共分析师、萨默塞特宫的化学家以及其他分析师之间关于掺假鉴定分歧的文章。当然，其他许多媒体也没有放弃这么好的新闻素材。甚至到了

①　*The Grocer*, September 4, 1875, p. 144.

②　*The Analyst*, March 1878, p. 271.

1887 年，相对客观中立的《英国医学杂志》在批评治安法官对掺假商太宽大、惩罚太轻的一篇文章中，还引用了一个治安法官讽刺公共分析师的话："在大多数情况下，公共分析师都被发现是错误的。"①

对于公共分析师来说，他们竭力希望给公众留下一种能胜任检查分析掺假食品和药品的形象，同时也试图表达一种中立的形象。为了实现这个目标，他们想尽办法最大限度地利用媒体，宣传其为消费者着想的形象。比如，一个公共分析师 1875 年 7 月 16 日在《化学新闻》上发表了一封信，他说："对我来说，我们伦敦的治安法官应该意识到牛奶掺假的罪恶的时刻到了。法官通常判决的罚款少得可笑，根本不能防止这种罪恶。让人愤怒地看到……一个高尚正直的姑娘因为摘了一朵花，被判 14 天监禁和在少管所劳教 4 年，而一些牛奶掺假者在他们的牛奶中添加了 15% ～ 20% 的水，对其的罚款却只有 2 先令 6 便士，最高是 5 先令，而对添加不超过 10% 的水的商人就不闻不问。伦敦有很多牛奶批发商在牛奶中添加 10% 的水，由此带来的年收益从 1000 英镑到 2000 英镑不等。这样的罪恶竟然试图靠罚款 2 先令和 5 先令来遏制！"②

一直到 19 世纪 70 年代末，公共分析师的宣传策略都没有起到他们所期望的作用，对于其形象的改善、行业地位的提高效果不大。尽管 1875 年法授予公共分析师一定程度的自治权，但许多地方政府仍然把公共分析师的职位和卫生医疗官联系起来，任命卫生医疗官为公共分析师，因此妨碍了公共分析师彻底行业自治以及与卫生医疗官划清界限的努力。而且在一些公共分析师看来，被任命为公共分析师的卫生医疗官没有受过食品分析方面的合格训练，这是给公众造成认为他们无能的印象的重要因素。简言之，在 1875 年法之下，公共分析师行业独立的步伐走得比较慢，他们自身的所作所为仍然很不专业，每一个有争议的分析证明书都使公共分析师本已十分可怜的名声雪上加霜。尽管萨默塞特宫的化学家不能公开表达他们对公共分析师粗劣的工作的不满，但他们证明书的措辞无疑已经表明了立场。换句话说，他们对于公共分析师的困境虽然没有落井下石，但作壁上观。由于媒体没有什么顾忌，他们对公共分析师的抨击毫不留情。支持萨默塞特宫的杂志《化学家和药剂师》在 1876 年 2 月 15 日发表文章，赞同《食品杂货商》的说法：萨默塞特宫的咨询法庭对商人来说是一个真正的福

---

① "Milk Middlemen", *The British Medical Journal*, Jul. 9, 1887, Vol. 2, No. 1384.

② *Chemical News*, July 16, 1815, p. 26.

音。① 支持商业利益集团的媒体更是不择手段地宣扬萨默塞特宫化学家的公正无私，抨击公共分析师的无能和对权力的滥用。尽管公共分析师协会创办了支持公共分析师的杂志《分析师》，但它对公共分析师形象的塑造远没有《食品杂货商》对萨默塞特宫化学家的形象塑造成功。

二、1875 年法的效果

总体而言，《1875 年食品和药品销售法》的实施使英国的食品药品掺假状况有所改观，与此前相比，掺假的比例开始下降。但是，具体到每种商品和每个地区，掺假程度还是千差万别，有的地区、有的商品掺假比例非常低，另一些地区和商品掺假现象却还是比较明显。

1877 年，贝尔法斯特市镇议会在举行的例行的季度会议上公布了该市镇公共分析师霍奇斯（Hodges）博士上一季度的分析报告。霍奇斯总计分析了 114 件食品、饮料和药品样本，有 53 件被发现是掺假或不纯净的，16 件甜牛奶样本和 26 件酪乳样本被发现添加了水。20 件碳酸饮料样本中有 9 件含有铅或铜，酸橙汁的样本中含有硫酸，被称为"蓖麻油丸"的药品里面没有一丝一毫的蓖麻油。另外，霍奇斯博士提请市镇议会注意"美国火腿"的包装上涂有黄色颜料，经分析，这种黄色颜料含有一种有毒物质，即铅铬酸盐。② 利物浦的公共分析师坎贝尔·布朗（Campbell Brown）博士在报告中也指出，在该镇出售的某些火腿的帆布包装被铅铬酸盐严重污染。③

格拉斯哥市的公共分析师在 1878 年报告说，在上个季度，他们只分析了四种食品：两种甜牛奶和两种糖果，结果发现都没有掺假。很明显，这并不代表格拉斯哥市的食品药品掺假率很低，而是分析的样本数量太少了。有人建议，当议员向立法机关提交目前正在议会卫生委员会审议的简短法案的修正案时，可以对《掺假法》进行一些修正，以处理牛奶问题。④

地方政府事务部的报告显示，在 1878 年，尽管对廉价商品的需求不断增长，有专门生产掺假品的趋势，但总体而言，掺假正在减少，而且对健康有害的掺假的数量比以前少了很多。1878 年公共分析师检查分析的样本总数为 16191 件，其中 2782 件掺假，掺假数量占样本总数的 17.2%。抽样

---

① *The Chemist and Druggist*, February 15, 1876, p. 68.

② "Adulteration in Belfast", *The British Medical Journal*, Nov. 17, 1877, Vol. 2, No. 881.

③ "The German Government and the British Adulteration Acts", *The British Medical Journal*, Jul. 20, 1878, Vol. 2, No. 916.

④ "Adulteration of Food", *The British Medical Journal*, May 18, 1878, Vol. 1, No. 907.

最多的商品是牛奶，虽然仍有超过五分之一的牛奶样本未能达到公共分析师普遍采用的最低标准，但是牛奶的总体质量与1877年相比有了明显的提高。[1] 其他的食品和饮品中，大约7%的面包样本和1.8%的面粉样本添加了明矾。与1877年相比，咖啡的掺假率有所增加，但是泡菜、果酱和糖果的掺假率较低。在76件葡萄酒样本中，只有2份掺假，这个结果有些出人意料。啤酒中约5%的样本掺假，在大多数情况下，掺假是因为掺入了过量的盐。烈酒的掺假率比较高，达到了50%，几乎所有掺假都是烈酒里面添加了水，基本没有此前常出现的在烈酒中添加辣椒水或浓硫酸等成分的例子。[2]

1878年，各地政府对药品的抽样比较少，提交分析的药品样本不到500件，虽然掺假的总比例并不是特别的高，但是其危害性比食品掺假更大。约克郡西区的公共分析师对药品掺假发表意见时就曾经说，加水稀释亚硝酸乙酯醑会导致其药用价值所依赖的亚硝酸醚逐渐分解，从而使其一文不值，更严重的是耽误患者宝贵的治疗时间。由于此前出现了与紫罗兰粉（violet powder）有关的一件灾难性事件，公共分析师对市场上的紫罗兰粉进行了大量的抽查分析。结果在这些紫罗兰粉样本中没有像以前一样发现含有砷，但发现一些具有刺激性和镇静效果的物质被冠以紫罗兰粉的名义出售。[3] 可可的掺假率和掺假的程度也比较高，伦敦东部哈克尼区抽取的一些可可样本虽然包装上标明了属于混合物，但是仅含有10%到15%的可可，实际上就是用糖和可可调味的葛粉。[4]

1879年分析的样本总数为17049件，比1878年多了约850件，如果不是因为1879年修正案的通过导致1875年法暂停实施，1879年的抽样数无疑会更多。[5] 掺假样本的比例从1877年的19.2%，1878年的17.2%，下降到1879年的14.8%。如果去掉烈酒样本，1877年掺假样本的总比例为15.5%，1878年为13.7%，1879年为13.8%。所抽取的样本中大约三分之

① "The Sale of Food and Drugs Act", *The British Medical Journal*, Sep. 20, 1879, Vol. 2, No. 977.

② "The Sale of Food and Drugs Act", *The British Medical Journal*, Sep. 20, 1879, Vol. 2, No. 977.

③ "The Sale of Food and Drugs Act", *The British Medical Journal*, Sep. 20, 1879, Vol. 2, No. 977.

④ "The Sale of Food and Drugs Act", *The British Medical Journal*, Sep. 20, 1879, Vol. 2, No. 977.

⑤ "The Sale of Food and Drugs Act", *The British Medical Journal*, Oct. 9, 1880, Vol. 2, No. 1032.

一是牛奶，其掺假比例从 1878 年的 21.6% 下降到 1879 年的 19.4%；在伦敦大都市区，牛奶掺假比例从 25.4% 下降到 23.3%。[①] 在所检查的面包中，约 7% 的样本被报告掺假，面粉样本的掺假率约为 2.5%，掺假物通常是明矾。咖啡仍然在没有任何标识的情况下大量掺入菊苣，消费者对此毫不知情。其中 1 件咖啡样本被发现含有 90% 的菊苣，只有 10% 是咖啡。芥末样本掺假率为 19%；在 243 份糖样本中，只发现了 1 份掺假；在果酱中，发现 1 件掺假样本，其主要是由海藻组成；在 257 件糖果样本中，只有 4 件掺假，另外有 2 件糖果样本似乎用的是铬酸铅作着色剂，1 件以"苹果酒奶油"形式出售的糖果样本被发现含有用少量乙酸戊酯调味的浓醋。[②]

酒类产品也是 1879 年地方政府检查的重点。葡萄酒方面，仅采集了 56 件样本，其中 3 件作为"未发酵葡萄酒"出售的商品其实是由糖、水、酒石酸、少量调味剂和色素调制而成。啤酒方面，掺假似乎一直在稳步减少，掺假样本的比例从 1877 年的 9.3% 下降到 1878 年的 5% 和 1879 年的 3.6%，掺假原因通常都是因为添加了过多的盐。在伦敦大都会，98 件啤酒样本中只有 1 件被发现掺假。烈酒方面，掺假物似乎只有水，杜松子酒样本的掺假率是 21.7%，其他烈酒样本的掺假率是 30.8%。[③] 药品方面，掺假的比例依然比较高。在提交分析的 613 件药品样本中，至少有 171 件样本被掺假。在德比郡提供的样本检测中，其公共分析师分析的某些所谓的"复方樟脑酊"样本中没有包含一丝的鸦片。一些亚硝酸乙酯醑样本被发现完全缺乏亚硝酸醚，还有一些则被用水稀释，水的含量最高可达 40%。公共分析师发现酒石酸氢钾大多添加了硫酸钙，还发现一些酒石酸的含铅量足以对患者的身体健康造成威胁。[④]

在 1879 年各地检查分析的 17049 件样本中，大多数样本是由根据《1875 年食品和药品销售法》任命的官员购买的；只有 528 件，也就是占总数约 3% 的样本是由私人购买的。值得注意的是，在后一类样本中，掺假比

①　"The Sale of Food and Drugs Act", *The British Medical Journal*, Oct. 9, 1880, Vol. 2, No. 1032.

②　"The Sale of Food and Drugs Act", *The British Medical Journal*, Oct. 9, 1880, Vol. 2, No. 1032.

③　"The Sale of Food and Drugs Act", *The British Medical Journal*, Oct. 9, 1880, Vol. 2, No. 1032.

④　"The Sale of Food and Drugs Act", *The British Medical Journal*, Oct. 9, 1880, Vol. 2, No. 1032.

例为 25%，而前者为 14.5%。① 造成这种差异的部分原因可能是普通消费者通常不会费时费力还自己花钱将样本提交给公共分析师进行分析，除非他有非常充分的理由怀疑商品掺假，所以普通消费者提交的样本掺假比例较高。但是毫无疑问，官员购买的样本掺假比例相对较低是因为商人一般都认识本地的检查员，而且有的检查员穿着制服去购买样本，② 所以卖给检查员的商品比出售给一般消费者的要好，这样的情况一直持续到 19 世纪 80年代。在检查员购买牛奶时，有些牛奶经销商害怕牛奶质量不达标，就偷偷在卖给检查员的牛奶中多添加一些奶油。对这种情况的唯一补救措施似乎是，官方在购买样本时，不由检查员出面，而是由其随机雇佣的人来购买。1875 年法案并未禁止检查员雇佣普通人购买样本，事实上有些地方的检查员就是这样做的，这些地方的执法效果当然也比其他地方好。总的来说，1875 年法在控制掺假方面取得了一定的进展，③ 如果普通消费者能更多地利用法律条款保护自己的权益，这无疑会大大加快这一进程。

三、法庭的判决

就像 19 世纪后半期英国大部分其他社会立法一样，《1875 年食品和药品销售法》也必须在法庭上证明它的作用。在随后一段似乎异常漫长的时间里，根据 1875 年法所提出的很多诉讼必须解决其面临的一些最基本的问题。这些问题有一部分是该法本身的缺陷导致的，其中最主要的缺陷就是缺乏对什么是掺假的界定；另一部分是快速发展的食品药品技术所带来的新食品药品所导致的。这就要求执法者对新出现的可能有害的成分，像食品染色剂和防腐剂，时刻保持警惕。同时由于大量新食品的出现，像人造黄油和换脂干酪，虽然像自然的产品，但完全是人造的，其营养状况是否与自然的产品完全一样，不同的专家有不同的结论。这些都使问题复杂化了。尽管出现了这些新问题，但总体而言，新法虽然没有彻底终止食品药品掺假，但像以前的法律一样，有助于减少而且改变掺假行为。

《1875 年食品和药品销售法》刚通过不久，1877 年，苏格兰法庭针对戴维森诉麦克劳德案（Davidson V. M'Leod）的判决使该法几乎陷于基本无

---

① "The Sale of Food and Drugs Act", *The British Medical Journal*, Oct. 9, 1880, Vol. 2, No. 1032.

② "Adulteration of Food and Drugs", *The British Medical Journal*, Oct. 31, 1885, Vol. 2, No. 1296.

③ "The German Government and the British Adulteration Acts", *The British Medical Journal*, Jul. 20, 1878, Vol. 2, No. 916.

效的困境。在这个案件中，公共分析师针对检查员提交的样本出具的分析书证明被告的商品掺假，结果法官裁定被告无罪，因为政府检查员购买商品是为了分析而非消费，检查员没有受到伤害，所以在这个案件中没有受害者。① 不仅如此，法庭还进一步判决说，1875 年法规定的非消费者想要的"性质、成分和质量"，这三个定性必须全部违反消费者的意愿才算违法，只违反其中的一个或两个不算违法。②

苏格兰法庭的这个判决很快带来了可怕的后果，伦敦的治安法官遵从了苏格兰的解释，他们认为不是苏格兰法院的判决使 1875 年法无效，而是这部法律本来就无效，法律是否有效是议会而非法官的责任，议会才有权以合理的方法塑造法律，法官的职责是根据法律判定案件。幸运的是，1879 年在英格兰发生的霍伊尔诉希契曼案（Hoyle V. Hitchman）的裁决中法官采用了相反的观点。像以前一样，王座法庭的法官们对《1875 年食品和药品销售法》作出了有利于消费者的严格解释。法官梅勒（Mellor）认为苏格兰的解释使 1875 年法的有利效果完全无效，如果法律的表述存在漏洞，那么法官就有责任去寻求一个合理的解释，避免违反法律的精神。③

霍伊尔诉希契曼案的判决使坚持反食品药品掺假的改革者暂时松了一口气。《泰晤士报》发表文章支持梅勒法官的解释，它用讽刺的语调说："实际上，全部的困难好像都是由于议会起草人或一些立法成员的过分的谨慎导致的。这个条款不仅使联合王国半数的牛奶商产生了希望，而且扰乱了城市中所有执法官员的智慧。这一条款明显是因为有所顾虑才提出的，他们担心牛奶商由于欺骗他们的顾客喝高脂厚奶油而非牛奶，或用上等红茶取代规定的一般红茶而被起诉。也许现在该承认，店主提升他们顾客口味的阴险的阴谋的危害已经迫在眉睫到需要法律来预防的地步。"④

总体而言，《1875 年食品和药品销售法》通过之后，法院在涉及该法的诉讼时，法官的判决大多数倾向于采取严格责任原则，支持消费者的利益。比如，在 1878 年的利迪亚德诉里斯案（Liddiard V. Reece）中，检查员购买了 0.5 磅咖啡，店主将咖啡装在一个袋子中，袋子上面贴了一张标签，

---

① Ingeborg Paulus, *British Food and Drug Legislation: A Case Study in the Sociology of Law*, pp. 208 - 209.

② R. E. Curran, "British Food and Drug Law —A History", *Food, Drug, Cosmetic Law Journal*, April, 1951, Vol. 6, No. 4.

③ Ingeborg Paulus, *British Food and Drug Legislation: A Case Study in the Sociology of Law*, p. 209.

④ Ingeborg Paulus, *British Food and Drug Legislation: A Case Study in the Sociology of Law*, p. 209.

上面写的是"咖啡和菊苣的混合物"。检查员将咖啡交给了公共分析师，经过分析，发现这袋咖啡中咖啡的含量只有60%，于是政府将这个店主起诉到了治安法院。法官们认为，卖方在咖啡中添加菊苣就是为了欺骗消费者，使咖啡看起来比较多，因此判决卖方有罪。这个判决得到了高等法院的支持。[1]

在霍尔德诉梅丁斯案（Horder V. Meddings）中，与利迪亚德诉里斯案相似，检查员购买的咖啡标签上说明是混合物，经公共分析师检测分析发现包含了85%的菊苣。与利迪亚德诉里斯案不同的是，被告宣称，他出售的咖啡和他从制造商处购买来的一样，没有篡改，所以即使违反了法律，也不是他造成的。对此，高等法院判决说，商贩所说的他出售的咖啡和他从制造商那里购买的一样的理由不能成立，因为如果他知道出售的咖啡中混合了那么高比例的菊苣，他就使自己成了制造商欺诈行为的共犯。但是，法官补充说，如果商品里面添加异质物品不是为了欺骗消费者，不是为了增加商品的体积、重量或其他测量单位，那么就不要求卖方注明混合物的比例。当然，在商品中添加异质物品是不是以欺骗消费者为目的，需要由法官来裁定。[2]

1880年，在霍尔德诉司格特案（Horder V. Scott）中，原告和被告针对检查员是否可以雇佣代理人购买样本问题上发生了分歧。高等法院裁定，根据《1875年食品和药品销售法》任命的购买样本的官员可以通过一个代理人完成购买程序，这就有效避免了商人由于认识检查员而不向其出售违法商品导致1875年法起不到实际作用的问题；在斯塔勒诉史密斯案（Stare V. Smith）中，针对没有参与购买样本过程的检查员是否可以作为原告起诉卖方的问题，高等法院判定，检查员的助理代表政府所任命的检查员购买了样本，如果随后因为样本掺假问题需要起诉卖方，那么检查员可以被视为实际的购买者，他有权提出起诉，不必由助理提出诉讼。[3]

当然，法院针对《1875年食品和药品销售法》导致的诉讼所做的判决并非总是对消费者有利的。上面提到的戴维森诉麦克劳德的裁决中，除了判定检查员购买到掺假商品后不能以受害人的身份起诉卖方外，还带来了

---

[1] Thomas Herbert, *The Law on Adulteration Being the Sale of Food and Drugs Acts*, 1875 *and* 1879, *with Notes*, *Cases*, *and Extracts from Official Reports*, p. 89.

[2] Thomas Herbert, *The Law on Adulteration Being the Sale of Food and Drugs Acts*, 1875 *and* 1879, *with Notes*, *Cases*, *and Extracts from Official Reports*, p. 89.

[3] Thomas Herbert, *The Law on Adulteration Being the Sale of Food and Drugs Acts*, 1875 *and* 1879, *with Notes*, *Cases*, *and Extracts from Official Reports*, pp. 93 – 94.

对消费者不利的另外一个问题。苏格兰的法官认为，辩方必须证明，本次购买的商品与他所想要的商品在成分、质量和性质上面不同，三方面必须同时具备才构成了犯罪。这就大大增加了将掺假的商人定罪的难度，商人在给食品添加异质物品时，只要使商品的成分、质量和性质三者不同时发生变化即可逃脱惩罚，结果导致《1875 年食品和药品销售法》在某种程度上又失去了防止掺假的作用。

第二节　1879 年修正案和其他相关立法

《1875 年食品和药品销售法》通过之后，不仅公众对食品药品掺假这个主题失去了兴趣，大多数媒体也将注意力转移到了其他社会问题上，尽管掺假仍然很普遍，但在人们眼中，掺假已经离自己很遥远了，即使身边有掺假也与己无关了。虽然有改革者竭力使食品药品掺假不时成为一个"公共舆论问题"，但这个主题在 19 世纪末各种各样的运动中不再是一个焦点。反食品药品掺假运动的重点从对公共卫生外在的忧虑转向对该法运行的内在忧虑。① 这一时期，议会除了通过了《1879 年食品和药品销售法修正案法》之外，在其他一些公共卫生立法中也包含了与食品卫生和掺假有关的内容。

一、1879 年修正案

（一）1879 年修正案的主要内容

苏格兰法庭根据《1875 年食品和药品销售法》做出的裁决使该法的缺陷进一步放大，令改革派更加不能忍受，要求修正该法的新议案很快在议会提了出来。

由于当时反烈酒掺假的运动势头正盛，为了维护烈酒商利益集团的利益，一个议员在 1877 年首先提出了一个议案，规定在烈酒中掺水是合法的。这个议案若成为法律，烈酒将被排除出 1875 年法的管辖范围。在该议案进行三读时，意识到问题的严重性的议员们联合起来否决了它。1878 年，有议员提出了一个不局限于烈酒的议案，由于不同法庭根据 1875 年法针对类似的问题作出的判决大相径庭，该议案试图确定一个标准解决法庭之间

---

① Ingeborg Paulus, *British Food and Drug Legislation: A Case Study in the Sociology of Law*, p. 206.

的分歧。但是这个议案在议会中几乎没有引起什么争论就被撤销了。

1879 年，议会任命了一个专门委员会调查 1875 年法的运行问题。专门委员会经过 1 个月的调查，发表了一个简短的报告。报告承认由于标准缺失带来的一系列问题，支持对 1875 年法进行修订。早在议会成立专门委员会之前就打算修订 1875 年法的地方政府事务委员会，在议会专门委员会的报告发表之后，及时提出了 1875 年法的修正案。① 议会很快就通过了这个修正案，这就是《1879 年食品和药品销售法修正案法》。

该修正案首先加强了 1875 年法的效力。一些被告在庭审时说，公共分析师与普通消费者不同，前者购买样本不是用来消费，而且不是用自己的钱购买的，因此即使商品掺假了，公共分析师也没有受到损害；还有被告抗辩说，根据 1875 年法，商品必须在性质、成分以及质量上与顾客所要求的全部不同才构成违法。针对这些抗辩理由，该修正案第二条规定，根据 1875 年法所提起的诉讼，被告不能以原告购买的样本只是用来分析，没有对原告造成损害作为辩护理由；食品或药品只要在性质或成分或质量三者中的任何一个违反购买者的意愿，就违反了 1875 年法。这就在法律的层面上推翻了苏格兰法庭在戴维森诉麦克劳德案件中的判决。

其次，该修正案为执法人员购买样本提供了方便。第三条规定，任何卫生医疗官、秽物检查员或重量及体积检查员，或任何市场检查员等采样人员，可以在牛奶运送途中的任何交付地点购买样本，如果在这过程中发现掺假也可以在接下来的起诉中避免制造商、批发商和经销商之间的相互推诿；由于一些地方拒绝卖牛奶给检查员，尤其是利用马车挨家挨户出售牛奶的流动商贩，所以该修正案第四条规定，任何牛奶商不能拒绝执法人员为了分析目的购买一定数量的样本，违者罚款 10 英镑；第五条规定，任何街头或者公共开放场所都在检查员的取样范围之内。

再次，该修正案为烈酒制定了掺假的标准，避免了执法和司法的不统一。监督烈酒销售，要求酒商诚实、公平地交易已被法律视为检查人员的主要职责之一。在当时的酒吧常见的一种做法是，酒馆老板们将酒稀释成更有利可图的度数。由于没有相关的法律规定，起诉这些店主的唯一方法是禁止向购买者出售不符合顾客要求的性质、成分或质量的商品。② 对普通顾客来说，度数是衡量烈酒的一个重要指标。因此该法第六条规定，如果

---

① "Medico‐Parliamentary", *The British Medical Journal*, Feb. 22, 1879, Vol. 1, No. 947.

② R. E. Curran, "British Food and Drug Law —A History", *Food*, *Drug*, *Cosmetic Law Journal*, April, 1951, Vol. 6, No. 4.

在烈酒中没有添加对健康有害的掺假物，只是添加了水，那么在白兰地、威士忌或朗姆酒中所添加的水没有使酒的度数减少超过 25 度，在杜松子酒中所添加的水没有使酒的度数减少超过 35 度，就没有违反 1875 年法。①

最后，该修正案保护了商人的合法权益，限制了执法人员的随意性。第十条规定，执法人员购买样本后，若认为商品掺假，应在合理的时间内将传票送达被告；对于易腐烂的商品，从执法者为了检测的目的购买食品或药品之日算起，到传票送达不能超过 28 天；卖方因在交易中违反《1875 年食品和药品销售法》的规定被起诉时，违法的细节或根据《1875 年食品和药品销售法》被指控的罪名，以及起诉人的名字，都要在传票中写清楚，而且传票自送达被传唤人之日起 7 日内不得退回。

从 1879 年修正案的上述条款可以看出，该法一方面积极维护消费者的利益，弥补了 1875 年法存在的部分漏洞，为执法者的执法创造各种便利的条件；另一方面也站在商人的立场，考虑了商人的现实，尽力不冤枉诚实的商人，鼓励商人诚信营业。

（二）1879 年后的掺假状况和执法问题

1879 年修正案的顺利通过出乎改革者的意料，与此前的几部法律相比，改革派对此法投入的人力、精力和物力明显要小得多，但取得的成果也是惊人的。《泰晤士报》对此结果很高兴，认为由相对少的有毅力的人坚持的反掺假运动取得的成功甚至超过了预期。②

苏格兰法庭对戴维森诉麦克劳德案件的裁决所导致的地方政府执法的混乱和不作为现象很快被 1879 年修正案纠正了，地方政府的执法积极性明显提高，1880 年采集的样本不仅在数量上比 1879 年多了 500 多件，在质量上也高了一些。地方政府事务部 1880 年的报告说，"1879 年的法案规定，在向零售商交付牛奶之前，可以在火车站提取样本，这一规定被证明是非常有用的，因为它使乳制品经销商能够保护自己免受邮寄给他的掺假牛奶

---

① 该修正案对烈酒度数规定的标准比较低，但即使如此，一些酒馆老板也突破了该法的限制；另外，违反该标准的老板，如果在销售时向购买者发出有关酒精浓度的适当通知，则可以在法庭诉讼时作为抗辩理由。结果，许多狡猾的店主故意在店内设计一种通知形式，误导消费者。如有酒馆在墙上张贴了如下的通知："本场所出售的所有烈酒与以前的质量相同，但为了符合《食品和药品（掺假）法》的要求，它们现在作为稀释的烈酒出售；没有酒精浓度保证"，见 R. E. Curran, "British Food and Drug Law —A History", *Food*, *Drug*, *Cosmetic Law Journal*, April, 1951, Vol. 6, No. 4.

② Ingeborg Paulus, *British Food and Drug Legislation*: *A Case Study in the Sociology of Law*, p. 211.

的损害。"① 结果毫不奇怪，公共分析师在火车站采集的牛奶样本通常比从零售商处购买的样本质量要高得多。在利物浦，如此采集的 80 件样本中只有 2 件不是真品，平均质量至少比从零售商处购买的牛奶质量高 15%。②

在面包样本中，约 6.4% 被公共分析师认为掺假，掺假物通常是明矾。在一个面包样本中，埃塞克斯公共分析师在四分之一的面包中发现不少于1305 格令的明矾。出售的面粉似乎很少掺假，409 件样本中只有 4 件掺假，有一些所谓的"俄罗斯面粉"仅由马铃薯淀粉和少量硫酸盐构成。咖啡样本的掺假比例和上一年相同，菊苣仍然是主要的掺假物，检测发现含有的菊苣从 40% 到 70% 不等，最极端的是一件咖啡样本含有 90% 的菊苣。检测的 244 件糖样本全部未掺假，部分原因与法律的严格执行有关，也说明糖不掺假同样能赚取令商人满意的利润。葡萄酒只购买了 67 件样本，差不多全部都是纯正的，除了个别的所谓"未发酵"葡萄酒，也被称为"低酒精饮料"，自称是纯葡萄汁，但实际上是酒石酸以及水杨酸、糖和调味料的混合物；还有一些所谓的西班牙红葡萄酒，经检测分析发现是用白兰地酒调制的。啤酒方面，几乎没有检测到掺假。在伦敦大都市区，127 件啤酒样本都被公共分析师报告为真品；在其他地区，所报告的少数掺假的啤酒样本大部分仅仅是因为含有过量的盐。烈酒是许多地方政府检查的重点，尽管1879 年法案确定的标准比较低，但掺假的比例仍然很高，这有点出人意料，不过在大多数情况下，烈酒的掺假仅仅是添加了水，有时添加了焦糖以改变烈酒的颜色。③

药品方面的掺假现象有了显著的改善，掺假的比例差不多是 1879 年的一半。在某些情况下，有人故意使用廉价的替代品代替昂贵的药物，例如用"辛可宁"代替奎宁；一些所谓的"止疼药"样本之所以掺假是因为没有包含一点的鸦片。药品从 1872 年首次被纳入综合性的食品和药品掺假法规，这一状况虽然一直持续到 20 世纪 60 年代，但从 1879 年之后，防止食品和药品掺假立法中的药品的推动力似乎消失了。④

此前掺假比例较高的其他商品的质量到了 1880 年有了明显的提高，葛

---

① "The Working of the Sale of Food and Drugs Act", *The British Medical Journal*, Aug. 27, 1881, Vol. 2, No. 1078.

② "The Working of the Sale of Food and Drugs Act", *The British Medical Journal*, Aug. 27, 1881, Vol. 2, No. 1078.

③ "The Working of the Sale of Food and Drugs Act", *The British Medical Journal*, Aug. 27, 1881, Vol. 2, No. 1078.

④ R. E. Curran, "British Food and Drug Law —A History", *Food*, *Drug*, *Cosmetic Law Journal*, April, 1951, Vol. 6, No. 4.

粉中只是偶尔发现掺有木薯粉、面粉或其他类似物质，燕麦粉间或发现掺有大麦粉。对于茶叶，地方政府事务部的报告说，只有在某些情况下是用已经泡过茶的叶子制成的，这样的茶叶的外观明显和没有泡过的茶叶不同，但这种情况很少见，说明海关的分析师对茶叶的检查对零售业产生了极好的影响。

1875 年法和 1879 年修正案的执行情况当然和地方政府的态度也有很大的关系。有些地方政府执法比较积极，也比较严格，这些地方的掺假率下降的也就比较快。爱尔兰邓恩郡（County Down）著名的公共分析师卡梅隆（Cameron）博士 1883 年在他的半年度分析报告中说，与以往的情况相比，该郡销售的食品和饮料的质量有了很大的提高。在送交给卡梅隆分析的 114 件食物样本中，只有 6 件是掺假的，其中 2 件是威士忌样本，1 件是咖啡样本，3 件是牛奶样本。[1]

当然也有许多地方执法不积极。当时有报道认为，1875 年法和 1879 年修正案在绝大多数地方都只是得到了部分执行，即使是负责收集样本的官员也是选择性执法。地方政府事务部自己承认，"在大多数小城镇和许多农村地区，这些法案实际上是无效的。"[2] 根据地方政府事务部 1882 年报告的分析，在伦敦大都会区大多数教区，官方检查员都采集了合理数量的样本。但在其他一些地区，采集的样本太少了，显然无法为消费者提供有效的保护。例如，在拥有 107850 名居民的纽因顿教区，1882 年一年中只分析了 18 个样本；在拥有 36021 名居民的罗瑟希德，只采集了 4 件样本。在伯克郡、卡迪根郡、彭布罗克郡、梅里奥内特郡和拉德诺郡议会的管辖范围内，在北安普顿、大雅茅斯、泰恩茅斯、卡莱尔、多佛、梅德斯通、大格里姆斯比、科尔切斯特等自治市以及其他 21 个城镇，没有根据 1875 年法和 1879 年修正案采取任何措施。[3] 在剑桥郡、伊利岛、康沃尔郡、赫里福德、诺福克、牛津、萨洛普、卡马森、卡那封、登比、弗林特和蒙哥马利等郡议会的管辖范围内，总人口为 1628127，但分析的样本总数仅为 143 件；而在普雷斯顿、诺里奇、普利茅斯、德文波特、伯恩利、伊普斯威奇、格洛斯特、

① "Adulteration in the County Down", *The British Medical Journal*, Apr. 7, 1883, Vol. 1, No. 1162.

② "Adulteration of Food and Drugs", *The British Medical Journal*, Oct. 31, 1885, Vol. 2, No. 1296.

③ "The Administration of the Adulteration Acts", *The British Medical Journal*, Oct. 25, 1890, Vol. 2, No. 1556.

牛津和剑桥等人口众多的城镇，样本数字同样微不足道。[1] 各地抽样数量和商品的掺假率具体参见表4-1、表4-2。

表4-1　1878—1882年间公共分析师报告所提供的样本检测情况

样本来源地	检测的样本数量	掺假的样本数量	掺假样本的比例（%）
贝德福德	1396	110	7.9
博克斯郡	431	37	8.6
巴克斯郡	106	26	24.5
剑桥	274	42	15.3
切斯特	3592	674	18.8
康沃尔郡	38	16	42.1
坎伯兰郡	476	89	18.7
德比	604	162	26.8
德文郡	477	97	20.3
多塞特（只有4年的数据）	35	19	54.3
达勒姆	2885	638	22.1
埃塞克斯	1367	180	13.2
格洛斯特	3600	260	7.2
赫里福德郡（4年的数据）	30	0	0
赫特福德郡	55	9	16.4
汉普郡（4年的数据）	107	28	26.2
肯特	1901	392	20.6
兰卡斯特	11453	2182	19.1
莱斯特	1385	139	10.0
林肯市	1664	273	16.4
米德尔塞克斯	1064	190	17.9
蒙默思郡	394	91	23.1
诺福克郡	422	91	21.6

---

[1]　"The Administration of the Adulteration Acts", *The British Medical Journal*, Oct. 25, 1890, Vol. 2, No. 1556.

（续上表）

样本来源地	检测的样本数量	掺假的样本数量	掺假样本的比例（%）
北汉普顿郡	593	88	14.8
诺森伯兰郡	937	200	21.3
诺丁汉	350	64	18.3
牛津	351	67	19.1
拉特兰郡	38	6	15.8
什罗浦郡	213	33	15.5
萨默塞特	4657	329	7.1
南安普顿	2423	477	19.7
斯塔福郡	5095	717	14.1
萨福克郡（4年的数据）	13	5	38.5
萨里	2645	490	18.5
萨塞克斯郡	1910	270	14.1
沃里克	1904	437	23.0
威斯特摩兰	80	24	30.0
威尔特郡	343	41	12.0
伍斯特	787	94	11.9
约克郡东区	665	133	20.0
约克郡北区	344	50	14.5
约克郡西区	3162	557	17.6
下面为威尔士地区			
安格尔西岛	64	11	17.2
布雷克诺克（4年的数据）	180	77	42.8
卡迪根	79	29	36.7
喀麦登郡	149	31	20.8
卡那封郡（4年的数据）	23	13	56.5
登比（4年的数据）	53	14	26.4
弗林特（4年的数据）	112	33	29.5
格拉摩根郡	2287	196	8.6

（续上表）

样本来源地	检测的样本数量	掺假的样本数量	掺假样本的比例（%）
梅利奥尼斯（4 年的数据）	104	46	44.2
蒙哥马利郡（4 年的数据）	7	0	0
彭布罗克	105	19	18.1
拉德纳（4 年的数据）	34	9	26.5
城市区总计	24716	3328	13.5
郡总计	63469	10305	16.0
所有地区总计	88185	13633	15.46

表格来源：托马斯·赫伯特的《关于掺假的法律，1875 年和 1879 年食品和药品销售法：解释、案例和官方报告摘要》，奈特出版公司 1884 年版。

表4-2　地方政府事务部提供的1878—1882 年间英格兰和威尔士的样本检测情况

商品	1878—1882 年检查的样本数	1878—1882 年样本中发现的掺假数	1878—1882 年这5 年内的掺假比例
牛奶	31605	6410	20.3
面包	5545	357	6.4
面粉	2562	33	1.3
黄油	5956	859	14.4
咖啡	6226	1167	18.7
糖	1366	15	1.1
芥末	4413	764	17.3
咸菜（包括罐装蔬菜）	276	13	4.1
果酱	336	20	6.0
糖果	1140	22	1.1
葡萄酒	272	24	8.8
啤酒	2694	119	4.4
烈酒	9058	2684	29.6
药品	2294	475	20.7
其他商品	14442	671	4.6

（续上表）

商品	1878—1882 年检查的样本数	1878—1882 年样本中发现的掺假数	1878—1882 年这 5 年内的掺假比例
总计	88185	13633	15.5

表格来源：托马斯·赫伯特的《关于掺假的法律，1875 年和 1879 年食品和药品销售法：解释、案例和官方报告摘要》，奈特出版公司 1884 年版。

上述表格中的样本大多数都是检查员根据《1875 年食品和药品销售法》第 13 条的规定购买获得的，只有一小部分是普通消费者购买后交给公共分析师进行分析的。由于官方的购买者，即检查员，一般都是长期任职的，当地的商人大多都认识他，这就会出现检查员购买样本时商人一般不会把掺假的商品卖给他的现象，导致检查员起不到应有的作用。地方政府如果不采取一定的措施，《1875 年食品和药品销售法》将会成为一纸具文。

对此，地方政府事务部在其第十二次报告中评论说：有一些地区采取了措施，检查员雇佣了一些商人可能不会怀疑的购买者，这样获取的样本就和小店主出售给普通消费者的一样。但是，在其他地区，检查员很少采取任何措施隐瞒他们的官方身份，或者隐瞒他们购买商品的目的。更可笑的是，有一个郡把购买商品进行分析的职责交给了警察。在那之前的一两年内，警察穿着制服到商店中购买商品交给公共分析师分析甚至成了习惯。在一些市镇，购买商品交给公共分析师分析的人是重量和体积检查员，他们是当地的公众人物，年复一年地做着同样的工作，商人基本都认识他们，卖给他们的商品当然都是特别好的，而且甚至在某些情况下，比如当他们购买牛奶时，牛奶商都要在其中额外添加一些奶油以确保符合要求。[1] 由此可以推测，这些地区实际上的掺假比例可能比上述表格中提到的掺假率更高。

当然，并非所有地区都无视由检查员本人购买商品进行检测起不到防止掺假的问题。在一些市镇，为了推动普通消费者积极参与到反掺假的正义事业中去，最大限度地利用《1875 年食品和药品销售法》，地方政府安排他们的公共分析师为私人购买者分析样本，每次分析只收费 2 先令 6 便

---

[1] Thomas Herbert, *The Law on Adulteration Being the Sale of Food and Drugs Acts*, 1875 and 1879, *with Notes*, *Cases*, *and Extracts from Official Reports*, pp. 38 – 39.

士，而非《1875 年食品和药品销售法》所允许的最高限额 10 先令 6 便士。[①] 但是地方政府的这种安排似乎没有得到消费者的普遍响应，很少有人将购买的商品交给公共分析师进行分析，因为这意味着自找麻烦，不仅需要消费者自己花钱去购买并分析样本，而且还需要花费时间在法庭上作证，最后即使官司打赢了，所得的赔偿也是微不足道的。很明显，在这样的情况下，除非检查员本人获得的样本和商人出售给普通大众的商品的质量一样，否则检查员购买样本交给公共分析师进行分析以便起诉掺假者的根本目标就不能实现。其实，解决这个问题的方法非常简单，采购样本这样的行为本身不必由检查员亲自完成，可以授权检查员雇佣一名助手完成取样程序，这也是后来一些地区所采纳的方法。

另外，需要指出的是，在分析上述表格时，必须注意的另外一个现象是，某些商品或者一些地区的掺假率看起来非常高，达到百分之二十，一些地区甚至达到 30%、40% 或者 50% 以上，比如烈酒的掺假率为 29.6%，牛奶的掺假率为 20.3%，卡那封郡的掺假率为 56.6%，多赛特的掺假率为 54.3%。这么高的掺假率，几乎可以与《1875 年食品和药品销售法》通过之前的掺假率相比。实际情况是，19 世纪中期之后商人出售的食品质量状况与此前相比得到了明显的改善，一些地区或某些商品掺假率之所以还是那么高，一方面是因为许多被公共分析师定性为掺假的样本，其实掺假物非常少，可能非有意为之，但是这样的掺假也被计算在掺假率里面，只不过政府没有针对这样的掺假者提起诉讼。另一方面是因为有些地区的取样不太科学，比如有的地区四五年之内才抽取了 20 多件样本进行分析，样本数量过低，完全不能反映当地的掺假状况；有的地区的检查员购买的样本来源地比较单一，比如只去一两个下层民众聚集的社区购买样本，而这些地方一般来说恰恰是掺假相对比较多的地方。[②] 最后，有些所谓的掺假是符合法律规定的，比如商人已经用合适的方式告知购买者他出售的商品是混合物。这方面最普遍的就是酒里面混合了水，政府针对这样的掺假所提出的诉讼大多都失败了。

公共分析师发现了那么多的掺假食品、药品，在政府对这些出售掺假食品、药品的商人提起的诉讼中，政府胜诉的比例是多少呢？公共分析师

---

① Thomas Herbert, *The Law on Adulteration Being the Sale of Food and Drugs Acts*, 1875 and 1879, *with Notes*, *Cases*, *and Extracts from Official Reports*, p. 38.

② Thomas Herbert, *The Law on Adulteration Being the Sale of Food and Drugs Acts*, 1875 and 1879, *with Notes*, *Cases*, *and Extracts from Official Reports*, p. 37.

向地方政府提交的工作报告一般只是描述了检查员交给他们的每一件样本的分析结果，没有提供任何可供政府操作的有关法律诉讼方面的信息，公共分析师自身当然也没有卷入任何直接的相关诉讼。所以对于定性为掺假的商品所提出的起诉，最终对掺假商人是否定了罪、定罪后作出了什么样的处罚，目前没有确切的数据。

幸运的是，埃塞克斯郡的季度法庭要求负责诉讼程序的检查员在诉讼结束后，通知公共分析师他们起诉的每一例掺假样本的诉讼结果。在这种情况下，可以根据埃塞克斯郡的情况大致推测地方政府针对掺假商品所提出的起诉大概有多少件胜诉，有多少件败诉。例如，1882 年，在埃塞克斯郡公共分析师检测的 461 件样本中，发现其中有 98 件是掺假的，最后有 60 件被定罪，累计罚款金额达到 127 英镑 10 先令，而且在每一个胜诉案子中都判定败方支付诉讼费用和购买样本及分析样本的费用。[①] 如果其他地方的情况与埃塞克斯郡大致相同，那么可以推测，表 4 - 2 所列出的掺假中，地方政府可能在大约三分之二的掺假案件中成功将掺假商人定罪。

（三）1879 年后的司法问题

1875 年法和 1879 年修正案的成效除了与检查员和公共分析师的工作有关之外，也与法官的态度有莫大的关系，法官对法律的解释很大程度上决定着法律的成败。

总体而言，法官们针对食品药品掺假案件作出裁决时，基本都是出于自己对法律的理解、对案件的认识而独立作出裁断的，不存在司法腐败的问题，但是在具体到法律条文和案件时，一些法官的解读方式无疑妨碍了法律对食品药品掺假的控制效果。概而言之，关于食品案件司法方面存在的问题集中在以下七个方面。

第一，检查员是否可以从批发商处购买样本。1887 年 6 月 28 日，在肯辛顿即决法庭上出现了一个案件，它提出了一个相当重要的问题，即《1875 年食品和药品销售法》第 17 条赋予的控制牛奶质量的权力如何理解的问题。盖拉德（Gaylard）是一名检查员，他到牛奶承包商"怀特曼和考克斯先生们"的店里要求购买一品脱的牛奶。承包商的一位雇员拒绝将牛奶卖给检查员，雇员说他们是批发商，不零售，但是可以送给检查员一品脱或者卖给他一加仑牛奶。当地政府将雇员起诉到了法庭。被告的辩护理由是，怀特曼和考克斯先生是批发商，不以零售方式销售牛奶。他们坚持

---

① Thomas Herbert, *The Law on Adulteration Being the Sale of Food and Drugs Acts*, 1875 *and* 1879, *with Notes*, *Cases*, *and Extracts from Official Reports*, p. 37.

认为，1875 年法第 17 条仅适用于零售销售，不适用于以批发方式进行的销售。当地政府则认为，怀特曼和考克斯是零售商不是批发商，因为他们从奶农处获得牛奶后直接卖给了他们的顾客们。结果法官驳回了起诉。①

显然，地方政府选择了一个错误的抗辩理由，虽然怀特曼和考克斯先生确实是批发商而非零售商，但是 1875 年法不仅仅适用于零售场所。该法第 17 条规定，"如果任何上述的官员、检查员或警察购买任何商店或仓储打算出售或零售的食品或药品时"，其中的"任何商店或仓储"以及"出售或零售"已经暗示本条包括了批发交易。1879 年的修正案进一步将"商店或仓储"扩展到街道或公共开放场所，并且根据该修正案第 4 条，可以对拒绝出售的人处以不超过 10 英镑的罚款。因此 1875 年和 1879 年的食品药品销售法的规定在肯辛顿这个案件上是清晰的，"在这里，正如经常被滥用的食品和药品法一样，有错的不是法律，而是它的执行者"。②

第二，混合物如何出售。圣乔治·汉诺威广场的一些商人销售罐装咖啡时在罐子上的标签上用非常大的字体写着"法国咖啡"，而在标签的背面用很小的字体写着说明性文字"咖啡和菊苣的混合物"。看了标签背面的细心的顾客无疑会认为这种"法国咖啡"是咖啡里面添加了一些菊苣的咖啡混合物，而非菊苣里面添加了咖啡的菊苣混合物。1890 年，这些混合物经公共分析师分析后证明含有的菊苣高达 80%，当地的教区委员会很快起诉了一些商人。③

教区委员会认为，根据《1875 年食品和药品销售法》第 8 条："在出售添加的——这种添加不是为了故意欺诈性地增加体积、重量或测度，或掩盖其低劣的质量——对健康无害的原料或成分的食品或药品时，如果在交货时他向收到同样货物的人提供一个通知，通过印在或写在货物上的明显且易辨认的标签表明货物是混合的，那么这个人没有犯上述提到的罪行"。"法国咖啡"添加的菊苣就是为了"欺诈性地增加"咖啡重量，即使在标签上注明是混合物，但这种注明对顾客并没有起到保护作用，所以违反了 1875 年法。但是治安法官驳回了起诉，理由是经销商没有义务在已经宣布为混合物的商品的标签上注明掺杂物的比例。④ 治安法官的这一判决的影响非常恶劣，使 1875 年法第 8 条完全无用，一些经销商可以使咖啡混合

① "Milk Middlemen", *The British Medical Journal*, Jul. 9, 1887, Vol. 2, No. 1384.

② "Milk Middlemen", *The British Medical Journal*, Jul. 9, 1887, Vol. 2, No. 1384.

③ "Impunity in Adulteration", *The British Medical Journal*, Jun. 21, 1890, Vol. 1, No. 1538.

④ "Impunity in Adulteration", *The British Medical Journal*, Jun. 21, 1890, Vol. 1, No. 1538.

物只包含 0.5% 的咖啡、添加 99.5% 的菊苣，这样做不会受到任何惩罚。

很明显，只有对商贩采取严厉的惩罚措施，才能避免他们故意用"混合物"的方式施行欺骗的事实。如果零售商知道要对他的商品的正确描述负责，无论这些商品是真品还是混合物，他很快就会学会保护自己免受批发商带来的欺诈，"除非商品是密封包装销售的，否则不应指望不幸的消费者能越过零售承担发现复杂的欺诈的责任"。① 一年后，即 1891 年，在一件相似的案件中，西伦敦治安法庭的判决则和上面的判决完全相反。杂货商詹姆斯·海曼（James Hayman）因销售掺有 84% 菊苣的咖啡而被起诉。被告对公共分析师的分析提出了质疑，应被告的要求，法院将开庭日期延后，允许被告将一部分咖啡样本送到仲裁机构萨默塞特宫进行分析。萨默塞特宫的分析表明，样本中含有不少于 33% 的菊苣。被告辩称他以混合物的形式出售了这种物质，而且在咖啡包装上贴上了这样的标签。治安法官判决说，检查员要的是咖啡，而不是咖啡和菊苣的混合物，所以对被告处以 3 英镑罚款，并支付 12 先令 6 便士的购买样本和分析产生的费用。②

第三，是否告诉顾客商品被改动过。伊斯灵顿（Islington）的检查员购买的牛奶样本经分析发现里面有 28% 的脂肪已经被抽取掉了，小贩由此被起诉到了达尔斯顿（Dalston）的治安法庭。根据 1875 年法第 9 条，"如果被出售的食品中被抽取了其中的任何一部分以致有害地影响了其质量、成分或性质，任何人故意不告知商品已经改变的状况，任何人如果出售了任何已经改变的食品而不披露这种改变，这两种情况都要处以不超过 20 英镑的罚款"，因此小贩应该被罚款。1890 年，治安法官对此作出宣判，他认为按照第 9 条要求卖方披露商品的任何更改，有必要证明小贩知道商品已经被改变，但是检查员没有提供被告知道商品被改变的任何证据，所以驳回了起诉。③

治安法官的判决导致了一种荒谬的反常现象：如果小贩出售的牛奶被抽走了一些脂肪，为了将这个小贩定罪，就必须证明他知道这种情况，但如果它出售的牛奶中添加了水，则不需要证明小贩知情就可以惩罚他。也就是说，牛奶里面加了水的话可以根据 1875 年法第 6 条起诉并将小贩定罪，但如果牛奶里面的脂肪被抽走，则必须根据 1875 年法第 9 条进行起诉，而

---

① "Inadequate Fines for Adulteration", *The British Medical Journal*, Nov. 25, 1893, Vol. 2, No. 1717.

② "Recent Adulteration Cases", *The British Medical Journal*, Nov. 21, 1891, Vol. 2, No. 1612.

③ "Milk Adulteration", *The British Medical Journal*, Feb. 1, 1890, Vol. 1, No. 1518.

第 9 条中出现了"故意"和"披露这种改变"的字眼，因此同样都是掺假行为，定罪却要求不同的条件。

第四，保证书的认定和效力问题。为了避免诚实的零售商在不知情的情况下出售了从批发商或制造商处购买到的掺假商品而被定罪的问题，1875 年法的第 25 条和第 27 条针对出售了掺假商品的零售商规定了一个豁免条件，即零售商向法官或法院证明，起诉方购买时所要求的商品的性质、成分和质量和他所购买时的一样，而且有一个书面的保证，那么法院就可以驳回起诉。这一条款本身充满了争议，在议会辩论时就引起了激烈的争论，各地法院的判决自然也是没有统一的标准。

有这样一个案件：一位牛奶零售商与一个批发商签订了牛奶供应合同，后者为前者每天供应一定量的新鲜且纯净的牛奶，结果检查员从零售商处购买了一些牛奶进行分析后发现是掺假的，这个零售商被起诉到了治安法院。零售商坚称他出售的牛奶和他购买时的一样，他没有添加任何东西就出售了。治安法官表示，他虽然认可零售商的说法，但是零售商与批发商签订的合同不是保证书，因此不能豁免他出售掺假牛奶的罪行，判决零售商违反了 1875 年法。零售商上诉至高等法院王座法庭。1883 年，王座法庭宣布维持原判。柯勒律治（Coleridge）法官宣判时说，议会的意思是，商人如果想保护自己免受处罚、使自己绝对安全，那么对于他零售的商品，他必须提供适当的书面保证，但是合同不是这样的保证书。[1]

1891 年发生的一个相似的案件却出现了不同的判决。一个乳制品商与一个农场主签订了供应牛奶的合同，合同上写明供应"包含全部奶油的纯牛奶"，不同的是案件中的乳制品店老板比较小心，他给了农场主一些标签，上面印有发货人的姓名和"纯牛奶"字样，以及收货人的姓名和地址，要求农场主发货时贴在装牛奶的罐子上。当这个乳制品店老板被当地政府起诉出售掺假牛奶时，他依靠合同和这些标签成功使治安法官裁定其无罪。[2]

同年，在沃尔索尔郡法院审理的另一起案件表明，零售商即使未能就所售商品的真实性提供适当的书面保证，仍然可以采取其他补救措施。一个乳制品商与一个农场主签订了供应牛奶的合同，合同上说保证供应纯牛

---

① "Milk Adulteration and Milk Retailers", *The British Medical Journal*, Feb. 21, 1891, Vol. 1, No. 1573.

② "Milk Adulteration and Milk Retailers", *The British Medical Journal*, Feb. 21, 1891, Vol. 1, No. 1573.

奶。检查员从乳制品商处购买的牛奶经分析发现是掺假的，由于该商人没有从奶农那里获得保证书，被治安法官判处罚款 2 英镑。事后他对奶农提起诉讼，要求赔偿相应的损失，结果奶农被判决赔款 20 英镑。[①]

第五，应该处罚直接违法者还是间接违法者的问题。一些较大的杂货店往往雇有帮工负责日常交易，店主通常并不亲自站在柜台后出售商品，在这样的情况下出现掺假问题，应该处罚店主还是帮工？最初各地的治安法官并没有统一判决，有的处罚店主，有的处罚帮工，虽然最终高等法院作出了裁决，但又带来了新问题。

爱德华·卡特（Edward Cater）出售的人造黄油因未按照法规要求正确贴上标签而被传唤到南华克区治安法庭，爱德华·卡特在辩护中提出了一项技术性反对意见，即犯罪行为不是由被告人实施的，而是由他的一名仆人实施的。根据法律，被告首先传唤了他的经理，因为这是经理的疏忽导致未遵守法律的规定。治安法官说，根据相关法律，爱德华·卡特的仆人是掺假行为的真正的责任人，但经理是负责人，所以对经理处以 2 英镑的罚款，而对主人的起诉则被撤回。[②]

很快高等法院就这个问题作出了裁决。大法官柯勒律治勋爵在一起上诉案件中判决说，如果发现有掺假问题，就必须传唤实际为买方提供所购商品的人。[③] 这个判决的隐含之意是，如果店主对雇员的掺假确实不知情，那么他可以免于起诉，但如果他指示或者默许雇员掺假，他就要负责任。这样的判决表面上看无懈可击、合情合理，但实际上也带来了柯勒律治没有想到的结果。首先，如果店主没参与，掺假只是雇员的个人行为，治安法官很少将雇员定罪，而且即使定罪并判处了罚款，如果雇员未缴纳罚款，治安法官也不会将他送进监狱。[④] 其次，店主可以与雇员勾结，店主唆使雇员掺假，后者如被定罪，则由前者弥补其损失。所以在这种情况下，法律的目的若是将真正的或最严重的罪犯绳之以法，那么只有确定谁从犯罪中获利最大就惩罚谁的问题，该目标才能实现。[⑤] 最后，如果店主参与了雇员的掺假行为，在审判时有些治安法官也没有根据高等法院的裁决进行审理。在旺兹沃思（Wandworth）的治安法庭，有人提出申请，要求对一名出售掺

① "Milk Adulteration and Milk Retailers", *The British Medical Journal*, Feb. 21, 1891, Vol. 1, No. 1573.

② "Recent Adulteration Cases", *The British Medical Journal*, Nov. 21, 1891, Vol. 2, No. 1612.

③ "Adulteration and The Law", *The British Medical Journal*, Nov. 28, 1891, Vol. 2, No. 1613.

④ "Adulteration and The Law", *The British Medical Journal*, Nov. 28, 1891, Vol. 2, No. 1613.

⑤ "Adulteration and The Law", *The British Medical Journal*, Nov. 28, 1891, Vol. 2, No. 1613.

水牛奶的奶商进行审判。牛奶是由被告的女雇员出售的，被告要求治安法官考虑这个事实，而治安法官在审判此案时，拒绝考虑柯勒律治勋爵最近的判决，拒绝考虑是否让主人和雇员承担连带责任的问题进行陈述。① 而在另一起案件中，则出现了相反的情况。一个名叫派珀（Piper）的人因类似罪行而被传唤，辩方提出休庭，这样他们能够将真正的违法者带到法庭。检查员则反对休庭，他说，他在起诉这些案件时遇到了很大的困难，有几个人曾试图恐吓他，但是治安法官接受了辩方的要求，同意休庭。②

第六，没有法理的司法判决。上述判决虽然对于防止食品药品掺假不利，但基本上还属于对法律的理解不一样的范畴之内，接下来有些法官的判决就不属于理解不同了。一名杂货商出售的一些罐装豌豆被公共分析师证明含有一定数量的对人体健康有害的铜元素。1890 年，这名杂货商被当地政府起诉到格拉斯哥治安法庭。虽然代表商贩的律师没有提出符合 1875 年法的辩护理由，但是治安法官支持被告，驳回了起诉。治安法官认为，检查员根据 1875 年法购买了三听豌豆罐头，但是只分析了其中的两听，还有一听的豌豆没有分析。虽然公共分析师分析的两听罐头都被证明都含有大量的铜，但第三听罐头不知道是否也包含有铜，因此案件"没有得到证实"。③

格拉斯哥治安法庭的这个判决非常荒唐。事实上，根据 1875 年法的规定，只需要分析一听罐头（即提交给公共分析师的那听罐头）就可以了，公共分析师的证明书中陈述的事实就是合法的证据，不需要进一步分析其他罐头，除非应被告的要求，检查员才会把保留的罐头送到仲裁机构萨默塞特官进行分析，以确定公共分析师的分析是否有误。问题的关键在于公共分析师分析的那听豌豆是否含有一定量的铜，如果证明确实含有足以对健康构成损害的铜（控方提出的证据充分证明了这一点），那么即使第三听罐头不含铜，或含有较少量的铜，也不能否认被告的豌豆罐头存在铜的事实，据此就足以处罚被告了。

1887 年，一名牛奶商因出售掺有 25% 的水且脂肪被抽掉 10% 的牛奶而被起诉。公共分析师出具的分析报告的准确性没有争议，被告的辩护理由是牛奶商自己没有加水，对添加了水一事一无所知，掺假一定是在奶农手中或在运输过程中发生的。马尔堡街的治安法院在被告没有提供保证书的情

---

① "Recent Adulteration Cases", *The British Medical Journal*, Nov. 21, 1891, Vol. 2, No. 1612.

② "Recent Adulteration Cases", *The British Medical Journal*, Nov. 21, 1891, Vol. 2, No. 1612.

③ "Impunity in Adulteration", *The British Medical Journal*, Jun. 21, 1890, Vol. 1, No. 1538.

况下竟然认可了这个辩护，驳回了起诉。根据 1875 年法，掺假的牛奶商只有在提供保证书的情况下才能被豁免。按照马尔堡街的这个裁决，一个牛奶商只需要把责任推到住在偏远地区的奶农或铁路公司的身上就可以逍遥法外了，公众绝对没有任何补救办法。区分纯牛奶和含水量为 25% 的牛奶是牛奶商的工作，如果他销售牛奶时做不到这一点，或者太疏忽了没注意到牛奶的质量，那么他的无知或疏忽应该使他受到 1875 年法施加的公正的惩罚；如果他从奶农那里得到了保证书，保证向他提供的所有牛奶都是纯正的，那么就应该根据 1875 年法以欺诈和违反保证为由对奶农提起诉讼。但是，该案件的判决却使所有人都可以掺假而不受惩罚。[①]

　　1890 年发生的另外两件庭审判决也令人觉得不可思议。在伦敦西北的巴特西（Battersea）出现了两起案件。其中一起案件是该地一些大商人的牛奶被证明严重掺假，起诉到法庭之后，治安法官竟然驳回了起诉，理由是他"认为被告已经在这件事上支付了足够的费用"。[②] 当时的报纸这样评论说："这说明，即使在受过教育的人中间，仍然存在着一种旧观念，认为这种掺假行为不过是一种温和的欺诈行为，应当宽大处理。总的来说，这更像是一个笑话。"[③] 同样是在巴特西，一个牛奶经销商卖给检查员一些"脱脂牛奶"，后经公共分析师证明，这些牛奶不仅是"脱脂牛奶"，而且牛奶里面至少被掺入了 15% 的水，这些都是明目张胆违反 1875 年法的行为。经庭审，治安法官"认为被告的妻子否认有新鲜牛奶，表示愿意出售脱脂牛奶，而检查员也购买了脱脂牛奶，因此这次的牛奶交易对检查员没有构成任何损害"，在"告诫被告今后要注意自己的行为"之后就驳回了起诉，[④] 完全没有提该案件与 1875 年法是什么关系。

　　第七，判决处罚过轻。导致 1875 年法没有发挥应有作用的一个很重要的方面就是很多法庭对违法者的罚款太少，完全起不到震慑的作用。同一个人重复违法，表明违法者发现支付罚款并继续掺假是有利可图的。有一个牛奶商不断违法，不断被起诉，不断被法官判决违法并罚款，从第一次到第七次违法，他仅仅支付了总计不过 70 英镑的罚款，在第八次被判决违法时，也只不过是罚款 20 英镑。[⑤] 在食品药品掺假司法史上，到处是罚款

---

① "The Adulteration of Milk", *The British Medical Journal*, Sep. 24, 1887, Vol. 2, No. 1395.

② "Impunity in Adulteration", *The British Medical Journal*, Jun. 21, 1890, Vol. 1, No. 1538.

③ "Impunity in Adulteration", *The British Medical Journal*, Jun. 21, 1890, Vol. 1, No. 1538.

④ "Impunity in Adulteration", *The British Medical Journal*, Jun. 21, 1890, Vol. 1, No. 1538.

⑤ "The Working of the Sale of Food and Drugs Act", *The British Medical Journal*, Aug. 27, 1881, Vol. 2, No. 1078.

金额小得非常可笑的例子，1 先令的罚款很常见，法官好像在鼓励掺假商人继续欺骗公众，而不是惩罚违法者。[①] 上面提到的巴特西这个地方，便是以治安法官常常判决把人造黄油当作黄油出售的商人处以 6 便士的罚款而闻名。[②]

1891 年，圣乔治·汉诺威广场教区将一名供应商起诉到威斯敏斯特治安法庭，原因是该供应商出售的猪油含有 4% 的水。这一事实没有争议，治安法官判决被告违法并对其处以 2 英镑的罚款，外加 12 先令 6 便士的费用。事实是，按照正常流程制造的猪油不应该含水，即使加入很少量的水，甚至低至 0.5% 的水，也会给制造商带来可观的利润。[③]

治安法官对待食品掺假案件的宽大处理几乎是众所周知的。1892 年，在整个英格兰和威尔士，经公共分析师分析后，有 4009 件样本被列为掺假，共提起诉讼 2537 起，但罚款总额只有 3842 英镑，平均每起案件的罚款为 1 英镑 16 先令 2 便士；1891 年平均罚款是 1 英镑 11 先令 3 便士；1890 年是 1 英镑 9 先令。在这些案件中，罚款在半克朗以下的案件有 121 件，罚款在半克朗以上 5 先令以下的案件有 241 件，罚款 5 先令至 10 先令的案件有 364 件。[④] 同样的食品掺假问题，在税务部门起诉的案件中治安法官通常会对违法者处以重罚。[⑤] 为什么根据 1875 年法的起诉罚款总是那么少呢？对此，地方政府事务部说，在许多情况下，法官的宽大处理可能是因为他们认为被起诉的零售商比通常能逃脱惩罚的实际上的掺假者——批发商——的罪责要轻。[⑥] 还有一个原因是，大多数被起诉者都是小商贩，牛奶掺假方面的案件大多如此，治安法官不忍予以严惩，[⑦] 他们认为牛奶掺假之类的违法都是一些微不足道的罪行。[⑧] 最后也与税务部门的重视有关，对于每

① "Milk Middlemen", *The British Medical Journal*, Jul. 9, 1887, Vol. 2, No. 1384.

② "Impunity in Adulteration", *The British Medical Journal*, Jun. 21, 1890, Vol. 1, No. 1538.

③ "Recent Adulteration Cases", *The British Medical Journal*, Nov. 21, 1891, Vol. 2, No. 1612.

④ "Inadequate Fines for Adulteration", *The British Medical Journal*, Nov. 25, 1893, Vol. 2, No. 1717.

⑤ "The Public and the Adulteration of Food and Drugs Act in The City", *The British Medical Journal*, Mar. 10, 1894, Vol. 1, No. 1732.

⑥ "Inadequate Fines for Adulteration", *The British Medical Journal*, Nov. 25, 1893, Vol. 2, No. 1717.

⑦ "The Working of the Sale of Food and Drugs Act", *The British Medical Journal*, Aug. 27, 1881, Vol. 2, No. 1078.

⑧ 当时也有文章为治安法官的小额罚款辩护，说治安法官和其他人一样，有时也会犯错；他们宁可偏于宽大，也不要偏于严厉。"The German Government and the British Adulteration Acts", *The British Medical Journal*, Jul. 20, 1878, Vol. 2, No. 916.

一个掺假案件，税务部门都会提出严密的、无懈可击的证据，同时派出律师协助案件的起诉。

食品药品掺假案件司法方面存在的问题当然还有很多，19 世纪 80 年代以来法庭总的裁决趋势似乎将大部分困难转移给了那些执行食品和药品销售法遏制欺诈的人的身上。① 为了公众的利益，一些积极的地方政府投入了大量的精力、花费了大量金钱来证明案件的全部真相，结果治安法庭竟然拒不接受起诉人员对案件和法律的解释，驳回了起诉，而驳回的理由无论是从细化法律、填补法律的漏洞的角度来看，还是从常识的角度来看，一些治安法官的判决都是完全站不住脚的，甚至是非常荒唐的。只要有可能，一些地方政府就会把这类案件提交到高等法院，如果高等法院的判决仍然令人不满意，就到了投入精力、施加影响争取议会对现行法律作出适当的修正和补充的时候了。②

在药品方面，自从《1875 年食品和药品销售法》通过之后，1879 年的修正案和 1889 年的食品药品法虽然在名称上都包含了"药品"两个字，但与食品相比在内容上所占的比例非常小，检查员对于药品的取样也不多，相关的司法案件更是寥寥无几。尽管根据食品和药品法对销售掺假药品或被改动过的药品的起诉并不多，但被定罪的案件比例却比较高，某种程度上可以说明在药品问题上治安法官的司法总体上还是倾向于买方的。③

例如，伦敦的鲁道夫·冈特（Rudolph Gaunt）先生，他是一名药剂师，从事药品的批发生意。1894 年，圣萨维尔（St. Saviour）地区的检查员格里斯特（Grist）派他的助手进入冈特的商店购买了一瓶苏打水，经分析发现这瓶气泡水实际上是充气水，没有一点碳酸氢钠，而根据药学会的配方，苏打水应该含有 30 格令的碳酸氢钠。于是地方政府根据《1875 年食品和药品销售法》中"购买的物品并非买方所要求的性质、成分和质量"的规定，将冈特起诉到了伦敦的一个治安法庭上。政府的公诉人指出，真正的碳酸氢钠通常是用于治疗的，仅凭这一点，被告就应该注意他出售的商品的真实性。被告则表示，他的公司 60 多年来一直不间断地经营这个业务，这是他们面临的第一个起诉。事实上尽管按照《英国药典》要求制作的苏打水是很难喝的，但如果需要药用，则应以《英国药典》要求的形式配制。治

---

①　"Food Adulteration Made Easy"，*The British Medical Journal*，Dec. 9，1893，Vol. 2，No. 1719.

②　"Impunity in Adulteration"，*The British Medical Journal*，Jun. 21，1890，Vol. 1，No. 1538.

③　"Adulterated Drugs and Spurious Pharmaceutical Preparations"，*The British Medical Journal*，Oct. 6，1894，Vol. 2，No. 1762.

安法官斯莱德（Slade）说，卖给检查员的商品很明显不含碳酸氢钠，因此不是苏打水。最终被告被处以 3 英镑的罚款，并需支付 12 先令 6 便士的费用。①

1895 年，伯明翰根据《1875 年食品和药品销售法》将 4 起有关药品的案件提交给了治安法官，诉讼理由是检查员从 4 个零售药剂师那里购买的芦荟酊和碘酊"不符合购买者要求的性质、成分和质量"，即不是检查员想要的药物制剂。《英国药典》对芦荟酊和碘酊的配制有明确的要求，而且根据《1868 年制药法》的规定，《英国药典》中的药品必须由合格的药剂师根据其要求进行配制。在法庭上，当地的卫生医疗官兼公共分析师阿尔弗雷德·希尔博士提供的证据表明，所购买到的样本无论如何都没有配制好，其中的某些成分的含量比《英国药典》规定的要多得多，并且由于这些制剂是内服的，其后果可能是非常危险的。治安法官的最终判决是其中的 3 起案件中的被告违法，被判处罚款，而这其中的两名被告此前曾因类似罪行被罚款，第 4 起案件因地方政府技术上的不规范被驳回起诉。4 起案件中的其中 1 名被告承认他不是注册药剂师，另外 3 名被告似乎也不是，因为他们的名字不在《1868 年制药法》规定的合格人员名册上，所以所有被告似乎都在未满足法律要求的必要技术知识的情况下非法从事药剂师的业务。尽管被告在法庭上证明他们那样配制样本不是欺诈性质的，但药品和食品不同，药品或制剂的购买者无法保护自己，他们必须依靠药剂师的诚实和准确。②

1892 年 8 月 9 日，3 名诺丁汉当地的化学家因销售的鸦片酊剂的性质、成分和质量不符合购买者的要求，被地方政府依法起诉。在第一个案例中，公害检查员说他到药剂师弗雷德里克·隆比（Frederick Lumby）的店里以 1 先令 6 便士的价格购买了 6 盎司的鸦片酊。公共分析师杜鲁门（E. B. Truman）博士分析了其中的一份样本后，发现其中根本不含吗啡。在法庭上，检查员说他购买的不是阿片酊，而是鸦片酊。诺丁汉卫生医疗官布伯（Boobbyer）博士表示，《英国药典》只允许使用源自小亚细亚的鸦片，这种鸦片通常被称为士麦那（Smyrna）鸦片，它含有大约 3% 的吗啡。布伯认为，出售的鸦片酊如果没有特殊的说明都应该按照《英国药典》的要求进行配制。被告辩解称，他有 21 年的从业经验，与其他从业人士一样，他一直将鸦片酊剂和阿片酊剂视为两种截然不同的药物，鸦片酊剂只提供给普

---

① "Soda Water", *The British Medical Journal*, Oct. 6, 1894, Vol. 2, No. 1762.

② "Adulterated Medicine", *The British Medical Journal*, Dec. 28, 1895, Vol. 2, No. 1826.

通的顾客。检查员要求的制剂是鸦片酊，这是一种在店里用烟土而不是干鸦片制成的制剂，从这个意义上说，它可能比《英国药典》要求的药性要弱。被告不承认自己的药品中不含吗啡，他进一步说，如果检查员要《英国药典》规定的制剂，他应该要鸦片酊剂。治安法官支持检查员的说法，判处被告 5 英镑的罚款。[①]

诺丁汉的另一位药剂师威多森（W. M. Widdowson）也被控犯有类似的罪行。经分析，他的药品的吗啡含量只有 0.206%，而不是《英国药典》要求的 0.754%。布伯博士在庭审时表示，他不承认鸦片酊和阿片酊之间有任何合法区别，他认为鸦片酊是阿片酊更流行的名称，两者是同义词。布伯的依据是《英国药典》不承认流行的名称。被告说，他手里有英国一些最大的药剂师批发商的通函，鸦片酊剂和阿片酊剂是分别说明的。治安法官表示，在本案中，被告的说法只会给药剂师带来好处，这样药品可以少一点吗啡，所以判处被告 3 英镑的罚款。[②]

诺丁汉的第三起药品案件中的被告得到了治安法官的支持。药剂师阿尔伯特·比尔比（Albert E. Beilby）被指控出售的 5 盎司鸦片酊中仅含有 0.51% 的吗啡，而不是《英国药典》规定的 0.75%。检查员说他买了被告所有的鸦片酊剂，当时被告问他是否想要买《英国药典》所要求的鸦片酊剂，他回答说："当然是的。""洛夫特豪斯和索尔特摩尔先生们的公司"的一名化学家在庭审时作证说，他是药理学方面的审查员，有多年的经验，他的公司向被告提供的鸦片酊剂的浓度是足量的。他认为，鸦片的分析不是一件很容易的事，他对公共分析师提交给法庭的分析结果表示怀疑，与此类似的还有甜硝酸盐，关于甜硝酸盐的起诉也总是失败。被告比尔比说，他从"洛夫特豪斯和索尔特摩尔先生们的公司"订购这批药品时特别提到了要符合《英国药典》的质量要求，他支付的价格也是当时的市场价，每磅 3 先令 2 便士。他出售这批药品时也真诚地相信它们符合法律的要求，他会要求萨默塞特宫的政府分析师分析检查员拥有的第三份样本。法官宣判说，他们倾向于认为被告出售这些药品时根本没想到存在这样的问题，所以不会对其施加惩罚。[③]

---

①　"Tincture of Opium or Laudanum", *The British Medical Journal*, Aug. 13, 1892, Vol. 2, No. 1650.

②　"Tincture of Opium or Laudanum", *The British Medical Journal*, Aug. 13, 1892, Vol. 2, No. 1650.

③　"Tincture of Opium or Laudanum", *The British Medical Journal*, Aug. 13, 1892, Vol. 2, No. 1650.

1890 年，在谢菲尔德也发生了 3 起相似的案件，判决结果也类似，法院判定不能以失误作为辩护理由，药剂师必须为其失误承担后果。① 总体而言，法院对药品案件的判决较为维护买方的利益。与食品案件不同的是，根据 1875 年法提起的起诉报告经常附带一个声明，被起诉的个人许多不是注册化学家或药剂师，这说明一些药品的不合格可能确实是专业性不够导致的。另外，劣质药品的销售范围主要是在乡村地区，这些劣质药品经常出现在农村的小杂货店。这就出现了一个重要的问题，即这些药品是从哪里供应给小经销商的。不能指望小经销商对药品或制剂的质量有任何判断能力，他们在被起诉时的辩护理由通常是不知情，并声称这些药品是从制造商那里购买的，制造商实际上似乎是主要的犯罪者，但在现有的法律条件下，根本无法起诉制造商。诸如制造商在配制鸦片酊和止疼药之类的药品时根本没有添加有效成分或者添加得较少，然后卖给那些没有资质、不能合法销售制剂的零售商，这一事实足以表明存在系统地规避《1868 年制药法》以及《1875 年食品和药品销售法》的行为。② 这种状况很快引起了改革者的注意，他们呼吁议会尽快通过法律弥补这些漏洞。

二、其他相关立法与判例

19 世纪的英国，除了防止食品药品掺假的综合性法律之外，议会针对一些比较重要的食品相继颁布了一些专门性的法律。此外，食品的卫生问题，尤其是肉类的传染病问题，对消费者的健康甚至生命安全也有至关重要的影响，所以一些关于公共卫生和传染病方面的法律也与食品安全有关。

（一）1887 年人造黄油法

早在 17 世纪时，黄油在英国已经成了一种重要的商品，在 1649 年、1662 年和 1692 年，议会就曾先后颁布法律规范黄油的出售。1662 年的法律就明确规定，"任何放置时间已经比较久的黄油或腐烂的黄油不得与任何新的或完好的黄油混合或包装"，每一桶或每一罐黄油都应是同一种类型，质量应相当，腌制的黄油不能放入过多的盐，而且"不得与黄油混合超过保存所需要的量的盐"，任何违反上述规定的行为都会受到处罚。③ 为了追查

---

① "Prosecutions of Chemists under the Sale of Food and Drugs Act", *The British Medical Journal*, Apr. 5, 1890, Vol. 1, No. 1527.

② "Adulterated Drugs and Spurious Pharmaceutical Preparations", *The British Medical Journal*, Oct. 6, 1894, Vol. 2, No. 1762.

③ Peter Barton Hutt, Peter Barton Hutt Ⅱ, "A History of Government Regulation of Adulteration and Misbranding of Food", *Food, Drug, Cosmetic Law Journal*, January 1984, Vol. 39, No. 1.

违规行为，每个黄油包装商都必须在容器上打上他名字的全称和教名的首字母。进入 18 世纪后，议会在 1721 年、1744 年、1796 年和 1798 年又颁布了几条法律，为防止黄油掺假提供了基本的保护，直到 1844 年这些法规才被废除。[1]

《1860 年防止食品掺假法》、《1872 年食品、饮料和药品修正案法》以及《1875 年的食品和药品销售法》均将黄油纳入了其管辖范围，1873 年王座法庭根据 1872 年法作出判决的影响深远的菲茨帕特里克诉凯利案就和黄油的掺假有关。此后，对黄油构成最大威胁的是人造黄油的出现。1869 年，法国一名化学家为响应拿破仑三世的有奖征集活动，通过加工试验创造出了人造黄油，它最初是由提纯的牛油或牛的肉质脂肪加调味剂和着色剂调制而成。1875 年 5 月，英国第一家生产人造黄油的股份公司注册成立，[2] 类似的公司很快就相继不断地出现了，只是英国本地的生产发展较为缓慢。可能是因为荷兰的黄油商人占了先机，而且英国政府没有征收高额进口关税，导致了国外的人造黄油大量进口到英国，进口量远远超过了本国的产量。[3]

人造黄油是一种非常接近于黄油的替代品，但其生产成本比黄油低得多。由于消费者对人造黄油不了解，商人通常将它染成黄油的颜色并掺到黄油里面混合后以"黄油"的名称出售。人造黄油制造商的这种做法损害了黄油制造商的利益，对消费者来说也是一种掺假，尽管这种掺假对身体无害。人造黄油一进入市场，就遭到了黄油制造商的抵制，他们一方面大肆宣称人造黄油是由不卫生的油制成的，会严重损害身体健康；另一方面给政府施加压力，要求立法限制人造黄油的销售。尽管人造黄油进入丹麦的时间相对比较晚，但丹麦是第一个采取行动的国家。1885 年 4 月 1 日，丹麦通过了世界上第一部人造黄油法，宣布人造黄油应有明确的标记。[4]

在英国，1880 年地方政府事务部的报告表明，把人造黄油当作黄油出售的现象越来越多，购买者无疑都是不知情的。对于人造黄油的质量问题，存在着截然相反的意见。在议会贸易委员会发表的调查文件中，通过化学

① Peter Barton Hutt, Peter Barton Hutt Ⅱ, "A History of Government Regulation of Adulteration and Misbranding of Food", Food, Drug, Cosmetic Law Journal, January 1984, Vol. 39, No. 1.

② Markus Lampe and Paul Sharp, "Greasing the Wheels of Rural Transformation? Margarine and the Competition for the British Butter Market", The Economic History Review, Aug. 2014, Vol. 67, No. 3.

③ Hugh Saunders, "Margarine: The Development and Status of Oleomargarine Legislation in the United Kingdom", Food, Drug, Cosmetic Law Journal, July, 1952, Vol. 7, No. 7.

④ Markus Lampe and Paul Sharp, "Greasing the Wheels of Rural Transformation? Margarine and the Competition for the British Butter Market", The Economic History Review, Aug. 2014, Vol. 67, No. 3.

分析证明人造黄油非常有益健康的论述和极其有害的论述同时出现。① 对于黄油中掺入人造黄油的问题，在 19 世纪 80 年代由《1875 年食品和药品销售法》及 1879 年修正案法进行管理，由于这两部法律本身存在的问题以及司法方面存在的问题，黄油制造商显然对这两部法律的执行效果不满意。

英国的黄油制造商寻求获得与丹麦同行一样的保护。与丹麦一样，英国代表乳制品利益集团的议员首先在下院提出了保护黄油的议案。这些议员有 6 名来自爱尔兰，其中 1 名爱尔兰议员也是科克（Cork）的黄油商人，其他 5 名爱尔兰议员则是由乳制品郡选举出来的。② 为了安抚这些议员，下院成立了专门委员会调查是否有必要立法限制人造黄油的问题。在听证会上，艾贝尔（F. Abel）爵士表示人造黄油是从动物脂肪或人造奶油中分离出来的混合物与不同比例的牛奶、坚果或可口的种子油和无害的色素一起搅拌后制成的。为了让它具有黄油的味道，制造商会在制造时加入一部分浓稠的荷兰黄油或丹麦黄油。人造奶油是由油性物质和脂肪制成的，是一种非常有益健康的食物，比市场上的劣质黄油好得多。公共分析师协会主席艾伦（Allen）先生表示，有时黄油中掺入了 15% 至 95% 的人造奶油。地方政府事务部的托马斯先生认为，如果《1875 年食品和药品销售法》得到充分执行，就足以处理人造黄油的掺假问题。奥托·黑纳（Otto Hehner）先生建议将黄油和人造奶油分开出售，并宣布它们的混合物是非法的。③

专门委员会最终发布调查报告，支持了黄油商利益集团，建议立法限制人造黄油与黄油的混合，禁止将人造黄油当作黄油出售。议会很快通过了《1887 年人造黄油法》，该法于 1888 年 1 月 1 日生效。受 1885 年丹麦的人造黄油法的启发，英国人造黄油法案旨在"更好地防止人造黄油的欺诈销售"。它包含许多旨在禁止将人造黄油作为黄油出售的规定。例如，每个人造黄油制造商都必须在地方当局注册并接受检查，这是当时英国制造法规的独特之处，并且人造黄油的包装上必须清楚地标明"人造黄油"一词。④

《1887 年人造黄油法》不仅包含了《1875 年食品和药品销售法》的许

---

① "The Sale of Food and Drugs Act", *The British Medical Journal*, Oct. 9, 1880, Vol. 2, No. 1032.

② Markus Lampe and Paul Sharp, "Greasing the Wheels of Rural Transformation? Margarine and the Competition for the British Butter Market", *The Economic History Review*, Aug. 2014, Vol. 67, No. 3.

③ "Butterine and Oleomargarine", *The British Medical Journal*, May 28, 1887, Vol. 1, No. 1378.

④ Markus Lampe and Paul Sharp, "Greasing the Wheels of Rural Transformation? Margarine and the Competition for the British Butter Market", *The Economic History Review*, Aug. 2014, Vol. 67, No. 3.

多条款，而且也是对 1875 年法的一种修正。在 1887 年法中，商贩如果提供了保证书或发票，可以免于起诉；而在 1875 年法中，商贩如果提供了保证书，可以免于起诉，尽管对于什么材料可以被认定为保证书有不同的判决，但不包括发票（对于发票的问题，在后来的司法判决中也出现了分歧）。1887 年法对违法者的罚款规定是最高不超过 50 英镑，甚至对于惯犯提高到了 100 英镑；而 1875 年法规定的罚款最高也不超过 20 英镑。1887 年法规定，检查员可以取样"任何黄油或声称是黄油的东西"，但没有规定检查员取样时是否需要给商贩支付样本的费用[①]；1875 年法则明确规定检查员的样本要采取购买的方式。[②] 1887 年法明确授权检查员可以进入制造场地和仓库，防止黄油里面掺人造黄油，这一条令食品商特别愤怒，它把检查的原则应用到了商品制造业，此后政府对各种商业领域的侵蚀越来越多，商人的抗拒越来越少；《1875 年食品和药品销售法》则没有明确说明检查员是否可以进入制造场地和仓库。[③]

1887 年法第 3 条首次尝试界定什么是人造黄油："人造黄油"一词系指模仿黄油制成的所有物质，无论是化合物还是其他物质，也无论是否与黄油混合，除非以人造黄油的名义并按照本法规定的条件出售，否则此类物质不得合法出售。[④] 这个定义确立了人造黄油只能是人造黄油，只能以人造黄油的名称出售的市场规则。接下来就要确保该物质是人造黄油这一事实以简单和明确的方式传达给消费者。该法案第 6 条规定，在人造黄油的箱子和包装上必须标上"人造黄油"一词，而且标注时有规定的格式："每个装有人造黄油的包装，无论是打开的还是封闭的，都应在顶部、底部和侧面用不小于四分之三平方英寸的大写字母印上商标或标明'人造黄油'；如果这种人造黄油以零售方式公开出售，则每个包裹的外层上面均应附有标签，标签上应用大写字母印刷上不小于 1.5 英寸见方的'人造黄油'字样，这个字样务必使购买者清楚可见；任何以零售方式出售人造黄油者，除在包装上适当贴上上述商标或标记外，在任何情况下，都应将其放入纸质包装纸中交付给购买者，纸质包装纸上应以不小于四分之一平方英寸的大写

---

① 有一种解读认为该法允许检查员取样本不用付钱，见 Ingeborg Paulus, *British Food and Drug Legislation: A Case Study in the Sociology of Law*, p. 227.

② *Report from the Select Committee on Food Products Adulteration; Together with the Proceedings of the Committee, Minutes of Evidence, Appendix and Index* (3 July 1894), pp. 2 – 3.

③ Ingeborg Paulus, *British Food and Drug Legislation: A Case Study in the Sociology of Law*, p. 227.

④ Hugh Saunders, "Margarine: The Development and Status of Oleomargarine Legislation in the United Kingdom", *Food, Drug, Cosmetic Law Journal*, July, 1952, Vol. 7, No. 7.

字母印刷上'人造黄油'字样"。① 这条规定为人造黄油如何标记制定了详细的规则，此后虽然不时略有修改，但一直到20世纪50年代仍然有效，它也使与人造黄油容器和包装标记有关的法则成为英国人造黄油贸易的一个特色。

《1887年人造黄油法》的颁布让黄油商欢欣鼓舞，他们以为这部法律可以有效地防止人造黄油给黄油带来的掺假。当时的一些媒体也认为该法的规定非常严格，在许多方面可以作为改进《1875年食品和药品销售法》的典范。例如《英国医学杂志》在1888年发表文章说，《1875年食品和药品销售法》为犯罪者提供的许多漏洞在《1887年人造黄油法》中得到了细致的填补；1887年法规定，证明在所售物品的性质方面受到任何欺骗的举证责任由零售商自己承担。该法还强制检查员购买黄油并分割样本，以不知道掺假的来源为辩护理由是不够的。整个责任由卖方承担，而不是像以前那样主要由买方承担，旧的法律规则，即买者负责，被有效地废除了。② 《英国医学杂志》评论说，如果防止食品药品掺假的法律总体上按照《1887年人造黄油法》的模式进行修改，"我们人民，特别是较贫困阶层的物质福利将会得到改善"；牛奶、咖啡和茶叶等众多的商品当然应该像黄油一样受到保护；如果反对食品药品掺假的法律的刑罚条款与《1887年人造黄油法》的刑罚条款一样，那么所有这些掺假很快就会结束。③

实践很快证明，《英国医学杂志》太乐观了，《1887年人造黄油法》生效之后，丝毫没有看到黄油掺假大幅度减少的迹象，而且更让黄油生产商沮丧的是，《1887年人造黄油法》显然没有阻止人造黄油在英国的销售。④ 事实上，该法通过后，人造黄油的销量继续增加，公众一方面以为该法能起到防止不法商人用人造黄油当作黄油出售的欺骗手段，所以对购买的黄油是真正的黄油还是人造黄油更不上心；另一方面，议会专门委员会发布的调查报告认为该产品是有益健康的说法也让许多消费者毫无顾虑地食用人造黄油。

地方政府事务部的总检查员赫伯特·普雷斯顿－托马斯（Herbert Pres-

---

① Hugh Saunders, "Margarine: The Development and Status of Oleomargarine Legislation in the United Kingdom", *Food, Drug, Cosmetic Law Journal*, July, 1952, Vol. 7, No. 7.

② "One Hundred Years Ago", *British Medical Journal* (Clinical Research Edition), Jan. 30, 1988, Vol. 296, No. 6618.

③ "One Hundred Years Ago", *British Medical Journal* (Clinical Research Edition), Jan. 30, 1988, Vol. 296, No. 6618.

④ Markus Lampe and Paul Sharp, "Greasing the Wheels of Rural Transformation? Margarine and the Competition for the British Butter Market", *The Economic History Review*, Aug. 2014, Vol. 67, No. 3.

ton-Thomas）先生在 1894 年议会专门委员会作证时说，"《1887 年人造黄油法》通过之后，黄油的掺假比例急剧降低，掺假率从 1887 年的 17.5% 降低到 1888 年的 10.4%，但自那以后，这一数字一直在上升，随后几年的百分比分别为 13%、11.5%、15.5%、15% 和 14%"。[1] 在托马斯看来，1894 年黄油的掺假情况和 1877 年差不多，人造黄油和黄油的混合变得越来越普遍，这是黄油制造商所不能接受的，他们积极游说政府，引发了新一轮的调查和立法活动，最终在 1899 年的食品和药品法、1902 年《黄油销售条例》以及 1907 年新的《黄油和人造黄油法》中又作出了新规定。例如，到 19 世纪 90 年代时，一些制造商和商人习惯的掺假方法是将乳脂与人造黄油混合，然后将这种混合物作为黄油出售。这种做法遭到了《1899 年食品和药品销售法修正案法》第 8 条的限制，该法令禁止制造、销售或进口含有超过 10% 乳脂的人造黄油。[2] 对于人造黄油来说，虽然各种证据都证明其对健康无害，甚至在营养方面也不比人造黄油差，但在 19 世纪却遭到许多国家大量歧视性立法的约束。

（二）对肉类的监管

19 世纪以来，随着全球贸易的发展和冷藏技术的进步，肉类的供应不断扩大，同时价格也大幅下降，下层消费者日常饮食中的肉制品也逐渐增多，到 19 世纪中叶，英国成为"世界上最大的牛肉食用国"。1874 年，伦敦就有 1400 多家屠宰场。据估计，到 19 世纪末，伦敦每年生产 38 万吨生肉。[3]

19 世纪 50 年代，人们在关注食品是否纯净的同时，也开始注意到食品是否卫生的问题，尤其是生肉的卫生问题。[4] 屠宰场的卫生问题首先进入了人们的视线。以伦敦为例，长期以来，屠宰场通常是由木制棚屋经过简单改造而成，都分布在旧市场（像手工艺品市场）、制革厂和动物贸易市场的周围。这些屠宰场内部常年血污横流，垃圾遍地。还有许多屠户在自己家的后院、旧仓库和废弃的马厩屠宰动物，这种做法不仅使屠户自家充满血

---

① *Report from the Select Committee on Food Products Adulteration*; *Together with the Proceedings of the Committee*, *Minutes of Evidence*, *Appendix and Index* (3 July 1894), p. 7.

② Hugh Saunders, "Margarine: The Development and Status of Oleomargarine Legislation in the United Kingdom", *Food*, *Drug*, *Cosmetic Law Journal*, July, 1952, Vol. 7, No. 7.

③ Chris Otter, "The Vital City: Public Analysis, Dairies and Slaughterhouses in Nineteenth-century Britain", *Cultural Geographies*, October 2006, Vol. 13, No. 4.

④ Keir Waddington, "'Unfit for Human Consumption': Tuberculosis and the Problem of Infected Meat in Late Victorian Britain", *Bulletin of the History of Medicine*, Fall 2003, Vol. 77, No. 3.

腥味和臭味，而且殃及他们的邻居，更重要的是，这里是私人场所，政府即使想检查屠宰问题，也无权进入。① 随着肉类市场的急剧扩大，屠宰场越来越多，其卫生问题也越来越突出，在卫生改革者的眼中，屠宰场像贫民窟一样成为流行病的渊薮。

由于缺少监管或者监管不严，一些没有道德的屠户将病死的猪牛羊屠宰后进行加工处理，掩盖它们生病的痕迹，或者切碎制成香肠，然后在夜间悄悄送入市场。伦敦甚至存在一些专门处理病死的动物的屠宰场，这些屠宰场不论动物是患什么病而死的，一概接收。据说有一个屠宰场在1855年接收了一头在马戏团死掉的大象，屠宰场的小贩将这头大象变成了香肠。② 有证据表明，香肠中含有相当比例因病而死的动物的肉以及"腐烂、发臭和长蛆的肉"，可能还有各种人们因禁忌不吃的肉类——尤其是马肉、猫肉和狗肉。这种现象并非仅限于以城市贫民为主要消费者的屠夫，即使是受人尊敬的商人也毫不犹豫地使用这些病死的动物肉来满足中等和上等阶层对香肠的需求。同时代的许多观察家都担心市场上的大多数香肠含有一些腐烂的或传播疾病的肉。伦敦城公共分析师兼卫生医疗官员亨利·莱西比在报道一头病牛被制成香肠的案例时说，在吃这些香肠的66人中，64人有中毒症状，1名男子死亡。③

当时的报纸一再警告病死动物的肉和由此制作的香肠与疾病的关联。最初人们只是认为吃腐烂或病死动物的肉以及制成的香肠会导致腹泻，但很少会致命：它只是令人恶心、缺乏营养，常吃的话可能会有积累效应。1863—1864年，人们发现食用含有寄生虫的猪肉可能会使人类感染旋毛虫病，这使猪肉和香肠变得更加危险。医生警告公众在任何情况下都不要接触任何种类的香肠，但是这样的警告并没有减少香肠的消费。④

同时，人们对结核病的认识也在不断深入，一些医生提出吃了患结核病的牛的牛肉的人有可能感染结核病。19世纪70年代，人们开始努力对抗牛结核病，试图打破动物与人类之间的传播链。到19世纪80年代，越来越多的医学研究表明，牛肉、猪肉和香肠等肉制品与一系列疾病，包括伤寒

---

① Chris Otter, "The Vital City: Public Analysis, Dairies and Slaughterhouses in Nineteenth – century Britain", *Cultural Geographies*, October 2006, Vol. 13, No. 4.

② Chris Otter, "The Vital City: Public Analysis, Dairies and Slaughterhouses in Nineteenth – century Britain", *Cultural Geographies*, October 2006, Vol. 13, No. 4.

③ Keir Waddington, "'We Don't Want Any German Sausages Here!' Food, Fear, and the German Nation in Victorian and Edwardian Britain", *Journal of British Studies*, October 2013, Vol. 52, No. 4.

④ Keir Waddington, "'We Don't Want Any German Sausages Here!' Food, Fear, and the German Nation in Victorian and Edwardian Britain", *Journal of British Studies*, October 2013, Vol. 52, No. 4.

和肺结核的传播有关，不卫生肉类的问题集中在《英国医学杂志》所称的"结核病肉类问题"上。到了1890年，英国人均牛肉消费量与1860年相比翻了一番，牛结核病已成为典型的人畜共患病。在这个过程中，随着结核病具有传染性的观念获得人们普遍的接受，病肉已从一种不明确的威胁转变为一种具体的威胁。由于中产阶级消费更多的肉类，而且儿童更容易感染结核病，卫生改革者的注意力开始超越对穷人的家长式关注，一部分精力也转移到中上阶层的肉类市场，并与日益增长的对儿童健康的关注融合在一起。《英国医学杂志》明确指出，肺结核病毒是"对共同体的可怕威胁"。[①] 对结核肉的恐惧成为食品安全话题中的重要的一部分，这反映出兽医和医疗行业其他人士以及地方政府内部的复杂关系。

生肉虽然与牛奶一样受到相同的检查，但产生了一些不同的问题。就像水一样，它超出了公共分析师的正式职权范围，生肉基本上是不可改动的：不卫生或病死的动物的肉是首要问题，这成为卫生医疗官员、卫生官员、市场监管人和兽医的责任。早在1855年议会就通过了和肉类卫生有关的《消除公害和疾病预防法》，该法提到为了检查拟作为食品销售的商品，公害检查员可以到公共屠宰场检查屠宰卫生问题；[②] 1867年的《公共卫生（苏格兰）法》规定，所有卫生医疗官员或公害检查员都可以在合理的时间扣押所有在他们看来"患病的或腐烂的肉类，或对身体有害的，或不适合人类食用的"肉，并将其交由法官处理。如果法官认为这些肉不卫生或已经腐烂等，应下令将其销毁，并对卖方处以罚款或监禁。[③] 随后，1875年的《公共卫生（英格兰和威尔士）法》以及1890年对1875年公共卫生法的修订法都允许没收患病的、不卫生的生肉和屠宰后的动物。[④]

由于当时大多数屠宰者是在私人场所经营业务，公害检查员无法进入这些地方，而且对数千个狭小的空间进行监管也不切实际，所以该法对屠宰场的监管成为一纸空文。据说，1879年在伦敦出售的80%的肉类来自结核动物。1881年，在伦敦大都会屠宰场内被检查的动物中，估计有90%患

---

① Keir Waddington, "'Unfit for Human Consumption': Tuberculosis and the Problem of Infected Meat in Late Victorian Britain", *Bulletin of the History of Medicine*, Fall 2003, Vol. 77, No. 3.

② Chris Otter, "The Vital City: Public Analysis, Dairies and Slaughterhouses in Nineteenth-century Britain", *Cultural Geographies*, October 2006, Vol. 13, No. 4.

③ H. W. Rumsey, E. L. Jacob and M. O. H., "Condemnation of Unwholesome Meat", *The British Medical Journal*, Apr. 25, 1874, Vol. 1, No. 695; John J. Clarke, "Public Health", *The Town Planning Review*, Dec. 1928, Vol. 13, No. 2.

④ P. J. Atkins, "The Glasgow Case: Meat, Disease and Regulation, 1889-1924", *The Agricultural History Review*, 2004, Vol. 52, No. 2.

有这种结核传染病。1889 年，利兹的卫生医疗官乔治·戈尔迪（George Goldie）博士证实了这些最可怕的担忧，他声称"我毫不怀疑我的城镇主要以结核肉为食"。[①] 结核病可以通过牛肉和牛奶传播给人类的发现增加了改革屠宰场的紧迫性。公众再次要求专家的保护，必须将屠宰场从阴影中拖出来，屠宰过程必须公开，要让训练有素的检查员看到全过程，使其能够检测到结节、病变或其他相关的证据。[②]

1874 年，伦敦市率先行动，为整个伦敦任命了 3 名肉类检查员。对于拥有数百万常住人口、1400 多家屠宰场的大都市而言，3 名检查员明显无济于事，更何况这些检查员往往缺乏适当的训练。1879 年，爱丁堡皇家兽医学院院长托马斯·沃利（Thomas Walley）抱怨说，检查员中的"许多人完全不知道指导他们工作的必要规则，或者不卫生的生肉产生的不良影响"。[③] 面对批评，一些地方议会采取了切实的措施保护消费者。例如，1881 年，因为有报道称在香肠生产中使用了病马肉，哈克尼（Hackney）地方议会额外增加了几名食品检查员，以防止生产"不卫生的"德国香肠。[④] 一些城市开始雇佣专业的肉类检查员，不过雇佣的这些专业人员虽然受过一些教育，但总体而言许多人对传染病症状的了解甚至还不如屠户。一直到 1899 年，皇家卫生研究所才开始对肉类检查员进行正式考试，因此直到 19 世纪末，合格的检查员也寥寥无几。[⑤] 除了专业资格之外，各地雇佣的检查员的数量也很不均衡。1896 年，伦敦的自治市镇和主城区雇佣了 191 名肉类检查员，但在英国其他 10 个城镇中只有 26 名肉类检查员，在 5 个苏格兰城市中只有 31 名肉类检查员。在格拉斯哥，检查员一直由警察担任，

---

① P. J. Atkins, "The Glasgow Case: Meat, Disease and Regulation, 1889 – 1924", *The Agricultural History Review*, 2004, Vol. 52, No. 2. 伦敦的屠宰数据指的是奶牛，而不是一般的肉牛，奶牛感染传染病的可能性由于它们经常被饲养在狭窄和密集且封闭的环境中而大大增加。对于整个英国来说，更具代表性的数据来自 1892 年，当时那些怀疑患有胸膜肺炎的动物被屠宰，检查时发现其中 22.3% 的奶牛和近 15% 的其他牛患有结核病。另外，各地区动物的传染病发病率存在较大差异，伦敦、利物浦和曼彻斯特等城市的患病率要比全国其他城市的患病率高得多。例如，在格拉斯哥，1887—1889 年间被屠宰的 3000 头奶牛中有 20% 患有肺结核，但肉牛的总体数字要低得多，为 0.45%。

② Chris Otter, "The Vital City: Public Analysis, Dairies and Slaughterhouses in Nineteenth – century Britain", *Cultural Geographies*, October 2006, Vol. 13, No. 4.

③ Chris Otter, "The Vital City: Public Analysis, Dairies and Slaughterhouses in Nineteenth – century Britain", *Cultural Geographies*, October 2006, Vol. 13, No. 4.

④ Keir Waddington, "'We Don't Want Any German Sausages Here!' Food, Fear, and the German Nation in Victorian and Edwardian Britain", *Journal of British Studies*, October 2013, Vol. 52, No. 4.

⑤ P. J. Atkins, "The Glasgow Case: Meat, Disease and Regulation, 1889 – 1924", *The Agricultural History Review*, 2004, Vol. 52, No. 2.

直到 1898 年才雇佣到合格的兽医。①

同样，规范屠宰场场所的法律直到 1875 年才出现，这一年的《公共卫生法》允许地方当局建立公共屠宰场。改革者满怀希望，认为这项立法将标志着从私人屠宰转向公共屠宰，但是让他们失望的是，关闭不卫生屠宰场的全面权力必须等到 1890 年才能实现。② 到 1892 年，英国有 48 个市政屠宰场。通过在一个地点收集所有动物，实现了规模经济，也方便了政府人员的检查。屠宰场建筑的墙面和地面被设计成不透水的，而且非常坚固，场所内有排水管道和排污设施，有通风装置，可以供应经过净化的清洁的水和空气。训练有素的市政官员就像是在实验室里一样，可以检查全部的屠宰程序。例如，在格拉斯哥，1900 年肉类检验工作由市政兽医官特罗特（A. M. Trotter）负责，他的权力延伸到火车站、码头和香肠工厂，随时可以检查这些地方。另外，政府对屠宰场的检查也具备了可操作性。1904 年，查塔姆屠宰场的主管的办公室位于待宰场和屠宰场之间，他在办公室通过窗户可以俯瞰每个屠宰场，检查员能够对屠宰场的整个工作流程有一个全面的监控。但是，不能由此得出结论说英国所有的屠宰场都实现了技术化，也不能说政府的监管已经使病死的动物无所遁形了。1897 年，曼彻斯特尽管已经建造了公共屠宰场，但仍然有 100 多家私人屠宰场。③ 到 20 世纪初的时候，法律仍然是混乱的。

法律上的缺陷反映到司法上面，同样是导致出现了各种各样的判决。一些法律虽然提到"不适合人类食用的肉"，但没有界定哪些肉不能食用，由此导致一些治安法官故意曲解法律。在证据不足的情况下，出于各种考虑，一些治安法官站在原告的一边，一些治安法官站在被告的一边。

治安法官存在的首要问题就是歧视外国人，尤其是德国人。一般认为当时的治安法官"非常不愿意行使他们所拥有的判处监禁的权力"，但对于德国香肠制造商而言却没有那么幸运。一些德国人的肉制品被发现有问题后，无论其是否已经加入英国籍，他们都比其他英国香肠制造商更有可能遭到起诉而不是警告，在法庭上他们将被判处更多的罚款，并可能面临更长时间的监禁。例如，在利物浦，有一个德国香肠制造商因出售用病死动

---

① P. J. Atkins, "The Glasgow Case: Meat, Disease and Regulation, 1889 – 1924", *The Agricultural History Review*, 2004, Vol. 52, No. 2.

② Chris Otter, "The Vital City: Public Analysis, Dairies and Slaughterhouses in Nineteenth – century Britain", *Cultural Geographies*, October 2006, Vol. 13, No. 4.

③ Chris Otter, "The Vital City: Public Analysis, Dairies and Slaughterhouses in Nineteenth – century Britain", *Cultural Geographies*, October 2006, Vol. 13, No. 4.

物制造的香肠导致被罚款 100 英镑；在布拉德福德，治安法官判处德裔香肠制造商内勒（Naylor）3 个月的监禁。①

治安法官除了对德裔商人惩罚比较重之外，对于其他商人的惩罚基本都是象征性的，有的甚至连象征性的惩罚都没有。1874 年，一名卫生医疗官讲述过一个案件：一名屠夫因出售一块肉而被法庭传唤，当这位卫生医疗官出庭看到那块肉时，发现它湿答答的，有点发霉，肉缝里面呈现绿色，肌肉松弛不紧实。卫生医疗官作证说这块肉不适合人类食用；被告的律师问，吃了这块肉是否一定会使人生病，卫生医疗官无言以对，结果政府的起诉被法庭驳回。② 很明显，这个治安法官的判决违背了常情常理。到了 19 世纪 90 年代，这样的情况明显有了一些改善。1892 年 11 月 14 日，在北安普顿，一位名叫福西特（Fawcett）的屠夫被罚款 10 英镑，并需支付各种费用 13 先令，因为他将 18 块牛肉摆在公共市场的摊位上出售，这些牛肉被检查员描述为松弛、湿答答、散发出令人作呕的气味，在某些情况下实际甚至处于腐烂的状态。同一天在斯旺西（Swansea）和加的夫（Cardiff），某些屠夫因出售"完全不适合食用"的肉而被判有罪。加的夫的卫生医疗官报告说，这些有问题的肉来自疾病已处于晚期的动物，但没有说明是什么疾病。卫生医疗官说，这里每天都有大量患病动物的肉被买卖，这是一个公开的秘密，但是这当然并不意味着这些肉总是不适合人类食用的，这些肉是否可以食用显然取决于动物患什么疾病、疾病的发展程度和发病的部位。③

1892 年，一名叫佩因特（Painter）的劳工声称，他于 10 月 4 日晚上进入一家出售火腿和牛肉的商店，购买了他在橱窗里看到的一根火腿。老板要价 10 便士，但佩因特说他只能给 6 便士，老板就接受了这个价格。佩因特把这根火腿拿回家煮好后，发现火腿已经腐烂、有臭味，而且还有蛆虫。佩因特把火腿拿到商店要求更换，店老板拒绝更换，但提出可以退还 3 便士。佩因特拒绝了，他走出商店叫来了一名警员，警员建议他将这根火腿带到坎伯韦尔的教区委员会，找那里的卫生检查员投诉。卫生检查员收到投诉后来到这家商店，又发现了许多不卫生的肉制品。店老板因违反 1891

---

① Keir Waddington, "'We Don't Want Any German Sausages Here!' Food, Fear, and the German Nation in Victorian and Edwardian Britain", *Journal of British Studies*, October 2013, Vol. 52, No. 4.

② H. W. Rumsey, E. L. Jacob and M. O. H., "Condemnation of Unwholesome Meat", *The British Medical Journal*, Apr. 25, 1874, Vol. 1, No. 695.

③ "The Somerset House Chemical Department", *The British Medical Journal*, Dec. 10, 1892, Vol. 2, No. 1667.

年《公共卫生（伦敦）法》第 47 条的规定，被卫生检查员起诉到了治安法庭。被告的律师坚持说被告不知情，治安法官表示，他认为此案已得到充分证明，事实清楚，这种行为是最严重的罪行，对被告处以 10 英镑的罚款，被告承担诉讼过程中产出的一切费用。该案对那些以类似方式违法的交易者发出了严重的警告，恶劣的违法者可能被判处 50 英镑的罚款，还可能由法庭酌情决定判处监禁 6 个月，甚至包括判处苦役。这个案例的有趣之处在于被抱怨的不卫生的肉已经被卖掉了，1875 年的《公共卫生法》没有授权检查和扣押已售出的肉，但根据 1891 年的法案是可以的。①

　　1892 年在伯肯黑德治安法庭审理的一个案件很好地说明了当时许多屠宰场在防止出售危险的不卫生的生肉的安排上是如何不充分的。本案的被告是一名屠夫，他被控于 1892 年 4 月 14 日在公共屠宰场非法摆出屠宰后的一头牛的生肉及其内脏出售，根据肉类检查员的意见，这些肉会传染疾病、不卫生、不宜食用。检察官表示，被告在复活节前的星期三以 4 英镑 17 先令的价格购买了这头有问题的奶牛，并将它与其他一些待宰杀的动物一起送到了位于特兰米尔的公共屠宰场。检察官声称，被告这么做违反了正当的程序，因为被告一定知道该动物不适合宰杀食用，因此不应"以普通方式"而应该以"检查进入"的方式进入公共屠宰场。第二天，这头牛被屠宰了，当屠宰后的牛肉被整理好时，肉类检查员来到了现场。检查员立即宣布这些肉违法，以肺结核已经大面积出现为由将之扣押。后来被告对检查员说，在给这头牛剥皮时确实发现牛肉有很多结节，但剥皮后后半部分的肉看起来很好。检察官据此认为，被告的那句话表明被告人的意图是将结节切掉，然后将其作为完好无损的有益健康的牛肉出售。该市镇的卫生医疗官马斯登（Marsden）博士下令检查被扣押的那些牛肉，结果在里面发现了大量的结核病灶。被告并不否认该动物患有肺结核，但坚称在购买时被告并不知道这一点，并且当检查员没收它时这些肉并未公开出售。治安法官表示，虽然已证明该动物处于令人震惊的状态，但他对这些牛肉是否真的摆出来出售有疑问，从合理怀疑的角度驳回了起诉。②

　　对于伯肯黑德案的判决，《英国医学杂志》认为，治安法官先入为主，先认为检查员是错误的、被告是冤枉的，有了这个判断之后，就不可能找不出控方的失误，正好控方的证据确实没有明确证明检查员在作出扣押决

---

①　"Bad Meat in Camberwell", *The British Medical Journal*, Nov. 12, 1892, Vol. 2, No. 1663.

②　"The Traffic in Diseased Meat", *The British Medical Journal*, May 14, 1892, Vol. 1, No. 1637.

定时那些肉是摆出来出售的。[①]《英国医学杂志》的这个评论有失公允，肉类检查员的过失是客观存在的，如果无视检查员的过失，那些"过分积极"检查员就会扰乱正常的商业秩序，商人的成本就会增加，最终还是转嫁给消费者。此外，检察官的开场白引发了人们对待宰杀动物"以普通方式"送到屠宰场和"检查进入"的方式是什么意思的好奇。人们自然会得出结论，市政府并未全部检查"以普通方式"进入屠宰场的动物和屠宰后的生肉，它相信通过抽查以及偶尔的定罪会震慑病死动物的交易。《英国医学杂志》认为，这样的检查方式真是一种讽刺，如果政府真的热衷于阻止不卫生的肉的销售，补救措施就在他们自己手中：建立真正的全面的检查制度，任命足够数量的合格的官员检查每只被屠宰的动物。在这件事上，伯肯黑德和其他许多城镇应该效仿爱丁堡的例子，那里的检查人员由四名合格的兽医组成。[②]

在众多有关患传染病动物屠宰后出售的案件中值得详述的是1889年发生在格拉斯哥的一个案件，这是英国一些具有卫生意识的地方当局与根本不关注传染病或很少关注传染病的以利润为导向的屠宰行业之间发生的一个经典案例。在这个案件中，当地政府和肉类行业之间展开了激烈的辩论，格拉斯哥地方当局成功起诉了非法展示病肉的屠夫和肉类批发商，开创了将质量责任赋予食品系统中特定行为人的先例，但这个判决也造成了农户和屠夫之间的摩擦，后者希望将不合格肉类的责任推给饲养家畜的农户。该案也讨论了要求农户提供保证的可能性，在肉类和畜牧业的发展史上具有重大意义。[③]

1889年5月9日，格拉斯哥的卫生检查员彼得·法夫（Peter Fyfe）进入摩尔街的屠宰场发现了两头刚被屠宰后的死牛，其中一头是公牛，属于批发商休·库伯（Hugh Couper）的；另一头是奶牛，属于肉制品销售员查尔斯·摩尔（Charles Moore）的。由于两头死牛都显示出牛结核病的迹象，法夫问他们是否同意在政府没有补偿的情况下销毁所售牛肉，库伯和摩尔均拒绝了。当地政府根据1867年《公共卫生（苏格兰）法》起诉了这两个人，该法禁止销售不适合人类食用的肉类。格拉斯哥屠夫联合协会大力支

---

① "The Traffic in Diseased Meat", *The British Medical Journal*, May 14, 1892, Vol. 1, No. 1637.

② "The Traffic in Diseased Meat", *The British Medical Journal*, May 14, 1892, Vol. 1, No. 1637.

③ P. J. Atkins, "The Glasgow Case: Meat, Disease and Regulation, 1889 – 1924", *The Agricultural History Review*, 2004, Vol. 52, No. 2.

持库伯和摩尔将官司打到底，并在随后的法庭审理中替他们支付了一切费用，希望能够出现一个有利的判决以便保护其成员的利益。这个案件的庭审持续了四天，有 35 名证人出庭，其中包括著名的医生、兽医和卫生医疗官，还有一些人从英格兰长途跋涉而来，证词长达 414 页，法庭向证人提出了 5430 个问题。[①]

格拉斯哥案件源于地方当局是否有权没收一头屠宰后被发现有肺结核迹象的死动物，或者切除掉患病而死的动物的患病部位后是否可以将其余肉投放到市场上卖给消费者，这个案件的审判是"划时代的"，因为它朝着两个决定性的主要问题迈出了一步：首先，食品质量可以接受的最低界线在哪里？其次，食品交易链条中的安全问题谁负责，生产商、零售商还是政府？对于患有传染病的动物，1889 年时英格兰的普遍做法是只要求屠宰后切除掉明显有病的肉，但在苏格兰，地方当局更为激进。格林诺克（自1874 年以来）、佩斯利（自 1887 年以来）、福尔柯克和爱丁堡在一段时间内一直是全部销毁，即使是出现最轻微的传染病迹象，也不会放过整个动物。在审判中，根据格拉斯哥市的旧规则，这两头被屠宰后的牛本来可以通过检查员的检查，据说科学界的意见推动了法官的转变。

法官的裁决说，"如证据所示，结核病可以从一种低等动物传染给人类的观点必须被认为是一个既定的科学事实……"[②]尽管科学界普遍支持法官提到的这个观点，但也存在质疑的声音。法官接着说："我从证据中得出的结论是，（切掉病灶）不足以防止传播传染病的风险。肉眼可能看不到结核杆菌在动物特定部位的影响，但它并非不可能存在……证据使我得出结论，高温烹饪不能提供充分的保护。"[③] 因此，法官支持地方当局的行动。

格拉斯哥案件带来的一个直接结果是 1890 年任命了一个皇家委员会，试图解决结核病的传染性问题。经过调查，委员会支持了格拉斯哥案的判决。一些地方政府受到皇家委员会调查结果的鼓舞，而且由于担心目前的检查没有达到预期的目的，开始着手改进其肉类检查系统，随后查获的屠宰的病死动物的数量增加了 25%。[④] 委员会同时向议会提出了任命卫生兽

①　P. J. Atkins, "The Glasgow Case: Meat, Disease and Regulation, 1889 – 1924", *The Agricultural History Review*, 2004, Vol. 52, No. 2.

②　P. J. Atkins, "The Glasgow Case: Meat, Disease and Regulation, 1889 – 1924", *The Agricultural History Review*, 2004, Vol. 52, No. 2.

③　P. J. Atkins, "The Glasgow Case: Meat, Disease and Regulation, 1889 – 1924", *The Agricultural History Review*, 2004, Vol. 52, No. 2.

④　Keir Waddington, "'Unfit for Human Consumption': Tuberculosis and the Problem of Infected Meat in Late Victorian Britain", *Bulletin of the History of Medicine*, Fall 2003, Vol. 77, No. 3.

医官员的建议，并对皇家卫生研究院施加压力，要求其改进培训公害检查员的体系。到19世纪90年代中期，牛结核病对人类致病的观点已被纳入兽医、肉类检查员和卫生医疗官的工作手册中。由于1869年为应对牛瘟而通过的《传染病（动物）法》不包括肺结核，地方当局还向地方政府事务部和枢密院施加压力，要求将结核病纳入1869年法的范围。①

对于格拉斯哥来说，案件审判结束后，当地政府立即派代表前往曼彻斯特、利物浦和爱丁堡，学习肉类检查的最佳经验，还考虑将自己的肉类检查员从2名增加到5名，由一名训练有素且具有较高科学素养的兽医负责管理日常工作。1892年，苏格兰通过了《城镇治安法》，其第284条产生了实质性影响，该条款授权苏格兰地方当局用公共屠宰场取代所有私人屠宰场。在接下来的30年中，这一条款逐渐完成了其目标，除了农村的小型屠宰场，城市里面形成了规范的检查系统。其他一些有卫生检查员的城市也收紧了对肉类的控制，如贝尔法斯特、利兹和纽卡斯尔开始没收能够证明屠宰后存在结核病的死动物，这也导致一些兽医、饲养猪牛的农户和肉类贸易商批评少数卫生医疗官表现出了"过度的热情"。② 在19世纪80年代和90年代，屠夫和贸易商被起诉的频率越来越高。到1895年，肉类检查员每天都在扣押屠宰的病死的动物。在格拉斯哥，肉类检查员经常起诉有结核病迹象的生肉。③

最后一个与肉有关的法律是《商标法》。19世纪下半叶，由于英国人生活水平的提高，肉的消费数量激增，从其他国家进口了大量的肉。就牛肉而言，在19世纪最后25年，美国是英国最重要的牛肉进口来源。然而，与进口冷冻羊肉和猪肉不同的是，这一时期的英美牛肉贸易有两个显著特点：其一，英国进口美国的活牛，随后在德普特福德和伯肯黑德屠宰并以"英国的牛肉"的名义出售；其二是进口冰鲜牛肉。在这两种情况下，消费者——有时甚至是专家——通常都不可能将这些类型的牛肉与英国本土牛肉区分开来，结果美国牛肉在英国市场上打着"英格兰牛肉"或"苏格兰牛肉"的名义出售。④

---

① Keir Waddington, "'Unfit for Human Consumption': Tuberculosis and the Problem of Infected Meat in Late Victorian Britain", *Bulletin of the History of Medicine*, Fall 2003, Vol. 77, No. 3.

② P. J. Atkins, "The Glasgow Case: Meat, Disease and Regulation, 1889–1924", *The Agricultural History Review*, 2004, Vol. 52, No. 2.

③ Keir Waddington, "'Unfit for Human Consumption': Tuberculosis and the Problem of Infected Meat in Late Victorian Britain", *Bulletin of the History of Medicine*, Fall 2003, Vol. 77, No. 3.

④ David M. Higgins and Dev Gangjee, "'Trick or Treat?' The Misrepresentation of American Beef Exports in Britain during the Late Nineteenth Century", *Enterprise & Society*, June 2010, Vol. 11, No. 2.

美国的牛肉冒充英国的牛肉出售，一方面损害了消费者的利益，因为最初进口的美国牛肉的价格只有英国本土牛肉的二分之一到三分之一，屠宰美国牛肉的屠户从中赚取了大量的差价；另一方面也损害了英国本土畜牧业的利益，挤占了英国本土牛肉的市场并侵犯了其"商标权"。英国牲畜业主对此非常不满，他们发起了争取强制进口肉类打上原产地标志的运动，要求销售外国肉类的屠户必须获得许可。英国畜牧业主宣称，他们的利益与消费者的利益一致，因为英国消费者想购买本土牛肉，但是由于屠夫将美国牛肉当作英国牛肉出售而使消费者无法购得。如果强制打上标记，消费者将能购到更多真正的英国牛肉，从而对英国畜牧业产生有益的影响。英国的屠户反对畜牧业主的说法，宣称畜牧业发起的强制打上标记的运动，表面上是为了确保消费者不被欺骗，实际上是出于强烈的利益保护，他们声称消费者偏爱英国牛肉的说法是错误的，没有一个消费者每次买肉都会问肉是英国本土的还是外国进口的。[①]

在政府层面，针对商品交易中的虚假陈述的法律补救措施早已存在，法律明确规定欺骗消费者是错误的，是违法行为。这种民事错误的本质仍然是一个人不得以他人的货物的名字出售自己的货物。在1872年和1875年的食品和药品销售法中，明确规定不得出售非购买者所要求的性质、成分和质量的商品。随着贸易的发展以及人们品牌意识的增强，为了促进商人诚信交易，1887年英国议会通过了《商品标志法》，废除了相对无用的《1862年商品标志法》。1887年的《商品商标法》不顾伦敦屠户的反对，将肉产品包含在了该法的范围内。屠户认为，对于肉制品来说，1862年的《商品标记法》已经提供了所有必要的保护，能够起到防止虚假描述的作用，没有必要将现有立法专门扩大到肉制品。

1887年法第三部分规定，对于原产地、质量或制造方式，如果代理商使用虚假的商品说明，将构成刑事犯罪。如果一个商品说明书"就其所适用的商品而言，在材料方面是虚假的"，即以某种方式影响了买方的购买决定，则该商品说明是违法的。该条款接下来的规定赋予了政府较大的权力，海关可以在入境口岸扣押商品说明所注明的原产地是虚假的货物。该法对使用商标或商品说明以误导买方的情况实施了多种处罚。该法第二部分规

---

①　David M. Higgins and Dev Gangjee, "'Trick or Treat?' The Misrepresentation of American Beef Exports in Britain during the Late Nineteenth Century", *Enterprise & Society*, June 2010, Vol. 11, No. 2.

定了严厉的处罚，包括没收违法物品和最高达两年的附加苦役的监禁。①

尽管1887年法施加的这些制裁很严厉，但人们认为它也有严重的缺陷。首先，执法力量薄弱。虽然肉类到达海关时商品说明可能是正确的，但接下来对屠户卖肉中存在的虚假说明却力有不逮，因为实施该法案的责任在最初几年中由海关和贸易委员会共同承担。海关查明已经如实注明原产地的，就准许进口，海关的责任到这里就终止了。进口的产品在国内可能重新包装，会出现虚假的商品说明，贸易委员会主要负责根据该法案在英国国内提起诉讼，但此时的贸易委员会人员不足，资源不足，无法有效地监管市场。因此，该立法在防止进口后的肉类交易中的虚假商品说明方面并不是特别有效。其次，并非任何虚假说明都被包含在内，而是只有产品的虚假商品说明才属于该法案的范围。法院达成的共识是，虚假的商品说明并不包括口头上的谎言，但是贸易委员会涉及的指控大部分都是关于零售商用口头保证误导消费者的，尤其是屠户出售生肉时更是如此。最后，该法不适用于没有标记的物品。仅仅在提到商品时，该法才禁止虚假商品说明。这些公认的缺陷导致畜牧业集团试图重新起草商品标记法，以解决进口肉类错误标记引起的利益竞争，最终在1891年、1894年和1911年又进行了重大修订。

第三节　相关法律的不足与再修正

到19世纪90年代初，70年代出现的食品和药品销售法差不多已经运行了20年，该法本身的缺陷已经暴露无遗，另外新出现的食品药品安全问题也完全不在该法的管辖范围之内。在这种情况下，经过各种斗争，议会在1899年通过了一个针对《1875年食品和药品销售法》的修正案。该法后来被证明是一个可行的立法，它的规定到1938年才被另一个食品和药品销售法进行了全面的强化。1899年法的通过意味着英国19世纪的立法模式结束，此后议会立法离普通民众越来越远，逐渐成为专业人士的领域。

19世纪80年代末，英国农业陷入了萧条，外国农产品的大量进口对商人的利益也造成了不小的冲击。在这种情况下，一些商人联合起来试图通过集体的力量维护自己的利益。1891年，食品商成立了"联合王国食品商

---

① David M. Higgins and Dev Gangjee, "'Trick or Treat?' The Misrepresentation of American Beef Exports in Britain during the Late Nineteenth Century", *Enterprise & Society*, June 2010, Vol. 11, No. 2.

协会联盟"（简称"食品商协会联盟"），代表了 60 个不同的食品商协会，其成员约有 5 万名，是第一个明确说明想要食品药品法怎么修正的组织，为此它表示要把"务实的人"选进议会。[1]

1892 年初，食品商协会联盟派代表会见地方政府事务部主席，表达了联盟的诉求，他们首先声称"对防止掺假的法律原则没有丝毫的异议；相反，他们希望加强法律，使诚实的交易者更容易遵守，更有效地打击不诚实的人。"然后诉说了他们认为的该法目前存在的问题，希望政府尽快提出修正案。[2] 同年 12 月，食品商协会联盟再次派代表团会见地方政府事务部，表达了联盟的诉求，并重申不会在反食品药品掺假法的执行方面设置任何障碍。[3] 此时由于英国农业的衰退非常严重，各种团体都想要借助立法摆脱萧条。在公共分析师的帮助下，1893 年 4 月举行了一个各相关团体参加的会议，会上提出了具体的立法建议，会后立即将建议交给了政府。

1894 年 5 月，联合王国食品商协会联盟再次联系地方政府事务部，督促尽快调查食品药品法的运行。这时，相关的农业利益集团已经争取到调查《1887 年人造黄油法》运行情况的承诺。于是在 5 月 30 日，下院提出了一个动议，成立一个专门委员会调查相关法律的运行情况。随后的议会专门委员会的听证会断断续续召开了三年，总计召开会议 33 次，听取了来自各个领域的 68 名证人的证词。[4] 证人针对食品药品法和人造黄油法，表达了他们的看法。问题主要集中在以下五个方面。

一、消极执法问题

专门委员会的最终报告认为，虽然与食品药品掺假有关的法律在一些重要的方面需要修改，但在积极执行这些法律的地方，掺假率明显降低。在《1875 年食品和药品销售法》通过之前，各种形式的掺假很常见，比如在面包中加入明矾，在糖果中加入有毒物质，现在这些掺假形式几乎完全消失了。有证据表明，掺假程度与根据法案提交分析的样本数量之间存在密切联系，随着样本数量相对于人口数量的增加，样本掺假的比例会减少。在肯辛顿教区，1875 年法生效前，样本中掺假的比例少则 30%，多则达到

---

[1] Ingeborg Paulus, *British Food and Drug Legislation：A Case Study in the Sociology of Law*, p. 233.

[2] "Grocers and Adulteration", *The British Medical Journal*, Apr. 16, 1892, Vol. 1, No. 1633.

[3] "The Grievances of Grocers", *The British Medical Journal*, Dec. 10, 1892, Vol. 2, No. 1667.

[4] *Report from the Select Committee on Food Products Adulteration；Together with the Proceedings of the Committee，Minutes of Evidence，Appendix and Index*（9 July 1896），p. iii.

40%，后来由于对法案的积极执行，该比例已降至12%。[1] 表4－3表明了这一点：

表4－3　1890年部分郡每件样本对应的人数和样本掺假的比例

年份	郡	每件样本相对应的人数	样本掺假的百分比
1890年	萨默塞特郡	379	3.6%
1890年	格洛斯特郡	770	6.2%
1890年	贝德福德郡	821	7.1%
1890年	德比郡	3164	17.1%
1890年	牛津郡	14963	41.7%

表格来源：议会专门委员会1896年报告，第iii页。

地方政府事务部总检查员赫伯特·普雷斯顿·托马斯说，从1877年到1883年，样本数量稳步增长，从14706件增加到19648件，增长的幅度不是特别大，主要原因就是地方的卫生当局不作为，他们不仅有任命公共分析师的权力，而且所有的卫生机构，都有权获取样本并将其提交给公共分析师。但是，卫生当局几乎没有送过样本，而且一般也不太注意这个问题。1884年，地方政府事务部向地方卫生当局发出通告，敦促他们行使购买样本进行分析的权力，督促他们注意其权力以及行使这些权力的重要性。通告之后，卫生当局更广泛地行使了自己的权力，接下来的一年，样本数量急剧增长，从19648件增加到22951件，而且此后的增加就是持续的了。1893年分析的样本数量是37233件，与1877年的14706件相比增加了153%，而这一时期人口只增加了约19%。[2]

在上述样本中，1877—1881年五年间的平均掺假率为16.2%。1882年到1886年掺假率为13.9%，1887年到1891年的平均掺假率为11.7%，到1888年达到最低值，当年的百分比为10.8%。掺假率自1888年以来略有增加，1893年的掺假率为12.9%。[3] 掺假率之所以增加，主要是因为烈酒和牛奶的掺假拉高了平均掺假率。不过需要说明的是，在被公共分析师列为掺假的样本中，有许多样本的掺假量非常小，以致不宜将有关商人告上法

① *Report from the Select Committee on Food Products Adulteration*; *Together with the Proceedings of the Committee*, *Minutes of Evidence*, *Appendix and Index* (9 July 1896), pp. iii－iv.

② *Report from the Select Committee on Food Products Adulteration*; *Together with the Proceedings of the Committee*, *Minutes of Evidence*, *Appendix and Index* (3 July 1894), p. 3.

③ *Report from the Select Committee on Food Products Adulteration*; *Together with the Proceedings of the Committee*, *Minutes of Evidence*, *Appendix and Index* (3 July 1894), p. 4.

庭。对于这样的样本，公共分析师的报告虽然说它们是掺假的，但通常还附带一个说明，大意是掺假的数量不足以让政府提起法律诉讼。总体而言，从这些数字来看似乎能得出这样的结论，即地方政府在严格执行法律时，更多的抽样检查有助于从实质上限制掺假犯罪的数量。

地方政府事务部在给地方政府的通告中，督促他们在每1000名居民中至少购买1件样本，认为这是保证相关法律得到有效执行的最低标准，但是直到1891年，每1000人取1件样本的比例才实现。到了1893年，抽样比例的情况变得更好了，比例已经上升到每779人购买1件样本。这个比例是全国分析样本的一个平均数，一些地区比例更高，但伦敦以外的地方要小得多。1893年，伦敦的抽样比例是530人1件样本，伦敦以外的地方的抽样比例是847人1件，而且还有许多地方，这些法律过去是、现在仍然是一纸空文。[1]

赫伯特·普雷斯顿·托马斯说，在赫里福德郡议会和蒙哥马利郡议会以及其他16个市镇议会的管辖范围内，包括居民有61012人的北安普顿、居民有34559人的科尔切斯特和居民有33300人的多佛，1893年没有采集一份样本，在德比郡、德文郡、彼得伯勒索克郡、牛津郡、什罗普郡、西萨福克郡、卡马登郡、梅里奥内思郡和彭布罗克郡的管辖范围内，以及包括桑德兰、南希尔兹、沃尔索尔、伊普斯威奇、大雅茅斯、泰恩茅斯和牛津等在内的18个自治市，取样的数量非常少，显然无法防止掺假。有45个地区，人口总数接近300万，《1875年食品和药品销售法》要么被完全搁置，要么执行得很消极，取样的数量非常少，有的一年总共只购买了496件样本，每5720人才有1件样本。[2] 在1893年，人口从6万到13.5万不等的英格兰城镇有50个，但地方当局没有提交过一件黄油样本进行分析。在主要依赖农业的诺福克郡，几乎也没有对掺假进行任何控制，仅购买了26件牛奶样本进行分析。[3] 在桑德兰镇，据报道，也没有采集过一件黄油样本。即使在大都市，也发现地方当局在某些情况下不乐意执行这些法案。[4]

一些地方政府之所以对1875年法消极应付，原因是多方面的。有证人

---

① *Report from the Select Committee on Food Products Adulteration*; *Together with the Proceedings of the Committee*, *Minutes of Evidence*, *Appendix and Index* (3 July 1894), p. 3.

② *Report from the Select Committee on Food Products Adulteration*; *Together with the Proceedings of the Committee*, *Minutes of Evidence*, *Appendix and Index* (3 July 1894), p. 3.

③ *Report from the Select Committee on Food Products Adulteration*; *Together with the Proceedings of the Committee*, *Minutes of Evidence*, *Appendix and Index* (6 July 1894), p. 20.

④ *Report from the Select Committee on Food Products Adulteration*; *Together with the Proceedings of the Committee*, *Minutes of Evidence*, *Appendix and Index* (9 July 1896), p. iv.

说，在某些地区，尤其是那些有温泉疗养地和热门旅游景点的地方，地方当局可能会认为，如果揭露该地区普遍存在食品药品掺假现象，就会使该地区臭名远扬，游客减少就会损害这个地方的利益。还有证人说，由于公共分析师的分析有时不能准确地描述掺假状况，导致在法庭上很难取得胜诉，加上起诉掺假商人需要投入大量的人力和财力，致使地方当局不愿对难以预测结果的案件采取行动。还有证人说，治安法官对掺假罪行是否严重的判断经常与地方政府持有截然不同的观点，对有罪者的惩罚非常轻，起不到震慑的作用，严重打击了地方政府执法的积极性。[①] 地方政府不作为的更重要的原因是政府中的一些成员本身也是商人，从事与食品药品相关的生意，执行这些法律会与这些成员的利益冲突，而且一些负责侦查掺假的官员可能自己也犯了这种罪行。

抽样是否积极，间接地反映在掺假率上。以牛奶为例，不同地区牛奶样本掺假的比例差异就很大。例如，1893 年伦敦所有地区样本掺假比例基本上是 25%，伯明翰是 19%，利物浦是 18%，但一些地方的掺假比例则很低，例如曼彻斯特只有 5%，索尔福德和加的夫只有 3%。即使是伦敦内部的各地区也不相同，甚至在很大程度上从同样的供应商处购买牛奶的相邻的两个地区也是如此。例如，1888 年，在马里波恩教区，258 件牛奶样本中有 15% 或 16% 掺假；在圣潘克拉斯，129 件样本中，掺假的样本不少于 55 件，其中又有 43% 的掺假案件被定罪。同年，在伍尔维奇，掺假比例接近 6%，格林威治是 22%。1891 年，南华克区圣乔治－殉道者教区样本掺假的比例为 46.8%，兰贝斯为 47.2%，刘易舍姆为 1.6%；而汉普斯特德、威斯敏斯特的圣詹姆斯的掺假率都为零，也就是说，这两个教区的样本都是真的。[②]

在地方政府积极执行相关法律的地方，掺假率大幅度下降。在 1890 年的萨默塞特郡，地方政府平均每 379 个居民购买样本 1 件，其掺假率低至 3.6%；同年，在格洛斯特郡，地方政府平均每 770 人购买 1 件样本，掺假率为 6.2%；在贝德福德郡，平均每 821 人购买 1 件样本，掺假率为 7.1%。[③] 索尔福德镇的牛奶检查机构和曼彻斯特的检查机构积极购买样本

---

① *Report from the Select Committee on Food Products Adulteration*；*Together with the Proceedings of the Committee*，*Minutes of Evidence*，*Appendix and Index*（9 July 1896），p. iv.

② *Report from the Select Committee on Food Products Adulteration*；*Together with the Proceedings of the Committee*，*Minutes of Evidence*，*Appendix and Index*（3 July 1894），p. 6.

③ *Report from the Select Committee on Food Products Adulteration*；*Together with the Proceedings of the Committee*，*Minutes of Evidence*，*Appendix and Index*（6 July 1894），p. 24.

并起诉违法人员，结果掺假的比例惊人地减少了，尤其是索尔福德郡的牛奶掺假减少得很明显。根据官方数据，索尔福德郡多年来一直被认为是英国最好的牛奶供应地之一。在曼彻斯特和索尔福德郡，政府官员利用法律赋予的权力在牛奶送到收货人手里之前就抽样检查，这样有效地避免了商人之间的相互推诿。[①] 鉴于这种鲜明的对比，专门委员会在最终的报告中强烈建议，成员中大多数甚至绝大多数是商人的地方政府，若继续无视食品药品掺假法的执行，应该由其他政府成员取而代之。

地方政府事务部是否可以强迫地方政府积极执行法律，在这方面它可以采取什么措施呢？地方政府事务部的总检查员赫伯特·普雷斯顿·托马斯认为，对于食品药品销售法的执行，地方政府事务部可以审查公共分析师的资格和任命，初步淘汰不合格的候选人。每个公共分析师都要向任命他的地方当局提供季度工作报告，阐明他的分析情况，报告的副本每年都要送给地方政府事务部。[②] 对于执法不积极的地方政府，如果他们根本没有取样或取样很少，地方政府事务部会发出通知，提请郡议会或自治市议会或其他地方当局注意该法在当地没有得到恰当的执行。由于地方政府事务部在这方面没有强制的权力，所以它的这种提醒只是偶尔有一些效果，大多数情况下地方政府对之置若罔闻。[③]

对此，一些证人希望地方政府事务部具有强制地方政府执法的权力。比如乳制品防御协会（The Dairy Produce Defence Association）的约翰·弗雷德里克·柯蒂斯·海沃德（John Frederick Curtis Hayward）中校和格洛斯特郡的公共分析师乔治·恩布里（George Embrey）就持这样的看法。[④] 但是也有一些证人持相反的看法。他们认为，强迫一个不情愿的地方政府启动法律机制，消费者很难从中获得任何益处，根据人口的数量规定地方政府取样数量的下限本身没有多大用处，因为相关法律规定的取样程序和其他程序比较烦琐，忽略任何程序规定的任何步骤都可能导致在随后的法律

---

① *Report from the Select Committee on Food Products Adulteration*; *Together with the Proceedings of the Committee*, *Minutes of Evidence*, *Appendix and Index* (3 July 1894), p. 6.

② *Report from the Select Committee on Food Products Adulteration*; *Together with the Proceedings of the Committee*, *Minutes of Evidence*, *Appendix and Index* (3 July 1894), p. 3; *Report from the Select Committee on Food Products Adulteration*; *Together with the Proceedings of the Committee*, *Minutes of Evidence*, *Appendix and Index* (6 July 1894), pp. 31–32.

③ *Report from the Select Committee on Food Products Adulteration*; *Together with the Proceedings of the Committee*, *Minutes of Evidence*, *Appendix and Index* (3 July 1894), p. 4.

④ *Report from the Select Committee on Food Products Adulteration*; *Together with the Proceedings of the Committee*, *Minutes of Evidence*, *Appendix and Index* (13 July 1894), p. 68, p. 71.

诉讼中失败。用一个证人的话说就是，在这方面有太多的程序，如果你想强迫一个地方机构去做他不想做的事，他们就会用一个最无效的方法去做，表面看起来完全是根据法律的规定完成了每一个步骤，但结果对控制掺假没有起到任何作用。① 比如，就购买样本而言，检查员很容易完成购买样本的任务，由于商人一般都认识检查员，检查员在购买样本时若亲自出面，买到的商品定然是纯正的，最终报告出来的掺假率会非常低，但这并不反映当地实际的掺假程度。相反，有些检查员则很用心，他们知道购买不同的样本要雇佣不同的人去买。比如，如果派一位男士去买黄油，小贩们马上就会起疑心；同样，如果派一位女士去买威士忌，也会引起店主的怀疑。

为了解决地方政府抽样不积极的问题，一些证人提出应由地方政府事务部或其他中央机构任命检查员，如果地方当局未能采集样本进行分析，这些检查员则应巡视该地区并采集样本，然后根据相关法律启动诉讼程序。乳制品防御协会的约翰·弗雷德里克·柯蒂斯·海沃德中校指出，需要派一名政府巡回检查员纠正地方当局的不作为，尤其是在一些地方，一个掺假的商人被起诉过一次后，检查员就不再去他的店里抽样了，这样对防止掺假是没有用处的，检查员要一直缠着他，直到他不再卖假货为止。海沃德还提出，掺假黄油的销售在很大程度上是有组织的，是全国范围的，有很多商人在三四个不同的城镇都拥有商店，只有中央机构派出的检查员才可以跨地区追踪掺假商品，从而使法律真正在全国范围内发挥作用，这是地方检查员无法做到的。② 詹姆斯·朗（James Long）也提议让中央部门的检查员负责监督法案的执行，就像丹麦那样，不仅要处理伦敦的掺假，而且要处理其他地区的掺假，检查员应该能够指定他们认为的任何合适的人来购买样本，就像一些外省城市检查员所做的那样，指定一名女士或一些不知名的人来取样。③

斯塔福德郡的农场主兼该郡农业商会的主席、郡议会议员的托马斯·卡宾顿·史密斯（Thomas Caebington Smith）说，斯塔福德郡的公共分析师和检查员的报告认为执行食品药品销售法的主要障碍在于周边一些地区的政府机构不执行相关法律，他们提出只有赋予中央机构权力雇佣自己的检

---

① *Report from the Select Committee on Food Products Adulteration*; *Together with the Proceedings of the Committee*, *Minutes of Evidence*, *Appendix and Index*（6 July 1894），p. 22.

② *Report from the Select Committee on Food Products Adulteration*; *Together with the Proceedings of the Committee*, *Minutes of Evidence*, *Appendix and Index*（13 July 1894），p. 62.

③ *Report from the Select Committee on Food Products Adulteration*; *Together with the Proceedings of the Committee*, *Minutes of Evidence*, *Appendix and Index*（20 July 1894），p. 99.

查员或巡回检查员才能使执法统一。史密斯表示，他本人反对中央集权，但是就掺假和传染病而言，"我发现中央集权的优势如此之大，以至于我不得不说，没有它我们就无法继续前进"。①

专门委员会听完专家的证词后得出结论，认为应该制定措施解决部分地方政府的消极执法问题，但他们认为按照证人指示的方向无法找到补救措施，由中央政府派出检查员承担的工作量是无法想象的，是不切实际的，而且与最近立法权力下放的趋势背道而驰。② 专门委员会建议，根据1875年法第13条，在每一个郡的每一个行政地区内，由郡议会任命的度量衡检查员或郡警察有执法权，郡议会有权指示度量衡检查员、警察或巡警购买样本。委员会认为有必要要求郡议会监督地方当局如何执行相关的法律，如发现地方当局未能恰当地执法，根据该法第13条，具有共同管辖权的郡议会应自行指示度量衡检查员、警察或巡警为完成法律的要求而进行取样。③

二、公共分析师和萨默塞特宫的冲突

1875年法案规定每个郡，每个有季度法庭的自治市或有独立的警察机构的自治市任命一名公共分析师，伦敦市、伦敦每个教区和地区委员会任命一名公共分析师。但是，这个规定后来被地方政府法案略微进行了改动，取消了人口小于1万的自治市任命自己的公共分析师的权力，将他们置于郡委员会的管辖之下。1875年法生效后，大多数地区任命了自己的公共分析师。公共分析师通常居住在离其所代表的地区很远的地方，检查员购买的样本可以作为挂号包裹邮寄，无论公共分析师离该地区有多远，都能在一天之内邮寄到。当时由于符合条件的公共分析师非常少，少数地区便根据1875年法第11条，与邻近地区达成协议，使用邻近地区的公共分析师的服务，所以一个分析师代表几个地区工作的情况也不鲜见。到19世纪70年代末，总共237个地区任命了公共分析师，实际上覆盖了全英国。④

公共分析师由地方政府提名，然后提交地方政府事务部批准。后者通

---

① *Report from the Select Committee on Food Products Adulteration*; *Together with the Proceedings of the Committee*, *Minutes of Evidence*, *Appendix and Index* (1 August 1894), p. 179.

② *Report from the Select Committee on Food Products Adulteration*; *Together with the Proceedings of the Committee*, *Minutes of Evidence*, *Appendix and Index* (9 July 1896), p. v.

③ *Report from the Select Committee on Food Products Adulteration*; *Together with the Proceedings of the Committee*, *Minutes of Evidence*, *Appendix and Index* (9 July 1896), p. v.

④ *Report from the Select Committee on Food Products Adulteration*; *Together with the Proceedings of the Committee*, *Minutes of Evidence*, *Appendix and Index* (3 July 1894), p. 1.

常会要求候选人提交资格陈述，要求他出示证据，证明自己具有合格的显微镜知识、化学知识等，一定程度上还要求具备医学知识。地方政府事务部通常会咨询自己的科学顾问，决定是否批准地方政府的提名。一般来说，地方政府事务部很少否决地方政府报上来的候选人名单，但是也有一些拒绝批准的例子。[①] 通过这样的选拔方式，担任公共分析师的人一般都能胜任他们的工作。当然也有一些证人抱怨说，这样的方法并没有完全防止任命不合格的人，提议应该规定更严格且更专门的资格测试。[②]

到 19 世纪 80 年代时，公共分析师的工作与 70 年代相比有了长足的进展，专门委员会的最终报告对公共分析师的工作基本肯定，说"尤其是在过去七八年间，以可喜的效率履行职责"。[③] 1874 年公共分析师协会成立，它在提高会员的业务素质、改善分析方法并确定食品掺假的标准方面做了大量的工作。同时，英国的化学教育已经取得了巨大的进展，许多拥有较高能力的具备"合格的知识、技能和经验的学生"从公立大学和合格的公共分析师的实验室里面出现了。该行业内部的竞争也在很大程度上规范了公共分析师的工作，进入 19 世纪 80 年代后，不称职的公共分析师日渐减少。经过多年的不懈努力，公共分析师的工作逐渐得到了大众的认可，成为消费者食品安全的"保护者"。由于法院审判掺假案件的依据主要是公共分析师出具的掺假报告，被告若对掺假报告有异议，可求助于萨默塞特宫重新分析，只要两者的分析报告略有出入，本来就偏袒商人的治安法官就会立即认定其证据不足而驳回起诉。

根据 1875 年法，国内税务局位于萨默塞特宫的一个实验室成为审核公共分析师的分析是否准确的上诉机构。这个实验室最初主要是为海关、税务和农业等部门服务的，分析相关商品是否借掺假而逃税，后来也为政府其他部门做相关的化学分析工作。例如，为印度办公室处理印度食品和其他方面的合同。该机构由 2 名领导、2 名主管分析师、12 名分析师和 41 名助理人员组成，共 57 人。公共分析师认为萨默塞特宫缺乏经验、分析的商品少、顽固地站在商人的一边、无视消费者的利益，是阻碍实施相关法律的重要障碍之一。

---

① *Report from the Select Committee on Food Products Adulteration*; *Together with the Proceedings of the Committee*, *Minutes of Evidence*, *Appendix and Index* (3 July 1894), p. 15.

② *Report from the Select Committee on Food Products Adulteration*; *Together with the Proceedings of the Committee*, *Minutes of Evidence*, *Appendix and Index* (9 July 1896), p. xxi.

③ *Report from the Select Committee on Food Products Adulteration*; *Together with the Proceedings of the Committee*, *Minutes of Evidence*, *Appendix and Index* (9 July 1896), p. xxi.

公共分析师和萨默塞特宫主要的差别和分歧在于：

第一，公共分析师认为，与自己相比，萨默塞特宫的化学家缺乏经验，资历不高。公共分析师协会前主席、大不列颠和爱尔兰化学研究所的前副所长、诺丁汉郡等五个地方的现任公共分析师奥托·黑纳在作证时对萨默塞特宫进行了激烈的批评。他说，公共分析师在食品分析方面有着长期的实践经验，很多人长年累月地研究食物的成分，在这个领域具有很高的地位和声誉；萨默塞特宫的分析师则都是无名之辈，但是他们却因法律规定骑在了公共分析师的头上，成了仲裁官；萨默塞特宫的化学家们从来没有发表过任何成果证明他们拥有被赋予的权威。黑纳讽刺说，在科学界，权威机构的人士不一定是权威人士。权威的化学家必须对知识的进步做出贡献，必须证明他比那些普通的公共分析师知道得更多，比他更好，或者比他有更多的经验。黑纳认为，国家税务局实验室的化学家都缺乏这些资格。他们在检测烈酒的酒精纯度、麦芽啤酒、酊剂、鼻烟和烟草方面，简言之对于应纳税物品，他们有着丰富的经验，但是对于食品分析，他们从来没有显示出任何知识，1875 年存在的这种状态在 1896 年仍然存在。[①]

黑纳继续说，当公共分析师，尤其是通过公共分析师协会这个媒介，为知识的发展作出重大贡献并得到全世界科学人的认可时，萨默塞特宫没有一篇论文能推动知识的发展。接下来黑纳列举了许多公共分析师在一些领域的具体成就，然后他总结到，在过去的 20 年中，公共分析师协会的成员在该协会的会议上发表了近 500 篇主要关于食品分析的创新性论文，该协会期刊《分析师》中收集的各种信息是英国或其他国家的每个分析师都经常翻阅的信息矿，"当我与萨默塞特宫的东西相比时，我只能用一个词来概括———一无所有"。[②] 需要说明的是，黑纳对萨默塞特宫的批评并不说明这里的化学家专业素质低下、是尸位素餐的无能之辈，他们与英国其他任何分析师一样称职，但他们不是权威，他们的意见与其化学家相比，不是优先考虑的。这一点，黑纳也是承认的。[③]

对于当下公共分析师的业务素质，萨默塞特宫政府实验室的副主任理查德·班尼斯特（Richard Bannister）也予以认可。他承认，就样本的实际

---

①　*Report from the Select Committee on Food Products Adulteration*; *Together with the Proceedings of the Committee*, *Minutes of Evidence*, *Appendix and Index* （10 March 1896）, p. 11.

②　*Report from the Select Committee on Food Products Adulteration*; *Together with the Proceedings of the Committee*, *Minutes of Evidence*, *Appendix and Index* （10 March 1896）, p. 11.

③　*Report from the Select Committee on Food Products Adulteration*; *Together with the Proceedings of the Committee*, *Minutes of Evidence*, *Appendix and Index* （10 March 1896）, p. 12.

检测而论，公共分析师的经验比萨默塞特宫丰富，许多人是有私人业务的分析化学家，他们相互之间经常进行与分析科学有关的理论、经验和技术的交流，公共分析师是根据集体经验而不是个人经验开展工作的，换句话说，他们中最优秀的人所获得的最好的信息可以供全国其他分析师使用，公共分析师对于食品科学的进步作出了很大的贡献，而且萨默塞特宫也从中受益。① 对于萨默塞特宫在食品科学中的地位，班尼斯特不认为他们对此毫无贡献。他说，此前詹姆斯·贝尔（James Bell）博士曾经发表过小册子《食品化学》，萨默塞特宫也发布过公共分析师都可以从中获益的手册。他还举例说，几年前有一位公共分析师来找萨默塞特宫，想找出李子酱中是否掺有苹果，萨默塞特宫在教他如何检测方面费尽了心思，但不久之后这位公共分析师发表了一篇关于该主题的论文，根本没有以任何方式提到得到了萨默塞特宫的帮助。②

对于贝尔的《食品化学》，奥托·黑纳讽刺说，它的"大部分内容都没有声称或假装是原创性的"，公共分析师一致认为，这本书中关于牛奶的章节不仅误导了分析师，而且错误连篇，该章节给出的分析结果也不正确，不值得政府部门使用。这本书已经出版 12 年了，不断地被萨默塞特宫引用，结果一次又一次地被证明不值得信赖，导致对掺假牛奶供应商的起诉接连失败。直到 1894 年，这个小册子里面的内容才被萨默塞特宫实验室发布的一系列关于牛奶分析问题的新内容取代。③

第二，分析样本后出具的证明书如何措辞。1892 年 9 月一批公共分析师和化学家给时任萨默塞特宫政府实验室主任詹姆斯·贝尔博士写了一封信，批评了政府实验室化学家出具的证明书的措辞："你没有意识到，过去很长一段时间，许多公共分析师认为，根据食品药品销售法提交给你的有争议的样本，你签发的证明书的措辞很容易使治安法官和公众产生错误的印象。"④ 他们在信中举例说，对于牛奶，有时你不能说"你不能确定是否添加了水"，他们建议"在你看来可疑的情况下，你要考虑它可能是加水了，尽管你的分析结果不能让你在这一点上做出肯定的回答。要在你的证

---

① *Report from the Select Committee on Food Products Adulteration*; *Together with the Proceedings of the Committee*, *Minutes of Evidence*, *Appendix and Index*（18 July 1894），p. 87.

② *Report from the Select Committee on Food Products Adulteration*; *Together with the Proceedings of the Committee*, *Minutes of Evidence*, *Appendix and Index*（18 July 1894），p. 88.

③ *Report from the Select Committee on Food Products Adulteration*; *Together with the Proceedings of the Committee*, *Minutes of Evidence*, *Appendix and Index*（10 March 1896），p. 12.

④ *Report from the Select Committee on Food Products Adulteration*; *Together with the Proceedings of the Committee*, *Minutes of Evidence*, *Appendix and Index*（11 July 1894），p. 47.

明上加上'同时，分析的结果与加了百分之……的水是不矛盾的'或类似的话才公平合理。"① 在一个关于黄油是否掺假的案件中，萨默塞特宫的证明书这样写道：这个样本"实际上是在真黄油的范围内，只不过是商业上遇到的质量最差的，没有证据表明黄油中添加了外来脂肪"，公共分析师对此建议道，"公平地说，你应该加上一句：'但这样的结果与样本中有百分之……的外来脂肪是不冲突的'。"②

在专门委员会的听证会上，萨默塞特宫政府实验室副主任理查德·班尼斯特对证明书措辞问题回答说，这是由于公共分析师对《1875 年食品和药品销售法》的误读，没有理解 1875 年法赋予他们的是什么权力。任何商品，不论质量多么低劣，只要没有添加外来物质或抽取掉它固有的物质，出售这种商品并没有违反 1875 年法。班尼斯特进一步补充说，他们把这个问题提交给了萨默塞特宫的法律官员，得到的回复是如果使用了公共分析师建议的措辞将是非法的。③

班尼斯特的说法又遭到了奥托·黑纳的反驳。黑纳说，萨默塞特宫证明书中的"我们无法肯定加了水"的说法无疑是不公平的，他们应该说"我们的分析，从案件的情况来看，是不确定的，既不确认也不反驳公共分析师的证明。"④ 黑纳表示，他的说法——既不认可也不否定公共分析师的分析证明——多次得到萨默塞特宫主任詹姆斯·贝尔博士的支持，但是地方法官毫无例外不可避免地将"无法肯定"这一表述解读为与公共分析师的证明相矛盾，而实际上萨默塞特宫没有任何这样的意图。这个模棱两可的短语，对公共分析师不公平，因此激起了他们的愤怒。这件事和其他一些事情导致了公共分析师协会的抗议，抗议活动一直持续到 1892 年 9 月。他们给詹姆斯·贝尔写了一封信，有 119 名公共分析师签署，几乎包括了英国所有的公共分析师，要求萨默塞特宫回答一系列问题，但是没有得到满意的答复。⑤ 班尼斯特承认"我们无法肯定添加了水"的表述容易让治

① *Report from the Select Committee on Food Products Adulteration*; *Together with the Proceedings of the Committee*, *Minutes of Evidence*, *Appendix and Index* (11 July 1894), p. 47.

② *Report from the Select Committee on Food Products Adulteration*; *Together with the Proceedings of the Committee*, *Minutes of Evidence*, *Appendix and Index* (11 July 1894), p. 48.

③ *Report from the Select Committee on Food Products Adulteration*; *Together with the Proceedings of the Committee*, *Minutes of Evidence*, *Appendix and Index* (11 July 1894), p. 47.

④ *Report from the Select Committee on Food Products Adulteration*; *Together with the Proceedings of the Committee*, *Minutes of Evidence*, *Appendix and Index* (10 March 1896), p. 16.

⑤ *Report from the Select Committee on Food Products Adulteration*; *Together with the Proceedings of the Committee*, *Minutes of Evidence*, *Appendix and Index* (10 March 1896), p. 16.

安法官产生误解，但他提出萨默塞特宫已经多年没有使用这种表述形式了。[1]

独立分析师、英国奶农协会和大都会奶牛协会的顾问化学家弗雷德里克·詹姆斯·劳埃德（Frederick James Lloyd）既反对萨默塞特宫的证明书的措辞，又反对许多公共分析师的措辞，他认为黑纳提出来的措辞对于商人也是不科学和不公平的。劳埃德指出，治安法官不是食品专家，对于大多数专业问题可能不容易理解，所以食品分析的证明书不能只给出一个意见，而是要描述事实，然后再出具意见，这样治安法官才能明白问题的关键所在。劳埃德举例说，有几个治安法官向他抱怨所处的这种困境：当地的公共分析师提交的分析报告只是给出一个意见，而另一位分析师的分析报告不仅给出了详细的事实、业界的普遍看法，而且给出了一个为什么不同意当地那个公共分析师的意见的说明。如果第二位分析师的事实是正确的，治安法官就能够判断他的意见是正确的，反过来如果没有事实他们就无法做出决定。因此，治安法官经常必须在没有任何事实或任何手段辅助自己形成判断的情况下，在公共分析师和萨默塞特宫相互矛盾的意见之间做出决定。劳埃德认为这对治安法官不公平，对被起诉者不公平，对于想从事公共分析师工作的分析师来说也不公平。[2]

第三，公共分析师与萨默塞特宫采用的分析系统不同、标准不同，导致双方的分析报告不一致。约克郡的奶农克里斯托弗·米德尔顿（Christopher Middleton）提出英国现在没有统一的分析系统，导致公共分析师和萨默塞特宫的化学家之间产生差异。他希望能有一个统一的分析系统，以确保分析结果更加公平、准确。[3] 由于采用不同的分析系统，在一个案件中，公共分析师证明牛奶中添加了 10% 的水，而萨默塞特宫的证明书中则说添加了不低于 4% 的水，可能超过了 4%，结果治安法官认为 10% 和 4% 差距太多，证据不足，驳回了起诉。[4] 由此导致萨默塞特宫的证明书在公共分析师的眼中越来越得不到尊重，奥托·黑纳说他们没有理由信任萨默塞特宫的分析和证书，来自萨默塞特宫的每一份证书，得到的都只是耸了耸肩，

---

① *Report from the Select Committee on Food Products Adulteration*; *Together with the Proceedings of the Committee*, *Minutes of Evidence*, *Appendix and Index* (18 July 1894), p. 89.

② *Report from the Select Committee on Food Products Adulteration*; *Together with the Proceedings of the Committee*, *Minutes of Evidence*, *Appendix and Index* (11 March 1896), p. 33.

③ *Report from the Select Committee on Food Products Adulteration*; *Together with the Proceedings of the Committee*, *Minutes of Evidence*, *Appendix and Index* (25 July 1894), p. 132.

④ *Report from the Select Committee on Food Products Adulteration*; *Together with the Proceedings of the Committee*, *Minutes of Evidence*, *Appendix and Index* (25 July 1894), pp. 145 – 146.

"很难想象约 160 名在全国不同地区独立工作的公共分析师会完全得出一个错误和有偏见的结论"。①

在掺假的标准方面，萨默塞特宫使用的标准普遍比公共分析师的低。农学院的教授詹姆斯·朗提出，萨默塞特宫太宽大了，标准定得比公共分析师低。比如黄油的含水量，公共分析师要求不能超过 15%，而萨默塞特宫要求的是不能超过 18% 或 19%。② 格洛斯特郡的公共分析师乔治·恩布里在作证时提出，由萨默塞特宫修正的低标准严重妨碍了公共分析师将他们确信是掺假的样本列为掺假。③ 黑纳也提出，由于治安法官认为萨默塞特宫的分析是最终的权威，迫使公共分析师不得不修改自己的标准，不断地把他坚信是掺假的样本当作未掺假的商品上报。德比郡的公共分析师在给黑纳的一封信中也说，"当然，与所有其他分析师一样，面对萨默塞特宫分析员所采取的标准，我不得不将许多商品视为真实的，虽然这些商品有很好的理由相信是掺假的。"④ 伦敦城的公共分析师在 1894 年 7 月 27 日的一封信中表达了同样的观点，这是公共分析师的普遍经历。萨默塞特宫的做法不仅对公共分析师的声誉造成了损害，更损害了消费者的利益。在德比郡出现了这样的案件后，当地的牛奶质量普遍下降。

乔治·恩布里说，对于公共分析师而言，与萨默塞特宫的分析结果不一样是一件很糟糕的事情，几乎是毁灭性的。在一个小地方，如果一个公共分析师不是特别有影响力，只要他的分析有一次被萨默塞特宫否定，即使他的分析可能是完全正确的，也很可能意味着他将会失去他的职位。更令恩布里生气的是，大多数情况下萨默塞特宫对自己的掺假标准秘而不宣，公共分析师只有在庭审见到对方的报告书时才知道他们的标准。此前公共分析师给萨默塞特宫写信询问他们的标准时，他们也不明确给出自己的标准。恩布里说，公共分析师协会曾经给萨默塞特宫写信，要求它提供相关的信息，但萨默塞特宫回复说他们不愿意继续通信。公共分析师协会要求

① *Report from the Select Committee on Food Products Adulteration*; *Together with the Proceedings of the Committee*, *Minutes of Evidence*, *Appendix and Index* (10 March 1896), p. 12.

② *Report from the Select Committee on Food Products Adulteration*; *Together with the Proceedings of the Committee*, *Minutes of Evidence*, *Appendix and Index* (27 July 1894), p. 157.

③ *Report from the Select Committee on Food Products Adulteration*; *Together with the Proceedings of the Committee*, *Minutes of Evidence*, *Appendix and Index* (13 July 1894), p. 77.

④ *Report from the Select Committee on Food Products Adulteration*; *Together with the Proceedings of the Committee*, *Minutes of Evidence*, *Appendix and Index* (10 March 1896), p. 18.

以某种方式会见萨默塞特宫的化学家，"结果是直接拒绝以任何方式帮助我们"。①

萨默塞特宫的班尼斯特在作证时虽然承认了没有和公共分析师有直接的联系，但是说如果有绅士写信要求知道他们的标准，他们是会告诉对方的。对于为什么没有将标准之类的信息交给公共分析师，班尼斯特解释说，他们不认为自己是这方面的权威，公共分析师是一个完全独立的群体，这样做对方可能会认为是专制傲慢的表现，"我们不隐瞒它，但我们不传达它"。② 班尼斯特的这种说法又遭到了奥托·黑纳的反驳，"多年来，我们一次又一次地恳求他们与我们交流，这些信件提供了证明"，但基本没有任何回应。③ 面对专门委员会的议员提出的"你们做了大量的啤酒分析，但却不把这些分析报告与公共分析师或者地方政府事务部分享"问题，班尼斯特狡辩说这些都是税务局的案例，与食品药品销售法毫无关系，如果有任何与此有关的问题需要在两个部门之间进行处理，通常是会进行处理的，"但一般来说，这是不必要的"。④

班尼斯特为了说明萨默塞特宫与公共分析师的分歧不大，说从 1875—1894 年的 19 年间，在 662 件求助于萨默塞特宫分析的案件中，只有 188 件被他们否决了，分歧率约为 35%。1889 年的分歧率为 20.7%，1890 年为 30.7%，1891 年为 24.6%，1892 年为 23.4%，1893 年为 11.7%，1894 年为 25.3%。⑤ 具体到年份上，以 1874 年到 1894 年这 20 年的数据为例，萨默塞特宫和公共分析师之间的差异，平均每年不超过 10 个案例。这在班尼斯特看来，双方的分歧在逐年下降。他认为在《1875 年食品和药品销售法》实施的最后 6 年或 8 年里，公共分析师的工作一直做得非常好，他们之间出现的那些差异更多是关于结果的解释而不是实际犯的错误，也就是说，虽然两个分析师的操作很准确、很诚实，但他们从同样的分析结果中

① *Report from the Select Committee on Food Products Adulteration*; *Together with the Proceedings of the Committee*, *Minutes of Evidence*, *Appendix and Index* (13 July 1894), p. 77.

② *Report from the Select Committee on Food Products Adulteration*; *Together with the Proceedings of the Committee*, *Minutes of Evidence*, *Appendix and Index* (11 July 1894), p. 51.

③ *Report from the Select Committee on Food Products Adulteration*; *Together with the Proceedings of the Committee*, *Minutes of Evidence*, *Appendix and Index* (10 March 1896), p. 16.

④ *Report from the Select Committee on Food Products Adulteration*; *Together with the Proceedings of the Committee*, *Minutes of Evidence*, *Appendix and Index* (11 July 1894), p. 55.

⑤ *Report from the Select Committee on Food Products Adulteration*; *Together with the Proceedings of the Committee*, *Minutes of Evidence*, *Appendix and Index* (18 July 1894), p. 86.

可能经常会得出不同的结论。① 公共分析师乔治·恩布里似乎也赞同班尼斯特的部分说法，根据他的了解，他认为萨默塞特宫的化学家和科学顾问也都是称职的分析师，他自己从未与他们发生分歧。②

奥托·黑纳对数据的解读与班尼斯特不同。以牛奶为例，20 年间有411 件样本送给了萨默塞特宫检查，其中的 311 件得到了肯定，96 件与公共分析师的分析不同，分歧率为 23.5%。黑纳说，根据食品药品销售法，公共分析师每年至少检查 10000 件牛奶样本，20 年间总共分析了 200000 件样本，其中约 25000 件被宣布为掺假，96 件样本的分析结果产生分歧，即使这 96 件样本公共分析师确实分析错了，与 25000 件相比，错误率也是微不足道的，对于像牛奶这样难以分析判断的商品，"我认为这完全证明了我此前的说法，本国没有任何官方机构能夸耀有这样准确的工作记录"。③

黑纳进一步说，这 96 件样品的分析结果的分歧，绝大多数错在萨默塞特宫而非公共分析师，因为检查员取样后，公共分析师就直接收到了每件牛奶样本，他在样本发生任何改变之前必须完成分析，并在证明书中说明情况。因此公共分析师对提交给他的任何牛奶样本在新鲜度上具有优势地位。根据《1879 年食品和药品销售法修正案法》，针对商贩的传票要在 28天内送达，此后该案必须再过一周才能开庭审理，因此如果牛奶样本出现了争议，它进入萨默塞特宫实验室时距离争议发生已经过去了 5 周。不用说，牛奶样本在 5 周内因分解和发酵经历了巨大的变化，已经不是它最初的样子了。事实上，5 周只是理论上的时间，在萨默塞特宫分析样本之前，通常已经过去几个月了。在这种情况下，想要分析出牛奶当时的准确成分，其难度可想而知。萨默塞特宫针对这种牛奶采取的分析方法本身也存在问题，因此不断受到批评。班尼斯特当时辩解说他们已经放弃了原先的分析方法，采用了更加科学的分析系统，但分析结果与此前相同。黑纳由此得出结论，萨默塞特宫采用的新的分析系统也没有多大价值。④

①　*Report from the Select Committee on Food Products Adulteration*; *Together with the Proceedings of the Committee*, *Minutes of Evidence*, *Appendix and Index* (18 July 1894), p. 86.

②　*Report from the Select Committee on Food Products Adulteration*; *Together with the Proceedings of the Committee*, *Minutes of Evidence*, *Appendix and Index* (11 July 1894), p. 80.

③　*Report from the Select Committee on Food Products Adulteration*; *Together with the Proceedings of the Committee*, *Minutes of Evidence*, *Appendix and Index* (10 March 1896), pp. 12 – 13.

④　*Report from the Select Committee on Food Products Adulteration*; *Together with the Proceedings of the Committee*, *Minutes of Evidence*, *Appendix and Index* (10 March 1896), pp. 13.

三、保证书问题

《1875 年食品和药品销售法》第 22 条针对零售商出售掺假商品提供了一个豁免条款，即若他出售的货物和他从供货商那里得到的完全一样，且从供货商那里得到了购买的商品为纯净的商品的保证书，零售商可以免于起诉。这一条款本意是避免冤枉诚实的零售商，但在实践中带来了一系列的问题，首先什么样的条件能构成法律认可的保证书，该条款并没有明确说明；其次，零售商若因保证书而免于起诉，大多数情况下是无法起诉批发商或者制造商的，结果使 1875 年法的效力大打折扣。

对于第一个问题，当时面临的一个重要的现实是发票能否作为保证书。早在 1878 年的鲁克诉霍普利案（Rook V. Hopley）中，公共分析师证明零售商的猪油中添加了 15% 的水，违反了法律。被告霍普利辩解说，他购买猪油时已经从卖方那里获得了一份"书面的保证"，满足了 1875 年法第 25 条的要求，但地方政府认为被告获得的"书面保证"根本不是法律要求的保证书，只是对商品的一个简单描述，上面写的是"霍普利先生购买了 4 听猪油，编号 1，每听 28 磅"。但是另一方面，被告属于 1875 年法第 6 条的例外行为，因为公共分析师提到的水对健康无害，制造猪油也必须要加水。最终法院裁定，发票不属于第 25 条所规定的保证书，被告不能免于起诉。[1]

在 1883 年哈里斯诉梅（Harris V. May）一案中，零售商出售的牛奶中添加了一定比例的水，但他提出在 1883 年 3 月 24 日与供货商签有合同，上面写着供货商每天向该零售商提供 86 加仑优质纯牛奶，为期 6 个月，零售商认为这个合同构成了法律要求的保证书，可以使他免于起诉。法院最终判定，该合同不是 1875 年法所要求的书面保证，零售商不能免于起诉。[2] 而在 1890 年的奶农和克利夫兰乳品公司诉史蒂文森（Farmers and Cleveland Dairies Company V. Stevenson）案中，零售商出售的牛奶中 20% 的脂肪已被抽掉了，他辩护说与牛奶供货商海姆公司签订了了合同，每天给他供应一定数量的"新鲜的、纯正的、质量最好的牛奶，里面的奶油完好无损"，据此，供货商保证每次供应的牛奶都是纯的、真的、未掺假的，而且装奶的桶上面附有标签，上面写着"保证是真的新牛奶，奶油完好无损"。高等法

---

① *Report from the Select Committee on Food Products Adulteration*；*Together with the Proceedings of the Committee*，*Minutes of Evidence*，*Appendix and Index*（1 August 1894），p. 233.

② *Report from the Select Committee on Food Products Adulteration*；*Together with the Proceedings of the Committee*，*Minutes of Evidence*，*Appendix and Index*（1 August 1894），p. 233.

院裁定，合同和标签一起构成了一个书面保证，符合 1875 年法第 25 条的规定。①

但是在 1891 年的霍其恩诉欣德马什（Hotchin V. Hindmarsh）案中，虽然被告有合同和标签，但法官判定不符合 1875 年法。在该案中，乳品公司的一个雇工出售的牛奶中添加了 12% 的水。雇工的辩护理由是，有问题的牛奶通过铁路运到了乳品公司，装牛奶的罐子上的标签写着"保证真的鲜牛奶，奶油完好无损"，而且在该乳品公司和供货商之间有一个书面协议，对方为其供应 6 个月的牛奶，保证是纯的，奶油完好无损。尽管雇工有检测的工具，并且此前他收到牛奶后经常会进行测试，但他这次收到牛奶后并没有对其进行检测。结果高等法院裁定，本案不符合"保证书条款的规定"。②

在议会专门委员会的听证会上，证人对"保证书条款"表达了自己的看法。詹姆斯·朗在作证时说，发票作为保证书毫无价值，如果将发票作为保证书，可能是在为有罪的人开脱，因为发票所指的商品不具有特定性，除非零售商能够证明他出售的商品和从供货商那里购买时的一模一样。③ 也有证人建议应将供应商提供的发票视为保证书，出示发票的零售商可以免除诉讼。公共分析师协会的前主席奥托·黑纳在作证时就同意这种做法，他说顾客从零售商那里购买牛奶、黄油和咖啡等商品时，虽然不会要求零售商出示保证书，但要买的是纯净的正品。从法律的角度而言，零售商的处境则完全不同，当他从批发商那里购买商品时，他必须通过明确说明他购买的商品是"货真价实的"保证书来保护自己。黑纳认为，根据 1875 年法，每张打印的或书写的发票或注明物品名称的标签都可以作为保证书，但是口头声明不能作为保证书。④ 英国奶农协会和大都会奶牛协会的顾问化学家弗雷德里克·劳埃德先生作证时认为发票可以作为保证书，但前提是零售商要把提供保证书者也带上法庭。⑤

---

① *Report from the Select Committee on Food Products Adulteration; Together with the Proceedings of the Committee, Minutes of Evidence, Appendix and Index*（1 August 1894），p. 233.

② *Report from the Select Committee on Food Products Adulteration; Together with the Proceedings of the Committee, Minutes of Evidence, Appendix and Index*（1 August 1894），p. 234.

③ *Report from the Select Committee on Food Products Adulteration; Together with the Proceedings of the Committee, Minutes of Evidence, Appendix and Index*（20 July 1894），p. 100.

④ *Report from the Select Committee on Food Products Adulteration; Together with the Proceedings of the Committee, Minutes of Evidence, Appendix and Index*（10 March 1896），p. 19.

⑤ *Report from the Select Committee on Food Products Adulteration; Together with the Proceedings of the Committee, Minutes of Evidence, Appendix and Index*（11 March 1896），p. 32.

对于第二个问题，议会专门委员会成立之前已经出现了大量的案例，由于零售商有"保证书"被豁免起诉，批发商或制造商则逍遥法外。由王座法院的查尔斯（Charles）和赖特（Wright）大法官审理的莱德劳诉威尔逊案（Laidlaw V. Wilson）是一个典型，经常被其他法官引用。这是一个猪油掺假案件中的保证书问题。1893年，被告在庭审中说猪油是从批发公司购买的，他出示了批发公司的发票，发票的顶端有一个绘制的图案，上面还写着"某某的纯猪油"。法庭认为，根据《1875年食品和药品销售法》的要求，这个发票可以被认为是"书面保证"，所以驳回了起诉。这一判决使检察机关面临两个巨大的困难：首先，发票上的任何美称或赞美性的描述都可能被视为足以导致驳回针对零售商起诉的"保证书"的危险；其次，虽然批发商或制造商的保证书可以撤销针对零售商的诉讼程序，但批发商或制造商并不能代替零售商作为被告。罪行已被证明，但没有人可以受到惩罚。[1]

与莱德劳诉威尔逊案相反的是1892年的一个案件，这是伊斯灵顿的卫生官员哈里斯（Harris）博士提到的一起重要的案件。根据1891年的《公共卫生（伦敦）法》，卫生官员没收了一个小商贩的11桶葡萄，但最终结果却是将批发商起诉到了法院。法院判定批发商违法，罚款11英镑，卖葡萄的小贩自己承担了损失。该案是1891年《公共卫生（伦敦）法》第47条第3款的第一次运用，旨在使首先出售不健康食品供人食用的人承担处罚责任。这就改变了食品药品掺假案件中，若零售商没有保证书就要被"冤枉"的现象。很遗憾，食品药品销售法中没有这样的权力。[2]

许多证人在议会专门委员会作证时都提到了第二个问题。格洛斯特郡有10年分析经历的公共分析师乔治·恩布里在作证时说，他们经常因为保证书这个条款输掉对零售商的起诉，根据1875年法很难对向零售商提供虚假保证书的人提起诉讼，尤其保证人是外国人时更难以起诉。[3] 奥托·黑纳也认为1875年法绝对没有强制地方当局起诉向零售商提供保证书的人，事实上，在大多数情况下，治安法官驳回对零售商的起诉后这个案件就结束了，地方政府极少起诉保证人，特别是如果保证书是由居住在遥远的地方

---

①　"Food Adulteration Made Easy", *The British Medical Journal*, Dec. 9, 1893, Vol. 2, No. 1719.

②　"Fruit Seizure: An Important Case", *The British Medical Journal*, Dec. 10, 1892, Vol. 2, No. 1667.

③　*Report from the Select Committee on Food Products Adulteration*; *Together with the Proceedings of the Committee*, *Minutes of Evidence*, *Appendix and Index*（13 July 1894）, p. 72.

的人提供时。据黑纳所知，针对保证人的起诉案件可能只有 6 起。① 斯塔福德郡的农场主兼该郡农业商会的主席、郡议会议员托马斯·卡宾顿·史密斯在作证时也提出抓到批发商并不容易，但如果能找到批发商违法的证据，就会尽力使地方当局起诉他。史密斯举了一个例子，在伍尔弗汉普顿，一名零售商被起诉，在治安法官看来，零售商几乎没有罪，因为这种人造黄油是由批发商作为黄油交付给零售商的，所以治安法官判处批发商支付 5 英镑的罚款，零售商支付样本的费用。②

1896 年，专门委员会发表的最终报告对于保证书问题总结道，零售商通常希望通过从批发商那里获得符合法律要求的保证书使自己豁免被起诉，但也有些零售商由于与批发商之间的特定关系而不愿强迫后者出具正式的保证书。报告说，很多证人建议发票及类似的文件应具有法律要求的保证书的效力，并指出这在《1887 年人造黄油法》中有先例。与此提议有关的批发商等利益团体的代表指出，发票或其他类似的文件对易腐货物和批量销售的货物提供的任何保证应仅在有限期限内有效。对于易腐烂的商品而言，这种限制的原因是显而易见的，而对于批量货物，经过一段时间后，辨认零售的货物与发票的关系，即使不是完全不可能，毫无疑问也是极其困难的。对此，委员会的建议是，如果批发商愿意给出明确的保证书，那么针对发票或保证书在易腐烂商品或批量货物上的限制是合理的；既然《1887 年人造黄油法》认为发票与保证书具有同等效力，那么 1875 年法也没有理由不承认发票的保证书效力。③

四、牛奶和黄油等相关食品的掺假问题

牛奶作为英国人最普遍的日常饮食，地方当局为保证其纯净投入了较大的精力。到 19 世纪 80 年代，当时最普遍的掺假形式是牛奶中掺水，抽掉牛奶中的部分奶油或者全部的奶油，以及为了颜色好看添加染色物和为了保存而添加防腐剂，此前传闻中的掺假物没有再出现过。

1875 年法和 1879 年修正案法生效后，牛奶的掺假率明显下降。从 1877 年到 1881 年，这 5 年公共分析师报告的样本掺假比例平均为 21.1%；从

---

① *Report from the Select Committee on Food Products Adulteration*; *Together with the Proceedings of the Committee*, *Minutes of Evidence*, *Appendix and Index*（10 March 1896），p. 20.

② *Report from the Select Committee on Food Products Adulteration*; *Together with the Proceedings of the Committee*, *Minutes of Evidence*, *Appendix and Index*（1 August 1894），p. 180.

③ *Report from the Select Committee on Food Products Adulteration*; *Together with the Proceedings of the Committee*, *Minutes of Evidence*, *Appendix and Index*（9 July 1896），p. viii.

1882 年到 1886 年，平均掺假率降到 16.7%；从 1887 年到 1891 年，平均掺假率是 13.2%；1892 年的掺假率是 13.3%，1893 年的掺假率是 14.9%。① 这些数据看起来掺假率还是很高，之所以如此，一个很重要的原因是在这段时间内公共分析师对于什么是纯净的牛奶没有权威的标准，公共分析师按照自己的认识决定牛奶是否掺假，掺假比例的变化在某种程度上代表了公共分析师对于什么构成牛奶掺假的意见的变化，因此样本掺假率的减少不能视为牛奶掺假比此前减少的确定性的证据。专门委员会的报告认为，考虑到牛奶交易的庞大数量，地方政府采购的样本数量是否足以成为牛奶掺假程度的可靠的比例值得怀疑。②

　　牛奶是否掺假存在的争议主要表现在三个方面：牛奶的脂肪含量、非脂肪固体含量和水的含量在什么样的限度内才算是纯净的未掺假的。英国奶农协会和大都会奶牛协会的顾问化学家弗雷德里克·劳埃德先生是一名根据《肥料和食品法》任命的地区分析师，他根据自己多年的分析经验以及亲自做的试验，在作证时认为纯牛奶的平均成分应包含 12.6% 的总固体物质和 3.6% 的脂肪。③ 威尔特郡的大农场主兼该郡政务委员会委员的塞缪尔·威廉·法默（Samuel William Farmer）作证说，他根据合同每天向艾尔斯伯里乳业公司供应约 1500 加仑的牛奶，合同要求牛奶中的脂肪含量不得低于 3.25%。法默说，他们达到这一标准没任何困难，实际上其平均质量远超这个标准，在过去 6 个月中，法默共供应了 10000 桶牛奶，其中只有 16 桶的脂肪含量是 3.25%，3 桶低于这个标准，其他都高于 3.25%。法默六年来供应的牛奶的平均脂肪含量是 3.84%、平均非脂肪固体为 8.92%。④ 还有一位饲养着 50 头奶牛的农场主，根据合同向伦敦的一家经销商供应牛奶，他的牛奶可以毫无困难地达到 3.25% 的脂肪和 8.75% 的非脂肪固体的标准。⑤

　　牛奶的脂肪等成分含量的差异并非全是掺假的结果，不但不同种类的

---

　　① *Report from the Select Committee on Food Products Adulteration*; *Together with the Proceedings of the Committee*, *Minutes of Evidence*, *Appendix and Index* (9 July 1896), p. xxii.

　　② *Report from the Select Committee on Food Products Adulteration*; *Together with the Proceedings of the Committee*, *Minutes of Evidence*, *Appendix and Index* (9 July 1896), p. xxii.

　　③ *Report from the Select Committee on Food Products Adulteration*; *Together with the Proceedings of the Committee*, *Minutes of Evidence*, *Appendix and Index* (11 March 1896), p. 28.

　　④ *Report from the Select Committee on Food Products Adulteration*; *Together with the Proceedings of the Committee*, *Minutes of Evidence*, *Appendix and Index* (1 August 1894), p. 169.

　　⑤ *Report from the Select Committee on Food Products Adulteration*; *Together with the Proceedings of the Committee*, *Minutes of Evidence*, *Appendix and Index* (9 July 1896), p. xxii.

奶牛产的奶的质量存在不同，同一种类的奶牛个体之间产的奶的质量差别也非常大，此外同一头奶牛在不同季节以及同一天的不同时间段产的奶也存在质量上的差异。赛伦塞斯特（Cirencester）皇家农业学院乳制品教授兼农业商会中央理事会、人造黄油委员会以及英国奶农协会理事会委员的詹姆斯·朗先生就提出，根据多年的经验，他发现早上挤的牛奶包含的脂肪比晚上少，总固体含量之间的差异约为1%。[①] 约克郡的一个奶农克里斯托弗·米德尔顿先生喂养了40头奶牛，他说早上产的牛奶平均包含了2.86%的脂肪，下午的牛奶的平均脂肪含量是3.68%。[②] 在干燥的季节，牛奶的脂肪含量和其他固体的含量会比正常情况下低很多。

也有证人说不同的喂养方法对于牛奶的成分和产量会有影响，但证人在这方面的说法并不一致。塞缪尔·威廉·法默说，给奶牛喂食酒糟、某些植物的根和玉米无疑会增加牛奶的产量，但牛奶的质量不会受到影响，除非在喂食这些食物以外再辅以其他更好的食物。法默还说，饲料中添加亚麻籽，不论是煮的、磨碎的还是亚麻籽饼，肯定会影响牛奶的质量，会增加牛奶中的脂肪比例。[③] 然而也有一个证人说，不论喂什么饲料，他都没有发现牛奶成分有任何可感知的变化，不过他承认喂豆类会增加牛奶的产量。这个问题对消费者来说非常重要，由于当时还缺乏牛奶标准，奶农很有可能会使用能增加产量但可能有损质量的饲料。[④]

由于存在上述问题，不同的证人给出的牛奶标准也不一样。很多证人都提到，制定的标准过高，会影响一些没有掺假而且营养价值也不低的牛奶的销售；如果制定的标准过低，一些商贩会在高质量牛奶中添加水使其降到低标准。制定标准的主要目的当然是确保市场上的牛奶的质量在合理的标准范围内，如果最差的真牛奶也能达到这个标准，那么制定标准的目的就没能实现。委员会认为这个问题最好提交给未来可能成立的仲裁法院来解决，但是它又建议在任何情况下都不应根据食品和药品掺假法将销售未达到固定标准的牛奶视为犯罪，只要供应商能够证明牛奶尽管质量很差，

---

① *Report from the Select Committee on Food Products Adulteration*; *Together with the Proceedings of the Committee*, *Minutes of Evidence*, *Appendix and Index* (27 July 1894), p. 163.

② *Report from the Select Committee on Food Products Adulteration*; *Together with the Proceedings of the Committee*, *Minutes of Evidence*, *Appendix and Index* (25 July 1894), p. 124.

③ *Report from the Select Committee on Food Products Adulteration*; *Together with the Proceedings of the Committee*, *Minutes of Evidence*, *Appendix and Index* (1 August 1894), p. 176, p. 171.

④ *Report from the Select Committee on Food Products Adulteration*; *Together with the Proceedings of the Committee*, *Minutes of Evidence*, *Appendix and Index* (9 July 1896), p. xxiii.

但是没有添加或抽取任何成分即可。[1]

除了牛奶之外，黄油和人造黄油是地方政府执法最关注的食品。地方政府事务部总检查员之一的赫伯特·普雷斯顿·托马斯作证时说，在地方政府官员提交分析的食品和饮料样本中，大约六分之一是黄油。从1877年到1881年这五年内，黄油样本的平均掺假率是13.9%；从1882年到1886年是17.9%，从1887年到1881年是13.4%，1892年是15.3%，1893年是13.7%。[2] 托马斯认为，《1875年食品和药品销售法》及《1887年人造黄油法》对于防止黄油的掺假几乎没有起到什么作用。黄油的掺假物主要是人造黄油和水。萨默塞特宫政府实验室的副主任理查德·班尼斯特认为，在化学成分上人造黄油和黄油几乎一样，除非在黄油中添加的人造黄油超出了一定的限度，否则很难被检测出来。水是黄油的组成部分，它有一个合法的限度，甚至一些质量非常好的黄油都包含了大量的水。但是黄油中包含多少水是合法的，证人们提出的标准差别比较大。班尼斯特说新鲜黄油中通常允许存在的水的比例在12%到14%之间，如果是咸黄油，这一比例将达到16%，掺假的样本有时含水达24%。[3] 都柏林的卡罗尔（Carroll）教授说，纯黄油包含的水可能在5%到30%之间，班尼斯特第二次作证时说所有黄油中水的百分比变化范围在5%到16%之间。[4]

黄油中含水量的巨大差异主要与制造工艺和原料质量有关，许多小制造商制造的黄油含有过量的水就是因为缺乏必要的工艺流程。对于是否制定黄油含水量的标准问题，几位证人意见不一。有的证人支持制定标准，因为有些商人通过故意增加水牟利，除非制定标准，否则不能起诉违法者。其他证人反对确定标准，理由和牛奶标准一样，这样做会诱使水含量低的制造商在黄油里面添加水使其降到标准上。此外，有些诚实的制造商也会因为技术问题而达不到标准。为了说明这一点，证人提到了一个案例，一个制造商的黄油是用最先进的设备制成的，在制作时尽一切努力挤出水分，

① *Report from the Select Committee on Food Products Adulteration*; *Together with the Proceedings of the Committee*, *Minutes of Evidence*, *Appendix and Index* (9 July 1896), p. xxiv, p. xxiii.

② *Report from the Select Committee on Food Products Adulteration*; *Together with the Proceedings of the Committee*, *Minutes of Evidence*, *Appendix and Index* (3 July 1894), p. 7.

③ *Report from the Select Committee on Food Products Adulteration*; *Together with the Proceedings of the Committee*, *Minutes of Evidence*, *Appendix and Index* (11 July 1894), p. 57, p. 41.

④ *Report from the Select Committee on Food Products Adulteration*; *Together with the Proceedings of the Committee*, *Minutes of Evidence*, *Appendix and Index* (25 July 1894), p. 138, p. 140.

但其水分含量还是高达 18%。[1]

至于黄油的染色，证人认为这是为了满足消费者的成见。当冬天能吃的草比较稀少时，奶牛的饲料主要是植物的根茎，用这时的奶制造的黄油的颜色都很浅，不论价格有多低，消费者通常都不愿买没有颜色的黄油。制造商为了使黄油的颜色满足消费者的偏见，就会在牛奶中添加染色物，一般使用的染色物是胭脂树红。据说染色物的添加并不影响黄油的口味，因此没有理由认为这种物质对健康有害。大部分证人认为染色不是为了欺诈，政府不应该干预这种行为。[2]

人造黄油的主要问题是黄油商反对它冒充为黄油，损害了黄油商的利益，许多购买黄油的顾客拿到的实际上是掺了人造黄油的黄油，农场主经常抱怨说这种欺骗行为很普遍。人造黄油通常由牛肉硬脂酸混以猪油、花生油或其他油构成，劣质的人造黄油中还混有棕榈油、棉籽油和芝麻油。证人基本都认为人造黄油有益健康，有营养价值，其作为一种廉价食品很重要，虽然不能说人造黄油像优质黄油一样美味，但精致的人造黄油比下等的黄油无疑是更可口的。专门委员会由此认为，没必要限制人造黄油的出售，唯一要限制的是它冒充黄油欺骗消费者。

人造黄油冒充黄油的第一步是染色，染成黄油的颜色。1892 年成立的保护黄油制造商利益的乳制品防御协会的财务主管约翰·弗雷德里克·柯蒂斯·海沃德赞同禁止将人造黄油染成黄油的颜色，这是防止其冒充为黄油出售的一种很好的方法，但他不支持强制将人造黄油染成黄油以外的颜色，比如粉色，认为这基本等同于禁止其出售，然而他们根本不想阻止人造黄油的正常销售。[3] 一些证人认为人造黄油的人工染色没有欺诈的意图，是为了满足公众的偏见，这些消费者购买了黄油的替代品，希望这些人造黄油在外观上有吸引力并且像黄油一样黄。几个证人极力宣称，禁止人造黄油的这种染色将彻底毁掉这个行业。[4] 对于一些证人将人造黄油强制涂成粉红色、绿色或红色以便与黄油区分开来的建议，委员会认为没有理由干涉人造黄油贸易到这种程度，除了禁止对人造黄油着色冒充黄油以促进诚

---

[1]　*Report from the Select Committee on Food Products Adulteration*; *Together with the Proceedings of the Committee*, *Minutes of Evidence*, *Appendix and Index* (9 July 1896), p. xxvii.

[2]　*Report from the Select Committee on Food Products Adulteration*; *Together with the Proceedings of the Committee*, *Minutes of Evidence*, *Appendix and Index* (9 July 1896), p. xxviii.

[3]　*Report from the Select Committee on Food Products Adulteration*; *Together with the Proceedings of the Committee*, *Minutes of Evidence*, *Appendix and Index* (13 July 1894), pp. 62 – 64.

[4]　*Report from the Select Committee on Food Products Adulteration*; *Together with the Proceedings of the Committee*, *Minutes of Evidence*, *Appendix and Index* (9 July 1896), p. xxix.

实交易之外，他们不准备建议对着色问题进行任何限制。

人造黄油冒充黄油的第二步是模仿黄油的包装，将人造黄油放在黄油盒子或类似的容器中似乎成了一个习惯。英国农业商会中央理事会、人造黄油委员会和英国奶农协会理事会的委员詹姆斯·朗指出，人造黄油制造商发出的广告说不仅提供任何种类的包装、篮子、盒子或桶，而且还提供卷状、小块或任何经销商喜欢的形状的人造黄油，能够满足任何消费者的喜好。詹姆斯·朗认为，英国应该像某些国家那样，要求人造黄油使用专门形状的容器，比如丹麦的法律要求用椭圆形的桶，瑞典要求使用特殊的盒子，德国法律要求人造黄油出售时必须是立方体的形状。[1] 委员会由此认为，人造黄油制造商如果反对这种做法，除了方便人造黄油冒充黄油欺诈性地出售之外，很难看出还有其他目的。委员会的报告得出结论，像丹麦和瑞典那样的规定若在英国实施，同时与有效的商铺检查制度结合起来，绝对能防止人造黄油假冒黄油出售，将有效防止经销商的欺诈行为而不骚扰人造黄油的合法生意。[2]

人造黄油冒充黄油的第三步是在人造黄油中混合一定比例的黄油后以黄油的名义出售。根据《1887年人造黄油法》的规定，这种混合物可以出售，但必须以"人造黄油"的名称出售。由于商人大多都不遵守这一规定，有证人建议彻底禁止这种混合物的出售。约克郡的奶农克里斯托弗·米德尔顿先生赞成禁止将黄油和人造黄油混合在一起，这样做的直接结果是黄油会更贵，而人造黄油会更便宜。米德尔顿认为，人们可以分开购买人造黄油和黄油然后自己混合，但不应该允许商人在商店里混合后再卖给消费者。[3] 詹姆斯·朗说，美国一些州完全禁止人造黄油和黄油混合，纽约州甚至完全禁止制造和销售人造黄油，"杀死了"人造黄油这个行业。[4] 专门委员会对此的看法是，虽然不愿建议对人造黄油贸易进行任何限制，因为这会阻止较贫穷的阶层购买有用的和令人喜爱的食品，但是他们对人造黄油和黄油混合出售带来的欺诈交易的事实印象深刻，觉得有必要建议完全禁

---

[1] *Report from the Select Committee on Food Products Adulteration*; *Together with the Proceedings of the Committee*, *Minutes of Evidence*, *Appendix and Index* （20 July 1894）, pp. 109 – 110.

[2] *Report from the Select Committee on Food Products Adulteration*; *Together with the Proceedings of the Committee*, *Minutes of Evidence*, *Appendix and Index* （9 July 1896）, p. xxx.

[3] *Report from the Select Committee on Food Products Adulteration*; *Together with the Proceedings of the Committee*, *Minutes of Evidence*, *Appendix and Index* （25 July 1894）, p. 132, p. 127.

[4] *Report from the Select Committee on Food Products Adulteration*; *Together with the Proceedings of the Committee*, *Minutes of Evidence*, *Appendix and Index* （20 July 1894）, p. 110.

止这种混合。①

对于政府已经通过的法律的实施效果，证人们也表达了各自的看法。根据《1887年人造黄油法》第9条，每个人造黄油制造商都必须在地方当局注册，否则将受到处罚。地方政府事务部的总检查员赫伯特·普雷斯顿·托马斯认为人造黄油工厂必须注册，但注册的工厂很少，有议员提出截止到1892年，英国注册的人造黄油制造商只有21家。② 在兰贝斯发生的一宗案件中，一家人造黄油工厂因未注册而被起诉，它在辩护中声称，地方当局对地方政府事务部的命令一无所知。③ 约克郡的奶农克里斯托弗·米德尔顿也认为有些制造人造黄油的工厂没有注册。④ 如果人造黄油商或工厂都注册，每个人都会知道他们在哪里，检查员能够立即去到那里进行检查。

《1887年人造黄油法》第6条要求每份人造黄油的包装上都要打上"人造黄油"这四个字的商标或永久性标记，但是经常有商家用随时可以去掉的可拆卸标签逃避检查，检查员丝毫看不出标签被做了手脚。⑤ 有些证人抱怨说，海关没有实施1887年法第8条授予他们的权力，检测他们有理由怀疑本来是人造黄油但在黄油的名字下进口的任何包裹。对此，代表海关的证人在作证时解释说，1887年法并没有授权他们禁止进口没有按照规定标记为黄油的包裹。为此，海关委员会的律师建议修改该法，"禁止未按照该法包装的人造黄油进口到联合王国，因为类似的商品好像包括进了1876年海关加强法第42条的禁止表中。"专门委员会认为按照建议修改1887年法非常可取。⑥

与此前相比，猪油的掺假状况有了很大的改善。纯净的未掺假的猪油完全由猪肉熬制而成，英国市场上这种猪油主要在英格兰和爱尔兰生产，偶尔发现被用棉籽油掺假。美国猪油在英国也非常流行，但检测发现添加牛肉脂肪或牛肉脂肪的硬脂酸的现象此前非常普遍。赫伯特·普雷斯顿·

---

① *Report from the Select Committee on Food Products Adulteration；Together with the Proceedings of the Committee，Minutes of Evidence，Appendix and Index*（9 July 1896），p. xxx.

② *Report from the Select Committee on Food Products Adulteration；Together with the Proceedings of the Committee，Minutes of Evidence，Appendix and Index*（3 July 1894），pp. 12 – 13.

③ *Report from the Select Committee on Food Products Adulteration；Together with the Proceedings of the Committee，Minutes of Evidence，Appendix and Index*（6 July 1894），p. 34.

④ *Report from the Select Committee on Food Products Adulteration；Together with the Proceedings of the Committee，Minutes of Evidence，Appendix and Index*（25 July 1894），p. 134.

⑤ *Report from the Select Committee on Food Products Adulteration；Together with the Proceedings of the Committee，Minutes of Evidence，Appendix and Index*（9 July 1896），p. xxx.

⑥ *Report from the Select Committee on Food Products Adulteration；Together with the Proceedings of the Committee，Minutes of Evidence，Appendix and Index*（9 July 1896），p. xxxi.

托马斯认为添加牛肉硬脂酸是为了使劣质猪油变稠，这使制造商能够使用劣质的原料，但硬脂酸本身对健康无害。[1] 早在 1883 年，美国用棉籽油和硬脂牛肉精制猪油的规模非常庞大，以至于很难找到真正的猪油，后来美国通过法案进行干预，结果很多掺假的猪油——包含的真猪油经常不到50%——进口到了英国，被当作"保证纯猪油"出售。由于棉籽油的商业价值只有猪油的一半左右，这种混合物以纯猪油的价格出售，消费者的损失可想而知。直到 1888 年，英国的公共分析师才知道了这种事情。他们进行了无数的取样、分析和调查，起诉掺假商，这种欺诈才基本消失。[2] 到了19 世纪 90 年代，水和棉籽油还被用作猪油的掺假物，但基本上微不足道。赫伯特·普雷斯顿·托马斯说，1893 年公共分析师分析了 1600 件猪油样本，大约 8% 的样本零售商被定罪。[3]

萨默塞特宫政府实验室的副主任理查德·班尼斯特认为，制造商在夏天制造猪肉时经常会放一些羊板油使猪油变硬，以便供家庭使用，"毫无疑问，以前大量来自美国的猪油不仅加入了牛肉硬脂酸使其变硬，也加入了棉籽油掺假，这种掺假猪油大量进入了我国。现在我很少碰到这种情况了"。[4] 他认为，芝加哥现在非常重视这件事，美国猪油的出口现在由芝加哥贸易委员会管理。班尼斯特说，目前猪油掺假的主要分歧在于样本中是否存在牛肉硬脂酸，许多情况下萨默塞特宫政府实验室的化学家的分析结果与公共分析师的不一致，公共分析师在一些猪油样本中检测出牛肉硬脂酸，所以认为该猪油掺假了，但政府实验室的化学家没检测到牛肉硬脂酸的存在。[5]

由于公众要求猪油具有一定程度的黏稠度，而猪油在自然条件下不能满足这一要求，制造商就努力寻找一些能使猪油具有消费者所需要的黏稠度的物质。当不能在猪油中添加硬脂酸时，制造商能找到的唯一的硬化剂是猪油渣。与牛肉硬脂酸相比，猪油渣的硬化效果并不好，为了获得同样

---

① *Report from the Select Committee on Food Products Adulteration*; *Together with the Proceedings of the Committee*, *Minutes of Evidence*, *Appendix and Index* (3 July 1894), p. 9.

② *Report from the Select Committee on Food Products Adulteration*; *Together with the Proceedings of the Committee*, *Minutes of Evidence*, *Appendix and Index* (3 July 1894), p. 22.

③ *Report from the Select Committee on Food Products Adulteration*; *Together with the Proceedings of the Committee*, *Minutes of Evidence*, *Appendix and Index* (3 July 1894), p. 9.

④ *Report from the Select Committee on Food Products Adulteration*; *Together with the Proceedings of the Committee*, *Minutes of Evidence*, *Appendix and Index* (25 July 1894), p. 145.

⑤ *Report from the Select Committee on Food Products Adulteration*; *Together with the Proceedings of the Committee*, *Minutes of Evidence*, *Appendix and Index* (25 July 1894), p. 145.

的黏稠度，需要 5 倍用量的猪油渣。由于必须使用猪油渣而非牛肉硬脂酸来硬化，猪油的价格上涨了。有证人指出，为了消费者和制造商的利益，应该允许在猪油中添加牛肉硬脂酸，因为 1875 年法第 6 条第 1 款本身不禁止猪油和硬脂酸混合物的销售，只是规定这种混合物不能作为猪油而只能作为混合物出售，这样的程序导致了一种一流的猪油商品与一种包含不到10% 的猪油的人造固化脂的混合物混淆在一起。专门委员会综合各方证据后认为，根据 1875 年法第 6 条第 1 款，为了硬化猪油，在其中添加很小比例的牛肉硬脂酸是合适的，这样的混合物从法律上可以视为猪油而非混合物。①

五、1899 年修正案法的通过

经过三年的调查取证之后，专门委员会在 1896 年发布了调查报告，详细展示了各类证人对相关法律的看法和建议。专门委员会经过讨论，最后通过了 23 条立法建议，这些建议后来成为 1899 年法的基础。

委员会的报告很全面，公平地吸收了相关部门的利益。委员会的最终报告建议：对于混合物品的出售，应强制商贩给顾客提供标签说明该商品是混合的；标签上混合物的说明应该是清晰打印上的，不能被其他打印的内容遮盖，现在的标签应该遵守本报告结尾部分"标签和混合物的出售"中提到的详细的规定；除非有特殊的限制，在食品和药品销售法的案件中，发票等类似的文件应该起到保证书的效力；授权海关官员在入境口岸检查所有进口食品，以便采取后续行动；从国外获得食品供应的经销商要求他向海关提交外国商贩交给他的纯度保证书，以及他们已经采取措施确保商品就是保证书保证的那样的证据；除了有标签的未开封的罐子和包装中的商品外，零售商应有权拒绝出售其他商品。②

报告还建议，《1879 年食品和药品销售法修正案法》第 3 条关于在运输途中抽取牛奶样本的权力应扩大到其他商品上；对于拒绝向授权官员出售样本的商人，增加最高处罚；购买后样本的分割以及一部分交付给供应商的规定应该是强制性的；样本应分成四部分而不是三部分，其中一部分应由批发商处置；《1887 年人造黄油法》第 5 条关于在某些情况下免除对雇主

---

① *Report from the Select Committee on Food Products Adulteration*; *Together with the Proceedings of the Committee*, *Minutes of Evidence*, *Appendix and Index* (9 July 1896), p. xxxvi.

② *Report from the Select Committee on Food Products Adulteration*; *Together with the Proceedings of the Committee*, *Minutes of Evidence*, *Appendix and Index* (9 July 1896), p. xxxixxv.

处罚以及对助手进行处罚的规定应扩展到食品和药品销售法下的犯罪行为；当案件的任何一方希望对公共分析师的分析进行复核时，治安法官或法院有义务将商品送交政府实验室进行分析；要求依赖保证书抗辩的被告在传票送达后的合理时间内将这一点告知检察官；允许针对地方法官的裁决向季度法庭提出上诉的时间从三天延长至十四天。①

报告最后建议，根据食品和药品销售法，第二次犯罪的任何人应处以至少5英镑的罚款，并且对于这些法案规定的第三次或更多次的违法行为，治安法官或法院可酌情处以监禁处罚，不得选择罚款；应授权治安法官酌情下令，要求被判犯有这些法律规定的罪行的人在罪行发生地的公共媒体上公布他的定罪通知；法案中使用的"食品"一词的定义应予以修改，以明确包括所有旨在进入或用于制备或调味食品的物品；应成立一个仲裁法院，针对这些法律中出现的科学和其他问题进行仲裁，有权规定食品的质量和纯度的标准或限度；要求公共分析师的候选人出示证据，证明他们拥有必需的分析化学的知识，应有公认的化学学校或科研机构颁发的相关证书，除了已经注册的医学从业者之外，还要具备检测必需的显微镜知识和掺假对健康的影响的知识；公共分析师的报酬应由中央机构批准；禁止人造黄油仿造黄油上色；禁止人造黄油和黄油混合出售。②

在食品药品方面，经过政府差不多55年的管理之后，相关方不再反对政府对他们的干预，掺假开始被重新界定为一种不公平的商业行为，他们请求更有效、明确、一致且更强制性地执行这些法律。1892年4月，代表英国和爱尔兰杂货商和各种食品商的杂货商协会联合会在会见地方政府事务部的代表时明确表明了这一点③；1892年底，杂货商的代表团说他们不想用任何方式在执行食品和药品销售法的道路上设置障碍，"在这个国家的聪明商人的头脑中应该已经毫无疑问地认为，通过适当地执行现有的法律和通过进一步的、更严格的法律，诚实的人不会有什么损失，反而会得到很大的好处。"④ 专门委员会的调查也表明了这一点，作证的各种商人代表都反对掺假，但由于掺假的罪魁祸首往往很难被纳入法律的监管，他们就要求不能冤枉出售了掺假商品但却是诚实的商人。

---

① *Report from the Select Committee on Food Products Adulteration*; *Together with the Proceedings of the Committee*, *Minutes of Evidence*, *Appendix and Index* (9 July 1896), p. xxxixxv.

② *Report from the Select Committee on Food Products Adulteration*; *Together with the Proceedings of the Committee*, *Minutes of Evidence*, *Appendix and Index* (9 July 1896), pp. xxxixxv – xlii.

③ "Grocers and Adulteration", *The British Medical Journal*, Apr. 16, 1892, Vol. 1, No. 1633.

④ "The Grievances of Grocers", *The British Medical Journal*, Dec. 10, 1892, Vol. 2, No. 1667.

为了平衡各方利益，在保证消费者食品药品安全的同时，也不能对商业的自由采取过分压制的方式，否则最终损害的还是消费者的利益。进入19世纪90年代，由于社会的复杂化，保障食品药品安全问题涉及的技术细节、科学和法律的关系问题，受影响的复杂的商业之间的关系问题，所涉及的巨大商业利益以及掺假与共同体的健康和福祉之间毫无疑问但绝不总是明确的联系问题，这些因素很可能使任何想推动立法的人在着手制定任何改进的法律方案之前停下来，思考良久，直到这个问题被推敲得远远超过目前所能确定的程度为止。

对于这时的英国政府来说，情况更是如此。19世纪末的英国基本实现了成年男性的普选权，两党能否执政的关键在于大量的普通选民，它要考虑实际的日常政治生活，不可能靠疏远重要的政治选民达成妥协，结果政府再次运用被普遍接受的议会拖延技巧，将这个问题搁置了一段时间。为了强调委员会听证会期间提出的执法松懈问题，由各种商业和农业利益集团的代表组成的警戒委员会成立了，他们希望说服政府采取行动。

专门委员会报告发表之后，当时的保守党政府采取拖延的策略，尽力阻止议会提起食品药品问题。1897年初，9名反对党议员——其中5名是1896年调查委员会的成员——提出了一个由他们签名的议案。这个议案在官方记录中很快无声无息地消失了，但在1897年议会会期将要结束的时候，政府提出了它自己的议案以便履行诺言。议会内没有人认为政府的这个议案是严肃的，提出这个议案的目的是试探这个问题的舆论方向。1898年间，议员基利和其同事提出了两个议案，列举了支持这些议案的30份请愿书。各种派别为保护他们自己的利益对政府施加压力，政府在这个会期上再次提出了一个议案。这个议案体现了专门委员会的一些建议，但很快就从议事日程上删掉了，有学者推测可能是政府事先安排好的策略。1899年初，基利先生在再次提出他的议案，政府为了取得先机，也提出了一个议案。

政府的《关于修改食品药品销售法的法案》仅由23个条款组成。它共分为三个部分，标题分别为"农产品、食品药品销售和补充剂"。在构成第一部分的11条中，第一条涉及对掺假或劣质牛奶、黄油和奶酪的进口包装进行标记，并使海关成为起诉机构，赋予海关检查样本的权力。在第二条中，将影响"英国农业的总体利益"的、对任何商品进行抽样分析的权力授予农业委员会的官员。第三条规定，如果农业委员会认为地方当局已经失职，"并且他们的失职影响了农业的总体利益"，则可以指示农业委员会的官员代替地方政府采取行动，费用由地方政府支出。① 第四条规定，农业委员会成立仲裁委员会，从世界各地招募优秀的人才，确定天然成分的哪些缺陷以及外来成分的多大比例构成掺假，但是这种权力仅限于乳制品。在接下来的四条中有很多关于人造黄油的内容，其中的最后一条，即第八条，规定在人造黄油中掺入超过10%的黄油就会受到惩罚。第九条要求牛奶商在装着牛奶的车上写上自己的名字；第十条要求将在公共交通工具运输过程中采集的部分样本转发给发货人；第十一条涉及炼乳和分离奶的标签。②

在议案的提出者看来，第二部分显然远没有第一部分重要，它包含了一些无关紧要的规定，包括关于混合物的通知、包装好的罐头的标签问题、通知的限制、关于保证和分析证书的规定。第十三条使欺诈者可以很容易地逃避卫生官员给他带来的一切麻烦，该条规定，如果欺诈的经销商拒绝接受起诉他的官员交给他的样本的一部分，他就能使法庭驳回起诉。这说明当时的政府完全不想得罪经销商。第十四条规定了对第二次和第三次犯罪的最高处罚，但没有规定最低的处罚。由于出售掺水牛奶是一项利润极其丰厚的事业，而地方法院对惯犯太过宽大，没有规定最低处罚是一个很大的错误。政府的这个法案像是一个可怜的小玩笑，它的存在本身就会影响反食品药品掺假事业，它会阻碍真正有效的防止食品药品掺假的法案的通过。

作为议会调查食品药品掺假的专门委员会的成员，基利的议案囊括了此前的相关法案和《1887年人造黄油法》的主要条款，并进行了修订。这个议案首先对"食品"一词的定义进行了扩展，包括"旨在进入或用于制备人类食品和调味品的任何物品"。这一定义具有明显的价值，它将有助于消除诸如发酵粉之类的物品被认为超出1875年法案范围的异常情况，因为这类物质既没有被用作食品也没有被用作药物。

对于犯了食品药品掺假罪后两年内又犯下第二次罪行的人，本法案规定的处罚是不得低于5英镑，对于在第二次犯罪后两年内犯下第三次罪行的人，规定的处罚是不得低于20英镑。在第二次定罪后，法院可能会命令将有关掺假事实的通知张贴在被定罪人的住所，并且法院也可以要求掺假商在有关的报纸上刊登有关事实的广告。该议案规定，任何人，无论是商品所有人、发货人、收货人、代理人或经纪人，持有掺假、劣质或改变过

---

① "Food and Drugs Legislation", *The British Medical Journal*, Mar. 18, 1899, Vol. 1, No. 1994.

② "Food and Drugs Legislation", *The British Medical Journal*, Mar. 18, 1899, Vol. 1, No. 1994.

的食品或药品，只要他不能证明该物品在未通知此类更改的情况下出售或零售，即属犯罪，并且禁止进口掺假商品。[①]

这个议案最有价值的部分可能是规定任命一个仲裁委员会。它建议，新的仲裁委员会拥有的权力包括：制定仲裁委员会有关的程序规则；有权要求提供相关文件并强制证人出庭；根据该法案制定公共分析师和检查员的资格要求；确定食品和药品的成分标准，以及在食品中允许用于保存或调味的外来物质的数量和种类；有权检查食品和药品的成分，并设计和推荐检查方法等。长期以来，人们一直希望有这样一个委员会能够权威地制定某些食品的纯度标准，并就方法的选择或检查提出建议。[②]

议会经过讨论，基利的议案很快被政府的议案取代。政府安抚店主的策略是把这个议案的规定扩展到进口商身上，这意味着限制了小商人因为其出售的商品在源头上就掺假但并非他们掺假所承担的责任。制造商和批发商从来不曾为其商品的掺假承担刑事责任，负担总落到小商人身上。议案的这个规定旨在把提供纯净商品的责任放在进口商身上。这在政治上是一个明智的举动，进口商数量与店主相比较少，在选举时其选票影响不大。政府的议案很快就进入了二读程序，最激励的争吵围绕着授权农业委员会负责执行这些法律，并将农业委员会视作"仲裁法庭"的相关条款展开，同时它也是"仲裁法庭"。反对派将此议案视为一种纯粹的阶级保护措施，将妨碍自由贸易，抬高商品价格，干预地方政府。和人造黄油相关的"染色"问题也受到广泛关注，农业人士想禁止人造黄油的染色，商人想允许染色，最后达成妥协，人造黄油中混入的黄油脂肪不能超过10%。烦人的保证书问题也辩论了好久，但二读期间没有解决这个问题。另外一个有争论的问题是对再犯的监禁，许多议员认为罚款太少起不到震慑作用，因此想把再犯者送进监狱。围绕这些问题的辩论持续了两个晚上，约25名议员发表了主要的演说。[③]

议案通过二读后，交给了议会常设贸易委员会讨论修改。常设委员会做的重要修正之一是划分地方政府事务部和农业委员会在该法执行上的权力边界，授权地方政府事务部执行该法，包括传唤批发商和制造商。"食品"一词得到了界定，解决了这个立法进程中长期争论不休的一个问题。

---

① "Food and Drugs Legislation", *The British Medical Journal*, Mar. 18, 1899, Vol. 1, No. 1994.

② "Food and Drugs Legislation", *The British Medical Journal*, Mar. 18, 1899, Vol. 1, No. 1994.

③ Ingeborg Paulus, *British Food and Drug Legislation: A Case Study in the Sociology of Law*, pp. 260 – 261.

最终在三读阶段，大部分议员觉得他们已经完成了对自己的选民任务，允许政府通过这个议案。这个议案是食品药品安全立法史上争论最多的一次立法，委员会讨论阶段占了《汉萨德议会议事录》120页，三读占了15页，直到两党精疲力竭才把议案转给了上院。① 上院很快批准了下院递交的法案，《1899年食品和药品销售法修正案法》正式成为法律。

1899年法首先将《1887年人造黄油法》的大部分内容纳入其中，对牛奶、奶油、黄油和奶酪等乳制品的销售做出了更具体的规定。该法授权农业委员会制定法规确定牛奶和奶制品的标准，确定真正的牛奶、奶油、黄油或奶酪的任何正常成分中有哪些缺失，或添加了哪些外来物质，或添加了多少比例的水，应推定该商品不是真品，或对健康有害。② 新法授权海关官员检查进口乳制品的标签是否合适，并取样以遏制掺假。指定农业委员会成立仲裁法庭，为乳制品制定标准，确保人造黄油和人造黄油干酪的标签合适；监督人造黄油和人造黄油工厂的注册和检查。该法禁止黄油和人造黄油的混合，命令牛奶销售商在他们装牛奶的车上和容器上做好标识。检查员除了乳制品可以随时取样之外，其他所有商品，在收货人同意的情况下才可以取样。该法的规定具有强制性，地方政府必须服从，被授权执行该法的地方政府事务部和农业委员会能够越过敷衍的地方政府直接执法。

1899年法把初犯的罚款上限提到20英镑，再犯提高到50英镑，第三次犯罚款100英镑；对于妨碍官员执法和提供虚假保证书的人的罚款也增加到了同样的数量。此外，对于三次违法或多次违法的，如果法院认为这种违法是由于个人的行为、违约或应受处罚的疏忽所致，那么也可以判处不超过3个月的监禁。其他新条款充分界定了食品，包含了其组成部分、调味品等，应零售商之请可以传唤批发商或制造商，授权地方政府事务部制定关于公共分析师任命的资格条件等。③

从内容上来看，在1899年法中药品又是陪衬，没有关于药品的专门规定。除了1875年的食品药品销售法以某种平等的方式处理食品和药品的主题之外，尽管都声称要处理药品问题，但后来的立法实际上都忽略了药品。之所以如此，一个重要的原因是自从1875年法通过以来，药品的质量已经

---

① Ingeborg Paulus, *British Food and Drug Legislation: A Case Study in the Sociology of Law*, pp. 265 – 266.

② R. E. Curran, "British Food and Drug Law —A History", *Food, Drug, Cosmetic Law Journal*, April, 1951, Vol. 6, No. 4.

③ Ingeborg Paulus, *British Food and Drug Legislation: A Case Study in the Sociology of Law*, pp. 267 – 268.

有了很大的改观。地方政府事务部的总检查员赫伯特·普雷斯顿·托马斯在议会专门委员会作证时表示，实际的药品掺假比例比公共分析师报告上的比例更低，比如公共分析师在一种药品中经常发现酒精含量不足，这种情况通常并非任何人的过错，而是粗心大意的结果，配制这种药的人没考虑酒精挥发问题。[①] 议会专门委员会长达三年的调查取证关于药品的证词非常少，议会在辩论 1899 年议案期间，药品问题都没有受到注意。由于英国是一个重视传统的国家，虽然食品和药品立法已经没有了 19 世纪 60 年代和 70 年代的环境，但食品和药品立法放在一起的习惯却没有改变，这种状况一直持续到 20 世纪五六十年代。

《1899 年食品和药品销售法修正案法》消除了妨碍 1875 年法有效执行的主要的技术障碍，严格责任问题在 1875 年和 1879 年差不多已经解决了，新法在这方面没有添加新东西，《1899 年食品和药品销售法修正案法》只是再次确认了这一点。严格责任成为公共卫生立法中的一个永久特征。由于地方政府事务部和农业委员会可以越过执法不力的地方政府直接派调查员执法，1900 年后的取样和起诉就更多了。由于该法授权农业委员会初步制定乳制品的构成标准，公共分析师和萨默塞特宫分析师之间的冲突随之减少，双方逐渐走上了合作之路。公共分析师也完成了身份的转变，从消费者保护人转向了科学问题的中立仲裁人，运用科学技术为商品的供应者和消费者提供保护。1899 年法的通过结束了源自政府外的防止食品药品掺假的立法改革诉求，此后尽管这些法律不时被修正并强化以满足食品技术和各种卫生要求，实际的改革到 1900 年已经完成了。1900 年以后，食品药品法律方面的变化和加强不再依赖公共舆论的鼓动，而是在立法领域内演化，遵照食品技术、生产的变化和卫生要求及无数新药品的出现而变化。[②]

---

① *Report from the Select Committee on Food Products Adulteration*；*Together with the Proceedings of the Committee*，*Minutes of Evidence*，*Appendix and Index*（3 July 1894），p. 10.

② Ingeborg Paulus，*British Food and Drug Legislation*：*A Case Study in the Sociology of Law*，p. 271，p. 284.

结　语

从 18 世纪中期开始，英国随着工业革命的进行，社会开始发生巨大的变化，"快乐的英格兰"逐渐消失了。到 19 世纪中期，英国成为世界上唯一的工业国，也是世界上对商业贸易限制得最少的国家，取得了其他国家所没有的巨大的工商业成就。

工业革命"不仅给英国带来许多光荣、许多伟大"，[①] 也给英国带来了许多问题。这些问题表现在社会的方方面面，大多集中在由于工业化所带来的快速发展的城市里面。比如，城市人口短期内迅速膨胀、住房条件简陋、贫民窟大量出现、卫生设备差、环境污染和引用水污染严重、食品药品掺假猖獗等。这些问题的解决非一个人、一个民间组织所能完成的，必须要有政府的参与才能有效解决这些问题。

不幸的是，19 世纪以来英国流行的社会舆论、社会思潮阻碍了政府有效介入社会问题的解决，其中最重要的一个思潮就是"自由放任"的思想。18 世纪以来，自由放任的思想在英国逐渐开始流行，由亚当·斯密、马尔萨斯、边沁以及后来的赫伯特·斯宾塞等人提出的个人主义哲学和自由放任的思潮，这时已经成为英国政府信奉的主要思想。政府官员、议会议员和社会上相当一批有影响力的人士认为，管得少的政府是最好的政府，他们反对政府对商业事务进行任何干预，坚持传统的商业自治，一切留给商业共同体自己根据惯例来解决。

1832 年英国议会改革之后，"最主张'自由放任'的阶级取得了政治权力"，[②] 这种观念也被发挥到了极致，导致工业化和城市化带来的一些社会问题没能得到及时的解决，社会冲突逐渐加剧。到 19 世纪中期，随着英国第一次工业革命的完成，"自由放任"的社会舆论也达到了顶峰。依照

---

① 钱乘旦：《第一个工业化社会》，第 42 页。

② 钱乘旦：《第一个工业化社会》，第 316 页。

"自由放任"的思想，政府不应干预任何经济问题，怎么生存完全是个人的事情，"是个人自己的经济活动"，国家没有责任保证个人的生存。[①]　更可悲的是，英国政府把这种思想发展到了极端，把"关系到国计民生的大事也当成'经济问题'不予理睬"，结果导致社会问题越来越严重。

　　妨碍政府解决社会问题的另一个障碍是英国社会对政府权力的警惕，这也是英国近代历史的一个主要特征。随着工业革命的开展，中等阶级和下层人民在争取自己的政治权利、经济权利的同时，仍然用警惕的目光注视着政府权力，防止政府权力的扩张侵犯人民的自由。然而，工业革命和城市化带来的一系列社会问题仅仅依靠民间的力量或者市场的调节是解决不了的，政府公权力的介入势所难免。政府在解决这些问题的过程中，其权力的扩张不可避免。如何在使政府解决问题的同时又能保证政府权力不侵犯人民的自由成了中等阶级要解决的一个难题。

　　随着科技的进步、工商业的发展和社会结构的复杂化，政府权力的逐步扩大是一个必然的趋势，"自由放任"的思想越来越难以适应社会的现实，政府如何介入社会、怎么平衡它与民间的权力关系需要人们进一步的思考。

　　英国的 19 世纪是新旧秩序交替的时代，又被称为"改革的时代"。工业革命所导致的农业社会向工业社会的转变打破了原有的阶级和阶层构成，各个阶级和阶层急剧分化并形成新的阶级和阶层。在新秩序形成的过程中，各个阶级和阶层希望在新的社会关系中建立起符合自己理想的新秩序，为此相互之间展开了各种各样的宣传、斗争和合作。英国民主制度、结社自由和言论自由的发展为各阶级和阶层维护并扩大自己的利益创造了宣传、斗争和合作的条件。在这方面最明显的是中小资产阶级和工人阶级为争取自己的政治和经济权力所发起的各种改革运动。

　　在具体的问题层面，一些改革者为了国家的发展和民族的未来，开始关注一些弱势群体的利益。在他们的推动下，冲破"自由放任"的阻碍，迫使英国政府先后通过了禁止妇女和 10 岁以下的儿童在地下矿井中工作的矿井法、把纺织厂的工作时间限制在 10 小时的工厂法，还有保护相对弱势的房客和旅客的房客法和旅客法。同时，工业革命和城市化也带来了一些所有人都要面对的问题，比如公共卫生和环境污染问题。为了改善所有人的生存环境，改革者通过各种斗争方法要求政府介入，通过立法解决这些问题。

---

①　钱乘旦：《第一个工业化社会》，第 94 ～ 95 页。

英国 19 世纪要求政府管理食品和药品的生产及销售的立法斗争过程正是在上述背景下发生的。一些阶级和阶层为维护自己的利益所进行的斗争及一些"民间人士"出于各种目的所推动的"社会改革"这个大环境为改革者要求政府介入国内食品药品的销售提供了一个相对有利的舞台。

随着工业化和城市化的快速发展，英国的食品药品掺假与以前相比变得越来越明显了。1820 年，阿卡姆把英国食品药品的掺假状况展现在了世人面前，引起了一场较大规模的要求议会立法管理食品药品的生产和销售、保障民众的生命和健康的舆论诉求。由于时代的局限和阿卡姆本人的失误，要求议会立法干预的舆论很快消失了。这次要求国家干预食品药品销售的舆论诉求虽然失败了，但对后来的改革者发起新的改革活动有着深远的影响。

1850 年后，随着英国第一次工业革命的完成，城市人口超过了农村人口，食品药品状况继续恶化，掺假也达到了比较严重的地步。《柳叶刀》在威克利和哈塞尔的带领下，经过科学的调查取证，在新形势下率先揭露了这种状况。19 世纪中期正是报纸杂志大发展的时代，食品药品掺假为他们提供了一个很好的新闻视角。在媒体的帮助下，食品药品掺假引起了中产阶级等读者群的警惕。波斯特盖特适时组织群众集会，发动请愿，要求议会通过立法管理食品药品的销售。

19 世纪中期的议员多数信奉自由放任的思想，认为对商业管得太多会限制经济的发展，加之通过新的立法会触犯他们选民的利益，所以面对舆论的压力，议会利用成立专门调查委员会进行调查来避免做出决策。"布拉德福德惨剧"的发生，迫使议会不得不面对食品药品掺假问题，在议会内外支持改革的力量的配合下，终于通过了《1860 年防止食品掺假法》。

《1860 年防止食品掺假法》虽然存在许多缺陷，本质上还是放任型的，对于有效控制食品掺假所起的作用不大。但是，这是英国历史上首次真正试图在一部单一立法中处理所有食品问题的一次努力，意义重大，为未来的进一步立法奠定了基础。

在改革者的努力下，议会在 1868 年又通过了《制药法》。由于药品的特殊性，这部法律在药品的销售方面提出了过错推定责任原则，为食品管理方面施行同样的原则提供了先例。1872 年，支持对食品药品的销售进行管理的议员采取疲劳战术，通过了英国第一部食品药品法。这部法律经过王座法庭的解释，在司法方面确认了食品领域采取过错推定责任原则。由于 1872 年法的固有缺陷，在执行方面存在一些弊端，也给一些无辜的商人制造了麻烦，遭到商人激烈的反对，要求修改 1872 年法；改革者也试图弥补该法的缺陷，加强其执法力度，在全国范围内统一执法工作。最终在各方的斗争下，1875 年通过了《食品和药品销售法》，在食品药品领域明确提出了过错推定责任原则。这部法律的通过标志着英国现代食品药品法体系的形成。

要求政府管理食品药品的生产和销售的改革者在推动建立新秩序的过程中，虽然不能脱离当时的时代、受制于时代的影响，但改革者并非完全被动的，他们建立新秩序的过程本身就是对旧秩序的一种突破。所以食品药品安全立法进程对社会的推动作用也是很明显的。这个推动作用，从具体方面而言，体现在对民众政治素质的提升方面；从大的方面而言，对时代的发展也有明显的推动作用。

推动食品药品安全立法的过程本身也是训练民众政治参与的过程。19世纪的英国在民主权力逐渐普及的同时，民众的整体素质也在不断提升。19 世纪发生的各种改革活动对民众素质的不断提高起了重要作用，食品药品安全立法进程本身也是一个开启民智、促使民众关注与自身相关的政治的过程。

19 世纪的食品药品立法一般是根据"揭露罪恶、舆论动员、议会调查、议会辩论、通过新法、进一步揭露罪恶"这一进程展开的。在这个过程中，每一步都是训练民众参与政治的过程。

对民间改革者而言，如果他们想迫使议会通过法律管理食品药品的销售，必须要发动舆论，通过民众对议会施压，使议会意识到这个问题的严重性。媒体的宣传一方面使读者了解了食品药品掺假问题的严重性；另一方面，一些严肃的媒体在报道这个问题的时候往往不局限于食品药品掺假问题，它们通常会思考得更深，把食品药品问题和政府的管理及改革联系起来，这对民众视野的开阔、社会风气的转变、国家制度的发展、民主的健全有重要的推动作用。同时像波斯特盖特之类的改革者，在吸引民众注意的时候，经常采取的是群众集会的方式，和民众直接面对面的接触，向他们宣讲政府管理的必要性。这种活动对于提高民众的政治参与意识大有裨益。

议员作为对社会有重要影响的人物，他们思想观念的变化对社会的发展起着举足轻重的作用。议员在 19 世纪后半叶对食品药品掺假议案的辩论，一方面，传播了新的思想观念，使许多议员及民众的观念无形中也发生了改变；另一方面，议员观念的改变预示了未来社会法律制度的一些变化。

在民事侵权领域内，英国从 15 世纪、16 世纪开始逐渐出现过错责任原则。到19世纪，过错责任原则已经完全成熟。[①] 过错责任原则是以行为人主观上的过错为承担民事责任的基本条件，行为人具有故意或者过失才可能承担侵权责任。根据这个原则，证明行为人的"故意"是判定其承担责任的一个非常重要的条件。

随着工业革命的开展，英国社会结构日益复杂，社会经济活动也日趋繁琐。复杂的社会关系所造成的损害已经不能通过简单的过错责任原则来判定，否则会导致严重的社会不公。维护社会公平最后一道闸门的法官较早地感受到了工业革命和城市化所带来的严重社会问题，他们在审判案件的时候突破过错责任原则的局限，率先做出了变化，试图确立新的原则——过错推定责任原则。

1842年，在"检察总长诉洛克伍德案"中，法官根据专门为保护税收的啤酒法对被告进行了判决。该啤酒法禁止啤酒商在啤酒中添加该法所列举出来的某些物质，否则即为掺假。有一被告被指控在啤酒中添加了该法所列出的某种物质。法官在判决时说，禁止在啤酒中添加该法所列举物质的这个条款必须在严格的语法背景下进行解释，但即使被告被指控在啤酒中所添加的物质不是该法所列举出来的，控方也不必证明添加这种物质的目的是掺假。法官的意思是说，在啤酒中添加该啤酒法所列举的某些物质，是明显的掺假，商人提供任何证据都不能改变这是掺假的事实；如果在啤酒中添加的物质不是该啤酒法列举出来的，那么被告要证明添加这种物质不是掺假，否则违法。这样解释，就把举证的责任交给了被告，提高了检方胜诉的概率。

1846年，"R. 诉伍德罗案"的判决也是根据同样的逻辑判定的。在这个案件中，被告被指控出售掺假烟草。不同的是被告的烟草批发自供货商，有供货商的保证书。上诉法院法官根据此前通过的专门为保护税收的烟草法判定，该法应该被解释为绝对禁止出售掺假烟草，不论卖主是否知道他的烟草掺假了。如果证明烟草掺假了，零售商可以起诉供货商。如果零售商没有保证书，而烟草仍然被证明掺假，那么就推定为零售商掺假了。

很明显，上述两个案件的判决虽然对零售商很不利，但对于政府有效控制啤酒和烟草掺假大有裨益。由于一直到1860年才有了一部综合性的食品法，所以法官的上述判决在19世纪四五十年代对于整体的食品掺假状况没有太大的影响。但是，上述判决却对人们的思想观念产生了重要影响，

---

① 王春：《论西方国家民事侵权归责原则的演进》，载《法律史的成长》（下），北京：法律出版社，2012年。

促使人们思考过错责任原则在新的社会关系下需要做出怎么样的调整，于是就出现了过错推定责任原则。按照过错推定责任原则，如果控方证明损害是由被告所致，而被告不能证明自己没有过错，即推定被告有过错并确认其应该承担责任。[①] 1860 年防止食品掺假的议案在议会辩论时，有议员主张采纳过错推定责任原则，《1868 年制药法》正式采纳了这个原则。[②]

工业革命和城市化导致社会关系日趋复杂、新的社会问题层出不穷，为了缓和社会矛盾，保障弱势群体的权力，有必要对过去的立法原则进行一定的调整。从这个意义上来讲，过错推定责任原则和无过错责任原则的出现只是时间的问题。但是，议会对防止食品掺假的议案的辩论，对控制食品掺假所存在的问题进行的分析则起了催化剂的作用，无意中加速了这两个原则在未来的应用。

此后，《1868 年制药法》在药品领域实现了从过错责任原则到过错推定责任原则的转变，《1875 年食品和药品销售法》的通过使这个转变在食品领域也完成了。过错责任原则到过错推定责任原则的转变虽然发生在特定的食品药品领域，但意义重大：一方面，它为食品药品立法的进一步发展打下了基础，举证的责任已经从起诉方转到辩护方。此后，被告必须证明他不知道而且不应该知道他出售的产品掺假了，这为政府有效控制食品药品掺假提供了可能。另一方面，过错推定责任原则的确立为发展出无过错责任原则奠定了基础。过错推定责任原则和无过错责任原则确立以后，在工业事故、交通事故、医疗事故、环境污染和产品责任等领域广泛适用。

更进一步的是，在辩论"毒药瓶"的时候，有议员超越当时的功利主义立法观，提出为一部分"特殊人群"——马虎大意到有点"蠢"的人（指半夜喝水时怕麻烦不开灯，导致误饮毒药的一些人）——立法，保护他们免受致命性的威胁。议员提出"毒药瓶"的问题本意是为了保护粗心大意的人，虽然粗心大意的人显然很难和鳏寡孤独废疾者等弱势群体归为一类，但这促使人们思考：如果对粗心大意的人竟然都需要专门立法保护，那么对于妇女、儿童等弱势群体来说是否更需要立法保障他们的权益？议会对这个问题的辩论有助于传播新的思想观念，议员和普通民众对这些问题的思考有助于为未来的社会立法创造一个宽松的社会环境，有助于推动一个更加公平的社会的到来。随着英国社会的快速发展，到 19 世纪晚期，

---

① 王春：《论西方国家民事侵权归责原则的演进》。

② 过错责任原则和过错推定责任原则的区别在于谁来举证。过错推定责任原则的出现在一定程度上缓和了社会矛盾，解决了受害人难以举证的问题。

无过错责任原则在许多领域都得到了运用。[1]

英国食品药品安全立法制度的缓慢发展也反映了国家干预商业的限度问题。19 世纪中叶以来，自由放任的思想虽然受到了挑战，国家干预主义角色经历了"稳步的增长过程"，但是其发展道路绝不是坦途，[2] 对政府权力的警惕，一直是英国历史的一个主要特征。

---

[1]　Ingeborg Paulus，*British Food and Drug Legislation*： *A Case Study in the Sociology of Law*，p. 27.

[2]　钱乘旦主编，刘成、胡传胜、陆伟芳、傅新球著：《英国通史：第五卷，光辉岁月——19世纪英国》，南京：江苏人民出版社，2016 年，第 21 页。

参考文献

电子数据库:

"19 世纪英国期刊在线数据库"（British Periodicals）；

"泰晤士报电子版"数据库（The Times Digital Archive1785 – 1985）；

"牛津大学出版社电子期刊（1849—1995）"过刊数据库（Oxford University Press）；

"英国皇家化学学会期刊及数据库"（Royal Society of Chemistry）；

"剑桥大学出版社电子期刊数据库"（Cambridge Journals Online）；

"医学电子期刊全文数据库"（LWW）；

"过刊数据库（JSTOR）

英文文献:

Parliamentary Debates（Hansard），1859 to 1899.

Parliamentary Select Committee Reports，1818，1855，1856，1874，1894，1895，1896.

英文著作:

［1］Abraham, John and Graham Lewis, *Regulating Medicines in Europe*: *Competition, Expertise and Public Health*, London, New York, Routledge, 2000.

［2］Atkins, Peter & Ian Bowler, *Food in Society*: *Economic, Culture, Geography*, London, New York, Arnold, 2001.

［3］Bell, Willam J. and Scrivener, H. S. , *The Sale of Food and Drugs Acts*, 1875 – 1899, London, Shaw & Sons, 1900.

［4］Bellamy, Christine, *Administering Central-Local Relations*, 1871 – 1919: *The Local Government Board in Its Fiscal and Cultural Context*, Manchester, Manchester University Press, 1985.

［5］Blank, Stephen, *Industry and Government in Britain*: *The Federation of British Industries in Politics*, Farnborough, Saxon House, 1973.

［6］Bolger, Patrick, *The Irish Co-operative Movement*: *Its History and Development*, Dublin, Institute of Public Administration, 1977.

［7］Brockington, C. Fraser, *Public Health in the Nineteenth Century*, Edinburgh, E. & S. Livingstone, 1965.

［8］Brown, Charles Albert, *The Life and Services of Fredrick Accum*, Reprinted from the journal of Chemical Education of the American Chemical Society, 1925.

［9］Brown, Mark, *Science in Democracy: Expertise, Institutions, and Representation*, Cambridge, Mass., MIT Press, 2009.

［10］Burnett, John, *Plenty and Want, A Social History of Food in England from 1815 to the Present Day*, London, Routledge, 1989.

［11］Burnett, John and Derek J. Oddy (eds.), *The Oringins and Development of Food Policies in Europe*, London, Leicester University Press, 1994.

［12］Chalmin, Philippe, *The Making of a Sugar Giant: Tate and Lyle*, 1859 – 1989, New York, Harwood Academic Publishers, 1990.

［13］Chambliss, William J. and Seidman, Rohert B., *Law, Order and Power*, Reading Mass., Addison – Wesley Pub. Co., 1982.

［14］Chapman, Alfred Ch., *The Growth of the Profession of Chemistry During the Past Half – Century (1877 – 1927)*, London, Institute of Chemistry, 1927.

［15］Coppin, Clayton A. and Jack High, *The Politics of Purity: Washington Wiley and the Origins of Federal Food Policy*, Ann Arbor, University of Michigan Press, 1999.

［16］Culhane, John G., (ed.), *Reconsidering Law and Policy Debates: A Public Health Perspective*, Cambridge, Cambridge University Press, 2010.

［17］Dahrendorf, Half, *Conflict After Class: New Perspectives on the Theory of Social and Political Conflict*, London, Longmans, for the University of Essex, 1967.

［18］Delmege, J. Anthony, *Towards National Health or Health and Hygiene in England form Roman to Victorian Times*, London, Willianm Heinemann, 1931.

［19］Devlin, Lord Patrick, *Samples of Law Making*, Oxford, Oxford University Press, 1962.

［20］Dicey, A. V., *Law and Public Opinion in England During the Nineteenth Century*, London, Macmillan & Co., 1962.

［21］Drummond, J. C. &Wilbraham Anne, *The Englishman's Food, A History of Five Centuries of English Diet*, London, Readers Union, Jonathan Cape, 1959.

［22］Duster, Troy, *The Legislation of Morality: Law, Drugs, and Moral Judgment*, New York, The Free Press, 1970.

［23］Dyer, Bernard and Mitchell, C. Ainsworth, *The Society of Public Analysts; Some Reminiscences of Its First Fifty Years, and a Review of Its Activities*, Cambridge, W. Heffer & Sons Ltd., 1932.

［24］Edwards, J. Ll. J., *Mens Rea in Statutory Offences*, London, Macmillan, 1955.

［25］Fenton, Alexander, (ed.), *Order and Disorder: The Health Implications of Eat-*

ing and Drinking in the nineteenth and Twentieth Centuries, East Linton, Tuckwell Press, 2000.

[26] Filby, Frederick, A., *A History of Food Adulteration and Analysis*, London, George Allen & Unwin Ltd., 1934.

[27] Fischer, Frank, *Democracy and Expertise: Reorienting Policy Inquiry*, Oxford, Oxford University Press, 2009.

[28] French, Michael and Jim Phillips, *Cheated not Poisoned? Food regulation in the United Kingdom*, 1875 – 1938, Manchester, Manchester University Press, 2000.

[29] Friedman, W., *Law in a Changing Society*, London, Stevens, 1959.

[30] Gaffin, Jean and David Thoms, *Caring and Sharing: The Centenary History of the Co – operative Women's Gulid*, London, Women's Co – operative Guild, 1983.

[31] Gardiner, A. G., *Life of George Cadbury*, New York, London Cassell and Co., 1923.

[32] Goodwin, Lorine, *The Pure Food, Drink, and Drug Crusaders*, 1879 – 1914. Jefferson, North Carolina, London, 1999.

[33] Gourvish, T. R. & R. G. Wilson, *The British Brewing Industry*, 1830 – 1980, Cambridge, Cambridge University Press, 1994.

[34] Grant, Wyn, *Pressure Groups, Politics and Democracy in Britain*, Hemel Hempstead, Philip Allan, 1989.

[35] Grant, Wyn, *Business and Politics in Britain*, Basingstoke, Macmillan Education Ltd, 1987.

[36] Gray, Ernest A., *By Candlelight. The Life of Dr Arthur Hill Hassall*, 1817 – 1894, London, Robert Hale, 1983.

[37] Gurney, Peter, *Co – operative Culture and the Politics of Consumption in England*, 1870 – 1930, Manchester, Manchester University Press, 1996.

[38] Hamlin, Christopher, *A Science of Impurity: Water Analysis in Nineteenth Century Britain*, Berkeley, Los Angeles, University of California Press, 1990.

[39] Harding, Alan, *A Social History of English Law*, Harmondsworth, Penguin, 1966.

[40] Harris, Jose, *Private Lives, Public Spirit: Britain*, 1870 – 1914, Oxford, Oxford University Press, 1993.

[41] Hartung, Frank E., *Crime, Law and Society*, Detroit, Wayne State University Press, 1965.

[42] Hassall, Arthur Hill, *Food and its Adulterations*, London, Longmans & Co., 1855.

[43] Hassall, Arthur Hill, *The Narrative of a Busy Life: An Autobiography*, London, Longmans, Green & Co., 1893.

［44］Herbert, Thomas, *The Law on Adulteration Being the Sale of Food and Drugs Acts, 1875 and 1879, with Notes, Cases, and Extracts from Official Reports*, London, Knight&Co. , 1884.

［45］High, Jack（ed. ）, *Regulation: Economic theory and History*, Ann Arbor, University of Michigan Press, 1991.

［46］Himmelfarb, Gertrude, *The Roads to Modernity. The British, French, and American Enlightenments*, New York, Alfred A. Knopf, 2005.

［47］Hogan, T. B. , *Criminal Liability Without Fault*, Leeds, Leeds University Press, 1969.

［48］Hutchins, B. L. , *The Public Health Agitation, 1833 – 1848*, London, A. C. Fifield, 1929.

［49］Hutchins, B. L. , and Harrison, A. , *A History of Factory Legislation*, London, P. S. King & Son Ltd. , 1929.

［50］Ilersic, A. R. , *Parliament of Commerce: The Story of the Association of British Chambers of Commerce, 1860 – 1960*, London, Published for Association of British Chambers of Commerce by N. Neame, 1960.

［51］Johnston, James P. , *A Hundred Years Eating, Food, Drink, The Daily Diet in Britain Since the Late Nineteenth Century*, Dublin, Gill and Macmillan, McGill – Queen's University Press, 1977.

［52］Jones, Dorsey D. , *Edwin Chadwick and the Early Public Health Movement in England*, Iowa City, University of Iowa Press, 1931.

［53］Jones, Geoffrey and Nicholas J. Morgan（eds. ）, *Adding Value: Brands and Marketing in Food and Drink*, London, New York, Routledge, 1994.

［54］Katharine, Thompson, *The Law of Food and Drink*, Crayford, Kent, Shaw and Sons, 1996.

［55］Keynes, E. and Ricci, D. M. （Eds. ）, *Political Power, Community and Democracy*, Chicago, Rand McNally & Co. , 1970.

［56］Kitson, Clark George, *The Making of Victorian England*, Cambridge, Harvard University Press, 1962.

［57］Kolko, Gabriel, *The Triumph of Conservation: A Reinterpretation of American History, 1900 – 1916*, New York, Free Press of Glencoe, 1963.

［58］Konig, Niek, *The Failure of Agrarian Capitalism: Agrarian Politics in the UK, the Netherlands and the USA, 1846 – 1919*, London, Routledge, 1994.

［59］Lambert, Royston, *Sir John Simon, 1816 – 1904 and English Social Administration*, London, Macgibbon & Kee, 1963.

［60］Langford, John Alfred, *Modern Birmingham and Its Institutions: A Chronicle of Local Events, From 1841 to 1871*, Volume 2. , Birmingham, London, Simpkin, Marshall,

& Co. , 1877.

[61] Lauterburg, Dominique, *Food Law: Policy & Ethics*, London, Cavendish Publishing Ltd. , 2001.

[62] MacDonagh, Oliver, *A Pattern of Government Growth* 1800 – 1860: *The Passenger Acts and Their Enforcement*, London, Macgibbon & Kee, 1961.

[63] Macdonagh, Oliver, *Early Victorian Government*, 1830 – 1870, London, Weidenfeld and Nicolson, 1977.

[64] Maasen, Sabine and Peter Weingart, (ed.), *Democratization of Expertise?: Exploring Novel Forms of Scientific Advice in Political Decision – making*, Dordrecht, the Netherlands, Springer, 2005.

[65] MacLeod, Roy, (ed.), *Government and Expertise: Specialists, Administrators, and Professionals*, 1860 – 1919, Cambridge, Cambridge University Press, 1988.

[66] Matthews, A. H. H. , *Fifty Years of Agricultural Politics: Being the History of the Central Chamber of Agriculture*, 1865 – 1915, London, P. S. King & Son, 1915.

[67] Mommsen, W. J. (ed.), *The Emergence of the Welfare State in Britain and Germany*, 1850 – 1945. London, Croom Helm Ltd. , 1981.

[68] Newman George, *Health and Social Evolution*, London, George Allen & Unwin LTD, 1931.

[69] Oddy, Derek, J. and Miller Derek S. (eds), *Diet and Health in Modern Britain*, London, Croom Helm, 1985.

[70] Offer, Avner, *Property and Politics*, 1870 – 1914: *Landownership, Law, Ideology and Urban Development*, Cambridge, Cambridge University Press, 1981.

[71] Okun, Mitchell, *Fair Play in the Marketplace*, Dekalb, Northern Illinois University Press, 1986.

[72] Parris Henry, *Constitutional Bureaucracy, The Development of British Central Administration since the Eighteenth Century*, London, George Allen & Unwin LTD, 1969.

[73] Paulus, Ingeborg, *British Food and Drug Legislation: A Case Study in the Sociology of Law*, Ph. D. Thesis, University of London, 1973.

[74] Paulus, Ingeborg, *The Search for Pure Food*, A Sociology of Legislation in Britain, London, Martin Robertson & Company Ltd. , 1974.

[75] Plimmer, R. A. and V. G. Plimmer, *Food and Health.* London, New York, Longmans, Green and Co. , 1925.

[76] Porter, Roy, *Health for Sale*, Quackery in England 1160 – 1850, Manchester, Manchester University Press, 1989.

[77] Postgate, John, *Lethal Lozenges and Tainted Tea: A Biography of John Postgate* (1820 – 1811), Warwickshire, Brewin Books, 2001.

[78] Pugh, Martin, *The Making of Modern British Politics*, 1867 – 1939, Oxford,

Blackwell, 1982.

[79] Richards, Thomas, *The Commodity Culture of Victorian England: Advertising and Spectacle*, 1851 – 1914, Stanford, Stanford University Press, 1990.

[80] Riley, Dennis and Bryan E. Brophy-Baermann, *Bureaucracy and the Policy Process: Keeping the Promises*, Lanham, Rowman & Littlefield, 2006.

[81] Searle, G. R., *Morality and the Market in Victorian Britain*, Oxford, Oxford University Press, 1998.

[82] Self, Peter and Herbert J. Storing, *The State and the Farmer*, London, G. Allen & Unwin, 1962.

[83] Spencer, Colin, *British Food: An Extraordinary Thousand Years of History*, New York, Columbia University Press, 2003.

[84] Sprigge, S. Squire, *The Life and Times of Thomas Wakley*, Huntington, New York, Roberte Krieger Publishing Company, 1974.

[85] Stieb, Ernst Walter, *Controlling Drug Adulteration in England* (1820 – 1906), Ph. D. Thesis, University of Wisconsin, 1969.

[86] Stigler, George, (ed.), *The Citizen and the State: Essay on regulation*, Chicago, University of Chicago Press, 1975.

[87] Vernon, James, *Politics and the People, A Study in English Political Culture*, c. 1815 – 1867, Cambridge, Cambridge University Press, 1993.

[88] Walton, John K., *Fish and Chips and the British Working Class*, 1870 – 1940, Leicester, Leicester University Press, 1992.

[89] Webb, Catherine, *The Woman with the Basket: The History of the Women's Co – operative Guild*, 1883 – 1927, London, Women's Co – operative Guild, 1983.

[90] Wilson, C. Anne, *Waste Not, Want Not: Food Preservation from Early Times to the Present day*, Edinburgh, Edinburgh University Press, 1991.

[91] Williams, Iolo A., *The Firm of Cadbury*, 1831 – 1931, London, Constable and Co. Ltd., 1931.

[92] Wilson, Francis Graham, *A Theory of Public Opinion*, Chicago, Henry Regnery Co., 1962.

[93] Winstanley, Michael J., *The Shopkeeper's World*, 1830 – 1914, Manchester, Manchester University Press, 1983.

[94] Wohl, Anthony S., *Endangered Lives: Public Health in Victorian Britain*, Cambridge, Mass., Harvard University Press, 1983.

中文著作（含译著）：

[1]〔英〕爱德华·汤普森：《英国工人阶级的形成》，钱乘旦等译，南京，译林出版社，2001 年。

〔2〕〔英〕埃弗尔·詹宁斯：《英国议会》，蓬勃译，北京，商务印书馆，1959年。

〔3〕〔英〕比·威尔逊：《美味欺诈——食品造假与打假的历史》，周继岚译，北京，三联书店出版社，2010年。

〔4〕〔美〕菲利普·希尔茨：《保护公众健康——美国食品药品监管历程》，姚明威译，北京，中国水利水电出版社，2006年。

〔5〕〔美〕马克·史盖兹克：《美味陷阱》，邓子衿译，中国台湾，时报文化出版企业股份有限公司，2020年。

〔6〕〔美〕罗威尔：《英国政府：中央政府之部》，秋水译，上海，上海人民出版社，1959年。

〔7〕〔美〕罗威尔：《英国政府：政党制度之部》，秋水译，上海，上海人民出版社，1959年。

〔8〕程汉大：《英国法制史》，济南，齐鲁书社，2001年。

〔9〕陈晓律：《英国福利制度的由来与发展》，南京，南京大学出版社，1996年。

〔10〕储安平：《英国采风录》，长沙，岳麓书社，1986年。

〔11〕丁建定：《从济贫到社会保险，英国现代社会保障制度的建立（1870—1914）》，北京，中国社会科学出版社，2000年。

〔12〕丁建定、杨凤娟：《英国社会保障制度的发展》，北京，中国劳动出版社，2003年。

〔13〕高岱：《英国政党政治的新起点——第一次世界大战与英国自由党》，北京，北京大学出版社，2005年。

〔14〕古春德、史彤彪：《西方法律思想史》，北京，中国人民大学出版社，2006年。

〔15〕韩铁：《美国宪政民主下的司法与资本主义经济发展》，上海，三联书店出版社，2009年。

〔16〕何勤华：《西方法律思想史》，上海，复旦大学出版社，2009年。

〔17〕华东政法大学法律史研究中心（编）：《法律史的成长》（下），北京，法律出版社，2012年。

〔18〕梅雪芹：《环境史学与环境问题》，北京，人民出版社，2004年。

〔19〕梅雪芹：《和平之景：人类社会环境问题与环境保护》，南京，南京出版社，2006年。

〔20〕梅雪芹：《环境史研究叙论》，北京，中国环境科学出版社，2011年。

〔21〕闵凡祥：《国家与社会：英国社会福利观念的变迁与撒切尔政府社会福利改革研究》，重庆，重庆出版社，2009年。

〔22〕聂露：《论英国选举制度》，北京，中国政法大学出版社，2006年。

〔23〕沈汉、刘新成：《英国议会政治史》，南京，南京大学出版社，1991年。

〔24〕钱乘旦：《第一个工业化社会》，成都，四川人民出版社，1988年。

〔25〕钱乘旦、陈晓律：《在传统与变革之间：英国文化模式溯源》，杭州，浙江人

民出版社，1991年。

　　[26] 钱乘旦、高岱：《英国史新探》，北京，北京大学出版社，2011年。

　　[27] 王章辉、孙娴：《工业社会的勃兴》，北京，人民出版社，1995年。

　　[28] 魏建国：《自由与法治：近代英国市民社会形成的历史透视》，北京，中央编译出版社，2005年。

　　[29] 魏秀春：《英国食品安全立法与监管史研究1860—2000》，北京，中国社会科学出版社，2013年。

　　[30] 阎照祥：《英国近代贵族体制研究》，北京，人民出版社，2006年。

　　[31] 阎照祥：《英国政治思想史》，北京，人民出版社，2010年。

　　[32] 张明贵：《费边社会主义思想》，中国台湾，五南图书出版公司，2003年。

中文文章（含译著）：

　　[1] 蔡蕾：《16世纪英国食品立法的肇始及特征——兼论立法在近代英国国家建构中的作用》，《河南师范大学学报》（哲学社会科学版）2012年第1期。

　　[2] 郭家宏：《欧盟食品安全政策述评》，《欧洲研究》2004年第2期。

　　[3] 郭家宏：《工业革命与英国贫困观念的变化》，《史学月刊》2009年第7期。

　　[4] 李夏菲：《英国食品安全监管体系——从疯牛病事件出发》，复旦大学2012届硕士论文。

　　[5] 刘金源、骆庆：《19世纪伦敦市场上的牛奶掺假问题》，《世界历史》2014年第1期。

　　[6] 刘晓佳：《19世纪英国食品安全问题——兼谈恩格斯的〈英国工人阶级状况〉》，《黑龙江史志》2014年第15期。

　　[7] 刘亚平：《英国现代监管国家的建构，以食品安全为例》，《华中师范大学学报》（人文社会科学版）2013年第4期。

　　[8] 苏立：《英国食品安全立法体系及其启示》，《理论探索》2010年第2期。

　　[9] 魏秀春：《英国食品安全立法的历史考察，1860—1914年》，《世界近现代史研究》2010年第7辑。

　　[10] 魏秀春：《1875—1914年英国牛奶安全监管的历史考察》，《历史教学》2010年第12期。

　　[11] 魏秀春：《英国学术界关于英国食品安全监管研究的历史概览》，《世界历史》2011年第2期。

　　[12] 魏秀春、商薇：《试析公共分析师与英国牛奶安全监管（1875—1914）》，《德州学院学报》2015年第1期。

　　[13] 温小辉：《维多利亚时期英国食品掺假问题研究》，河北大学2018届硕士论文。

　　[14] 温小辉、冯杰：《从自由放任到多层级全面深入监管——英国食品安全立法

的演进》，《保定学院学报》2017 年第 1 期。

［15］叶素琼：《19 世纪中英茶叶贸易中的掺假作伪问题研究》，湖南师范大学 2017 届硕士论文。

［16］〔英〕约翰·亚伯拉罕：《渐进式变迁——美英两国药品政府规制的百年演进》，宋华琳译《北大法律评论》2002 年第 2 期。

［17］张勇安、黄运：《食盐与健康的政治学：英国低盐饮食政策形成史论》，《史学月刊》2016 年第 5 期。

［18］张好玟：《对英国报业史上废除知识税的重新解读——从激进主义报业的兴衰看知识税的废除》，《新闻大学》2006 年第 1 期。

附　　录

一、《1875 年食品和药品销售法》

这是一部废除食品掺假法的法律，使食品药品销售在纯净状态下提供更好的供应。[1875 年 8 月 11 日]

鉴于和食品掺假相关的现在还生效的法律应该废除，而且关于食品药品在纯净和真实状态下出售的法律应该被修正：

因此，女王陛下在两院的建议及支持之下，在本届会期内制定了如下条款：

第一条　从本法生效之日起，废除第 84 章维多利亚第 23 款和 24 款、第 121 章第 24 条维多利亚第 31 款和 32 款、第 26 章第 3 条维多利亚第 31 款、34 款和第 74 章维多利亚第 35 款和 36 款，除了根据这些法律所创设的职位、对这些法律的任何违反或任何起诉以及根据这些规定所需要缴纳的任何款项。

第二条　"食品"这个词指人类用作食品或饮料的任何物质，除了药品或者水；[1]

"药品"这个词包括任何内服或外敷的药物；[2]

"郡"这个词包括每一个郡、区，以及非自治城市或市镇的每一个郡；[3]

"法官"这个词在英格兰指任何有治安法官权力的维护治安者和领薪治

---

[1]　由于本法没有授予公共分析师分析水的任务，所以公共分析师的工资从法律上来说不包括分析水的报酬；而且地方政府事务部没有权力批准任命一个分析师执行本法没有规定的其他任何任务。但是，任何人或当局都可以雇佣公共分析师分析水，除非任命公共分析师的时候禁止他这样做。

[2]　但是看第 6 条第 2 款，专利药不在本条规定的范围之内。本法是否包含烟草也不得而知。

[3]　至于五港市，见本法第 32 条。也可见《1879 年食品和药品销售法修正案法》第 7 条。

安法官，在爱尔兰指任何地区的法官。

违反该法的行为

第三条　任何人不准用任何成分或原料混合、着色、污染或撒粉于任何打算出售的食品上面以致使这种食品对健康有害，也不能命令或允许任何其他人这样做，任何人不准出售任何被混合、着色、污染或上面被撒粉的食品，否则对初犯处以不超过 50 英镑的罚款；初犯被定罪之后的任何再犯，都是轻罪，应被监禁不超过 6 个月的时间，附加劳役。①

第四条　任何人不准用任何成分或原料混合、着色、污染或撒粉于任何打算出售的药品——除了下述规定的为了调配的目的之外——以致有害地影响了这种药品的质量或效力，也不能命令或允许任何其他人这样做，任何人不准出售任何经过上述混合、着色、污染或上面被撒粉的药品，否则所作的惩罚和第三条一样。②

第五条　任何人，如果被指控时能向法官或法院证明，他不知道他出售的食品或药品像上述条款所提到的那样被混合、着色、污染或撒粉了，而且他通过合理注意也不可能知道，那么当他出售了任何这样的食品或药品时，不应该根据该法上述两款对其定罪。

第六条　任何人不准出售对购买者有害的③、非购买者所要求的④性质、成分和质量的商品，否则处以不超过 20 英镑的罚款；但是，根据这个

---

①　本条涉及用对健康有害的物质给食品或饮料掺假；而且其惩罚比第 6 条施加的惩罚和随后几条关于对用无害物质的掺假的惩罚更重。根据后面几条进行起诉时，不必证明是故意掺假，但是关于第 3 条和第 4 条的起诉程序，见第 5 条对证明是非故意掺假的专门规定。

②　此后将会看到，任何有损其质量或效力的药品掺假都在本条的管辖范围内，而且不必证明对健康构成了明确的危险，这种假设是合理的：对一种药品的质量或效力的任何减损对一个患者的健康来说都是有害的。但是，第 5 条没有犯罪故意的规定。除非非常明确地证明了犯罪故意，关于药品掺假的起诉属于第 6 条的管辖范围。

③　见《1879 年食品和药品销售法修正案法》第 2 条规定，不能将购买商品仅仅是用来分析作为购买者没有受到损害的理由。这一条也规定，证明只是性质或者成分或者质量有缺陷而非三者都有缺陷也不能作为辩护理由。在桑兹诉斯莫尔案（Samdys V. Small）中，购买的用来分析的威士忌被发现掺了 30% 的水，但治安法官驳回了起诉，理由是卖方已经在酒吧以及他的住宅其他几个地方的显眼处贴了通知，说"本地出售的所有烈酒都是混合的"。

④　"非所要求的商品"必须被理解为这种商品的性质、成分和质量与通常以这种名字出售的商品的性质、成分和质量一致。参见韦博诉奈特案（Webb V. Knight）。在这件案子中，检查员购买一品脱杜松子酒。卖方告诉他价格不同，有一品脱 2 先令的，或者一品脱 1 先令的，还有一品脱 4 便士的，他选择了比较便宜的一种。结果分析师发现他购买的杜松子酒中 43% 是水；治安法官据此判定这个商贩有罪。高等法院的裁决是，有问题的混合物是不是购买者正在购买的杜松子酒，在没有进一步说明的情况下，购买者得到的这种混合物是不是他合理地所期望的，这是治安法官面临的事实问题，所以有足够的证据证明定罪是合理的。就烈酒而言，《1879 年食品和药品销售法修正案法》解决了界定问题，但是本案裁判的原则同样也适用于其他商品，像啤酒、黄油和猪油。

规定，在下面的情况下视为不违法；① 即：

（1）如果添加到食品或药品中的物质或成分对健康无害，而这种添加是商品在生产或制作中所需要的，在这种状态下方便运输或消费而非欺诈性地增加食品或药品的体积、重量或测度，或并非欺诈性地掩盖低劣的质量；（2）如果食品或药品是一种专利药品，或是一种有效的专利物，而且是根据专利的说明所需要的状态。（3）食品或药品是根据该法所混合的。（4）食品或药品在采集或制作的过程中不可避免的混合了一些异物。

第七条　任何人不准出售非消费者要求的成分所构成的混合食品或混合药品②，否则处以不超过 20 英镑的罚款。

第八条　在出售添加的——这种添加不是为了故意欺诈性地③增加体积、重量或测度，或掩盖其低劣的质量——有对健康无害的原料或成分的食品或药品时，如果在交货时他向收到同样货物的人提供一个通知，通过印在或写在货物上的明显且易辨认的标签表明货物是混合的，那么这个人没有犯上述提到的罪行。

第九条　如果被出售的食品中抽取了其中的任何一部分以致有害地影响了其质量、成分或性质，任何人故意不告知④商品已经改变的状况，任何人如果出售了任何已经改变的食品而不告知这种改变，这两种情况都要处以不超过 20 英镑的罚款。

分析师的任命和职责，进行分析的程序

第十条　在伦敦市及其管辖范围内，因此是伦敦污物专员，在其他大都市是礼拜区和教区执行该法以便更好地对大城市进行地方管理，每郡的季度法庭和有独立季度法庭的每个自治市的城镇议会，或根据议会法令有

---

① 根据《1879 年食品和药品销售法修正案法》第 6 条的规定，只要不超过一定的标准，在烈酒中添加水不构成违法。

② 针对一些药剂师用廉价的药品代替处方中所开的昂贵的药品的情况，根据本条已经提出了一些诉讼，例如用辛可宁代替奎宁。

③ 在利迪亚德诉里斯案（Liddiard V. Reece）中，检查员购买 0.5 磅咖啡，他得到的咖啡装在一个袋子中，上面的标签写的是"咖啡和菊苣的混合物"。经过分析，发现这袋咖啡中只有 60% 是咖啡，法官们认为卖方欺骗性地利用菊苣增加了咖啡的体积，因此判决卖方有罪。这个判决得到了高等法院的支持。在霍尔德诉梅丁斯案（Horder V. Meddings）中，与利迪亚德诉里斯案相似，购买的咖啡标签上说明是混合物，但经分析发现包含了 85% 的菊苣。高等法院判定，商贩所说的他出售的咖啡和他从制造商那里购买的一样的理由不能成立，因为如果他知道他出售的咖啡中混合了那么高比例的菊苣，那么他就使自己成了制造商欺诈行为的共犯。但是，如果混合物不是为了欺骗性地增加商品的体积、重量或其他测度（对法官来说需要裁定这种增加是不是欺骗性的），那么就不要卖方注明混合物的比例。

④ 本规定适用于在不通知买方的情况下出售已撇去奶油的牛奶的情况。

独立治安机构的自治市的城镇议会，在该法通过之后，在迄今为止还没有建立这些职位的地方，以及当这些职位出现空缺时或当地方政府事务部要求建立这些职位时，这些城市、地区、郡或自治市要任命一个或多个具有称职的技能、知识和经验的人为上述城市、都市区、郡或自治市的食品药品分析师，并给分析师支付双方都同意的报酬，他们认为合适时可以把他或他们免职；但这样的任命和免职要得到地方政府事务部的批准，地方政府事务部可以要求向他们提供符合要求的资格证明①，对于这个职位的任免地方政府事务部可以调整修改②；任何人，如果直接或间接地从事了任何和食品或药品销售相关的生意或业务，此后将不能在任何地方任命为分析师。

在苏格兰，相似的权力和职责授予郡供给专员和治安专员或治安委员会，如果没有这样的专员或委员会，那就把权力授予自治市的市镇议会。苏格兰女王陛下的一名国务大臣取代英格兰地方政府事务部。

在爱尔兰，相似的权力和职责分别授予每个郡的大陪审团和每个自治市的城镇议会。爱尔兰的地方政府事务部取代英格兰的地方政府事务部。

第十一条　任何自治市的城镇议会可以同意临近自治市或其所在郡所任命的分析师代表他们自治市行动，只要城镇议会认为合适，而且要为他的报酬支付制定合适的措施，如果分析师也同意，那么他就是这些自治市的分析师，执行本法。

第十二条　在根据本法或任何因此法而废除的法律所任命有分析师的

---

①　地方政府事务部批准分析师的任命之前，要求他们拥有合格的医学、化学和显微镜的知识，这是地方政府事务部要求证据的一贯做法。1874年议会下院专门委员会建议，地方政府事务部应该要求公共分析师进行一些实际的效能考试，可以由南肯辛顿的化学学院组织考试，对通过者颁发证书。然而，这个方法直到19世纪末都未被采纳。1872年法明确要求公共分析师应该拥有"医学、化学和显微镜知识"，在这部法律被废除之前，地方政府事务部提出了一个建议，地方政府可以适当要求公共分析师候选人拥有下面所要求的一些必要的资格条件：（1）医学知识。证据是，申请人根据当时的法律规定，已经正式注册行医，是一个医学人，若不具备这一点，也可以证明他对掺假对健康的影响有一个专门的研究。（2）化学知识。证据是，出具具有这方面知识的证书，或者证明申请人从事化学研究工作并且是这方面的专家。下面可能是能被接受的证明具有化学知识的方法：（a）发表过以化学为主题的好作品；（b）是一个声誉良好的化学家；（c）在一个化学实验室作为助理工作过相当长的一段时间，而且工作非常熟练；（d）有经得起调查的享有声誉的证书；（e）通过了一些较高级别的考试，尤其是最近几年。然后就是（3）显微镜知识。证据是，申请人从事过显微镜调查工作，能熟练使用显微镜。他们补充说："但是，对地方政府来说，找到同时拥有这三种技能的人并不总是可行的，必须要考虑哪一个是最重要的技能，而且要注意交给分析师的职责的性质，对地方政府事务部来说，尤其希望分析师具有合格的化学知识，所以地方政府应该尽力获取那些拥有这方面知识最多的人的服务。"尽管本法只是要求分析师拥有"合格的知识、技术和经历"，没有更具体地界定分析师的资格条件，但是可以理解，上述原则的制定一般来说，仍然要经过地方政府事务部的批准。

②　公共分析师的每一次连任都必须经过地方政府事务部的重新任命。

教区、郡、城市或自治市的任何地方购买食品或药品①的购买者②应有权给分析师支付不超过 10 先令 6 便士的花费请分析师分析其购买的商品并从分析师处取得关于分析结果的证明书，如果这些地方没有分析师，购买者可以请其他地方的分析师并支付给双方都同意的价格请其分析所购买的商品并取得分析证明书。

第十三条　任何卫生医疗官、污物检查员、重量和体积检查员、任何市场检查员或任何警察在地方政府③的指导并支付开支的情况下，地方政府所任命的这些官员、检查员，或警察或其他负责执行该法的人员可以取得④任何食品或药品样本，而且如果他怀疑卖给他的样本违反了该法的任何规定，应该把样本交给样本所在地的分析师进行分析，如果该地方没有分析师，那么交给其他地方的分析师进行分析，分析师取得像上一条款所规定的报酬之后⑤，应尽快分析样本并给出一个证明书，在证明书中他应该详细说明分析结果。

第十四条　购买样本打算分析者⑥，在购买之后，⑦应立刻通知卖主或其出售商品的代理人，他的目的是让公共分析师分析所购买的商品，而且

---

① 或许可以推测，不归本法第 6 条管理的专利药购买者，根据第 12 条，也无权分析专利药。第 6 条第 2 款的效力很明显把专利药完全排除在了本法之外。

② 在帕森斯诉伯明翰奶制品公司案（Parsons V. The Birmingham Dairy Company）中，法院判定，本法第 14 条的规定适用于本法第 12 条之下的私人购买者和本法第 13 条之下的公共官员；因此，当一个私人购买者没有适时通知出售掺假商品的卖方他购买这种商品的目的是请公共分析师进行分析时，根据本法第 6 条禁止他提起诉讼。

③ 在一个自身没有独立警察的自治之地，治安法官根据本条为本郡任命一位治安检查员获取样本；地方政府事务部明确表示，可以适当授权所任命的治安检查员做这些事情。

④ 在赫尔德诉司格特案（Horder V. Scott）中，高等法院裁定，根据本法任命的获取样本的官员可以通过一个代理人完成购买；在斯塔勒诉史密斯案（Stare V. Smith）中，高等法院判定，助理代表所任命的检查员购买商品后，如果随后因为掺假提起了诉讼，检查员视为实际的购买者，有权提出起诉，不必由助理提出诉讼。这些判决解决了这个难题：商人一般都认识官方任命的检查员，所以卖给检查员的商品可能比卖给普通民众的要好。

⑤ 可以看出，这种检测分析是由地方政府负责开支的，他们任命的官员购买样本，但分析师的任命却不一定是地方政府。

⑥ 本条款的规定适用于第 12 条之下的私人购买者，也适用于第 13 条之下的官方购买者。

⑦ 购买者必须严格执行本条款所规定的期限。必须购买完成之后才能告诉卖方，必须明确表明他们的目的不仅仅是分析购买的商品，而且还要让"公共分析师分析购买的商品"。在巴恩斯诉奇普案（Barnes V. Chipp）中，高等法院作出了这样的判决。而且在购买完成后才能提出分割样本。在查普尔诉恩松案（Chappell V. Enson）中，购买食品者对卖方说，他的目的是让公共分析师分析所购买的食品，并且提出"分割所购买的食品"，但卖方拒绝了这个提议。法官宣布卖方有罪，但是高等法院对于购买方是否应该引用本法的措辞，提出"把所购的食品分作三部分"有争议。法官马修斯（Matthews）的意见是，提出把所购食品分作三部分的时机还没到，因为卖方已经拒绝了分割的提议，所以有罪的裁决是对的。法官戴（Day）同意马修斯的说法。因此上诉被驳回。

应该提出当场把商品分成三部分，每部分都要做出标记并密封起来或以其性质允许的方法打包，把其中一部分交给卖主或其代理人。①

此后，他应该保留其中的一份以备未来比较之用，如果他认为进行分析是合适的，就把第三份交给分析师。

第十五条　如果卖主或他的代理人不接受购买者把商品分成几部分的提议，那么接受商品进行分析的分析师应该把商品分成两部分，把其中一部分密封或包好以便能被邮寄，分析师在提供他的证明书的同时也要给购买者样本收据，购买者保存另一部分样本以备将来诉讼时使用。

第十六条　如果分析师的住所离购买商品进行分析者的住所超过 2 英里，那么商品可以通过邮局挂号信寄给分析师，这要遵守邮局的规定，邮政大臣②可以干预这些商品的运输，这些商品的邮费也被认为是执行本法的费用。

第十七条　如果任何上述的官员、检查员或警察购买任何商店或仓储③打算出售或零售的食品或药品时，要以合适的价格购买，为了分析所购买的商品数量不能超出合理的需要，那些出售这些商品的人如果拒绝把商品卖给这些官员、检查员或警察，将被处以不超过 10 英镑的罚款。

第十八条　分析证明书的形式应该根据附录所规定的形式制定。

第十九条　根据任何被废除的法律或本法所任命的每一个分析师应该每一季度向任命他的政府报告④他在上一个季度根据本法所分析的商品数量，要详细说明每一个分析的结果及由此所得到的分析报酬，任命分析师的政府在下一次会议时应该提出这些报告，并且每年都要按照地方政府事务部的要求把报告副本转给地方政府事务部。

对违法者的诉讼

第二十条　当分析商品的分析师给出的分析结果是该商品违反了本法的某个规定时，要求分析的人可以提起诉讼对违法者进行惩罚。⑤ 起诉地点是所出售的食品或药品实际上交付给购买者的地方，由当地有管辖权的复杂简易审判程序的法官审理。

根据本法在英格兰所作出的每一个惩罚，都应该可以按照维多利亚法

①　这个程序不适用于根据《1879 年食品和药品销售法修正案法》，按照合同的条款在交货给零售商时获取牛奶样本的案件。

②　对于如何邮寄，邮政大臣制定了详细的规定。

③　《1879 年食品和药品销售法修正案法》把本条扩展到了任何街头或公共开放场所。

④　地方政府事务部对于报告的内容和形式有详细的规定。

⑤　《1879 年食品和药品销售法修正案法》第 10 条对于传票的时限问题有专门的规定，

第四十三章第十一条和第十二条的规定弥补。在爱尔兰，这样的惩罚和起诉程序应该可予弥补，可以对都柏林大都会警区提起诉讼，但是要按照管理该区治安法官或警察权力和职责的相关法律的规定进行；对爱尔兰其他地区的诉讼，可以由简易审判程序的一个或多个治安法官根据《爱尔兰1851年简易审判程序法》及其任何对该法的修正法的规定进行。

由此作出的任何惩罚，都可以根据法官的判决减缓或减少。

第二十一条　在诉讼中听取相关信息时，分析师的证明书①就是充分的事实证据，除非被告要求传唤分析师作为证人，购买者保留的那部分商品也应该出示，被告如果认为合适，可以要求他本人和他妻子代表他接受盘问，如果他这样要求了，他或者她会受到相应的盘问。

第二十二条　受理诉讼的法官或受理上诉的法庭，根据本法，在任何一方的要求下，在他们的权力范围内可以把食品或药品送给税务局的专员，②税务局专员使萨默塞特官的化学官员分析所送来的食品或药品，并且给法官一份关于分析结果的证明书；③这些分析的花费由法官根据情况命令原告或被告支付。

第二十三条　任何被法官根据本法或被废除的任何法律宣判犯了需要惩罚的罪的人在英格兰都可以到上一级普通法庭或季度法庭上诉，只要此人在定罪三天内出具一个保证书，有两个人担保，将来遵守所上诉法院的判决，当被法院判决支付诉讼费用时要支付这些费用；这些负责上诉的法官因此被授了权并接受担保；普通法庭或季度法庭也因此被要求对这些诉讼进行审判，并且把诉讼费用判给他们或者他认为合适的一方。

在爱尔兰，任何违反本法被宣判有罪的人可以上诉至本郡同一地区的季度法庭，在这里任何地区的简易审判程序的任何法官或法官们都可以宣判有罪，或上诉到附近的刑事法院的下一次开庭期，在这里都柏林大都市

---

① 在哈里森诉理查兹案（Harrison V. Richards），根据分析师证明书的说法，一个出售牛奶的乳品商人出售的牛奶中掺了20%的水，所以收到了一个都市治安法庭的传票。乳品商人在听证期间没有提供任何证据，进行分析检测的分析师也没有接受盘问；但是治安法官驳回了这个案件，理由是他对牛奶被掺假的说法不满意，他认为被视为掺假的牛奶之所以特别稀是由于偶然的环境变化引起的。然而，高等法院支持上诉，因为本法第21条规定的分析师和被告接受盘问的程序没有被遵守，治安法官没有证明无视分析师证明书的合理性，所以根据本法，他的裁决是错误的。

② 把商品交给爱尔兰税务专业进行分析时应遵守的流程有详细的规定。

③ 尽管国家税务局的化学官员根据本条规定组成了一个咨询法庭，检查公共分析师分析的样本是否准确，但咨询法庭的裁决不是最终的决定。在听证期间，由治安法官决定公共分析师和税务局的化学家在具体案件中关于样本分析的分歧。然而，在实践中，萨默塞特官化学家的分析通常认为是有权威性的；萨默塞特官的实验室采取了严密复杂的预防措施，每一个样本至少经过两次独立的分析，最大限度减少事实错误的可能。

所属治安区的地区法官们可以宣判有罪，或者上诉到任何自治区或自治城镇的刑事法院，自治区或自治城镇的任何法官或法官们可以宣判有罪（除非这样的法院自宣判有罪起十日内开庭，否则在这样的案件中，如果上诉人认为合适，可以在该地区或自治城镇的下一次开庭期再上诉），而且季度法庭或刑事法院裁决这样的上诉是合法的，只要他们的形式方法和通知符合上述各自的简易审判法，符合上文提到的负责简易审判的法官们规定的上诉命令，以及上诉简易审判法的各种关于上诉的规定。

第二十四条　在根据本法所进行的任何起诉中，当一件出售的商品已经被证明是处在混合状态的时候，如果被告希望依赖任何例外或本法所包含的任何规定，那就需要他来证明这种情况。

第二十五条　在根据本法所进行的任何起诉当中，如果被告令人满意地向法官或法院证明，起诉方购买时所要求的商品的性质、成分和质量和他所购买时的一样，而且有一个书面的保证，[①] 当他购货时他没有理由相信他所购买的商品是不同的，而且他出售该商品时的状态和购买时的一样，那么将驳回起诉，但他要支付由于起诉方的起诉所产生的诉讼费用，除非他已经合理地通知起诉方他将以上述理由进行辩护。

第二十六条　本应任命分析师或同意一个分析师在他们的地区行动的政府的任何官员、检查员或警察所进行的起诉所获得的罚款都支付给这些官员、检查员或警察，然后转交他们的政府，执行该法所需要的花费也由他们的政府支出；但在其他任何诉讼中，在英格兰，罚款及执法的开支应该根据那些法律总的规定来管理，在爱尔兰，则根据《1851 年爱尔兰罚款法》来管理。

第二十七条　任何人，如果伪造任何证明书或任何包含了保证的单据，或知道是伪造的保证书还使用者，就犯了轻罪，处以不超过两年的监禁，附加劳役；

任何人，如果蓄意把和某种食品或药品相关的证明书或保证书应用到了其他食品或药品上，就违反了本法，将处以不超过 20 英镑的罚款；

任何人，如果在出售食品或药品时，给了购买者一份虚假的保证书，都违反了本法，处以不超过 20 英镑的罚款；

任何人，如果他出售的任何商品的标签故意虚假地描绘了该商品，那

---

①　保证书必须清晰明确。在鲁克诉霍普利案（Rook V. Hopley）中，法院判定一个简单的包含了描述性语言的发货单构不成一个保证书。在哈里斯诉梅案（Harris V. May）中，也有相似的判决，商人间签订的供货合同也不符合保证书的要求，详见附录。

么他违反了本法，将处以不超过 20 英镑的罚款。

第二十八条 本法的任何内容都不影响起诉程序，或者影响剥夺犯法者的任何其他补救措施，或以任何方法干预个体之间的契约和交易以及属于他们的权力和补救方法。

任何人，如果其任何行为违反了任何食品的或药品的交易合同，此人可以独自弥补违反合同带来的损失，或者除了其他任何可以补救的损失之外，完成根据本法他被定罪后所施加的任何惩罚，包括他被判有罪的过程中造成的各种开支，以及为了辩护所造成的支出；如果他能证明导致他被定罪的食品或药品在出售给他的时候，其性质、成分和质量与他要求的一样，他购买的时候并不知道其缺陷，而且他出售这些食品或药品的时候其状态与他购买的时候一样，那么在这样的诉讼中被告可以自由证明对他的定罪是错误的，或者他付出的代价是不合理的。

执行本法的开支

第二十九条 执行该法的花费①，在伦敦市及其控制范围内，由伦敦市及其控制范围内的污物专员所征收的税收进行支付；在其他大都市，由符合该法目的的、为了更好的地方治理而征收的税或基金来支付，至于英格兰的其他地方，郡由郡的税收支付，自治市由自治市的基金或税收支付；②至于爱尔兰，郡的开支由大陪审团裁定税率，自治市镇的开支则由自治市镇的基金或税费缴付；在大陪审团裁定税率程序以外的任何郡在这方面应支付的所有此类费用应由该郡的司库支付；任何这样的郡的大陪审团，在任何立法会议上，如果能证明执行本法所需要的费用已产生或者已支付，但是此前并未申请开庭审理的，应当将该郡支付这些费用所需的款项提付。

关于茶叶的专门规定

第三十条 从 1876 年 1 月 1 日起，所有进口到大不列颠及爱尔兰的茶叶在进入任何港口并在港口登陆时，都要接受海关专员所任命的人的检查，要得到财政部的批准；为了检查分析，检查员认为必要时，样本可以带走交给所任命的分析师进行尽快的检查；如果经过分析，发现里面混有其他

---

① 必须注意的是，这样的费用不包括根据本法第 12 条的规定支付给分析师的费用，这些费用也不是执行本法所需要的费用，而是个体购买者提起诉讼所需要的费用。因此，如果一个卫生机构的官员其所在地区处于一个郡的分析师的管辖范围，那么根据本法第 12 条，他必须为这种分析支付报酬，而且也必须支付与此相连的随后的任何起诉所导致的开支；但是这种分析产生的费用和随后需要的开支，都会被他身处其中的卫生机构偿还给他；但是卫生机构没有权力从本郡税收中得到补偿。

② 参见《1879 年食品和药品销售法修正案法》第 8 条和第 9 条的规定。

物质或已经用过的茶叶，那么除非经过上述专员的批准，认为这些茶叶可以用作家庭消费或为在船上储藏或为了出口，否则这些茶叶不能交付；但如果经过检查分析，分析师认为这些茶叶不适合人类饮用，那么这些茶叶将被没收且被销毁或以其他方式处理掉。

第三十一条　本法中"用过的"这个词所指的茶叶包括用浸泡、浸渍、煎煮或任何其他方法剥夺了其正常的质量、效力或价值的茶叶。

第三十二条　对于本法来说，不在自治市管辖范围内的港口应该是它所在的郡的一部分，隶属于该郡的司法管辖。

第三十三条　该法在苏格兰适用时，下面的规定有效：

1. "轻罪"这个词指的是"一种犯罪或违法"。

2. "被告"这个词指"辩护人"而且包括"回答者（respondent）"。

3. "信息"这个词包括"怨言"。

4. 本法由"法官"代替"郡治安官"来解释。

5. "郡治安官"包括"和郡治安官相类似的官员"。

6. "自治市"指的是任何皇家自治城镇和任何有助于向议会派出成员的自治市镇。

7. 执行该法的费用，在苏格兰的郡里面由综合估价处支出，在自治市里面由治安估价处支付。

8. 本法解释时，在需要的地方，"地方政府事务部"这个表述由"女王陛下的内政大臣"这个表述来替代。

9. 该法以概要的方式所规定的所有惩罚在郡里面由治安法庭的治安官决定，如果寻求在初级法庭恢复权力，根据《1864年简易程序法》的规定，或者根据仍然有效的警察法，在任何郡治安官行使治安管理的地方，所有司法权力及其他必须的权力都授予治安官。

任何惩罚都可以由有司法权的地方检察官或认为商品可能违反了该法规定而使请人分析商品的人提出。

根据本法所实施的任何罚款都要交给法庭的职员，在治安官的指导下转交给郡综合估价处的司库或自治市的警察估价处。

10. 根据本法所实施的任何罚款都可根据治安官的裁决而减少。

11. 任何人对治安官根据本法在即决程序下的判决不满都可以上诉到上级巡回法庭，如果没有巡回法庭可以上诉到爱丁堡的高级法庭，起诉的方法是根据乔治二世统治第二十年时颁布的法律第43章的规定以及对这些法律的修订来进行。

第三十四条　该法在爱尔兰的应用：

"自治市"这个术语指的是受维多利亚女王统治的第三和第四年期间颁布的法律第 108 章——题目是"爱尔兰市政管理法"——所管辖的任何自治市；

"郡"这个术语包括一个城市的一个郡和非自治市的一个城镇的郡；

"郡司库"这个术语包括类似其他郡负责税收的郡司库的人或人们或银行，至于都柏林郡，它指的是财务委员会；

"警察"这个术语，在都柏林治安区，指的是都柏林城市警察，在爱尔兰的其他地区，指的是皇家爱尔兰警区警察。

第三十五条　该法自 1875 年 10 月 1 日生效。

第三十六条　该法称作《1875 年食品和药品销售法》。

二、《1879 年食品和药品销售法修正案法》

一部修正《1875 年食品和药品销售法》的法律。（1879 年 7 月 21 日）

由于英格兰和苏格兰对于《1875 年食品和药品销售法》的第 6 条作出了相互矛盾的裁决，现在对其作出修正：

第一条　本法称作《1879 年食品和药品销售法修正案法》。

第二条　出售给购买者的任何食品或药品如果与购买者要求的性质、成分或质量不符合，对购买者造成了损害，根据《1875 年食品和药品销售法》的规定所提起的任何诉讼，不能宣称购买者购买商品只是为了分析，这样的买卖没有造成损害，不能以此为辩护理由。证明有问题的食品或药品，只是在性质或成分或质量上有缺陷而非所有这三个方面都有缺陷也不是一个好的辩护理由。（出售掺假商品者不能以购买者是为了分析作为辩护理由）

第三条　任何卫生医疗官、秽物检查员或重量及体积检查员，或任何市场检查员，或任何经过指导的警察以及当地政府任命的任何这样的官员、检查员或警察或执行该法的任何人，可以在发货给购买者，或者发货给与购买者签订有任何合同的中间商，或发货给与中间商签订合同的其他中间商的交付地获取牛奶样本；而且这些官员、检查员，或警察，如果怀疑这些将要出售的商品违反了《1875 年食品和药品销售法》的任何规定，那么他要把这些商品的样本上交分析，而且应该被分析，而且应该提起诉讼，如果被定罪应该执行惩罚，所有这一切都应与这些官员、检查员或警察根据《1875 年食品和药品销售法》第 13 条从卖方或中间商那里购买样本一样。（官员、检查员或警察可以在交货地获取牛奶样本交给分析师）

第四条　购买者或中间商或他委托的暂时负责牛奶的任何个人或几个人，如果不允许这些官员、检查员或者警察为了分析的目的获取一定数量的样本，那么会遭到不超过 10 英镑的罚款。

第五条　任何街头或者公共开放场所都在《1875 年食品和药品销售法》第 17 条的含义范围之内。

第六条　出售除了掺水外没有添加其他掺假物的烈酒对购买者构成了损害，在确定这种行为是否违反了《1875 年食品和药品销售法》第 6 条时，在白兰地、威士忌或朗姆酒中所添加的水没有使其酒精度数减少超过 25 度，在杜松子酒中所添加的水没有使其酒精度数减少超过 35 度，若能证明这一点，那就是一个很好的辩护的理由。[①]（允许白兰地、威士忌、朗姆酒含酒精成分低于标准，允许杜松子酒减少度数）

第七条　每一个拥有独立的季度法庭的独立的地方，除了英格兰港口群五港市之外，都应被视为符合上述法律对郡的定义。（本条扩大了"郡"的含义）

第八条　任何有独立的季度法庭的自治市镇如果处在某个郡内，那么这个自治市镇的议会可以不用分担执行《1875 年食品和药品销售法》所产生的费用，而且这个郡的财务主管可以把执行《1875 年食品和药品销售法》所产生的开支排除在 1835 年《市政府组织法》第 117 条要求的账户之外，由财务主管把这笔费用提交给自治市镇的议会。（拥有季度法庭的自治市镇不用分担郡的分析师的开支）

第九条　任何根据议会一般性的或地方性的法案，或其他规定，拥有

---

①　本条款不影响《1875 年食品和药品销售法》第 8 条的效力；卖任何烈酒的商贩如果在酒中添加了水，使酒低于标准强度，如果他能证明已经向购买者发出了充分的稀释说明，那么他就没有犯罪。在凯奇诉艾尔西案（Cage V. Elsey）中，一个酒馆老板因向顾客出售的杜松子酒的性质、质量和成分不是顾客所要求的，治安法官根据《1879 年食品和药品销售法修正案法》，判定这个酒馆老板有罪。酒馆老板将出售的杜松子酒加水稀释，被发现含酒精成分比标准低了 40.5 度，或者说比本条所允许的最低强度低了 5.5 度。当时的情况似乎是，购买者要买杜松子酒，卖方回答说："你要哪一种？"购买者说："你卖给公众的那种。"卖方回答说："那我有不同的种类。"购买者因此指着一个木桶问："那是什么？"卖方告诉他是杜松子酒。购买者说："我要三品脱那种杜松子酒。"然后卖方说："那就是我们卖给公众的，这里是我们的提醒。"卖方一边说着，一边指着房间内挂着的一个通知。通知上面写的是："注意——本店出售的所有烈酒和此前出售的一样优质；但是为了符合食品和药品掺假法的要求，现在出售的都是经过稀释的烈酒。不保证酒精度数。"高等法院的法官对此的判决是，定罪是错误的。如果对购买者没有造成伤害，或者没有欺诈购买者，允许出售混合物；而且在这个案件中，没有欺诈的证据，所出售的混合物没有对购买者造成伤害，符合这一条款的意思，因为通知引起了他的注意（参见桑兹诉斯莫尔案）。尽管根据《1879 年食品和药品销售法修正案法》第 6 条卖方无法为自己辩护，因为杜松子酒含酒精成分比标准低了 35 度还多，但是这一条却没有剥夺他根据《1875 年食品和药品销售法》所应享有的任何辩护理由。

独立的警察机构并且按照其所在的郡的税率接受纳税评估的自治市镇的城镇，在执行《1875 年食品和药品销售法》时所产生的费用，由该郡的法官确定各自治市镇交付的合适比例，衡量自治市镇交付比例的是其辖区内的教区的可估价的财产。（本条为关于拥有独立警察机构的自治市镇的规定）

第十条 在根据《1875 年食品和药品销售法》所做的所有起诉中，尽管该法第 20 条已经做出了规定，但被控违反该法规定之人都应在合理的期限内被传唤到治安法官面前，对于易腐烂商品的案件，从执法者为了检测的目的购买食品或药品后不能超过 28 天，对于卖方因在交易中违反《1875 年食品和药品销售法》的规定被起诉时，违法的细节或根据《1875 年食品和药品销售法》被指控的罪名，以及起诉人的名字，都要在传票中写清楚，而且传票自送达被传唤人之日起 7 日内不得退回。

三、地方政府购买样本操作流程①

第一条 为此目的，地方政府可以雇佣任何卫生医疗官、秽物检查员、重量和体积检查员或任何警察执行《1875 年食品和药品销售法》第 13 条。

第二条 地方政府应不时通过决议指导官员获取样本，并应该向取样本的官员提供一份政府决议的副本。

第三条 购买者应该携带瓶子、罐子、纸张、绳子、腊和封条，以便区分样本并系紧样本。

第四条 购买的必须是食品或药品，在任何商店或者零售商店等零售的地方购买，可以在任何建筑物，或者任何街道或者任何开放的公共场所处购买。购买者购买样本的数量应以满足分析需要为准，不能超过分析所必需的合理数量。经常所选择的一些商品的合理的必需的数量，建议按照下面的数字购买：牛奶，1.5 品脱；面包，2 磅；黄油，1 磅；咖啡，3/4 磅；芥末，1/2 磅；葡萄酒，1 品脱；啤酒，1 夸脱；烈酒，1 品脱。

第五条 购买者必须买到样本并支付钱、彻底完成交易之后才能公布他购买商品的用途。

第六条 然后他必须告诉卖方，他的"目的是交给公共分析师分析所购商品"而且必须使用准确的斜体字。

第七条 然后他必须提出把商品分作三份。

第八条 如果这个提议被接受了，然后，不能是之前，购买者必须当

---

① 英文名称为：MEMORANDUM with regard to the purchase of samples, under sec. 13 of the Sale of Food and Drugs Act, 1875, by Officers of Local Authorities.

着卖方的面把商品分作三份（每份应该完全相同，虽然《1875 年食品和药品销售法》没有明确规定每份相同），而且每份必须密封加上封条并系紧以便防止被篡改的可能性。然后他必须把其中的一份交给卖方。他必须把第二份保存在一个安全的地方，而且使其处在他自己的绝对控制之下；必须把第三份交给分析师。他要在三份样本上面仔细地贴上标签，注明购买日期和其他细节，但是送交给分析师的那份样本上面的标签不能出现商人的名字。如果分析师住的地方距离购买者住的地方在 2 英里内，购买者必须亲自把样本交给分析师；如果距离超过了 2 英里，购买者可以通过邮局以挂号信的方法，按照邮政大臣的规定把样本邮寄给分析师。

第九条　如果商贩不接受分割样本的提议，购买者不能分割样本，只能把样本完整地送给分析师（如果分析师的住地距离购买者住的地方超过了 2 英里，可以以挂号信的方式邮寄给分析师）。然后分析师把样本分为两份，随后分析师要么在收到样本并分割后，要么在提供他的分析证明书时，把其中一份密封并加封条或系紧后再将其送给购买者。购买者一旦收到来自分析师的一部分样本，应把它保存在一个安全的地方，以备诉讼时使用。

第十条　对于大街上出售的牛奶，必须要非常小心地采样，因为这里的牛奶实际上是"露在外面销售的（exposed for sale）"，不仅仅是从一个地方运到另一个地方的问题。

第十一条　如果把商品暴露在外面，出售的人拒绝把商品卖给一个有权购买的官员，那么要让其注意《1875 年食品和药品销售法》的第 17 条，这一条规定，拒绝出售的人要被罚款 10 英镑。

第十二条　根据《1879 年食品和药品销售法修正案法》第 3 条，被授权的官员可以"在牛奶发货给购买者的过程中，或发货给根据合同向这样的购买者出售牛奶的中间商的过程中，或中间商发货给中间商的过程，在交货地取得任何牛奶的样本"。在这种情况下，获取样本的官员没必要根据《1875 年食品和药品销售法》第 14 条的规定，通知卖方或他的代理，说他的目的是取样分析，或者送一份样本给卖方或他的代理人。他应该把一半的样本保存，另一半送给分析师（像上面第 9 条一样）。通常这样获取样本的情况是在火车站对牛奶取样，再把这些牛奶运送给零售商。

第十三条　执行《1875 年食品和药品销售法》第 13 条的官员，在实际购买过程中可雇佣一个代理，但也要执行上面提到的关于通知和分割样本的程序。然而，在这种情况下，随后出现的法律诉讼不必由代理人承担，雇佣代理人的官员将被视为实际上的购买者，因此该官员本身有权提起诉讼。

第十四条 根据 1875 年法作出的所有法律诉讼，必须在合理的时间内向治安法官提出，传票必须及时送达，如果是易腐烂的商品，必须在购买商品后的 28 天内送达传票。因此，样本购买完成后应尽可能快地把样本送给分析师，分析师尽快出具他的分析证明，这一点非常重要。

第十五条 根据《1875 年食品和药品销售法》，违法的详情和起诉人的名字必须在任何传票上写明，而且传票必须是可以交回的，被传唤的人收到传票后 7 天内可以交回。

第十六条 执行的官员应该将取样时间，样本来自什么人，标签上的号码，商品的性质和价格登记在册。当他收到分析师的证明书后，也要详细记下分析的详情。

第十七条 除非政府有明确的指示，最终如果没有做出起诉，执行的官员不能让被取样的商贩知道他所购商品的分析结果。

四、邮政大臣关于样本邮寄的规定

（1）每一个包裹必须根据官方指定的分析师，将邮寄地址写为"公共分析师"，或者其他，而且必须在包裹的前面写清楚邮寄物品是什么。

（2）邮政局长必须在办公室登记每一个邮寄给公共分析师的包裹，包裹的打包必须非常牢靠，至少不能使包裹内的物品外泄，不能损伤邮件。

（3）用来分析的液体要装在结实的瓶子或囊袋中，然后放在结实的圆头木头盒子中——木头盒子要用结实的包装纸或布条捆绑好；这些包裹长度不能超过 8 英寸，宽度不能超过 4 英寸，或者高度不能超过 3 英寸。

（4）任何邮寄给公共分析师的包裹，长度不能超过 18 英寸，宽度不能超过 9 英寸，或者高度不能超过 6 英寸。

（5）每一个包裹的邮费和登记费当然必须预先支付。

五、国家税务局关于样本运送的规定

（1）购买者保存的商品，根据《1875 年食品和药品销售法》第 14 条和第 15 条，应将它仔细地密封好，视情况将其用纸包好或装在盒子中。

（2）所用封条上的主题句或装置应该是不常见的，其独特性是经过宣誓的。

（3）如果通过邮局将样本送出，邮政大臣颁布的样本运输规则应严格执行，包裹邮寄地址为：伦敦，萨默塞特宫，国家税务局办公室，国家税务局局长，实验室主任。

除了物品的性质应该按照邮政大臣的命令在包裹的前面写清楚之外，

包裹寄出地的地名也应注明。如果通过火车或其他运输工具发送样本，那么上述寄出地地址和中间转寄地址的名字都要写清楚。

（4）在通过邮政或其他方式在发送包裹的同时，要提醒邮政给实验室主任写一封信，告诉他要分析的样本正在发送中，在信中说明所指控的掺假的性质，以及有助于样本检测的必需的其他详细情况。

六、1878 年桑兹诉斯莫尔案（Sandys V. Small）

桑兹，上诉人；斯莫尔，被告。

涉及《1875 年食品和药品销售法》第六条和第八条（第六条："任何人不准出售对购买者有害的、非购买者所要求的性质、成分和质量的商品，否则处以不超过 20 英镑的罚款；但是，根据这个规定，在下面的情况下视为不违法。即 a. 如果添加到食品或药品中的物质或成分对健康无害，而这种添加是商品在生产或制作中所需要的，在这种状态下方便运输或消费而非欺诈性地增加食品或药品的体积、重量或测度，或并非欺诈性地掩盖低劣的质量。b. 如果食品或药品是一种专利药品，或是一种有效的专利物，而且是根据专利的说明所需要的状态。c. 食品或药品是根据该法所混合的。d. 食品或药品在采集或制作的过程中不可避免的混合了一些异物。"第 8 条："在出售添加的——这种添加不是为了故意欺诈性地增加体积、重量或测度，或掩盖其低劣的质量——有对健康无害的原料或成分的食品或药品时，如果在交货时他向收到同样货物的人提供一个通知，通过印在或写在货物上的明显且易辨认的标签表明货物是混合的，那么这个人没有犯上述提到的罪行"）。

具体案情：

上诉人桑兹是德比郡重量和体积检查员，负责执行《1875 年食品和药品销售法》，指控被告违反了该法第 6 条。法官驳回了这个指控。被告是德比郡希诺镇兰利磨坊厂的一个有执照的粮食供应商。1877 年 3 月 13 日，上诉人和他的一个助理塞缪尔·斯莱克（Samuel Slack）根据 1875 年法在被告的酒吧附近一起履行他们的职责。斯莱克根据上诉人的指示，进入了被告的酒吧，他站在酒吧窗户旁，向被告的妻子点了半品脱的威士忌。被告的妻子称了半品脱威士忌装进斯莱克拿来的一个瓶子中，斯莱克付了钱，斯莱克对于威士忌的质量没有做任何评论，也没有把任何标签贴在瓶子上。上诉人桑兹承认，他随后进入酒吧时看到吸烟室上面贴了一张通知，上面写着："本店出售的所有烈酒都是混合的，根据《1875 年食品和药品销售法》第八条和第九条。"

塞缪尔·斯莱克则说，他在购买威士忌时没有看到任何通知，尽管有其他购买东西的人出面证明在酒吧窗户上贴了一张相似的通知。被告方证明，所提到的那张通知贴在吸烟室的一个非常显眼的位置上，同时进一步证明在酒吧的其他一些明显的地方都贴了相似的通知。被告说，他为了他的生意，在平时经常使用的酒吧的其他每个房间都贴有通知。上诉人所购买的威士忌，经过公共分析师的分析检测，证明被添加了水，含酒精成分低于标准规定的30度。辩方提出，在吸烟室和酒吧所有显眼位置都张贴了声明是混合物的通知，而且在酒吧窗户旁买东西的消费者都能够看到这些通知，这等于代表被告向消费者宣告了这个商店所出售的威士忌和消费者所想要的威士忌的性质、质量和成分可能不一致。

上诉人辩称，被告应该在盛放威士忌的酒瓶上贴上符合《1875年食品和药品销售法》的标签。

本案附了一份上面所说的通知。这是一份用大号字体打印的通知。

法庭审判需要裁决的问题是，酒吧张贴上面所说的通知是否就等同于被告宣称了所出售的威士忌与买主想要的威士忌的性质、成分和质量不一致，并使被告免于惩罚。

王室法律顾问威尔斯（Q. C. Wills），支持上诉人。他宣称："卖方出售的商品并非买方想要的商品，与买方想要的商品的性质、质量和成分不符，卖方这样做，唯一能保护他的方法是给买方一个符合《1875年食品和药品销售法》第八条的标签。"

大法官科伯恩（C. J. Cockburn）发问说："是否可以说，当买方知道这种商品是混合的时候，这种买卖'对买方构成了伤害'？"

有人认为，根据《1875年食品和药品销售法》第六条，买方不论何时购得的商品比他想要的商品质量差，不论他是否知道这种状况，这种买卖对他都不利。

科伯恩大法官认为，1875年法的原文没有赋予"损害（prejudice）"这个词实质性的意义。

如果对《1875年食品和药品销售法》有任何其他的解释，那么1875年法就有成为一纸空文的危险。如果贴了标签，买方就清楚地了解到了商品状况，但是如果买方通过任何其他方法知道了商品是否混合的时候仍然存在问题，那么对于张贴通知是否能使买方了解商品的状况同样也会产生怀疑和争论；这样就会产生相互冲突的证据，1875年法保护购买者的目的就会被削弱很多。本案没有发现购买方购买商品时发现了这个通知。

科伯恩大法官说："人们发现屋子里明显贴得到处都是关于威士忌是混

合的通知，而且完全处在站在酒吧窗户旁的顾客的视野中。"

据此认为，这个案件应发还给法官们调查清楚这个问题。

支持被告的王室法律顾问梅勒（Mellor）则认为，《1875年食品和药品销售法》的意图是防止购买者由于买到的商品比他所想要的商品劣质而受到损害。当购买者完全清楚他正在购买的商品的状况时，根据1875年法，卖方不应该有罪，该法从来没有据此将卖方定罪的意图。

科伯恩大法官说："我的意见是，我们的裁决应该支持被告。使一部保护公众免受奸商欺诈的非常有用的法律的效力受到削弱，我非常遗憾，但是如果可能，我们应该解释这部法律的含义，避免干预买卖双方正当的交易自由，使其不至于不公平地伤害任何一方。如果我们把《1875年食品和药品销售法》的规定应用到像目前这样的案子——买卖双方都明确地知道他们正在交易的东西——的时候，我们就应该这样做。这部法律的目的是将其规定应用到对购买者有害的偷偷的掺假当中。"

"《1875年食品和药品销售法》第6条的规定对我来说似乎适用于这样的案件，卖方将一个商品公开宣称以某种名称卖给了购买者，但是这种商品由于添加了其他一些成分已经被改变了，而且当这种商品被改变时，似乎必须认为已经对购买这种商品的'购买者造成了伤害'，除非及时使购买者充分知道这种情况；但是，如果购买者知道了这种商品的掺假，就像烈酒里面添加了水，而且即使如此他仍然选择购买这个商品，那么干预这样的交易可能从来不是《1875年食品和药品销售法》的目的。但是，另一方面，如果卖方选择以某种名称出售一个商品，而且这种商品确实混合了异质的成分，那么卖方有责任证明购买者知道他正在购买什么东西。《1875年食品和药品销售法》第8条规定了一种模式，卖方可以自我保护，使其免受执行法律的过程中可能对其造成的损害。如果他像《1875年食品和药品销售法》中的第8条所规定的那样提供了标签，那么他能保护自己免受根据这部法律提出来的犯罪指控的所有可能性。如果卖方不提供标签，那么我就认为，证明卖方通过其他方法（对此，他也可能遇到相反的证据）使购买者注意到了他正在购买的东西的状况的责任就落在了卖方的身上。如果卖方能够证明他已经有了这样的通知，那么我认为卖方没有违法，因为这种交易不会'对购买者造成损害'。我认为，《1875年食品和药品销售法》并不意味着粘贴上标签是使购买者知道商品状况的唯一方法。我认为，例如，如果一个人在一个非常显眼的位置张贴了一张大号字体的通知，就像本案中被告所做的那样，而且很明显这个通知一定处在顾客的视线范围之内，那么《1875年食品和药品销售法》的第六条就不能适用。威尔斯先生认为，在本案中，购买者购买威士忌时是否看到了酒吧张贴的通知不是一件很清楚的事情，本案应该发回重审，这样事实可能会陈述得更清晰一点。人所共见，酒吧各个房间明显的地方都贴上了通知，因此购买者不应该没有看到它们。"

"我们很清楚，在这样的情况下，没有真正地违反《1875 年食品和药品销售法》第六条的规定，而且如果发生了这样的事情，对我们来说好像应该根据实际情况审理这样的案件，我们不能为了给这个具体的个人——在这个案件中，他为了起诉的目的购买威士忌时没有看到这个通知——一个机会就把案件发回重审。就本案的情况而论，我们认为我们的判决必须支持被告。"

梅勒法官说："我持同样的意见。关于购买者是否通过那个通知得到了他正在购买一个混合物的暗示，对于这个事实的陈述不是很清楚。从中我们可以推断，不论那是否属实，而且从所陈述的事实中来看，我更愿意推断说，当购买者要求威士忌时，即使在那时他没有看到那个通知，但是事后他应该马上能看到了，而且在他付钱并接到所点的商品这个交易过程彻底完成之前他都可能看到这个通知。至于《1875 年食品和药品销售法》的解释问题，我赞同尊敬的阁下的意见，没有违反其中的第 6 条。"

七、鲁什诉霍尔案（Rouch V. Hall）

鲁什，上诉人；霍尔，被告。

涉及《1875 年食品和药品销售法》第 13 条和 14 条，《1879 年食品和药品销售法修正案法》第 3 条，牛奶样本的分析程序问题，样本中的一部分不能交给卖方或他的代理人。

根据《1879 年食品和药品销售法修正案法》第 3 条，在获取牛奶样本以供分析的过程中，获取样本的官员不需要告知卖方或其代理人他的目的是取样分析或根据《1875 年食品和药品销售法》第 14 条的规定把样本中的一部分交给卖方或其代理人。

一个大都市的治安法官详细陈述了这个案子，具体事实如下：

被告是住在考文垂附近的一个农场主，上诉人是一个秽物检查员，他根据《1875 年食品和药品销售法》传唤了被告，理由是被告出售的牛奶中掺了水。

被告与伦敦的一个牛奶经销商签订了协议，向其供应牛奶，并把牛奶送到休斯敦火车站。根据这个合同，被告把一些牛奶送到了休斯敦火车站，当火车站的一个搬运工从火车上卸货时，上诉人到了这里，要求搬运工给他一些牛奶样本。当搬运工给上诉人盛牛奶时，上诉人告诉搬运工他的目的是对牛奶进行分析，然后他把牛奶样本分成了三份，把其中一份交给了搬运工。

治安法官驳回了传唤，理由是没有遵守《1875 年食品和药品销售法》第 14 条的规定，因为根据这个条款的含义，搬运工不是牛奶商的代理人。法庭需要裁决的问题是治安法官的决定是否正确。

蒂克尔（Tickell）法官支持上诉人：《1875 年食品和药品销售法》第 14 条不能根据《1879 年食品和药品销售法修正案法》的第 3 条来理解。后者规定的是取得的样本如何分析，但《1875 年食品和药品销售法》第 13 条规定的主要是样本的购买，但是没有体现在第 14 条的规定中。该条的目的是在交付过程中取得牛奶样本，但是在这样的案件中根据第 14 条则是不可能实现的。卖方可能居住在较远的地方，查询他是谁可能不现实。

他承认，根据第 14 条，搬运工不可能被视作卖方的代理人。

似乎没有人支持被告。

菲尔德法官（Field）说："我认为必须允许上诉，上诉人并非必须采取《1875 年食品和药品销售法》第 14 条所要求的步骤。很明显，我的意见是，铁路搬运工不是这个意义上的卖方的代理人。为了解决这个问题，我们必须看看《1875 年食品和药品销售法》的第 14 条是否能应用到根据《1879 年食品和药品销售法修正案法》第 3 条所获取的样本的案件中。根据《1875 年食品和药品销售法》，公共分析师由某些明确的公共当局所任命，因此理论上他们是无可怀疑的人。用同样方法任命的检查员和其他公共官员是执行该法的人，他们的目标是确保消费者获得纯净而且没有掺假的商品。1875 年法第 14 条的某些规定的制定是为了给卖方提供保护措施，可能会从卖方那里购买样本进行分析。给卖方或他的代理人提供一部分样本是为了让卖方可以在他认为合适的情况下进行独立的分析。然而，如果卖方认为不方便接收提供给他的一部分样本，那么根据 1875 年法第 15 条样本只分割为两部分，一部分保留用作任何后续的程序之中，另一部分用来分析。这就是《1875 年食品和药品销售法》的规定，在解释《1879 年食品和药品销售法修正案法》的时候，必须考虑修正案法通过之前在这种情况下发生了什么。"

"零售商，牛奶通常都是在他们的店里出售，在许多情况下都坚持说他和乡村的农场主签订了合同，后者提供纯净的牛奶，他收到什么牛奶就出售什么牛奶，而且对他来说，把牛奶出售给他的顾客之前不可能进行分析。为了解决这个问题，立法机关好像已经下定决心防止乡村里面的牛奶掺假的可能性。因此，他们在《1879 年食品和药品销售法修正案法》第 3 条规定，送货的途中就可以获取牛奶样本。但是，根据这条法律的规定采取的行动经常不可能满足《1875 年食品和药品销售法》第 14 条的规定。就像本案的情况一样，出售牛奶的商人可能住得非常远。如果没有长时间的耽搁，不可能查清卖方是谁，而且也不可能立即给他送一份样本。

如果所使用的语言明确吸收进了第 14 条的规定之中，那么我们当然必须这样解释第 14 条。但是，由于它的语言模棱两可，所以就成为反对对他们进行那样解释的一个很有说服力的证据，因为这样的解释将导致一个很荒唐的结果，而且违背了这个条款本来的目标。对我来说，在像本案这样的案件中，把《1875 年食品和药品销售法》的第 14 条放进《1879 年食品和药品销售法修正案法》的第 3 条中来理解，并将这些规定视为起诉定罪的先决条件，似乎违背了立法机关的意图。虽然可能就是这样的结果，但如果语言表述清楚，除了根据这些单词的意思来理解这部法律之外，没有其他合理的理解方法；但是，考虑到它所使用的语言，我认为我们不能勉强得出结论说，立法机关的目的是要求一种模范的程序，根据本案的性质，这种程序模式是一种累赘而且非常荒唐。这个条款规定，根据《1879 年食品和药品销售法修正案法》第 3 条获取的样本应该进行分析，程序应该和根据《1875 年食品和药品销售法》第 13 条购买样本的程序一样。这并不是说，在分析之前就根据第 14 条的要求把样本分割成几部分。对我来说，这好像与该法的语言和目标是一致的，而且立法机关好像已经考虑到了本案中的实际需要和防止带来更多公共危害的迫切需要，并没有把一部分样本交给牛奶卖方的意思，因为在执行这样的一个模范的程序的时候，可能会出现更大的困难，而且具体到这个案件中，他们要依赖这些事实：公共官员取样本并进行分析，这样可以给牛奶发货人提供充分的保护，他们没有零售商根据《1875 年食品和药品销售法》第 14 条规定所获得的特殊优势。出于这些理由，我认为他们的裁决必须支持上诉人。"

梅内斯蒂（Manisty）法官说："我赞同这些意见。《1879 年食品和药品销售法修正案法》第 3 条没有明确引用《1875 年食品和药品销售法》第 14 条，而且对我来说，1879 年法第 3 条的语言好像没有采用 1875 年法第 14 条的，即使它本来打算吸收 1875 年法第 14 条的规定。"

八、哈里斯诉梅案（Harris V. May）

哈里斯，上诉人；梅，被告。

涉及《1875 年食品和药品销售法》第 6 条和第 25 条——书面保

证——合同约定每天提供牛奶，为期 6 个月，根据 1875 年法这是否属于一个保证。

《1875 年食品和药品销售法》第 25 条规定，"在根据本法所进行的任何起诉当中，如果被告令人满意地向法官证明，起诉方购买时所要求的商品的性质、材料和质量和他所购买时的一样，而且有一个书面的保证"，那么在其他特定的情况下，他有权免于起诉。与《1875 年食品和药品销售法》的规定相反，上诉人在 1883 年 4 月 12 日向被告出售了一些牛奶，这些牛奶的性质、成分和质量不是被告所要求的，因为牛奶包含了一定比例的水，但是上诉人证明他是根据 1883 年 3 月 24 日与 F 签订的书面合同购买这些有问题的牛奶的，F 同意卖给上诉人"（每天）86 加仑质量好且纯净的牛奶，为期 6 个月，这些牛奶每天送两次"：

法院裁定，根据《1875 年食品和药品销售法》第 25 条的含义，4 月 12 日上诉人向被告出售这种具体的商品方面，这个合同没有构成一个书面保证；因此上诉人无权免于起诉。

布里斯托尔市和郡的法官们详细叙述了这个案件。

下面是具体情况：

一纸诉状指控上诉人违反了《1875 年食品和药品销售法》第 6 条。据证明，1883 年 4 月 12 日，上诉人正在布里斯托尔的一条大街上出售罐装牛奶，被告从上诉人那里买了一品脱半的液体牛奶，根据 1875 年法的规定经过适当的分析发现牛奶中添加了百分之十的水。

上诉人证明，向被告出售牛奶时同时提供了一个 1883 年 3 月 24 日签订的一个书面合同。合同的一方是 J. L. 弗里，另一方是上诉人，弗里在合同中同意向上诉人出售"86 英国加仑新鲜且纯净的牛奶，每天都提供，为期 6 个月，从 3 月 25 日开始，到 1883 年 9 月 28 日结束，价格是每英国加仑 7.5 便士；约定的牛奶每天送两次。"

上诉人依赖这份合同，根据《1875 年食品和药品销售法》第 25 条的含义，把它当作了商品的性质、成分和质量就是被告所需要的一个书面保证，而且上诉人令人满意地向法官们证明，当他出售这些牛奶时他没有理由怀疑这些商品是不一样的，没有理由怀疑他出售的牛奶和他购买时的有什么不同。

法官们的意见是，根据《1875 年食品和药品销售法》第 25 条的含义，上诉人和弗里签订的合同构不成一个书面的保证，他们判定上诉人有罪，施行罚款。

法庭意见的焦点在于，1883 年 3 月 24 日签订的合同，根据《1875 年食品和药品销售法》的含义，是否可以视为一个书面保证。如果是一个书面保证，那么就不能定罪。

普尔（Poole）支持上诉人：根据《1875年食品和药品销售法》的含义，这个合同是一个保证；这个合同规定每天提供新鲜而且纯净的牛奶，在这段时间内它是有效的。因此，应该保证在这段时间内提供的牛奶应该是新鲜而且纯净的。任何破坏保证的诉讼都应该以这个合同为准。《1875年食品和药品销售法》是一部刑法，必须受到严格的解释，支持可能因为违反该法被定罪的人。

B. 柯勒律治（B. Coleridge）支持被告，但没有发表意见。

大法官柯勒律治（C. J. Coleridge）勋爵说："我对这件事情没有什么疑问。我的意见是根据《1875年食品和药品销售法》的含义，上诉人所依赖的这个合同不是一个书面的保证。的确，违反保证的行为可能都归结到合同上。但是本法庭必须把议会的法律解释为了保护公共卫生而制定的。无疑，在一定意义上，这是一个刑事行为。立法机关的目标是使他们更难于通过出售掺假的商品欺骗公众或伤害公众。因此，《1875年食品和药品销售法》规定，任何人不准出售对购买者有害的任何食品或任何药品，这些食品或药品的性质、成分或质量与购买者要求的不一致，要遭受惩罚，但是如果他能证明他购买的有问题的商品在性质、成分和质量方面在购买时与他出售时一样，符合购买者的要求，并且有书面保证，那么他违反这个条款的行为也可以免于惩罚。似乎很清楚，立法机关的意思是，如果一个人想保护自己免受惩罚，并且在出售某种具体的商品时希望使自己处于绝对的安全状态，那么他必须证明，他从商贩处购买商品时得到了一个合适的关于这种商品的保证书。本案中的上诉人没有能够证明这一点。他可能从商贩处得到了一个假释声明，相当于一个保证书，但保证的是每天早上供应牛奶，所以这些还不足以满足《1875年食品和药品销售法》的要求。我认为法官们的判决是对的。"

法官马修（Matthew）："我持相同的意见。"

最后，法院的判决支持被告。

后　记

　　本书是我的国家社科基金后期资助项目的最终成果，也是在我博士学位论文的基础上完成的。博士毕业之后，我去兰州做了两年公务员，对政府的运作有了更深的体会。两年后，我猛然醒悟自己还是喜欢自由自在的高校。回到大学，学术研究又成了我的主业。为了发表文章，我找出博士学位论文翻看了一遍，虽然有些地方明显写得比较仓促，论证分析不够深入，有一些问题还没有解决，但整体来看还是有价值的，而且某些地方不乏闪光点。

　　思考了一番之后，我决定好好利用博士学位论文重新走上学术之路，一方面是将其中的一些内容拿出来修改后投到各种刊物上希望能够发表，另一方面则是以博士学位论文为基础申请国家社科基金项目。论文投稿这个任务相对容易，我很快就修改出了几篇，投出去之后我继续找材料准备申请国家项目。我首先找朋友的项目本子学习观摩，然后自己认真琢磨，经过一段时间的研究后写出了申请书。仔细看了几遍，自我感觉良好，研究内容部分既有前期的研究成果，又有根据当时的历史和材料进行的设想，应该很有价值。随后又请有经验的朋友把关，根据反馈意见再次修改后提交了申请书。没想到连续申请了两次皆铩羽而归，由于学校名额有限，第一次申请甚至连学校的门槛都没过；第二次申请虽然有幸出了学校，但之后不知道栽在哪个环节，同样名落孙山。沮丧之余，幸得南京大学舒小昀教授指点，国家社科基金后期资助项目没有名额限制，主要根据成果质量决定是否立项，有一定基础的可以申请。此前我对这个项目毫无所知，查阅了相关信息后，决定申请后期资助。

　　我的博士学位论文从字数上来看是不属于"厚重"的，申请比一般项目经费还多的后期资助觉得有点单薄，所以我抓紧时间修改论文，根据研究目的补充内容，同时删掉一些关联度不高的内容。虽然时间比较仓促，但也拿出了一份初稿。对于这份稿子我并不满意，自己知道还有许多需要修改的地方，奈何截止日期已到，只好上交。人常说世事无常，没抱希望的事往往有意外，我的稿子得到了专家的认可，申请的项目被立项。有了经费的支持，我决定去国外进一步搜集材料，争取高质量完成后期资助项目。接下来我顺利拿到了纽约大学的邀请函，出国访学的申请也被学校批准了，在 2020 年夏季出发。

2019 年底，新冠疫情暴发，这场大流行病几乎影响了所有人，打乱了所有人的计划，我出国搜集材料的计划也化为泡影。不仅如此，即使在国内搜集材料也举步维艰，想到条件好的学校去利用其图书馆、数据库开展研究也遇到许多想不到的障碍。

虽然存在不少困难，但在诸多师友的帮助下，项目还是如期结项了，书稿也写完了，只是本想借后期资助项目弥补博士学位论文的不足的愿望没能完全实现。由于缺少材料，本书仍然留下了一些遗憾。与博士学位论文相比，本书重在叙述，通过原始材料还原当时的英国面临什么样的问题，对这些问题不同的人是什么样的态度，他们提出了什么样的解决方法以及这些方法可能存在的问题，议会通过法律时是如何考量的，法律在执行的过程中遇到了什么问题，希望通过对这些问题的描述能够展现英国食品药品安全立法进程的独特性。另外，本书研究的时间段延长了 20 多年，也增加了一些新材料，同时添加了附录，把两部重要的法律、执法流程和案例等放在文后，以便更好地理解英国的食品药品安全制度。

需要说明的是，本书中的一些内容在国家社科基金后期资助项目立项前后已经发表在《北京师范大学学报》《河南师范大学学报》《暨南史学》《陕西理工大学学报》《哈尔滨师范大学学报》等刊物上，借此机会衷心感谢编辑部的诸位老师。

本书在写作过程中得到了诸多师友的帮助。北京师范大学郭家宏教授、清华大学梅雪芹教授、南京大学刘成教授、南京大学刘金源教授、河南大学闫照祥教授、中国社会科学院吴必康教授、湖南师范大学傅新球教授在学术会议及其他场合给我提出了许多宝贵的意见。在申请国家社科基金一般项目时，中山大学的吴义雄教授和南京大学的舒小昀教授作为学校邀请的评审专家，对我的研究也提出了中肯的建议。临沂大学的魏秀春教授是国内英国食品药品安全法研究的先行者，在得知我在研究这个问题后，慷慨寄来他搜集到的材料并惠赐大作。北京师范大学的师弟王广坤教授在搜集材料时遇到与我的研究相关的文章时总是一起下载下来发给我。本书的完成与出版离不开国家社科基金后期资助项目的大力资助，离不开中山大学出版社的支持，感谢编辑曾老师，曾老师的把关使本书少了一些硬伤。

虽然有诸多师友的提点，但本书还是存在一些问题，敬请读者朋友见谅。

　　本书的原型是我的博士学位论文，在此当然要感谢我的导师许平教授，没有许老师的认真指导，我就不能顺利毕业，也不会有后续的这本书。最后，自然要感谢我的妻子。有了孩子之后才切实感觉到没有了自己的时间，尤其是两个小孩子，让人片刻不得清闲。幸好妻子在下班之后不顾劳累，尽力带娃，给我挤出了一些时间，才使本书终得付梓。

兰教材

2023 年 10 月于湛江